高职高专物流管理类专业系列教材

物流管理概论

(第二版)

主　编　曹宝亚

副主编　苏卫东　杨利娟

西安电子科技大学出版社

内 容 简 介

本书根据物流行业工作人员需要掌握的基本物流知识，参照物流师职业资格考试大纲，遵循教育认知规律，以理论和实践相结合的方式编排教学内容。全书共分十六个项目，包括现代物流的认知、物流系统、运输、仓储、配送、包装、装卸搬运、流通加工、物流信息、第三方物流、企业物流、国际物流、供应链管理、物流标准化、绿色物流和行业物流等内容。

本书可作为高职高专物流管理类相关专业的教材，也可作为企业培训教材和物流行业工作人员的自学用书。

图书在版编目（CIP）数据

物流管理概论 / 曹宝亚主编. —2 版. —西安：西安电子科技大学出版社，2020.1(2021.8 重印)

ISBN 978-7-5606-4570-0

Ⅰ.①物…　Ⅱ.①曹…　Ⅲ.①物流管理—高等职业教育—教材　Ⅳ.①F252

中国版本图书馆 CIP 数据核字(2019)第 264174 号

策划编辑　戚文艳
责任编辑　王　瑛
出版发行　西安电子科技大学出版社(西安市太白南路 2 号)
电　　话　(029)88202421　88201467　　邮　　编　710071
网　　址　www.xduph.com　　电子邮箱　xdupfxb001@163.com
经　　销　新华书店
印刷单位　广东虎彩云印刷有限公司
版　　次　2020 年 1 月第 2 版　2021 年 8 月第 4 次印刷
开　　本　787 毫米×1092 毫米　1/16　　印　张　19
字　　数　450 千字
印　　数　7001～7500 册
定　　价　39.00 元
ISBN 978-7-5606-4750-0 / F

XDUP　5042002-4

前　言

物流科学是广泛吸收多学科知识的交叉学科，具有很强的实践性和应用性。物流自 20 世纪 70 年代传入中国以来，越来越受到人们的重视，也被认为是我国经济发展建设的支柱产业之一。政府先后推出了一系列促进物流业发展的政策和措施，如《国务院关于印发物流业调整和振兴规划的通知》(国发[2009]8 号)、《国务院办公厅关于促进物流业健康发展政策措施的意见》(国办发[2011]38 号)等，已经并将继续促进物流业的发展壮大。

本书是“安徽省高职物流管理专业校企共建教学资源库建设”项目成果之一，由安徽省内一批长期从事一线物流教学的青年骨干教师和企业专家共同编写而成。安徽财贸职业学院曹宝亚任主编并编写项目一、五、十一、十三；徽商职业学院刘明杰编写项目二、三；安徽和合冷链食品公司苏卫东编写项目四、九、十四；淮北职业技术学院张华东编写项目六、七、八；安徽工业经济职业技术学院申家星编写项目十、十六；安徽国际商务职业学院何良静编写项目十二、十五。

本书在编写过程中借鉴了许多同行的成果，在此向他们表示感谢。由于编者水平有限，书中难免存在不足之处，恳请广大读者提出宝贵意见。

编　者

2019 年 10 月

前言

目 录

项目一

现代物流的认知

任务一　项目导入案例

2016 年，全国社会物流总额 229.7 万亿元，按可比价格计算，比上年增长 6.1%，增速比上年提高 0.3 个百分点。分季度看，一季度 50.7 万亿元，上半年 107.0 万亿元，前三季度 167.4 万亿元，比上年同期分别增长 6.0%、6.2%、6.1%，增速比上年同期分别提高 0.4 个百分点、0.5 个百分点、0.3 个百分点。总体来看，全年社会物流总额呈现稳中有升的发展态势，物流需求结构持续改善。

社会物流总费用与 GDP 的比率为 14.9%，比上年下降 1.1 个百分点，这表明 2016 年每万元 GDP 所消耗的社会物流总费用为 1490 元，比上年下降 6.9%。经济运行中的物流成本有所下降，物流运行的质量有所提升，物流领域“降成本”取得了积极成效。

随着世界经济的快速发展和现代科学技术的进步，物流产业作为国民经济中一个重要的服务部门，正在全球范围内迅速发展。物流产业属于现代服务业范畴，其发展程度成为衡量一国现代化程度和综合国力的重要标志之一，被喻为促进经济发展的“加速器”和“第三利润源”。

任务二　项目支撑知识学习

单元一　物流的概念

一、物流概念的演变

物流是一种古老又平常的现象，自从人类社会有了商品交换，就有了物流活动(如运输、仓储、装卸搬运等)。而将物流作为一门科学，从系统的角度和观点来研究，却仅有几十年的历史。因此说物流是一门新学科。

1915 年，阿奇·萧在《市场流通中的若干问题》(Some Problems in Market Distribution)一书中提到“物资经过时间和空间的转移，会产生附加价值”。这里，“时间和空间的转移”

指的是销售过程的物流。

1918 年，英国联合利华的利费哈姆勋爵成立了“即时送货股份有限公司”。这家公司的宗旨是在全国范围内把商品及时送到批发商、零售商以及用户的手中，这一举动被一些物流学者誉为有关“物流活动的早期文献记载”。

20 世纪 30 年代初，在一部关于市场营销的基础教科书中，开始涉及物流运输、物资储存等业务的实物供应(Physical Supply)这一名词，该书将市场营销定义为“影响产品所有权转移和产品的实物流通活动”。这里所说的“所有权转移”是指商流；实物流通是指物流。

1935 年，美国销售协会最早对物流进行了定义：“物流(Physical Distribution，PD)是包含于销售之中的物质资料和服务，以及从生产地点到消费地点流动过程中伴随的种种活动。”

上述历史被物流界较普遍地认为是物流的早期阶段，或理解为传统物流。

第二次世界大战之后是物流发展的重要阶段，当时，美国为了解决军需品的供应问题，运用运筹学与电子计算机技术对供应费用、运输路线与武器使用、库存量进行科学规划，形成了系统的军事供应、保障活动，并称之为“后勤物流(Logistics)”。首先采用后勤管理(Logistics Management)这一名词，对军火的运输、补给、屯驻等进行全面管理。从此，后勤学逐渐形成了单独的学科，并不断发展为后勤工程(Logistics Engineering)、后勤管理和后勤分配(Logistics of Distribution)，并且这些理论与方法在战后被很多国家运用到了民用领域，促进了 20 世纪六七十年代世界经济的发展，也促使了物流学理论的形成与发展。

在 20 世纪 50 年代到 70 年代期间，人们研究的对象主要是狭义的物流，是与商品销售有关的物流活动，即流通过程中商品的实体运动。日本在 1964 年开始使用“物流”这一概念。在使用“物流”以前，日本把与商品实体有关的各项业务统称为“流通技术”。1956 年日本生产性本部派出“流通技术专门考察团”，由早稻田大学教授宇野正雄等一行 7 人去美国考察，弄清楚了日本以往叫做“流通技术”的内容，相当于美国叫做“Physical Distribution”的内容，从此便把流通技术按照美国的简称叫做“PD”。1965 年，日本在政府文件中正式采用“物的流通”这个术语，简称为“物流”。

1979 年 6 月，我国物资工作者代表团赴日本参加第三届国际物流会议，回国后在考察报告中第一次引用并使用“物流”这一术语。

1986 年，美国物流管理协会(National Council of Physical Distribution Management，NCPDM)改名为 CLM(The Council of Logistics Management)。将“Physical Distribution”改为“Logistics”的理由是 Physical Distribution 的领域较狭窄，Logistics 的概念则较宽广、连贯、整体。1988 年中国台湾也开始使用“物流”这一概念。1989 年 4 月，第八届国际物流会议在北京召开，“物流”一词的使用日益普遍。

Logistics 与 Physical Distribution 的不同在于，Logistics 已突破了商品流通的范围，把物流活动扩大到生产领域。物流已不仅仅从产品出厂开始，而是包括从原材料采购、加工生产到产品销售、售后服务，直到废旧物品回收等整个物理性的流通过程。这是因为随着生产的发展，社会分工越来越细，大型的制造商往往把成品零部件的生产任务包给其他专业性制造商，自己只是组装这些零部件，而这些专业性制造商可能位于世界上劳动力比较便宜的地方。在这种情况下，物流不但与流通系统维持密切的关系，同时与生产系统也产生了密切的关系。这样，将物流、商流和生产三个方面结合在一起，就能产生更高的效率和效益。

Logistics 一词的出现，是世界经济和科学技术发展的必然结果。当前物流业正在向全球化、信息化、一体化方向发展。一个国家的市场开放与发展必将要求物流的开放与发展。随着世界商品市场的形成，从各个市场到最终市场的物流日趋全球化；信息技术的发展，使信息系统得以贯穿于不同的企业之间，使物流的功能发生了质变，大大提高了物流效率，同时也为物流一体化创造了条件；一体化意味着需求、配送和库存管理的一体化。所有这些已成为国际物流业的发展方向。

二、物流的定义

1981 年，日本综合研究所编著的《物流手册》一书中，对“物流”的表述是：“物流是物质资料从供给者向需求者的物理性移动，是创造时间性、场所性价值的经济活动。从物流的范畴来看，包括包装、装卸、保管、库存管理、流通加工、运输、配送等诸种活动。”

1992 年美国物流管理协会给出的物流定义是：“物流是为满足消费者需求而进行的对货物、服务及信息从原产地到消费地的有效率与效益的流动和存储的计划、实施与控制的过程。”1998 年美国物流管理协会在物流的定义中引入了供应链的概念，指出物流是供应链流程的一部分。2001 年美国物流管理协会对物流定义的内容又进行了完善，定义为：“物流是供应链运作中，以满足客户需求为目的，对货物、服务和相关信息在产出地和销售地之间实现高效率和低成本的正向和反向的流动和储存所进行的计划、执行和控制的过程。”

中华人民共和国国家标准 GB/T 18354—2001《物流术语》将物流定义为“物品从供应地向接收地的实体流动过程，根据实际需要，将运输、储存、装卸、搬运、包装、流通加工、配送、信息处理等基本功能实施有机结合”。

各国学者或组织从不同的角度对“物流”这一概念有不同的定义。然而，“物流”这一概念总的来说是围绕七个要素进行表述的。这七个要素是：产品(Product)、数量(Quantity)、条件(Condition)、地点(Place)、时间(Time)、顾客(Customer)和成本(Cost)。因而，物流的实质就是将适当数量的产品在适当时间和适当条件下为适当的顾客送到适当的地点，同时保持其适当的成本。物流管理的最终目的是满足顾客需求与企业的目标。

物流学是管理工程与技术工程相结合的综合学科，应用了系统工程的科学原理与方法，提高了物流系统的效率，从而更好地实现了物流的时间效益和空间效益。

三、物流的效用

物流过程实际上是一个增值的过程，在整个过程中通过物化劳动和活劳动的投入来增加产品的效用，具体表现为增加了产品的时间效用、空间效用、品种效用、批量效用、信息效用和风险效用等。

(一) 时间效用

时间效用表现为时间价值。“物”从供给到需求之间存在一段时间差，由于改变这一时间差而创造的价值，称做时间价值。时间价值通过物流获得的形式有以下几种。

1. 缩短物流时间

缩短物流时间可获得多方面的好处，如减少物流损失、降低物流消耗、加快物的周转速度、节约资金等。从全社会物流的总体来看，加快物流速度、缩短物流时间，是物流必须遵循的一条经济规律。

2. 弥补时间差

供给与需求之间存在时间差是一种普通的客观存在，正是有了这个时间差，商品才能取得自身最高价值，才能获得十分理想的效益。物流便是以科学的、系统的方法弥补或是改变这种时间差，以实现其“时间价值”的。

3. 延长时间差

在某些具体物流中存在人为地、能动地延长物流时间来创造价值的情况。例如，秋季集中产出的粮食、棉花等农作物，通过物流的储存、储备活动，有意识延长物流的时间，以均衡人们的需求。

(二) 空间效用

空间效用表现为场所价值。物流所创造的场所价值是由现代社会产业结构、社会分工所决定的。供给与需求之间存在空间差，使得商品在不同地理位置有不同的价值，通过物流将商品由低价值区转到高价值区，便可获得价值差，即场所价值。场所价值有以下几种具体形式。

1. 从集中生产场所流入分散需求场所创造场所价值

现代化大生产通过集中的、大规模的生产以提高生产效率，降低成本。在一个小范围内集中生产的产品可以覆盖大面积的需求地区，有时甚至可覆盖一个国家乃至若干国家。通过物流将产品从集中生产的低价值区转移到分散于各处的高价值区有时可以获得很高的效益。

2. 从分散生产场所流入集中需求场所创造场所价值

从分散生产场所流入集中需求场所的情况在现代社会中也不少见，例如粮食是粮产区分散生产出来的，而一个大城市的需求却相对大规模集中，这形成了分散生产和集中需求。

3. 从低价值区生产流入高价值区需求创造场所价值

现代社会中供应与需求的空间差十分普遍，现代人每日消费的物品几乎都是在相距一定距离的地方生产的，其间复杂交错的供给与需求的空间差都是靠物流来弥补的，物流也从中取得了效益。

在经济全球化的浪潮中，国际分工和全球供应链的构筑，一个基本选择是在成本最低的地区进行生产，通过有效的物流系统和全球供应链，在价值最高的地区销售。

(三) 品种效用

品种效用表现为通过商品流通过程中的劳动克服商品生产和消费品种的不一致。因为无论生产资料还是生活资料，消费者需要的是多种多样的商品，而专业化生产使某一生产厂家所提供的商品具有单一性，商品流通则可以集中多家生产商的产品提供给消费者，这方面的劳动投入表现为商品品种效用的增加。如越来越多的流通企业承担起生产厂家的“采购代理”任务。

(四) 批量效用

批量效用表现为通过商品流通过程中的劳动克服商品生产和消费批量的不一致。社会化大生产的一种重要方式是生产的专业化和规模化，而很多时候消费者的需求量都是很有限的。商品流通中所消耗劳动的一个重要用途就是将生产的大批量分割成最终的小批量需求，在此表现为由整到散的分流过程；反过来的情况也同样存在，生产，尤其是后工业化社会中，无论生产资料的生产还是生活资料的生产，都呈现出一种趋势，即小批量、多品种的生产，这种生产方式与大批量流水生产共同存在。所以可能出现这种情况：虽然生产批量较小，而需求则可能是大量集中的。这时商品流通中的劳动就要用于把分散的货源加以集中，从而表现为由散到整的集流过程。所有在这方面投入的劳动是为了解决生产与消费批量上的不一致，表现为批量效用。

(五) 信息效用

信息效用表现为专业商品流通企业要收集大量的信息，如买卖双方的信息、产品说明和使用情况、发展情况、用户意见、供求信息、技术发展趋势等，并对这些信息进行过滤、筛选、整理、分析，总结规律，发现问题。同时也可指导自己的工作，并将这些信息传递给供求双方，以形成一种知识学习的作用。

(六) 风险效用

风险效用表现为商品流通过程中存在和隐藏着许多风险，如质量风险、信贷风险、政策风险、汇率风险、财务风险等，让商品流通双方谁来承担这些风险责任可能都会是一种讨价还价的“扯皮”过程，会极大地加大交易费用甚至阻碍商品流通的真正完成。由专业商品流通企业来承担这些风险无疑会极大地增强供求双方的信心，同时加快流通和再生产的过程。

四、物流学科的基本理论

(一) 商物分离和商物融合

1. 商物分离

商物分离理论是物流科学赖以存在的先决条件。所谓商物分离，是指流通中的两个组成部分——商业流通与实物流通各自按照自己的规律和渠道独立运动。

“商”指“商流”，即商业性交易，实际是商品价值运动，是商品所有权的转让，流动的是“商品所有权证书”，是通过货币实现的；“物”指“物流”，即马克思讲的“实际流通”，是商品实体的流通。物流科学正是在商物分离基础上才得以对物流进行独立的考察，进而形成的科学。

2. 商物融合

商物分离也并非是绝对的，在现代科学技术飞速发展的今天，优势可以通过分工获得，优势也可以通过趋同获得，“一体化”的动向在原来许多分工领域中变得越来越明显，在流通领域中，发展也是多形式的，绝对不是单一的“分离”。

事实上，有些国家的学者提出了商流和物流在新基础上的一体化的问题，欧洲一些国家对物流的理解本来就包含企业的营销活动，即在物流研究中包含着商流。在物流的一个重要领域——配送领域中，配送已成为许多人公认的既是商流又是物流的概念。

(二) “黑大陆”说与“物流冰山”说

1.“黑大陆”说

著名的管理学权威 P. F. 德鲁克曾经讲过：“流通是经济领域里的黑暗大陆。”德鲁克泛指的是流通，但是由于流通领域中物流活动的模糊性尤其突出，是流通领域中人们认识不清的领域，所以“黑大陆”说现在主要针对物流而言。在“黑大陆”中，如果理论研究和实践探索照亮了这块黑大陆，那么摆在人们面前的可能是一片不毛之地，也可能是一片宝藏之地。“黑大陆”说也是对物流本身的正确评价：这个领域未知的东西还很多，理论和实践皆不成熟。

2.“物流冰山”说

“物流冰山”说是日本早稻田大学西泽修教授提出来的，他在研究物流成本时发现，现行的财务会计制度和会计核算方法都不可能掌握物流费用的实际情况，大家只看到物流费露出海水上面的冰山的一角，而看不见潜藏在海水里的整个冰山，海水中的冰山才是物流费的主体部分，如图 1-1 所示。一般来说，企业向外部支付的物流费是很小的一部分，真正的大头是企业内部发生的物流费。

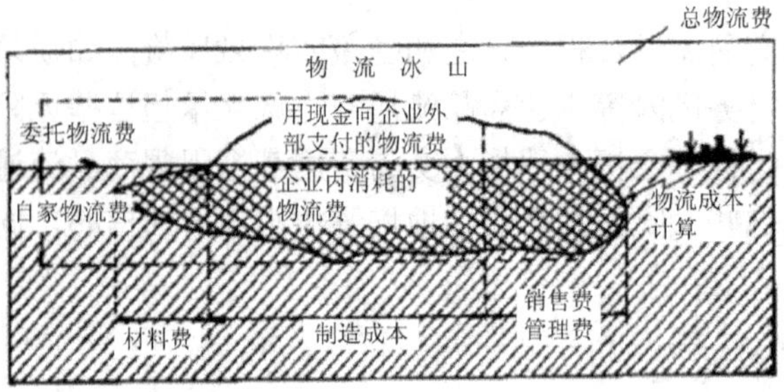

图 1-1 “物流冰山”说

(三) “第三利润源”说

“第三利润源”说主要出自日本，是对物流潜力及效益的描述。人们把生产中降低物质材料消耗而增加的利润称为第一利润源；把因节约活劳动消耗而增加的利润称为第二利润源(通过提高管理技术、水平，采取先进的管理手段，降低人力资源消耗)；把节约物流费用而增加的利润称为第三利润源(日本早稻田大学西泽修教授提出)。

“第三利润源”理论反映了日本人对物流的理论认识和实践活动，反映了他们与欧洲人、美国人的差异。一般而言，美国人对物流的主体认识可以概括为“服务中心”说，而欧洲人对物流的认识可以概括为“成本中心”说，显然，“服务中心”、“成本中心”的认识与“利润中心”的差异很大。“服务中心”和“成本中心”主张的是总体效益或间接效益，而“第三利润源”说中的“利润中心”主张的是直接效益。

(四) “效益悖反”说和物流的整体观念

1.“效益悖反”说

在经济学中，“效益悖反”(Trade-off)是指“对同一资源的两个方面处于相互矛盾的关系之中，要想较多地达到其中一个方面的目的，必然使另一个方面的目的受到部分损失”。

在物流的各项活动(运输、保管、搬运、包装、流通加工)之间存在“效益悖反”。例如，减少库存据点并尽量减少库存，必然使库存补充变得频繁，增加了运输成本。

物流“效益悖反”说是指物流的若干功能要素之间存在着损益的矛盾，即某一个功能要素的优化和利益发生的同时，必然会存在另一个或另几个功能要素的利益损失，反之也如此。为此，必须注重研究物流的总体效益，使物流系统化，使系统的各个部分有机地结合起来，以最低成本实现最佳效益。

2. 物流的整体观念

美国学者用“物流森林”的结构概念来表述物流的整体观念，指出物流是一种“结构”，对物流的认识不能只见功能要素而不见结构，即不能只见树木不见森林。物流的总体效果是森林的效果，即使是和森林一样多的树木，如果各个孤立存在，那也不是物流的总体效果。这可以归纳成一句话：“物流是一片森林而非一棵棵树木。”

对物流整体观念的描述还有许多的提法，如物流系统观念、多维结构观念、物流一体化观念、综合物流观念、后勤学和物流的供应链管理等都是这种思想的另一种提法或者是同一思想的延伸和发展。

(五) “成本中心”说、“利润中心”说、“服务中心”说和“战略”说

对物流系统起什么作用、达到什么目的的不同认识和不同观念，派生出了不同的管理方法。

“成本中心”说的含义是：物流在整个企业战略中，只对企业营销活动的成本发生影响，物流是企业成本重要的产生点。因而，解决物流问题，并不主要是搞合理化、现代化及支持保障其他活动，而主要是通过物流管理和物流的一系列活动降低成本。

显然，“成本中心”说的考虑没有将物流放在主要位置，尤其没有放在企业发展战略的主角地位，改进物流的目标只是在于降低成本，这势必会影响物流本身的战略发展。

“利润中心”说的含义是：物流可以为企业提供大量直接和间接的利润，物流是形成企业经营利润的主要活动。非但如此，物流也是国民经济中创利的主要活动。物流的这一作用，被表述为“第三利润源”。

“服务中心”说代表了美国和欧洲等一些国家学者对物流的认识，这种认识认为物流活动最大的作用并不在于为企业节约了消耗、降低了成本或增加了利润，而是在于提高了企业对用户的服务水平，进而提高了企业的竞争能力。

“战略”说是当前非常盛行的说法，实际上学术界和产业界越来越多的人已逐渐认识到物流更具有战略性，是企业发展的战略而不是一项具体的任务。将物流和企业的生存及发展直接联系起来的“战略”说的提出，对促进物流的发展有重要的意义，企业不追求物流的一时一事的效益，而着眼于总体，着眼于长远，于是物流本身战略性发展也提到议事日程上来。战略性的规划、战略性的投资、战略性的技术开发，是最近几年促进物流现代化发展的重要原因。

单元二　物流的分类

在社会经济领域中，物流活动无处不在，其基本要素都是共同的。但是，由于物流对

象、目的和范围的不同，使得各领域物流有自己的特征，因而形成了不同类型的物流。既然有不同类型的物流，必然产生与之适应的分类标准和方法，以便人们区别认识和研究。由于各地区经济发展状态不同，社会对物流的需求不同，因此人们对物流的分类并没有统一的划分标准。综合现有的论述，大致可将物流按下列标准分类。

一、按物流的范围不同来划分

按物流的范围不同可将物流分为宏观物流和微观物流、国际物流和国内物流。

(一) 宏观物流

宏观物流是指从社会再生产总体角度认识和研究的物流活动。宏观物流是指物流全体，从总体看物流而不是从物流的某一个构成环节来看物流。因此，宏观物流研究的主要特点是综观性和全局性。

宏观物流研究的主要内容是物流总体构成、物流与社会的关系及其在社会中的地位、物流与经济发展的关系、社会物流与国际物流系统的建立和运作等。

(二) 微观物流

微观物流是指消费者、生产者企业所从事的实际的、具体的物流活动。其含义包括：在整个物流活动中的一个局部、一个环节的具体物流活动；在一个小地域发生的具体的物流活动；针对某一种具体产品所进行的物流活动等。因而，微观物流研究的领域十分广阔，其特点是具体性和局部性。企业经常涉及的物流活动一般都属于微观物流，如生产物流、供应物流、销售物流、回收物流、废弃物物流等。

(三) 国际物流

国际物流是指国与国之间及洲际之间开展的物流活动。这种物流是国际贸易的一个必然组成部分，各国之间的相互贸易最终通过国际物流来实现。由于跨国公司的发展使得企业经济活动范围遍布世界各国，经济全球化、市场国际化进程随之加快，国际物流的重要性将更为突出。从企业角度看，不仅是已经国际化的跨国企业，即便是一般有实力的企业也在推行国际战略，在全世界寻找贸易机会，寻找最理想的市场，寻找最好的生产基地，这必然将企业的经济活动领域由地区或一个国家扩展到国际之间。这样一来，企业的国际物流也提到议事日程上来，企业必须为支持这种国际贸易战略，更新自己的物流观念，扩展物流设施，按国际物流要求对原来的物流系统进行改造。

(四) 国内物流

国内物流是指一个国家内部发生的物流活动。其物流活动的空间范围局限在一个国家领土、领空、领海内。国内物流就其地理概念而言，较国际物流的范围小，它也可包括一些区域性组织内部的物流，如我国的东北地区、西北地区等；按所处地理位置的不同，可划分为长江三角洲地区、珠江三角洲地区等；按经济圈的不同，可划分为沿海经济贸易区、边境贸易区等。针对国内物流所制订的各项计划、法规、政策，应该是为其自身的整体利益服务的。

二、按物流主体方的目的不同来划分

按物流主体方的目的不同可将物流分为第一方物流、第二方物流、第三方物流和第四方物流。

(一) 第一方物流

第一方物流是指生产企业或流通企业自己将产品或商品送到客户手中的物流运作，而不依靠社会化的物流服务。第一方物流实际上就是供方物流，或者叫销售物流，是由供应厂商到其各个用户的物流。

(二) 第二方物流

第二方物流是指用户企业从供应商市场购进各种物资而形成的物流，实际上就是需求方物流，或者说是购进物流。

(三) 第三方物流

第三方物流是相对于第一方物流和第二方物流而言的。第三方物流指的是专业物流企业在整合了各种资源后，为客户提供包括物流设计规划、解决方案以及具体物流业务运作等全部物流服务的物流活动。第三方物流具有以下几个特点：

(1) 第三方物流是合同导向的一系列服务(第三方物流根据合同条款的规定，而不是根据临时需求的要求，提供多功能甚至全方位的物流服务)。

(2) 第三方物流是专业化、个性化的物流服务。

(3) 第三方物流是建立在现代电子信息技术基础上的物流服务。

(4) 第三方物流拥有配送的灵活性。

(四) 第四方物流

第四方物流是指供应链的集成商们控制和管理特定的物流服务，并提供物流咨询、物流策划与方案设计和物流管理软件、信息平台的建设等，通过电子商务将这个过程集成起来的服务型公司。

第四方物流采用的运作模式突破了第三方物流单纯发展的局限性，将资源从社会全局的角度上进行整合，将信息从物流供应链层次上进行共享，提供综合的供应链解决方案，真正实现低成本、高效率，给顾客带来最大的价值。第四方物流的出现弥补了物流发展过程中的缺陷，它依靠优秀的第三方物流技术供应商、管理咨询顾问和其他增值服务商为顾客提供有针对性的供应链解决方案，具有广阔的市场前景。

三、按物流系统的性质来划分

按物流系统的性质不同可将物流分为社会物流、行业物流和企业物流。

(一) 社会物流

社会物流是指超越一家一户的，以一个社会为范畴的，面向社会的物流。这种社会性很强的物流往往是由专门的物流承担人承担的。社会物流研究再生产过程中随之发生的物流活动，研究国民经济中的物流活动，研究如何形成服务于社会、面向社会又在社会环境中运行的物流，研究社会中物流系统的结构和运行，因此带有综观性和广泛性。社会物流流通网络是国民经济的命脉，而流通网络分布是否合理、渠道是否畅通是关键。

(二) 行业物流

行业物流是指同一行业为了本行业的整体利益或共同目标而形成的行业内部物流网络。为了某一行业的发展，同行内各企业在行业物流大领域中常常需要相互合作，共同促进行业物流系统的合理化。行业物流系统化，能使参与的各物流企业都获得相应的经济利益，又为全社会节约人力、物力资源。

(三) 企业物流

企业物流是指企业内部的物品实体流动。它从企业角度研究与之有关的物流活动，是具体的、微观的物流活动的典型领域。企业物流又可划分为以下不同典型的具体物流活动。

1. 企业生产物流

企业生产物流是指企业在生产工艺中的物流活动。这种物流活动是与整个生产工艺过程伴生的，实际上已构成了生产工艺过程的一部分。企业生产物流的过程大体为：原料、零部件、燃料等辅助材料从企业仓库或企业的“门口”开始，进入到生产线的开始端，再进一步随生产加工过程一个一个环节地“流”，在“流”的过程中，辅助材料本身被加工，同时产生一些废料、余料，直到生产加工终结，再“流”至制品仓库，企业生产物流过程结束。

过去，人们在研究生产活动时，主要注重一个一个的生产加工过程，而忽视了将每一个生产加工过程串在一起的，并且又和每一个生产加工过程同时出现的物流活动。例如，不断地离开上一工序，进入下一工序，便会不断发生搬上搬下、向前运动、暂时停滞等物流活动。实际上，一个生产周期，物流活动所用的时间远多于实际加工的时间。所以企业生产物流研究的潜力、时间节约的潜力、劳动节约的潜力也是非常大的。

企业生产物流研究的课题很多，例如从物流角度看如何安排生产流程最合理，各生产活动环节如何衔接最有效，如何缩短整个生产的物流时间以及如何选用配合与工艺过程有关的物流机械装备等。

2. 企业供应物流

企业供应物流是指企业为保证本身生产的节奏，不断组织原材料、零部件、燃料、辅助材料供应的物流活动。这种物流活动对企业生产正常、高效地运行起着重大作用。企业供应物流不仅要保证企业的供应，而且还要求以最低成本、最少消耗、最大的保证来组织供应物流的活动，由此给企业供应物流的组织带来了很大的难度。现代物流学是基于非短缺商品市场这样一个宏观环境来研究物流活动的，在这种市场环境下，保证供应数量是容易做到的，企业的竞争关键在于如何降低这一物流过程的成本，这可以说是企业物流的最大难点。为此，企业供应物流就必须解决有效的供应网络问题、供应方式问题、零库存问题等。

3. 企业销售物流

企业销售物流是企业为保证本身的经营利益，不断伴随销售活动，将产品所有权转给用户的物流活动。在现代社会中，市场环境是一个完全的买方市场，因此，销售物流活动便带有极强的服务性，以满足买方的要求，最终实现销售。在这种市场前提下，销售往往以送达用户并经过售后服务才算终止，因此，销售物流的空间范围很大，这便是销售物流的难度所在。在这种前提下，企业销售物流的特点是通过包装、送货、配送等一系列物流实现销售，这就需要企业研究送货方式、包装水平、运输路线等，并采取各种诸如少批量、多批次，定时、定量配送等特殊的物流方式达到目的，因而，其研究领域是很宽的。

4. 企业回收物流

企业在生产、供应、销售的活动中总会产生各种边角余料和废料，这些东西回收是需要伴随物流活动的，而且在一个企业中，回收物品处理不当，往往会影响整个生产环境，甚至会影响产品质量，也会占用很大空间，造成浪费。

5. 企业废弃物物流

企业废弃物物流是指企业对排放的无用物根据实际需要进行收集、分类、加工、包装、搬运、储存的物流活动。从保护环境的角度来看，企业废弃物物流的社会意义非常重要。

四、按物流发展的历史进程来划分

按物流发展的历史进程可将物流分为传统物流(PD)和现代物流(Logistics)，两者的比较如表 1-1 所示。

表 1-1　传统物流与现代物流的比较

项　目	传统物流	现代物流
物流服务	各种物流功能相对独立；无物流中心；不能控制整个物流链；限地区的物流服务；被动服务；短期合约；价格竞争；提供标准服务	强调物流功能的整合；采用物流中心；供应链的全面管理；跨区域的物流服务；主动服务；第三方物流的普遍应用；长期战略伙伴关系；降低总物流成本；增值物流服务；定制物流服务
物流信息技术	无外部整合系统；有限或无 EDI 联系；无卫星跟踪系统	实时信息系统；广泛应用 EDI；卫星跟踪系统
物流管理	有限或没有现代管理；分散管理	现代化、信息化管理；系统管理；时基管理；全面质量管理

（一）传统物流

传统物流的主要精力集中在仓储和库存的管理和派送上，而有时又把主要精力放在仓储和运输方面，以弥补在时间和空间上的差异。

（二）现代物流

现代物流是为了满足消费者需要而进行的从起点到终点的原材料、中间过程库存、最终产品和相关信息有效流动，及储存计划、实现和控制管理的过程。它强调从起点到终点的过程，提高物流的标准和要求，是各国物流的发展方向。国际上大型物流公司认为现代物流有两个重要功能：能够管理不同货物的流通质量；开发信息和通信系统，通过网络建立商务联系，直接从客户处获得订单。

单元三　现代物流的基本特征

现代物流是指具有现代特征的物流，是与现代化社会大生产紧密联系在一起的，体现了现代企业经营和社会经济发展的需要。在现代物流的管理和运作中，广泛采用了代表着当今生产力发展水平的管理技术、工程技术以及信息技术等；随着时代的进步，物流管理和物流活动的现代化程度也会不断提高。现代化是一个不断朝着先进水平靠近的过程，从这个意义上讲，“现代物流”在不同的时期也会有不同的内涵。现代物流的特征可以概括为以下几个方面。

一、物流过程一体化

现代物流具有系统综合和总成本控制的思想，它将经济活动中所有供应、生产、销售、运输、库存及相关的信息流动等活动视为一个动态的系统总体，关心的是整个系统的运行效能与费用。

物流一体化的一个重要表现是供应链(Supply Chain)概念的出现。供应链把物流系统从采购开始，经过生产过程和货物配送到达用户的整个过程，看做是一条环环相扣的“链”，物流管理以整个供应链为基本单位，而不是单个的功能部门。在采用供应链管理时，世界级的公司力图通过增加整个供应链提供给消费者的价值、减少整个供应链的成本的方法来增强整个供应链的竞争力，其竞争不仅仅是单个公司之间的竞争，而上升为供应链与供应链的竞争。

二、物流管理信息化

物流管理信息化是整个社会信息化的必然需求。现代物流高度依赖于对大量数据与信息的采集、分析、处理和即时更新。在信息技术、网络技术高度发达的现代社会，从客户资料的取得与订单处理的数据库化和代码化，物流信息处理的电子化和计算机化，到信息传递的实时化和标准化，信息化渗透至物流的每一个领域。为数众多的无车船和固定物流设备的第三方物流者正是依赖其信息优势展开全球经营的。从某种意义上来说，现代物流竞争已成为物流信息的竞争。

三、物流技术专业化

物流技术专业化表现为现代技术在物流活动中得到了广泛的应用，例如条形码技术、EDI 技术、自动化技术、网络技术、智能化和柔性化技术等。运输、装卸、仓储等也普遍采用专业化、标准化、智能化的物流设施设备。这些现代技术和设施设备的应用大大提高了物流活动的效率，扩大了物流活动的领域。

四、物流服务社会化

物流服务社会化突出表现为第三方物流与物流中心的迅猛发展。随着社会分工的深化和市场需求的日益复杂，生产经营对物流技术和物流管理的要求也越来越高。众多工商企业逐渐认识到依靠企业自身的力量不可能在每一个领域都获得竞争优势，他们更倾向于采用外包的方式，将本企业不擅长的物流环节交由专业物流公司，或者在企业内部设立相对独立的物流专业部门，而将有限的资源集中于自己真正的优势领域。专业的物流部门由于具有人才优势、技术优势和信息优势，可以采用更为先进的物流技术和管理方式，取得规模经济效益，从而达到物流合理化——产品从供方到需方的全过程中达到环节最少、时间最短、路程最短、费用最省。

五、物流活动国际化

在产业全球化的浪潮中，跨国公司普遍采取全球战略，在全世界范围内选择原材料和零部件，选择产品和服务的销售市场。因此，其物流的选择和配置也超出国界，着眼于全球大市场。大型跨国公司普遍的做法是选择一个适应全球分配的分配中心以及关键供应物的集散仓库；在获得原材料以及分配新产品时使用当地现存的物流网络，并且把这种先进的物流技术推广到新的地区市场。例如，耐克公司通过全球招标采购原材料，在我国台湾或东南亚地区生产(中国大陆也有生产企业)，再将产品分别运送到欧洲、亚洲的几个中心仓库，然后就近销售。同样，全球采购原材料和零部件已经大大降低了汽车的成本，改变了汽车生产线的位置。

单元四　物流业在经济运行中的作用

一、物流与流通

人类社会生产与再生产的总过程分为生产、分配、交换(流通)和消费四个环节。其中流通是所有交换的总和，它处于生产和消费之间，是连接生产与消费的纽带。

随着社会经济的发展，社会化分工越来越细，生产规模越来越大，尤其是在经济全球化的趋势下，产品生产和消费的分布越来越广，因而导致了生产与消费之间的间隔越来越大。生产与消费之间的间隔主要有所有权间隔、场所间隔和时间间隔三种。解决前一种间隔的活动被称为商流，即有关商品所有权转移的活动，而解决后两种间隔的活动被称为物流。

(一) 所有权间隔

所有权间隔是通过商品交易完成的。生产者和消费者是两个不同的主体，生产者生产出商品供消费者消费的前提条件是商品的所有权发生转移，把商品的所有权从生产者转移到消费者，而这一所有权的转移必须通过买卖交易(商流)来完成。商品通过交易活动由供给方转让给需求方，这种转让是按价值规律进行的。商流的研究内容是商品交换的全过程，具体包括市场需求预测、计划分配与供应、货源组织、订货、采购调拨、销售等。其中既包括贸易决策，又包括具体业务及财物的处理。

(二) 场所间隔

场所间隔是通过运输完成的。由于产品的生产场所与消费场所的不一致，生产者生产出商品供消费者消费必须通过商品实体的位移，即通过运输来完成。例如，山西省的煤埋藏在地下，和泥土、石块等自然物一样，只有经过采掘、输送，才能成为发电、取暖的燃料，成为重要的物资。它的使用价值是通过运输克服了空间距离才得以实现的。

(三) 时间间隔

时间间隔是通过仓储保管完成的。由于商品的生产时间与消费时间不一致，为了克服生产与消费的时间差，必须通过仓储保管来完成。例如，大米的种植和收获是季节性的，多数地区每年收获一次，但是对消费者而言，大米作为食品，每天都要消耗，必须进行保管以保证经常性的需求，供人们食用，实现其使用价值。这种使用价值是通过保管克服了季节性生产和经常性消费的时间差后才得以实现的。

尽管商流和物流的关系非常密切，但是它们各自具有不同的活动内容和规律。在现实经济生活中，进行商品交易活动的地点往往不是商品实物流通最佳路线的必经之处。如果商品的交易过程和实物的运动过程路线完全一致，往往会发生实物流路线的迂回、倒流、重复等不合理现象，造成资源和运力浪费。商流一般要经过一定的经营环节来进行业务活动；而物流则不受经营环节的限制，它可以根据商品的种类、数量、交货要求、运输条件等，使商品尽可能由产地通过最少环节，以最短的物流路线，按时保质地送到用户手中，从而达到降低物流费用、提高经济效益的目的。综上所述，在合理组织流通活动中，实行商物分离的原则是提高社会经济效益的客观需要，也是企业现代化发展的需要。

物流活动和加工活动不同，它并不创造“物”的形质效用，但是却克服了供给方和需求方在空间和时间方面的距离，创造了空间价值和时间价值，在社会经济活动中起着不可缺少的作用。有时物流与商流的分离更能达到降低物流费用、提高经济效益的目的。

二、物流与生产

任何生产企业都是为了适应社会对某种产品的需求而形成的。也就是说，向社会提供一定的产品是生产企业存在的必要条件。产品的制造过程也就是加工过程，每经过一道工序，被加工对象物的形状、尺寸或性质将发生一次变化。加工设备或加工单元(如车间)的位置一般是固定的，为了保证加工活动的连续进行，被加工的物料必须依赖于运输车辆、起重机械、搬运机械或人力，才能运送到各个加工设备或加工单元(如车间)处，加工以后的半成品也必须用同样的方式送到下一个加工点。物料在加工点之间的运动就是物流活动，和流通领域中的物流活动一样，“物”不改变本身的形状、尺寸和性质，只改变“物”在时间或空间位置的状态。综上可知，物流活动与加工活动一样是生产企业经营活动必不可少的支柱。通过物流活动把原材料运进生产企业，并使其依次在加工点之间流动，逐步形成半成品、成品，直至出厂。

物流在生产企业中是一个不可缺少的活动，其原因有以下几点：

(1) 物流为生产的连续性提供了保障。如前所述，企业生产过程中原材料的供应、半成品在加工点之间的流动、成品的运出，只有依赖物流系统才能不间断地进行，使生产活动得以继续下去。

(2) 生产企业可以向物流要效益来改善自身的发展条件。生产系统为了自身的存在，除了产品要适应社会的需要之外，还应考虑从社会得到必要的回报，以作为生产过程所消耗费用的补偿，其盈余部分即是企业的利润。从社会得到补偿与利润是企业再生产和发展的必要条件。由于产品价格受到市场竞争机制的限制，从企业内部挖掘潜力、降低成本是企业面临的最重要的课题之一。物流费用在生产成本中往往占有很大比重，而物流合理化对许多企业来说还是未曾开发的研究领域，因此，通过物流系统的改善能给企业带来难以预料的效益。

(3) 物流状况对生产环境和生产秩序起着决定性的影响。在生产空间中，加工点处于固定位置，只要加工设备能正常运转，就不会对企业生产产生干扰，而物流在生产空间中始终处于运动的状态，物流路线纵横交叉、上下升降，形成了遍布生产空间的立体动态网络。物流路线不合理、运行节奏不协调，都会造成生产秩序的混乱。物流活动不正常、物流系统中物料堆放不规则，也将对生产环境造成影响。因此，有的企业家认为，一个企业的物流状况最能体现其管理水平。

不同的生产力水平的发展对物流的要求也是不同的。在生产力水平很低的时代，物流只是作为生产加工的附属活动而存在。但随着技术的发展，物流活动的水平也在逐步提高，各种物流技术开始应用，各种物流机械，如起重机、运输车辆等，也在不断地改进和发展。20 世纪 50 年代社会进入了大批量生产时代，加工设备专用化加强，自动化程度较高的流水生产线开始涌现，产品数量也急剧上升，生产规模越来越大，企业对物流系统也提出了更高的要求，物流系统化、现代化被提到日程上，物流技术也得到进一步的发展。当代社会需求的特点是多样化、个性化，生产类型向多品种、小批量方向发展，生产加工设备也从专用加工设备的流水生产线转向采用具有多功能的柔性加工系统(FMS)，生产中的物流系统为了适应这种变化也趋向柔性化，计算机控制物流管理的软件研究与开发已成为物流技术发展的新标志。

总之，企业物流贯穿企业生产和经营的全过程，企业物流的改善可以带来预想不到的利益。企业物流合理化被称为“企业脚下的金矿”、“企业的第三利润源泉”，是当前激烈的市场竞争背景下企业获取市场竞争优势的主要途径。具体来说，企业物流合理化的作用可列举如下：

① 降低物流费用，减少产品成本，增加产品的市场竞争力。物流费用在产品成本中占有相当比重，企业物流合理化可以提高物流作业效率、减少运输费用及仓储包装费用，从而直接达到降低成本的目的。

建筑材料中的砂、石及煤等物质的成本主要是物流成本，而某些消费品生产的总成本中物流成本也很高。据统计，我国一般工业品从产品出厂经过装卸、储存、运输等各个物流环节到消费者手中的物流费用占商品价格的 50%左右；新鲜水果、易变质食品、某些化工产品的流通费用有的高达产品价格的 70%。我国汽车零配件的生产，其加工装配时间仅占 2%，而 96%的时间发生在储存、装卸和搬运等环节上。提高物流活动的效率，可以大幅度地降低总成本，对这类产品的市场竞争能力的提高作用是不言而喻的。

② 缩短生产周期，加快资金周转，适应市场需求的变化。通过合理制订生产计划使物流均衡化，同时减少库存和物流中间环节，可以有效地缩短生产周期，使进厂的原材料在较短的时间内形成产成品供给用户。

据一些大型生产制造企业统计，原材料从进厂到形成产品出厂为止，只有 5%～10%的时间是被加工活动所占用的，其他 90%左右的时间是属于仓储、搬运或在加工生产线上的等待时间，也就是属于物流活动所占用的时间。由此可见，物流系统的改善对缩短原材料流转周期起决定性作用。生产周期缩短一方面可以有效地加快资金周转，提高资金的使用效率；另一方面可以更好地适应市场的变化，提高企业的竞争能力。

③ 压缩库存，减少流动资金的占用及企业财务费用的支出。库存控制是企业物流合理化的重要内容。库存控制的目的是通过各种控制策略和控制方法使企业的原材料、中间在制品和成品库存在满足生产要求的前提下，把库存控制在合理范围之内。

据一些行业的统计，企业的流动资金主要被材料费所占用，一般材料费(含原材料及在制品)占流动资金的75%左右，因此，库存物资的减少对减少流动资金起显著作用。

④ 通过改善物流可以提高整个企业的管理水平。物流系统涉及企业的各个领域。在物流科学的系统观念指导下，从整体效益着眼，对物流环节的任何改善都会对企业管理水平的提高起促进作用。

仅就库存控制来看，一定量的库存是维持生产连续性的必要条件。但是库存过多不仅占压流动资金，而且掩盖了企业管理中的许多矛盾，如某部门工作效率不高、劳动纪律松弛、各部门之间配合不协调等。只是这些问题平时没有暴露，但要降低库存水平，必须同时对这些隐含的问题进行处理。例如，减少库存必须提高供应部门的工作效率，保证供货渠道的畅通才能不发生“断粮”的危险；减少在制品库存，必须加强对生产线的管理，提高设备维修部门的责任心和工作效率。可以说，库存的降低促进了企业素质的提高。

三、物流对国民经济的作用

物流对国民经济的作用主要体现在以下几个方面：

(1) 物流是国民经济的基础之一。物流通过不断输送各种物质产品，使生产者不断获得原材料、燃料，以保证生产过程的正常进行，又不断将产品运送给不同需求者，以使这些需求者的生活得以正常进行，这些互相依赖的存在是靠物流来维系的，国民经济因此才得以成为一个有内在联系的整体。

物流是国民经济的基础，也是从物流对某种经济体制和实现这一经济体制的资源配置的作用而言的。经济体制的核心问题是资源配置，资源配置不仅要解决生产关系问题，而且必须解决资源的实际运送问题。有时候并不是某种体制不成功，而是物流不能保证资源配置的最终实现，这在我国尤为突出。物流还以本身的宏观效益支持国民经济的运行，改善国民经济的运行方式和结构，促使其优化。

(2) 特定条件下，物流是国民经济的支柱。物流对国民经济起支柱作用的国家已有一定数量，这些国家处于特定的地理位置或特定的产业结构条件下，物流在国民经济和地区经济中能够发挥带动和支持整个国民经济的作用，能够成为国家或地区财政收入的主要来源，能造成主要就业领域，能成为科技进步的主要发源地和现代科技的应用领域。

(3) 物流现代化可以改善我国的经济运行，实现质量的提升。我国经济运行质量不高，“粗放式”的问题还很严重，尤其作为支撑国民经济运行的“物流平台”问题更为突出。物流方式分立、物流基础设施不足、物流技术落后等问题如果能够得到全面的、系统的改善，就可以使我国国民经济的运行水平得到很大的提高。

(4) 一个新的物流产业可以有效改善我国产业结构。由于我国国土面积大，经济发展和物流关系就显得更为密切。物流产业过去没有受到我国经济界应有的重视，发展迟缓，这个问题如果仍然得不到解决，对于我国未来的经济发展是极为不利的，尤其是现代通信技术和计算机技术支持的电子商务普遍运行之后，落后的物流的制约会有强烈的表现。

我国是个发展中国家，由于地域广大、经济原有基础薄弱、区域发展不平衡等原因，形成对物流合理化不利的外部条件；但是改革开放为我国的物流发展带来了很好的机遇。我国各级政府目前也正在积极支持和扶持物流产业的发展，物流现代化将指日可待。

任务三　项目单项能力训练

一、单项选择题

1. 根据中华人民共和国国家标准《物流术语》规定，(　　　)不属于物流的基本功能活动。

A. 运输　　B. 仓储
C. 生产加工　　D. 配送

2. 对象物所有权转移的活动称为(　　　)。

A．商流　　B. 信息流
C. 物流　　D. 资金流

3. (　　　)不属于物流创造的效用。

A．时间效用　　B. 空间效用
C. 批量效用　　D. 生产效用

二、填空题

1. 物流按照作用分，可以分为______、______、______、回收物流、废弃物物流。

2. ______取代 PD 成为物流科学的代名词，这是物流科学走向成熟的标志。

三、简答题

1. 物流创造的效用有哪些？

2. 第一利润源、第二利润源和第三利润源分别指什么？

3. 传统物流与现代物流的区别有哪些？

任务四　项目综合技能训练

京东自建物流案例

一、京东简介

京东商城是目前中国电子商务领域最受消费者欢迎和最具有影响力的电子商务网站之一，在线销售家电、数码产品、家居百货、服装服饰、母婴、图书、食品、在线旅游等 12 大类数万个品牌百万种优质商品。2012 年第一季度，京东商城以 50.1%的市场占有率在中国自主经营式 B2C 网站中排名第一。

目前京东商城已经建立华北、华东、华南、西南、华中、东北六大物流中心，同时在全国超过 300 座城市建立核心城市配送站。2012 年 8 月 14 日，京东与苏宁开打“史上最惨烈价格战”。

京东商城以“产品、价格、服务”为核心，致力于为消费者提供质优的商品、优惠的价格，同时领先行业推出“211 限时达”、“售后 100 分”、“全国上门取件”、“先行赔付”等多项专业服务。京东商城通过不断优化的服务引领网络零售市场，率先为中国电子商务行业树立了诚信经营的标杆。

相较于同类电子商务网站，京东商城的特色在于商城提供正品行货、机打发票和售后服务的同时，还推出了“价格保护”、“延保服务”等优质服务。京东商城凭借更具竞争力的价格和逐渐完善的物流配送体系等优势，赢得市场占有率多年稳居行业首位的骄人成绩。

二、京东的物流配送体系

京东商城并没有像其他 B2C 企业那样完全将物流外包出去，而是创办了自己的物流体系。目前京东有两套物流配送体系：一套是自建的；另一套是和第三方合作。

（一）京东商城自建物流配送模式

自 2007 年 8 月开始，京东商城先后赢得今日资本、DST 和老虎基金等共计三轮融资，金额高达 15 亿美元，每一轮融资都给京东商城带来了蓬勃的发展动力。2009 年，京东商城成立了上海圆迈物流快递公司，并陆续在全国 300 个重点城市建立了城市配送站，最终覆盖了全国主要城市。2010 年在上海成立了“华东物流仓储中心”，成为京东目前最大的仓储中心，承担了一半以上销售额的物流配送任务。同时，京东商城位于上海的“亚洲一号”物流中心已经正式投入使用，标志着京东物流战略中又一重点举措落地。正是有了如此大规模的自营物流体系的支持，京东商城才敢在 2010 年 4 月正式推出“211 限时送达”服务，即每天上午 11 点前下订单，下午送达；晚上 11 点前下订单，次日上午送达。

（二）京东商城的外包物流配送体系

京东商城在自营配送到达不了和订单量相对较少的区域内，选择与专业的快递公司合作，这样使得京东商城不仅减少了物流成本的支出，还让京东商城回归自己的核心业务，专注于自身的业务发展。

三、京东商城自建物流的原因

随着电子商务的发展，目前物流问题一直是制约电子商务企业进一步发展的瓶颈，而在各种电子商务模式中，受物流配送影响和制约最大的是 B2C 企业，同样作为一家典型的 B2C 企业，京东商城也面临着同样的问题。

如何解决这一瓶颈，京东商城选择了自建物流体系，这样京东商城能够将物流最大程度地控制在自己手里，并且形成了对整个供应链链条的控制。自建物流体系为京东商城保持高速发展提供了强有力的支撑，大幅提升了其在全国的配送速度，服务质量更将得到改善，解决许多问题，最终能够帮助京东商城将物流从成本控制中心转变成未来新的盈利点，这也能够形成京东商城的差异化战略，提高电子商务网站竞争的门槛。

我国B2C企业各有其特点——淘宝网以电商平台为核心，凡客以货源品牌为核心，当当以先发优势为核心，卓越亚马逊以IT系统数据分析为核心，而京东商城则以仓储配送为核心。一直以来，京东商城不断地投入巨资在物流当中，其物流模式主要有两种：自建物流体系和第三方物流合作。

(一) 京东商城为什么要自建物流?

(1) 中国第三方物流企业规模小，资源分散，服务功能单一。

(2) 中国第三方物流企业缺少必要的物流管理信息系统。

(3) 中国第三方物流企业商品配送缺乏规范性。

(4) 为了更好地保护客户信息。

(二) 京东商城自建物流的必要性

1. 第三方物流的弊端

根据调查显示，40%的企业对于第三方物流表现出不满意。究其不满意的原因，80%归结于第三方物流无法对于企业客户的需求变化进行快速及时的响应。经过调查研究，发现有以下几大因素致使第三方物流无法及时响应客户变化需求。

(1) 服务能力薄弱。在企业物流服务多样化和复杂化的市场条件下，客户需要的是能够得到从原材料采购到销售的一系列供应链集成解决方案，而不仅仅是第三方物流提供的通过优化库存、运输等物流服务，所以第三方物流企业的鼓舞能力显得比较单一和薄弱。

(2) 物流信息技术和物流设备落后。智能化、自动化仓库还比较少,物流设备落后，仓储运输系统的整合效能比较低，信息流通不畅，不能形成对物流服务需求全面及时的了解，更难以达到对物流过程中商品的合理、有效控制。

(3) 整体效率不高。第三方物流企业各自为政，难以解决经济发展中的物流瓶颈，不能有效进行资源整合，所以整体来看第三方物流的效率不高。

(4) 与客户合作不深入。虽然大多数第三方物流企业与委托客户企业是一种长期的战略联盟关系，但双方的整体目标不一致，大多数第三方物流企业不能承揽全部的物流和供应链服务。

2. 竞争对手和其他物流公司带来的压力

目前，各个大的电子商务企业都在大力推动自建物流体系，如淘宝的大物流计划，凡客的自建物流，苏宁电器、国美电器进军电子商务也开始自建物流等。不仅是竞争对手，快递行业也开始反攻，开始跨界电子商务。2010年中国邮政携TOM亲耕“邮乐网”上线；2011年4月中铁快运打造公共网络交易平台“快运商城”正式上线运行。目前，国内“三通一达”(圆通、申通、中通、韵达)以及顺丰快递等多家民营快递都透露了涉足电子商务的筹谋，开始积极进军电子商务领域等。来自竞争对手和物流公司的压力，使京东商城面临着自建物流及物流一体化的选择。

3. 自身因素

京东商城不断增长的订单量也满足了自建物流的要求，销售额增长奇迹与物流配送水平落后的差距给京东商城带来压力，自建物流还能降低物流成本，提高顾客体验……带来一系列的效益，并且京东商城2011年4月拿到了15亿美元的融资，对于自建物流的投入有了最基本的资金保障。

四、京东商城自建物流的优势及劣势

(一) 优势

(1) 自营模式从根本上解决了企业物流货权的把握问题，保证了对于货品从厂家出厂到终端消费者全过程的货物把握，这从侧面减少了货损率。

(2) 增加了与顾客直接沟通的机遇，并为企业市场调查提供方便，同时有效实现电子商务物流金融服务的开展(到付刷卡业务)。

(3) 节约成本，使企业更有竞争力。企业自营物流对供应链各个环节有较强的控制能力，易于企业的其他各个环节模切配合，可以使物流与资金流、信息流更加紧密结合，从而大大提高了物流作业乃至全方位的工作效率。

(4) 为其他生产企业提供物流服务，使得生产企业获得其本身不能提供的物流服务。此外，降低了物流设施和信息网的滞后对企业的长期影响。

(5) 服务优势，可以实现商品的快速交易，增加客户的满意度。

(二) 劣势

(1) 物流团队的专业性大打折扣。由于物流团队是电子商务公司，对于物流服务可谓是门外之人，而在这种门外之人的服务之后，客户经常享受不到专业服务。

(2) 投资过大，增加风险，缺乏灵活性。自建配送系统的成本很大，企业必须通过较大的投资来进行配送队伍的建设。自营配置模式要求企业自建仓库，而自建仓库的投入性较大，很短的时间内，成本收不回来，使企业的资金缺乏灵活性。

(3) 物流服务多为单项服务，大量耗费物流资源，物流效率低。我们知道快递物流服务公司主要是靠双向物理服务(取货和派货同时进行)实现物流服务的高利润率，而京东商城对客户的服务远大于客户对商城的物流服务，从而形成了大量的跑空行为，最终使物流利用率低于其他物流公司。

思考题

1. 快递业的快速发展，给我们的工作、生活和学习带来了哪些便利？
2. 简述自建物流和外包物流的区别。

项目二

物 流 系 统

任务一　项目导入案例

作为世界著名的家电跨国企业，海尔的产品每天要通过全球 5.8 万个营销网点销往世界 160 多个国家和地区，每月采购 26 万种物料，制造 1 万多种产品，接到 6 万个销售订单。对于海尔集团来说，高效率的现代物流系统就意味着企业内部运作的生命线，为此海尔开始了与 SAP 的合作。

根据海尔的实际情况，SAP 先与其合作伙伴 EDS 为海尔物流本部完成了家用空调事业部的 MM(物料管理)模块和 WM(仓库管理)模块的硬件实施，2000 年 3 月开始为海尔设计实施基于协同化电子商务解决方案 mySAP.com 的 BBP(电子采购平台)项目。经过双方 7 个月的艰苦工作，mySAP.com 系统下的 MM、PP(生产计划与控制)、FI(财务管理)和 BBP 正式上线运营。

至此，海尔的后台 ERP 系统已经覆盖了整个集团原材料的集中采购、原材料库存及立体仓库的管理与 19 个事业部 PP 模块中的生产计划、事业部生产线上工位的原材料配送、事业部成品下线的原材料消耗倒冲，以及物流本部零部件采购公司的财务等业务，构建了海尔集团的内部供应链。海尔物流管理系统的成功实施和完善，构建和理顺了企业内部的供应链，为海尔集团带来了显著的经济效益：采购成本大幅降低，仓储面积减少一半，降低库存资金约 7 亿元，库存资金周转日期从 30 天降低到了 12 天以下。

实施和完善后的海尔物流管理系统可以用“一流三网”来概括。“一流”是指以订单信息流为中心；“三网”分别是全球供应链资源网络、全球用户资源网络和计算机信息网络。围绕订单信息流这一中心，将海尔遍布全球的分支机构整合在统一的物流平台之上，从而使供应商和客户、企业内部信息网络这“三网”同时开始执行，同步运动，为订单信息流的增值提供支持。

“一流三网”的同步模式实现了四个目标：为订单而采购，消灭库存；通过整合内部资源、优化外部资源，使原来的 2336 家供应商优化到了 840 家，建立了更加强大的全球供应链网络，有力地保障了海尔产品的质量和交货期；实现了三个 JIT(即时)，即 JIT 采购、JIT 配送和 JIT 分拨物流的同步流程；实现了与用户的零距离。目前，海尔 100%的采购订单由网上下达，使采购周期由原来的平均 10 天降低到 3 天；网上支付已达到总支付额的 20%。

任务二　项目支撑知识学习

单元一　物流系统认知

一、系统的概念及性质

(一) 系统的概念

系统(system)是指由两个或两个以上相互区别或相互作用的单元之间有机地结合起来，完成某一个功能的综合体。一切事物(大到太阳系、银河系，乃至整个宇宙，小到学校、班级、个人，乃至细胞)都可以看做是一个整体、一个系统。系统无论大小，都具有以下基本特点：

(1) 系统整体由两个或两个以上的要素组成。

(2) 各要素之间是相互联系、相互作用的，要素之间的结合是为了达到某种特定的目标。

(3) 系统具有一定的结构，以保证系统的有序性，使系统具有特定的功能。

(4) 系统与各要素之间存在对立统一的关系。系统与要素的概念是相对的，是对一定的边界范围而言的。它们相对独立，又相互统一，系统的性质要以要素的性质为基础，系统规律要通过要素之间的结构来体现，要素的功能可通过其结构转化为系统的功能。

(5) 系统是相对于环境而言的，环境是系统形成和存在的基本条件。

(二) 系统的性质

系统具有以下几个基本性质：

1. 整体性

整体性是系统最基本和最重要的本质特性。整体系统是由其内部各要素构成的，整体性是系统各要素之间的相互关系与系统之间的关系以整体为主进行协调的，局部服从整体，使整体效果最优。没有整体性就没有系统的存在。

2. 层次性

层次性是指系统内部由于整体与部分的无限对立所形成的一系列等级以及排列次序。任何系统都是有层次的，一个主系统可以包括若干子系统，子系统下又有下一级子系统，而主系统本身又可能包含在更高一级的系统中。

3. 相关性

系统中的各要素是相互联系、相互作用的。系统中每个要素存在都依赖于其他要素的存在，同时也依赖于环境的存在。系统中某一要素发生变化或环境发生变化，系统中的其他要素也会随之发生变化，并引起系统整体发生变化。

4. 目的性

系统具有一定的目的或某种特定的明确目标，构成系统的子系统也具有特定的目的，系统的一切运动和行为都是为了实现这个目标。在一个多层次的系统中，大系统有总的目标，各个子系统不仅要服从总目标，其自身还有自己的分目标。要达到系统的目标，必须使系统内的子系统和组成要素相互协调配合，朝着共同的目标努力。

5. 环境适应性

环境是指系统整体存在和发展的全部外界条件的总和。系统具有环境适应性。当环境发生变化时，系统的结构、性质、功能也会随之改变，以适应环境，这样才能继续存在和发展下去。人们在分析系统要素时，要注意系统整体同环境的相互联系和相互作用。

系统的五个基本性质不是孤立的，而是相互联系、相互配合的。在分析系统要素时，要注意同时兼顾系统的这些基本性质及其相互联系，否则就破坏了系统方法的有序完整性。

二、物流系统

（一）物流系统的概念

物流系统是指在一定的时间和空间内，将其所从事的物流活动和全过程作为一个整体来处理，用系统的观点以及系统工程的理论和方法进行分析研究，以实现其时间和空间的经济效益。物流系统是由多个相互联系、相互作用的要素有机结合而成的，能提供高质量、低成本物流服务的一个整体，这些要素包括物流的硬件设施、物流管理、物流信息、物流操作和人力资源等。

物流贯穿于社会物质的生产、分配、交换、流通，一直到消费、废弃的全过程，包括运输、储存、包装、搬运装卸、流通加工、配送、信息处理等诸环节，也称为物流的各个子系统。物流是由这些子系统构成的物流大系统。物流系统完全具备一般系统的条件，有自己的运动规律和发展阶段。

（二）物流系统的特征

物流系统具有一般系统所共有的特点，即整体性、层次性、相关性、目的性、环境适应性，同时还具有大跨度性、动态性、可分性、复杂性和多目标性等大系统所具有的特征。

1. 大跨度性

物流系统是一个大跨度系统，它主要表现在两个方面：一是地域跨度大；二是时间跨度大。在现代经济社会中，企业物流经常会跨越不同地域，国际物流的地域跨度更大，通常采用存储的方式解决产需之间的时间矛盾，其时间跨度往往也很大。物流系统的跨度越大，其管理方面的难度越大，对信息的依赖程度也越高。

2. 动态性

物流系统一般联系多个生产企业和用户，随需求、供应、渠道、价格的变化，系统内的要素及系统的运行也经常发生变化。即社会物资的生产状况、社会物资的需求变化、资源变化、企业间的合作关系等，都会随时随地影响物流。物流系统受社会生产和社会需求的广泛制约，所以物流系统必须是具有环境适应能力的动态系统。为适应经常变化的社会环境，物流系统必须是灵活、可变的。当社会环境发生较大变化时，物流系统甚至需要进行重新设计。

3. 可分性

无论规模多大的物流系统，都可以分解成若干个相互联系的子系统。这些子系统的多少和层次的阶数是随着人们对物流系统的认识和研究的深入而不断深入、不断扩充的。系统与子系统之间，子系统与子系统之间，存在时间和空间及资源利用方面的联系，也存在总目标、总费用及总运行结果等方面的相互联系。

4. 复杂性

物流系统的运行对象——“物”，可以是全部社会物资资源，资源的多样化和资源的大量化带来了物流系统的复杂化。从物资资源方面来看，其品种成千上万，数量非常大；此外，从从事物流活动的人员方面来看，物流从业人员队伍庞大；从资金占用方面来看，物流系统内的物资占用大量的流动资金；从物资供应网点方面来看，物流网点遍及城乡各地。这些人力、物力、财力资源的组织和合理利用，是一个非常复杂的问题。

在物流活动的全过程中，始终贯穿着大量的物流信息，物流系统要通过这些信息把这些子系统有机地联系起来，而如何把信息搜集全、处理好，且使物流信息指导物流活动，也是非常复杂的事情。物流系统的边界是广阔的，其范围横跨生产、流通、消费三大领域。这一庞大的范围给物流组织系统带来了很大的困难，而且随着科学技术的进步、生产的发展及物流技术的提高，物流系统的边界范围还将不断地向内深化，向外扩张。

5. 多目标性

物流系统的总目标是实现其经济效益，但物流系统要素间存在非常强烈的“悖反”现象，常称之为“二律悖反”或“效益悖反”现象，要同时实现物流时间最短、服务质量最佳、物流成本最低这几个目标几乎是不可能的。物流系统要在这些矛盾中运行并尽可能满足人们的要求，就需要建立物流多目标函数，并在多目标函数中求得物流最佳效果。

6. 典型的“人机系统”

物流系统是由人和设备、工具所组成的。它表现为物流劳动者运用运输设备、装卸搬动机械、仓库、港口、车站等设施，作用于物资的一系列生产活动。在这一系统的物流活动中，人是系统的主体。因此，在研究物流系统的各方面问题时，应把人和物有机地结合起来，作为不可分割的整体加以考察和分析，而且应始终把如何发挥人的主观能动作用放在首位。

(三) 物流系统的构成要素

1. 物流系统的一般要素

物流系统的一般要素由人、资金、物三方面构成。

1) 人

人是所有系统中占主导地位、起决定性作用的要素，在物流系统中也不例外，它是保证物流活动得以顺利进行的关键因素。随着经济全球化的发展，企业的竞争越来越多地表现为人才的竞争，培养人才、招揽人才、留住人才是物流企业提高竞争力、建立有效物流系统的根本要求。

2) 资金

流通本身实际上也是以货币为媒介的、实现交换的物流过程；企业生产过程中的物流活动本质上也是资金运动过程；物流服务的提供需要以货币为媒介；物流系统建设更是需要大量资金。资金是物流系统中不可缺少的一个要素，离开资金要素，物流系统就不可能存在，更谈不上发展。

3) 物

物流系统中的物是指物流系统中必需的原材料、半成品、产成品、能源、动力以及设施、工具等物质资料的总称。物的要素是物流系统存在和发展的物质基础。

2. 物流系统的物质要素

物流系统的建立和运行需要有大量技术装备手段，这些手段的有机联系对物流系统的运行有决定性意义。这些要素对实现物流的某一方面的功能也是必不可少的。物流系统的物质基础要素主要有以下几点：

1) 物流设施

物流设施是组织物流系统运行的基础物质条件，包括物流站、场，物流中心、仓库，物流线路，建筑、公路、铁路、港口等。

2) 物流装备

物流装备是保证物流系统开动的条件，包括仓库货架、进出库设备、加工设备、运输设备、装卸机械等。

3) 物流工具

物流工具也是物流系统运行的物质条件，包括包装工具、维护保养工具、办公设备等。

4) 信息技术及网络

信息技术及网络是掌握和传递物流信息的手段，在现代物流系统中发挥着日益重要的作用。不同物流系统需要选择不同的信息水平和技术，根据所需信息水平不同，来决定通信设备、传真设备、计算机及网络设备等的水平。

3. 物流系统的支撑要素

物流系统的建立需要有许多支撑手段，尤其是处于复杂的社会经济系统中，要确定物流系统的地位，要协调与其他系统的关系，这些要素必不可少。

1) 体制、制度

物流系统的体制、制度决定物流系统的结构、组织、领导、管理方式，国家对其控制、指挥、管理方式，以及这个系统的地位、范畴，是物流系统的重要保障。有了这个支撑条件，物流系统才能确立在国民经济中的地位。

2) 法律、规章

物流系统的运行都不可避免地涉及企业或人的权益问题，法律、规章一方面限制和规范物流系统的活动，使之与更大系统协调，一方面给予保障。合同的执行、权益的划分、责任的确定等都靠法律、规章维系。

3) 行政、命令

物流系统和一般系统的不同之处在于，物流系统关系到国家军事、经济命脉，所以国家和政府的行政、命令等手段也常常是物流系统正常运转的支撑要素。

4) 标准化系统

标准化系统是保证物流环节协调运行，保证物流系统与其他系统在技术上实现联结的重要支撑条件。

5) 组织及管理

组织及管理是物流系统的“软件”，起着连接、调运、运筹、协调、指挥其他各要素以保障物流系统目的实现的作用。

4. 物流系统的功能要素

物流系统的功能要素指的是物流系统所具有的基本能力，这些基本能力有效地组合、联结在一起，便成了物流的总功能，能合理、有效地实现物流系统的总目的。物流系统的功能要素一般有运输、储存保管、包装、装卸搬运、流通加工、配送、物流信息处理等。如果从物流活动的实际工作环节来考查，物流由上述七项具体工作构成。换句话说，物流能实现以上七项功能。

1) 运输

运输被认为是物流的主要功能要素，是物流系统的主要子系统。运输功能要素的活动包括供应及销售物流中的车、船、飞机等方式的运输，生产物流中的管道、传送带等方式的运输。对运输活动的管理要求选择经济技术效果最好的运输方式及联运方式，合理确定运输路线，以实现安全、迅速、准时、价廉的要求。

2) 储存保管

储存保管功能要素的活动包括堆存、保管、保养、维护等。对保管活动的管理，要求正确确定库存数量，明确仓库以流通为主还是以储备为主，合理确定保管制度和流程，对库存物品采取有区别的管理方式，力求提高保管效率、降低损耗、加快物资和资金的周转速度。

3) 包装

包装处于物流系统的起始端。包装功能要素的活动包括产品的出厂包装，生产过程中对制品、半成品的包装，以及在物流过程中换装、分装、再包装等。根据物流方式和销售要求来确定、实现包装的功能，是以商业包装为主，还是以工业包装为主，要全面考虑包装对产品的保护作用、促销作用、提高装运率的作用、拆装的便利性，以及废包装的回收和处理等因素，还要根据整个物流过程的经济效果，具体决定包装的材料、强度、尺寸及包装方式。

4) 装卸搬运

装卸搬运是物流过程中频繁发生的一项活动。装卸搬运功能要素的活动包括对输送、保管、包装、流通加工等物流活动进行的衔接活动，以及在保管等活动中为进行检验、维护、保养所进行的装卸活动。伴随装卸活动的小搬运一般也包括在这一活动中。在全物流活动中，装卸活动是频繁发生的，因而是产品损坏的重要原因。对装卸活动的管理，主要是确定最恰当的装卸方式，力求减少装卸次数，合理配置及使用装卸机具，以做到节能、省力、减少损失、加快速度，获得较好的经济效益。

5) 流通加工

流通加工又称流通过程的辅助加工活动。这种加工活动不仅存在于社会流通过程中，也存在于企业内部的流通过程中。所以，流通加工实际上是在物流过程中进行的辅助加工活动。企业、物资部门、商业部门为了弥补生产过程中加工程度的不足，更有效地满足用户或本企业的需求，更好地衔接产需，往往需要进行这种加工活动。

6) 配送

配送是物流的最终阶段，以配货、送货形式最终完成社会物流并最终实现资源配置的活动。配送活动一直被看做运输活动中的一个组成部分，看成是一种运输形式。所以，过去未将其独立作为物流系统实现的功能，未看成是独立的功能要素，而是将其作为运输中的末端运输对待。但是，配送作为一种现代流通方式，集经营、服务、社会集中库存、分拣、装卸搬运于一身，已不仅是一种送货运输所能包含的，所以可看做为独立的功能要素。

7) 物流信息处理

在物流过程中，伴随着物流的进行，产生大量的、反映物流过程的有关输入和输出物流的结构、流量与流向、库存动态、物流费用、市场情报等信息，对信息进行加工处理有利于及时了解和掌握物流动态，协调各物流环节，有效地组织好物流活动。

上述功能要素中，运输及储存保管分别解决了供给者及需求者之间场所和时间的分离，是物流创造“场所效用”及“时间效用”的主要功能要素，因而在物流系统中处于主要功能要素的地位。

单元二 物流系统运行机制

一、物流系统的模式

物流系统与系统一样，具有输入、处理(转化)、输出、限制(制约)及反馈等功能。

1. 输入

通过提供资源、能源、设备、劳力等手段对某一系统发生作用，统称为外部环境对物流系统的输入。

2. 处理(转化)

处理(转化)是指物流本身的转化过程。从输入到输出之间所进行的生产、供应、销售、服务等活动中的物流业务活动称为物流系统的处理或转化。具体内容有：物流设施设备的建设；物流业务活动，如运输、仓储、装卸搬运、包装、流通加工；信息处理及管理工作等。

3. 输出

物流系统与其本身所具有的各种手段和功能，对环境的输入进行各种处理后所提供的物流服务称为系统的输出。具体内容有：产品位置与场所的转移；各种劳务，如合同的履行及其他服务等。

4. 限制(制约)

外部环境对物流系统施加一定的约束称之为外部环境对物流系统的限制(制约)。具体内容有：资源条件，能源限制，资金与生产能力的限制；价格影响，需求变化；仓库容量；装卸与运输的能力；政策的变化等。

5. 反馈

物流系统在把输入转化为输出的过程中，由于受系统各种因素的限制，不能按原计划实现，需要把输出结果返回给输入，进行调整，即使按原计划实现，也要把信息返回，以对工作进行评价，这称为信息反馈。信息反馈的活动包括各种物流活动分析报告、各种统计报告数据、典型调查、国内外市场信息与有关动态等。

二、物流系统设计要素

好的物流系统需要进行科学设计，以最佳的结构、最好的配合，充分发挥其系统功能，实现整体物流合理化。在进行设计时需要以下几个方面的基本数据：

(1) 商品(Products)的种类、品目：商品种类、品目的数目对物流系统的复杂程度有很大的影响。

(2) 商品的数量(Quantity)：按种类、品目分别统计的商品数量多少，经营或生产年度目标的规模，价格和价值。

(3) 商品的流向(Route)：起点(如生产厂)和终点(如配送中心、消费者)，单向输送与多点配送，直接送达与巡回送货等。

(4) 服务(Service)水平：送货的快速性、即时性、正确性，商品质量的保持(如不损伤、不变质、不丢失)，信息查询的可能性、便捷性等。

(5) 时间(Time)：不同的季度、月、周、日、时业务量的波动与特点，淡季与旺季、月初与月末业务量的波动，配送中心上午的发货高峰、下午的进货高峰等。业务量波动大的物流系统运作难度较大，有时要调整业务流程与作业时间以减少波动值。

(6) 物流成本(Cost)：成本一直是物流系统设计与改善最关心的问题之一，也是物流系统的规模与水平的主要约束条件。

以上六个方面的基本数据称为物流系统设计的六个要素，系统设计中必须具备这几个方面的有关资料。

三、物流系统分析

(一) 物流系统分析的概念及目的

1. 物流系统分析的概念

物流系统分析是指在一定时间和空间里，对其所从事的物流活动和过程作为一个整体来处理，以系统的观点、系统工程的理论和方法进行分析研究，以实现其时间和空间的经济效应。物流系统分析贯穿于从系统构思、技术开发到制造安装和运输的全过程，其重点应在物流系统发展规划和系统设计阶段。物流系统分析所涉及的问题范围很广，其对象可以是宏观物流系统，也可以是局部和一个子系统。

2. 物流系统分析的目的

物流系统分析的目的是通过分析比较物流各方案的有关经济技术指标，得出决策者形成正确判断所必需的资料和信息，以便获得最优系统方案，为决策者提供科学的依据。

物流系统分析所涉及的问题范围很广，如搬运物流系统、系统布置、物流预测、生产

—库存系统等各种信息，要应用多种数理方法和计算机技术，才能分析比较实现不同物流系统目标和采用不同方案的效果，为系统评价与系统设计提供足够的信息和依据。

（二）影响物流分析的因素

物流系统存在于大的外部环境系统之中，其与内部子系统的关系将直接影响到物流系统的功能，因此在物流系统分析时必须考虑物流服务需求、物流行业的竞争状况、不同区域物流市场的差异、物流技术的发展、流通渠道的结构、经济发展水平和物流基础设施等影响因素。

1. 物流服务需求

物流服务需求包括服务水平、服务时间、服务地点、产品特征等因素，它们是物流系统规划设计的基础。由于内外环境的不断变化，必须不断改进物流服务条件，求得最佳的物流系统。

2. 物流行业的竞争状况

物流系统规划设计就是要寻求最佳的竞争优势。必须考虑物流成本的合理性，协调物流节点能力与市场需求之间的关系，从而降低成本，获得最好的竞争优势。

3. 不同区域物流市场的差异

物流系统中的因素如人口密度、经济发展水平、交通条件、风俗习惯、宗教信仰等会影响物流系统规划的设计。

4. 物流技术的发展

信息、物流技术等对物流发展具有重大的影响。快速、准确的信息交换，可以实时掌握物流的动态，可以对物流系统实时管理与控制，以提高物流效率。

5. 流通渠道的结构

流通渠道的结构是由买卖关系组成的企业之间的商务关系，而物流活动是伴随着一定的商务关系而产生的。因此，为了支持商务活动，物流系统的构筑应考虑流通渠道的结构。

6. 经济发展水平

经济发展水平、居民消费水平、产业结构等直接影响物流服务需求的数量和质量。物流系统必须适应物流服务需求的变化，不断拓展其功能，以满足经济发展的需要。

7. 物流基础设施

物流基础设施包括物流场站、物流中心、港口、铁路、公路、仓库、通行设施等，它们直接影响物流系统的规划设计。

（三）物流系统分析的原则

任何系统都是由多个因素所构成的，是具有一定结构和功能，既受外部环境影响，又受内部因素制约的整体。因此，在对物流系统进行分析时，要注意以下几个方面的结合。

1. 内部环境与外部环境相结合

物流系统是流通领域的一个子系统，它不是孤立的封闭系统，而是与社会环境紧密联系的开放性系统，受外部社会经济、政策以及科学技术等多方面的制约，并随需求、供应、价格等因素的变化而变化。从内部来看，物流系统还受物流各功能要素的影响和制约。因此，在进行物流系统分析时，既要注意对外部环境的分析，也要注意对系统内部各环节的协调，对系统内外的关联因素要综合考虑，以使物流系统在一定的环境中高效运行。

2. 当前利益与长远利益相结合

在进行方案优化时，既要考虑当前利益，又要考虑长远利益。一般来说，只有兼顾当前利益与长远利益的物流系统才是最好的系统和最具有生命力的系统。

3. 局部利益与整体利益相结合

物流系统是由多个子系统组成的，并不是所有子系统都是最好的整个系统才是最好的，而应以整体系统最好作为评价标准，即各子系统以能发挥最大功能组合在一起并且使整个系统最佳为最好。就像一辆汽车，整车的年限为十年，而轮胎的年限即使有二十年，其作用也只有十年，而当所有的汽车零配件的使用年限都最为接近，使整个汽车(相当于整体系统)年限达到最佳时才是最好。

4. 定量分析与定性分析相结合

当分析系统的一些数量指标时，采用定量分析的方法有利于使系统量化，便于根据实际确定对策；而当分析那些不能用数字量化的指标时，采用定性分析的方法可以减少弯路，节省成本。只有把定性与定量结合起来进行分析，才能达到系统优化的目的。

(四) 物流系统分析的步骤

系统分析是通过对现有系统的调查和分析来确定新系统目标的极为重要的阶段，是系统工程的技术前导。系统分析首先要对现有系统进行详细调查，包括调查现有系统的工作方法、业务流程、信息数量和频率、各业务部门之间的相互联系；然后再对现有系统从时间和空间上对信息的状态做详细调查，分析现有系统的优缺点，并了解其功能。物流系统分析的具体步骤如图 2-1 所示。

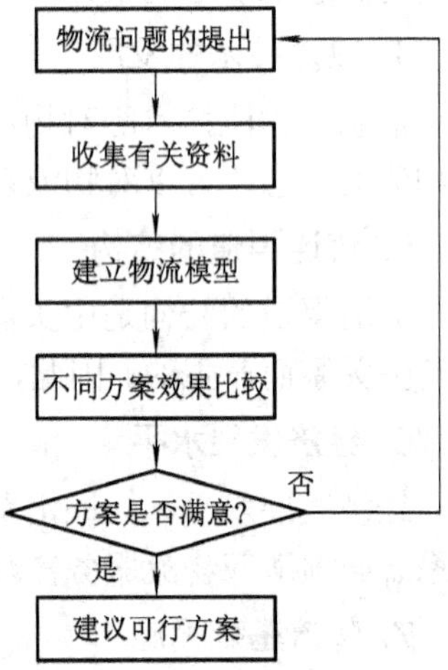

图 2-1 物流系统分析的具体步骤

(五) 物流系统分析的方法

物流系统分析常用方法主要有以下几种。

1. 数学规划法

数学规划法是一种对系统进行统筹规划，寻求最优方案的数学方法。其具体理论与方法包括线性规划、动态规划、排队论和库存论等。线性规划、动态规划和库存论等可解决物流系统中物料储存的时间与数量的问题。

2. 统筹法

统筹法是运用网络来统筹安排，合理规划系统的各个环节的方法。它用网络图来描述活动流程的线路，把事件作为节点。在保证关键线路的前提下，安排其他活动，调整相互关系，以保证按期完成整个计划。

3. 系统优化法

系统优化法是指在一定约束条件下求出使目标函数最优的解的方法。物流系统包括许多参数，这些参数相互制约，互为条件，同时受外界环境的影响。系统优化研究的是，在不可控参数变化时，根据系统的目标确定可控参数的值，使系统达到最优状态。

4. 系统仿真

系统仿真是指利用模型对实际系统进行实验研究，利用数学公式、图表等抽象概念来表示实际物流系统的内部状态和输入、输出关系。

上述方法各有特点，在实际中都得到广泛应用，其中系统仿真技术近年来应用最为普遍。系统仿真技术的发展及应用依赖于计算机软、硬件技术的飞速发展。随着计算机科学与技术的巨大发展，系统仿真技术的研究也不断完善，应用不断扩大。

单元三　物流系统化

一、物流系统化的概念

国民经济中有效的物流系统是由国家经济部门、各企业、横向或纵向联合成的企业集团的物流部门以及物流经营业在各自的业务范围和权限内作为系统的主体，综合运输、储存、装卸搬运、包装、配送、流通加工、物流信息这些物流活动的七功能使之系统化。其次是应用物流系统的效率与费用分析使系统的构造、组织、管理的物流过程最优化，即以物流总体系统成本最低来实现一定的物流服务。

二、物流系统化的特点

物流系统化的特点如下：

(1) 生产流通企业以物流系统化为总目标进行物流革新及重构。由物流系统化的本质含义可知，物流系统化并不是要将全国的物流构成一个总的系统，也不是按照区域规划将区域内、区域间的物流构成一个总的系统，这些都不属于物流系统化的研究范畴。物流系统化作为微观物流组织者的生产、流通企业进行物流系统革新的总目标，是指将生产、流通企业的包装、装卸、运输、储存、配送、流通加工与物流信息这些以前分开管理的物流活动作为一个总体系统来构造、组织和管理。

(2) 各子系统相互协调、共同发挥各自功能使总系统目标最优。物流系统化谋求的是在物流系统目标之下的子系统的协调，因而着重研究的不是各子系统本身，而是各子系统之间的联系、影响与制约关系，是各子系统的功能与总体系统目标之间的关系。当然，它是以各子系统的研究为基础的，但只是孤立地研究包装、装卸、运输、储存、配送、流通加工与物流信息，仅提出各子系统优化的理论与方法是无论如何也不能说成是物流系统化的。

(3) 物流系统化以硬件为基础，以软件为主体。物流系统化所说的把包装、装卸、运输、储存、配送、流通加工与物流信息作为一个系统来构造、组织和管理，并不是说企业所实现的物流系统是一个囊括包装、装卸、运输、储存、配送、流通加工与物流信息所有装备的硬件集合体，企业作为物流的组织者实施的物流系统化应该是根据本企业的物流特性，结合可利用自有及社会物流设施、物流服务，通过物流系统分析和效益费用分析，发现目前物流系统的问题，提出改进物流系统的方案，重新构造出适合于本企业的物流特性，以最低的物流总成本完成要求的物流服务的物流系统。

三、物流系统化的目的

日本著名物流研究专家菊池康也认为，物流系统化的目的在于以Speed(速度)、Safety(安全)、Surely(可靠)、Low(低费用)的“3S1L”原则，即以最少的费用提供最好的物流服务。

密歇根大学的斯麦基教授倡导的物流系统化的目的体现在“7Right”，即 Right Quality(优良的质量)、Right Quantity(合适的数量)、Right Time(适当的时间)、Right Place(恰当的场所)、Right Impression(良好的印象)、Right Price(适宜的价格)、Right Commodity(适宜的商品)。

物流系统化的目的可归纳为以下几个方面：

(1) 按交货期将所订货物适时而准确地交给用户。

(2) 尽可能地减少用户所需的订货断档。

(3) 适当配置物流据点，提高配送效率，维持适当的库存量。

(4) 提高运输、保管、装卸、包装、流通加工等作业效率，实现省力化、合理化。

(5) 保证订货、出货、配送的信息畅通无阻。

(6) 使物流成本降到最低。

四、物流系统化的内容

(一) 大量化

随着消费的多样化，产品的多品种化，多数客户往往要求频繁地订货预约，迅速交货。在接受订货的企业中，因为要尽可能地使发货批量变大，所以多采取最低限额订购制，以期降低成本。大型超市、百货店，从制造厂或批发商那里进货，把向各店铺个别交货的商品由中间区域设置的配送中心集约起来，再大批量地送往各店铺，并按照客户的订货量，采用减价供货制。

(二) 共同化

在同一地区或同一业种的企业中，谋求物流共同化的情况比较多，尤其在大城市，由于交通拥挤，运输效率大大降低，积极参加共同配送的企业越来越多。各种销售企业面向百货店、大型超市的共同配送的例子举不胜举。不少小规模的企业也共同出资建立“共同配送中心”，全面地使装卸、保管、运输、信息处理等物流功能协作化。

(三) 短路化

过去，很多企业的商品交易过程是按照“制造商——一次批发—二次批发或零售商—消费者”的渠道进行的，商品经由的各个阶段都有仓库。现在，销售物流可以不经由中间阶段，直接把商品从制造厂送至二次批发或零售商，使物流路线缩短，既减少了商品的移动，又压缩了库存量。

(四) 自动化

企业在过去的运输、装卸、配送、保管、包装等物流功能中，引进了各种机械化、自动化的技术。在运输等方面，由于运用托盘、集装箱而发展起来的单位载荷制，提高了货物分拣机械化水平的技术；在保管方面，由于高层货架仓库发展为自动化仓库，大大提高了保管的效率。

(五) 信息化

物流系统中的信息系统是指企业从订货到发货的信息处理结构。在企业活动中，信息是控制生产和销售系统相结合的物流作业系统的组成部分，因而物流信息化是物流系统化必不可少的条件。

(六) 网络化

由物流环节构成的供应链本身就是一个链式网络。这里的结构网络化并不仅指这种链式网络，还包括物流过程中由于服务对象多元化形成的网状结构。企业的运输线路、配送线路和库存分布必然形成复杂的网络结构。

五、物流系统化的措施

(一) 物流计划化

物流的组织管理要科学规划和合理设计，是实现物流系统化的首要条件。物流企业应与商品生产经营企业紧密结合，对其物流系统进行科学规划，并使物流活动纳入计划。即根据其购销业务的商流计划，制订相应的物流计划，妥善安排货物的运输、储存、装卸等物流环节，按照客户要求的数量、时间、地点，把原材料或商品准确地运送到工厂、商店或消费者手中，达到客户满意，提高物流社会效益。

(二) 物流直达化

物流企业在组织货物运送的过程中，应尽量减少中间环节，特别是物流过程中运输、储存等环节，把货物由供给者的仓库或货场直接运送到客户的仓库(货场)或消费者手中，实现门到门运送。物流直达化可以加快商品的运送时间，创造时间价值，又可以降低物流费用支出，因而是物流企业组织物流系统化的主要形式或目标。

(三) 物流短距化

物流企业在组织货物运送的过程中，应根据货物的发、到地点，选择最佳的运送路径，使运送距离最短。

(四) 物流网络化

物流企业在组织货物运送的过程中，应尽可能组织双向运输，提高运输工具的回运系数或里程利用率。组织双向运输的主要途径是形成运输网络。物流企业可以自行建立网点，或相互之间达成协议互为对方提供组货服务，同时建立有效的信息系统，及时传递车、货信息。

(五) 物流集中化

物流企业在组织货物运送时，对小批量与零星货物，和发往同一地区、同一方向的几个货主的多种商品，在计划的基础上，集零为整，就小量为大量，采用混装的形式，进行集中运送。

(六) 物流社会化

物流的各个功能要素被分割从属于社会各单位、各部门，有的属于生产过程的一个环节，有的作为商流的组成部分，有的同一物流企业分属多个部门。生产流通合一，商流物流合一，条块分割，使物流要素功能弱化，物流系统支离破碎，这在我国由传统计划经济向社会主义市场经济的转变过程中表现得比较突出。这一方面受经济发展水平的影响，另一方面受经济体制、人们观念认识的影响。因此，要在经济体制改革中，遵循社会化大生产分工协作和市场经济运行的客观要求，加快物流活动专业化、商品化和社会化进程，使物流成为相对独立的系统，是物流系统化的必要条件。

(七) 物流服务化

物流企业属于第三产业，它既有经营，又有服务，是以服务为主的经营服务型企业。因此，应当树立“顾客就是上帝”的服务宗旨，加强服务教育，提高职工的服务意识和素质，制订服务规范，为社会提供高标准的服务水平。物流服务化关系到物流业务发展，是实现物流系统化的一项重要内容。

(八) 物流标准化

物流标准化是指从物流系统的整体出发，制订其各子系统的设施设备、专用工具等技术标准，以及业务工作标准；研究各子系统技术标准和业务工作的配合性，按配合性要求，统一整个物流系统的标准；研究物流系统与相关其他系统的配合性，谋求物流大系统的标准统一。

任务三 项目单项能力训练

一、单项选择题

1. 研究系统的中心问题是(　　)。

A. 研究各元素之间的关系　　B. 研究系统如何优化

C. 研究系统建立可应用的模型　　D. 研究系统可判别性能的标准

2. 物流系统的输出是(　　)。

A. 物流情报　　B. 流通加工　　C. 产品配送　　D. 物流服务

3. 物流系统设计的核心是(　　)。

A. 概略设计　　B. 系统分析　　C. 方案确定　　D. 详细设计

4. 下列不属于物流系统的建立过程的是(　　)。

A. 系统规划　　B. 系统设计

C. 系统仿真　　D. 系统实施

5. (　　)是一种对系统进行统筹规划，寻求最优方案的数学方法。

A. 数学规划法　　B. 统筹法

C. 系统优化法　　D. 系统仿真

二、多项选择题

1. 系统是由两个或两个以上相互作用的单元有机地结合起来，完成某一功能的综合体。属于系统的三要素的有(　　)。

A. 输入　　B. 输出　　C. 处理　　D. 干扰　　E. 反馈

2. 下列属于物流子系统的有(　　)。

A. 运输　　B. 包装　　C. 装卸搬运　　D. 流通加工　　E. 配送

3. 下列属于物流系统中存在的制约关系的有(　　)。

A. 物流服务和物流成本之间

B. 构成物流服务子系统功能之间

C. 构成物流成本的各个环节费用之间

D. 各子系统的功能和所耗费用之间

E. 仓储费用和运输费用之间

4. 物流系统整体优化的目标是(　　)。

A. 物流成本　　B. 物流服务　　C. 物流信息

D. 物流系统各元素之间的关系　　E. 物流系统处理转换的效率

5. 物流系统化的目标是(　　)。

A. 服务性　　B. 快捷性　　C. 有效地利用面积和空间

D. 规模适当化　　E. 库存控制

三、判断题

1. 外部环境对系统加以约束或影响，称为反馈。(　　)

2. 对于一个系统来说，为了完成同一目标可以有几种不同方案。(　　)

3. 物流系统分析的目的是分析构成物流系统的子系统的功能和相互关系。(　　)

4. 物流系统模型化是物流系统化的重要前提。(　　)

5. 系统工程从系统的观点出发，跨学科地考虑问题，运用工程的方法去研究和解决各种问题。(　　)

四、简答题

1. 试述物流系统的特征。

2. 试述物流系统的功能要素。

3. 试述物流系统运行的模式。

4. 物流系统分析的方法有哪些？

5. 如何实现物流系统化？

任务四　项目综合技能训练

海尔现代物流系统建设案例

海尔在连续近二十年保持 80%的增长速度之后，近两年来又悄然进行着一场重大的管理革命。这就是在对企业进行全方位流程再造的基础之上，建立了具有国际水平的自动化、智能化的现代物流体系，使企业的运营效益发生了奇迹般的变化，资金周转达到一年 15 次，实现了零库存、零运营成本和与顾客的零距离，突破了构筑现代企业核心竞争力的瓶颈。

一、海尔现代物流从根本上重塑了企业的业务流程，真正实现了市场化程度最高的订单经济

海尔现代物流的起点是订单。企业把订单作为企业运行的驱动力，作为业务流程的源头，完全按订单组织采购、生产、销售等全部经营活动。从接到订单时起，就开始了采购、配送和分拨物流的同步流程，现代物流过程也就同时开始。由于物流技术和计算机管理的支持，海尔物流通过 3 个 JIT，即 JIT 采购、JIT 配送、JIT 分拨物流来实现同步流程。这样的运行速度为海尔赢得了源源不断的订单。目前，海尔集团平均每天接到销售订单 200 多个，每个月平均接到 6000 多个销售订单，定制产品 7000 多个规格品种，需要采购的物料品种达 15 万种。

由于所有的采购基于订单，采购周期减到 3 天；所有的生产基于订单，生产过程降到一周之内；所有的配送基于订单，中心城市在 8 小时内、辐射区域在 24 小时内、全国在 4 天之内即能送达。总起来，海尔完成客户订单的全过程仅为 10 天时间，资金回笼一年 15 次(1999 年只为 1.2 次)，呆滞物资降低 73.8%。张瑞敏认为，订单是企业建立现代物流的基础。如果没有订单，现代物流就无物可流，现代企业就不可能运作。没有订单的采购，意味着采购回来就是库存；没有订单的生产，就等于制造库存；没有订单的销售，就不外乎是处理库存。抓住了订单，就抓住了满足即期消费需求、开发潜在消费需求、创造崭新消费需求这个牛鼻子。但如果没有现代物流保障流通的速度，有了订单也会失去。

二、海尔现代物流从根本上改变了物在企业的流通方式，基本实现了资本效率最大化的零库存

海尔改变了传统仓库的“蓄水池”功能，使之成为一条流动的“河”。海尔认为，提高物流效率的最大目的就是实现零库存，现在海尔的仓库已经不是传统意义上的仓库，它只是企业的一个配送中心，成了为下道工序配送而暂时存放物资的地方。

建立现代物流系统之前，海尔占用 50 多万平方米仓库，费用开支很大。目前，海尔建立了 2 座我国规模最大、自动化水平最高的现代化、智能化立体仓库，仓库使用面积仅有

2.54 万平方米。其中一座坐落在海尔开发区工业园中的仓库，面积 1.92 万平方米，设置了 1.8 万个货位，满足了企业全部原材料和制成品配送的需求，其仓储功能相当于一个 30 万平方米的仓库。

这个立体仓库与海尔的商流、信息流、资金流、工作流联网，进行同步数据传输，采用世界上最先进的激光导引无人运输车系统、机器人技术、巷道堆垛机、通信传感技术等，整个仓库空无一人。自动堆垛机把原材料和制成品举上 7 层楼高的货位，自动穿梭车则把货位上的货物搬下来，一一放在激光导引无人驾驶运输车上，运输车井然有序地按照指令再把货送到机器人面前，机器人叉起托盘，把货物装上外运的载重运输车上，运输车开向出库大门，仓库中物的流动过程结束。整个仓库实现了对物料的统一编码，使用了条形码技术、自动扫描技术和标准化的包装，没有一道环节会使流动的过程梗塞。

海尔的流程再造使原来表现为固态的、静止的、僵硬的业务过程变成了动态的、活跃的和柔性的业务流程。在海尔所谓库存物品，实际上成了在物流中流动着的、被不断配送到下一个环节的“物”。

三、海尔现代物流从根本上打破了企业自循环的封闭体系，建立了市场快速响应体系

面对日趋激烈的市场竞争，现代企业要占领市场份额，就必须以最快的速度满足终端消费者多样化的个性需求。因此，海尔建立了一整套对市场的快速响应系统。一是建立网上订单管理平台。全部采购订单均由网上发出，供货商在网上查询库存，根据订单和库存情况及时补货。二是建立网上支付系统。目前网上支付已达到总支付额的 20%，支付准确率和及时率达 100%，并节约近 1000 万元的差旅费。三是建立网上招标竞价平台。供应商与海尔一道共同面对终端消费者，以最快的速度、最好的质量、最低的价格供应原材料，提高了产品的竞争力。四是建立信息交流平台，供应商、销售商共享网上信息，保证了商流、物流、资金流的顺畅。集成化的信息平台，形成了企业内部的信息“高速公路”，架起了海尔与全球用户资源网、全球供应链资源网和计算机网络的桥梁，将用户信息同步转化为企业内部信息，以信息替代库存，强化了整个系统执行订单的能力。海尔物流成功地运用电子商务体系，大大缩短了海尔与终端消费者的距离，为海尔赢得了响应市场的速度，扩大了海尔产品的市场份额。

思考题

1. 海尔集团在构建核心竞争力的过程中，紧紧抓住了哪些关键环节？
2. 结合案例，说明实现“零库存”的意义。
3. 结合案例，分析企业物流对整个企业的经营具有的意义。

项目三

运 输

任务一 项目导入案例

沃尔玛公司是世界上最大的商业零售企业，在物流运营过程中，尽可能地降低成本是其经营的哲学。

沃尔玛有时采用空运，有时采用船运，还有一些货物采用卡车公路运输。在中国，沃尔玛百分之百地采用公路运输，所以如何降低卡车运输成本，是沃尔玛物流管理面临的一个重要问题，为此他们主要采取了以下措施：

(1) 沃尔玛使用一种尽可能大的卡车，大约有 16 米加长的货柜，比集装箱运输卡车更长或更高。沃尔玛把卡车装得非常满，产品从车厢的底部一直装到最高，这样非常有助于节约成本。

(2) 沃尔玛的车辆都是自有的，司机也是他的员工。沃尔玛的车队大约有 5000 名非司机员工，有 3700 多名司机，车队每周一次运输可以达 7000～8000 公里。沃尔玛知道，卡车运输是比较危险的，有可能会发生交通事故。因此，对于运输车队来说，保证安全是节约成本最重要的环节。沃尔玛的口号是“安全第一，礼貌第一”，而不是“速度第一”。在运输过程中，卡车司机们都非常遵守交通规则。沃尔玛定期在公路上对运输车队进行调查，卡车上面都带有公司的号码，如果看到司机违章驾驶，调查人员就可以根据车上的号码报告，以便进行惩处。沃尔玛认为，卡车不出事故，就是节省公司的费用，就是最大限度地降低物流成本。由于狠抓了安全驾驶，运输车队已经创造了 300 万公里无事故的纪录。

(3) 沃尔玛采用全球定位系统对车辆进行定位，因此在任何时候，调度中心都可以知道这些车辆在什么地方，离商场有多远，还需要多长时间才能运到商场，这种估算可以精确到小时。沃尔玛知道卡车在哪里，产品在哪里，就可以提高整个物流系统的效率，有助于降低成本。

(4) 沃尔玛的连锁商场的物流部门 24 小时进行工作，无论白天或晚上，都能为卡车及时卸货。另外，沃尔玛的运输车队还利用夜间进行运输，从而做到了当日下午进行集货，夜间进行异地运输，翌日上午即可送货上门，保证在 15～18 个小时内完成整个运输过程，这是沃尔玛在速度上取得优势的重要措施。

(5) 沃尔玛的卡车把产品运到商场后，商场可以把它整个地卸下来，而不用对每个产品逐个检查，这样就可以节省很多时间和精力，加快了沃尔玛物流的循环过程，从而降低了成本。这里有一个非常重要的先决条件，就是沃尔玛的物流系统能够确保商场所得到的产品是与发货单完全一致的产品。

(6) 沃尔玛的运输成本比供货厂商自己运输产品的成本要低，所以厂商也使用沃尔玛的卡车来运输货物，从而做到了把产品从工厂直接运送到商场，大大节省了产品流通过程中的仓储成本和转运成本。

沃尔玛的集中配送中心把上述措施有机地组合在一起，做出了一个最经济合理的安排，从而使沃尔玛的运输车队能以最低的成本高效率地运行。

任务二　项目支撑知识学习

单元一　运 输 概 述

一、运输的概念

中华人民共和国国家标准(GB/T 18354—2006)《物流术语》对运输的定义为“用专用运输设备将物品从一个地点向另一个地点运送。其中包括集货、分配、搬运、中转、装入、卸下、分散等一系列操作”。运输是人和物的载运及输送。本书如不特别指出，所讲运输专指“物”的载运及输送。

运输作为物流系统的一个重要组成部分，包括生产领域的运输和流通领域的运输。生产领域的运输活动一般是在生产企业内部进行的，因此称之为厂内运输，其内容包括原材料、在制品、半成品和成品的运输，这种厂内运输有时也称为搬运。它作为生产过程的一个组成部分，直接为物质产品的生产服务。流通领域的运输活动则是作为流通领域里的一个环节，其主要内容是物质产品的运输，是以社会服务为目的的，完成物品从生产领域向消费领域在空间位置上的物理性的转移过程。它既包括物品从生产所在地直接向消费所在地的移动，也包括物品从生产所在地向物流网点的移动和由物流网点向消费者(用户)所在地的移动。为了区别长途运输，往往把由物流网点向用户的运输活动称为“发送”或“配送”，将场地内部的移动称为“搬运”。本书所讲的物流运输侧重于流通领域的运输。

二、运输的特征

(一) 物质生产性

实现劳动对象的空间位移是物流运输的基本功能，也是物流运输参与物质生产的主要途径。从表面看，运输不直接增加社会产品的实物总量，如运输对劳动对象只有生产权(即运输权)，而不具有所有权；劳动对象在运输过程中的形态和性质也不发生变化，只改变了空间位置。但这并不是说，运输是可有可无的过程，运输是社会生产过程在流通领域内的继续。产品只有从生产领域进入消费领域，其价值才会发生变化，而物流运输正是连接生产和消费领域的桥梁。

(二) 公共服务性

运输业尤其是运输基础设施，必须公平地为社会所有成员服务，必须以注重公共安全作为其重要目标，不能单纯或过分强调企业或部门的盈利性。

(三) 政府干预性

由于运输业公共服务性的特点，世界各国政府对运输价格、运输工具、运输范围等都进行了一定的干预，有些国家甚至对运输业实行高度管制。

(四) 全球性

在经济、贸易、金融等全球化的今天，运输的全球化首当其冲，而且是一切全球化的载体，与其他全球化成为一个系统。

(五) 生产和消费的同一性

运输生产和消费的“同一性”是指物流运输的生产过程就是对它的消费过程，因此，生产过程的开始也就意味着消费过程的开始，生产过程一结束，消费过程也就相应结束。运输的这种特性也决定了运输能力不能储存和调配，如果不及时消费就会被浪费。

三、运输在物流中的作用

运输在物流中的作用如下：

(1) 运输是物流的主要功能要素之一。物流是“物”的物理性运动，这种运动不但改变了“物”的时间状态，也改变了物的空间状态。而运输承担了改变空间状态的主要任务。运输是改变空间状态的主要手段，再配以搬运、配送等活动，就能圆满完成改变空间状态的全部任务。

(2) 运输是社会物质生产的必要条件之一。运输是国民经济的基础和先行。马克思将运输称之为“第四个物质生产部门”，将运输看成是生产过程的继续，这个继续虽然以生产过程为前提，但如果没有这个继续，生产过程则不能最后完成。所以，虽然运输的这种生产活动和一般生产活动不同，它不创造新的物质产品，不增加社会产品数，不赋予产品以新的使用价值，而只变动其所在的空间位置，但这一变动使生产能继续下去，使社会再生产不断推进，从这个角度将其看成一种物质生产部门，或者物质生产部门的一个组成部分，是非常有道理的。

(3) 运输可以创造“空间效用”。同种“物”由于空间场所不同，其使用价值的实现程度和效益的实现也不同。通过运输，将“物”运到场所效用最高的地方，就能发挥“物”的潜力，实现资源优化配置。从这个意义上讲，也相当于通过运输提高了“物”的使用价值。

(4) 运输是“第三利润源”的主要源泉。物流被称为“第三利润源”，但在物流费用中，运输费用所占的比重最高。一般来讲，在社会物流费用当中，运输费用占近 50%的比重，有些产品的运输费用甚至高于生产费用。因此，降低运输费用对于降低物流费用、提高物流活动经济效益、稳定商品价格、满足消费需求、提高社会经济效益都具有重要的意义。

单元二　运输方式及其选择

一、运输方式

(一) 公路运输

1. 公路运输的定义

公路运输是指使用汽车或其他车辆(如人力车或畜力车)在公路上进行货物运输的一种方式。公路运输是现代物流运输的主要方式之一，也是经济社会发展的一个基础性产业。近年来，随着经济全球化进程的加快和市场竞争的日益加剧，一个高效、便捷、安全的公路货运系统和物流配送体系，不仅成为一个地区或国家投资环境的重要组成部分，也日益成为决定该地区和国家制造业竞争力的重要因素。

2. 公路运输系统的构成要素

公路运输系统的构成要素主要包括运输工具、运输节点和运输线路。

运输工具包括汽车、挂车和汽车列车三大类。汽车是由动力驱动，具有四个或四个以上车轮的非轨道承载的车辆，主要用于载运人或货物和牵引载运人或货物。本书只讨论用于载运货物或牵引载运货物的车辆，即货车。挂车是指需汽车牵引才能正常使用的一种无动力的道路车辆。汽车列车是由一辆货车与一辆(或多辆)挂车组合而成的车辆。

运输节点即货运站(场)，是以场地为依托，为社会提供有偿服务的具有仓储、保管、配载、信息服务、装卸、理货等功能的综合经营场所。

公路运输中的运输线路即公路。

3. 公路运输的特点

公路运输的主要特点如下：

(1) 机动灵活，运输方便。公路运输在运输时间方面机动性比较大，车辆可随时调度、装卸载和起运，各运输环节之间的衔接时间较短。

(2) 可实现“门到门”的直达运输。汽车体积较小，可以深入到工厂区内、农村田间、城市街道、机关单位和居民住宅的门口，从而把货物从发货人仓库门口直接运送到收货人仓库门口。

(3) 中短途运输速度快、费用低。由于公路运输可以实现“门到门”的直达运输，不需中途倒运，货物在途时间短，因而在中短途运输中的运送速度较快。

(4) 原始投资少，资金周转快。公路运输不像铁路运输那样需要铺设铁轨、设置信号设备以及购置其他昂贵的设施等，车辆的购置费用也比较低，因而原始投资回收期短，较容易在短期内扩大再生产，以及时满足生产生活需要。

(5) 适应性强，与其他物流运输方式衔接方便。由于机动灵活，公路运输能适应多种条件下的运输作业，与铁路运输、水路运输以及航空运输衔接方便，成为综合运输体系的重要组成部分，是货物集散的有效工具。

(二) 铁路运输

1. 铁路运输的定义

铁路运输就是利用铁路设施、设备来运输货物的一种运输方式。铁路运输在干线运输中起主力作用，也是最有效的陆上运输方式，在物流运输业中占有重要的地位。铁路运输主要承担长距离、大数量的货物运输，在没有水运条件的地区，几乎所有大批量货物都是依靠铁路运输来进行的。

2. 铁路运输系统的构成要素

铁路运输系统的构成要素主要包括铁轨、铁路车辆、铁路机车和铁路车站等。

铁轨是铁路轨道的简称，也称路轨、轨道等，通常由两条平行的钢轨组成，供火车开行。钢轨固定在轨枕(亦称枕木或路枕)上，轨枕的作用是分散铁轨重量和固定钢轨、维持轨距。现代使用的钢轨切面成“工”字形，分为与车轮接触的轨头、中间的轨腰及底部的轨底。不同的路线对钢轨的强度、稳定性及耐磨性有不同的要求，因此钢轨也有不同的规格。铁轨能平均分散火车的重量，使火车的载重力比汽车高；相对于公路来说，铁轨可以大大减少摩擦力，为铁路运输节省大量能量。

铁路车辆是运送旅客和货物的工具，可分为客车和货车两大类，本书只讨论铁路货车。铁路货车的分类方式很多，如按照用途或车型可分为通用货车和专用货车两大类。通用货车又可分为棚车、敞车和平车三类。专用货车是专供装运某些指定种类货物的车辆，如保温车、罐车、家畜车、煤车、矿石车、矿砂车等。

铁路机车是铁路运输的基本动力。铁路车辆本身没有动力装置，因此必须把许多车辆连接在一起编成一列，由机车牵引才能运行。按照机车的原动力不同，铁路机车可分为蒸汽机车、内燃机车和电力机车三种。

铁路车站是从事铁路货运业务和列车作业的场所。铁路车站的发展趋势是作业集中化，设备、设施现代化和操作自动化等。

3. 铁路运输的特点

铁路运输最大的特点是适合长距离大宗货物的集中运输。另外，超大的装载容量和类型丰富的运输车辆，使铁路运输能够运送几乎所有的货物，而且铁路运输几乎没有体积和重量的限制，受天气条件的影响较小，能常年保持准点运营。

铁路运输的优点主要表现在：

(1) 运载量大。铁路运输量仅次于船舶，一列货车一般能运送5000吨货物。

(2) 成本低。其远距离运费仅为公路运输的几分之一甚至十几分之一。

(3) 受气候影响小。铁路物流运输一般不受气候条件的影响，一年四季可以不分昼夜的运行，准点率高。

(4) 速度快。铁路运输的速度较快，在几种运输方式中仅次于航空运输。

(5) 安全。铁路运输的安全系数较大，是运输中最可靠的运输方式。

(三) 水路运输

1. 水路运输的定义

水路运输是指利用船舶、排筏或其他浮运工具，在江、河、湖泊、海洋、人工水道以及其他通航水域载运货物的一种物流运输方式。

2. 水路运输系统的构成要素

现代水路运输系统的构成要素主要包括船舶、港口和航道。

船舶是指能航行或停泊于水域进行运输或作业的工具，按不同的使用要求而具有不同的技术性能、装备和结构形式。水路运输中的船舶一般不包括用于军事、政府公务目的的船舶和20吨以下的小型船艇。

港口是指具有船舶进出、停泊、靠泊，旅客上下，货物装卸、驳运、储存等功能，具有相应的码头设施，由一定范围的水域或陆域组成的区域。港口可以由一个或者多个港区组成。港口可分为基本港与非基本港。基本港是班轮公司的船一般要定期挂靠的港口。基本港以外的港口称为非基本港。港口按用途的不同，可分为商港、军港、渔港、避风港等；按所处位置的不同，可分为河口港、海港和河港等。

航道是在水域内供船舶、排筏或其他浮运工具航行的线路，它是水路运输的基础设施。航道可分为天然航道和人工航道(如运河等)。

3. 水路运输的特点

水路运输以天然或人工水域为载体，利用水的浮力承载货物的重量，可实现大吨位物流运输，是开展国际贸易的主要方式，也是发展经济和友好往来的主要工具。

水路运输主要的优点有：

(1) 通过能力大。水路运输的突出优点是通过能力大，如海上运输利用海洋作为航道，其通航能力几乎不受限制。而且，江、河、湖、海互相贯通，可以实现长距离物流运输；船舶的舱位大、装载能力强，适合于体积较大的货物运输。

(2) 节省燃料，单位运输成本低。因为沿水道浮动运行，水路运输可以有效节省燃料，降低物流运输成本。在各种物流运输方式中，水路运输的单位运输成本最小，尤其是海运，运输成本更加低廉，约为铁路运输的1/25～1/20，不足公路运输的1/100。

(3) 续航能力强。一艘商船携带的燃料、粮食及淡水可供使用数十日。商船还具有独立生活的种种设备，如发电、制造淡水、储藏食物、油料等，其续航能力较强。

(4) 劳动生产率高。由于船舶运载量大，配备船员少，因而其劳动生产率较高。

(5) 节约投资，占地较少。水路运输主要利用江、河、湖泊和海洋等天然航道，线路投资少，节省土地资源。

(四) 航空运输

1. 航空运输的定义

航空运输简称空运，是使用飞机运送客货的一种方式。航空货物运输的单位成本较高，因而适合运载的主要物品为价值高、运费承担能力强的物品和紧急需要的物品。

2. 航空运输系统的构成要素

技术设施是实现航空运输的物质基础，航空运输系统的构成要素包括航空器、航空港、航空线路和通信导航设施四个部分。

航空器主要是指民用飞机。民用飞机是指用于从事客货运输的非军用飞机。民用飞机根据起飞重量分为大型、中型和小型飞机三种，按航程分为近程、中程和远程飞机三种，按用途则可分为客机和货机两种。

航空港是航空运输机场及其服务设施的总称，一般由飞行区、客货运服务区和机场维修区三个部分组成。机场是供飞机起飞、降落、停放及维修等活动的场所，也是旅客、货物、邮件的集散地。跑道是供飞机起飞加速和着陆时减速滑跑用的带状地面，是航空港的组成部分之一。

航空线路又称航线，是根据地面导航设施建立的走廊式保护空域。航线的划定是以连接各个地面导航设施的直线为中心线，在航线范围内规定上限高度、下限高度和宽度，对在其范围内飞行的飞机实施空中交通管制。

通信导航设施是沟通信息、引导飞机安全飞行到达目的地并安全着陆的设施。

3. 航空运输的特点

航空运输的主要特点是快速、灵活。与其他运输方式相比，航空运输中的运输工具(即飞机)可以与地面设施(机场)分离，而且不受地形限制，因而航线选择较为自由，灵活性较高，用途也比较广泛。

航空运输虽然起步较晚，但发展异常迅速，并日益受到现代企业管理者的青睐，原因之一就在于它具有许多其他运输方式所不能比拟的优越性。概括起来，航空货物运输的主要优点有：

(1) 快速省时，可达距离长。飞机是世界上最快的一种运输工具，航空运输可以大大节约运输时间，而且飞行距离越长，所能节约的时间越多。这是其他各种运输方式所无法比拟的。随着技术的发展、机型的更新，航空运输速度快的特点将越来越显著，如目前使用的涡轮喷气飞机时速为900 km/h，飞行距离可达一万多公里。货物在途时间的缩短，对于那些易腐烂变质的鲜活商品、时效性强的报刊、节令性商品，以及抢险、救急品的运输，显得尤为重要。运送速度快，在途时间短，也使货物在途风险降低，因此许多贵重物品、精密仪器往往采用航空运输的形式。

(2) 不受地面条件影响，灵活机动。航空运输是在空间进行生产活动的，受线路和地理条件制约的程度要小得多，只要有机场及必备的通信导航设施就可以开辟航线。对于地面条件恶劣、交通不便的内陆地区，发展航空运输有利于当地资源的出口，促进当地经济的发展。航空器可在两点间直线飞行，航程大为缩短，而且运程越远，节约航程的特点就越显著。

(3) 安全度高。与其他运输方式相比，航空运输的安全性较高，货损也小得多。

(4) 节省存货、包装等费用。由于航空运送速度较快，货物在途时间短，周转速度快，资金可迅速收回，企业存货可以相应减少，从而节省利息和储存费用，加上航空货物运输安全准确，货损、货差少，可节约包装及保险费用。

(5) 手续简便。航空运输为托运人提供了简便的托运手续，也可以由货运代理人上门取货并为其办理一切运输手续。

(五) 管道运输

1. 管道运输的定义

管道运输是利用管道，通过一定的压力差而完成气体、液体和粉状固体输送的一种运输方式。它所输送的货物主要有油料、天然气、煤浆以及其他矿浆。

2. 管道运输系统的构成要素

管道运输系统的构成要素主要包括管道站和运输管道。

管道站又称输油站或输气站，是沿管道干线为输送油(气)品而建立的各种作业站或作业场的总称，包括起点站、中间站和终点站。起点站也称首站，它的任务是集油，经计量、加压后向下一站输送。中间站的任务是对所输送的原油加压、升温。终点站也称末站，它的任务是接收输油管道送来的全部油料，供给用户或以其他方式转运。

运输管道就是用管子、管件、阀门等将管道起点站、中间站和终点站连接起来，构成一条完整的管道运输线路，它一般还包括穿越江河(或山谷)等的设施和管道阴极防腐保护设施等。为保证长距离输油管道的正常运营，运输管道中还应设有供电和通信设施。管道的直径(通常以毫米为单位)是决定输送能力的重要因素之一。按货物性能的不同，管道可分为固体管道、气体管道、液体管道等；按管道材料的不同，管道可分为金属管道、塑料管道、玻璃钢管道等；按货物种类的不同，管道可分为原油管道、成品油管道、天然气管道、二氧化碳管道、液化气管道、煤浆和其他矿浆管道等。

3. 管道运输的特点

不同于前面提到的几种运输形式，管道运输中的管道设备是静止不动的，运输是靠相关设备来驱动，使货物在管道内顺着压力方向移动而实现的。

管道运输的主要优点是：

(1) 运量大、连续性强。与其他运输方式不同，管道运输可以不间断地进行，因此，管道运输的运输量只取决于管径大小，每年可达数百万到几千万吨，甚至超过亿吨。

(2) 输送系统简单，基建投资少、周期短。相对于公路、铁路以及航空物流运输形式，管道运输系统的建设周期较短、投资也小得多。另外，管道运输对地形没有严格的要求，甚至没有要求，因而易于克服地形障碍，缩短输送路径，特别是在地质地貌和气候条件较差的情况下，采取管道运输方式的优越性更加明显。

(3) 安全可靠。管道运输是在密闭环境下进行的，可有效避免货物损耗。对那些易燃、易爆、易挥发、易泄露的货物采用管道运输方式，既安全又能减少损耗，同时还可以减少对空气、水源和土壤的污染。特别是输送气体，管道运输几乎是唯一可行的运输方式。此外，由于管道基本埋在地下，运输过程受气候条件的影响较小，可以确保长期稳定地运行。

(4) 耗能低、成本低、效益好。管道运输方式不存在铁路或公路运输方式所需的牵引机车、汽车和车厢的额外能耗，也没有铁路或公路所需的车辆维护检修费用，以及铁路、公路的维护检修费用，因此，管道运输的能耗最小、运营费用最低。

(5) 占地少，有利于节约资源和保护环境。管道通常埋于地下，基本不占用土地，这对于节约土地资源意义重大，而且管道运输无噪音、污染小，有利于保护环境，保持生态平衡。

二、各种运输方式的选择

(一) 运输方式的决策依据

在选择运输方式时，人们往往以运输工具的服务特性作为决策的基础。除此之外，决策时需要考虑的因素还包括运费的多少、运输时间的长短、运输能力的大小、货物的安全性和运输工具的适用性等。另外，决策者可用的信息量及其来源渠道也是一个重要因素。

在上述因素中，一般认为运费和运输时间是最重要的决定因素。一方面，从运输的功能看，速度快是货物运输的基本要求，但速度快的运输方式，其运输费用往往也较高。另一方面，在考虑运输的经济性时，不能把运输费用作为唯一的标准，还要考虑到因运输速度的提高，缩短了货物的在途时间，从而减少了货物的库存费用。此外，运输的安全性和可靠性提高，成本也会相应增加。最佳运输方式或运输工具的选择，应该是在综合考虑上述各种因素后做出的，最重要的是如何平衡运输服务的速度和成本。

(二) 各种运输方式的经济特性

1. 运送速度

在各种运输方式中，铁路的技术速度较高，但是列车在运行过程中需要进行会让(单线)、越行(复线)及其他技术作业，因而运送速度比技术速度低。

水路运输的技术速度一般低于铁路。水路运输的货物运送时间比铁路的长。

公路运输适合短距离的货物运送，速度较高。

航空运输的技术速度远远高于其他运输方式。

2. 运输成本

1) 铁路货运成本

铁路货运的成本结构具有两个最显著的特点：第一，“与运量无关”的成本费用(指线路、通信设备、大型建筑物、技术建筑物的运用与维护费用，以及管理人员工资等)约占铁路货运成本的50%；第二，始发和终到作业费用约占运输成本的18%，所以运距短时，成本高，只有运距较长时，成本才能大幅度下降。

2) 水路货运成本

水路货运的基本成本结构是高的可变成本和低的固定成本。由于水运平均运距较长，所以水路货运成本大大低于其他运输方式。

3) 公路货运成本

公路货运的成本结构是较高的可变成本和较低的固定成本。

公路货运成本一般比铁路货运、水路货运要高出很多。

4) 航空运输成本

航空运输的成本结构是低的可变成本和高的固定成本。

5) 管道运输成本

与铁路运输业相似，管道运输的成本结构是较高的固定成本和较低的可变成本。

综合比较，铁路运输的运送能力大，大宗货物运输成本低；水路运输的工具载重量大，单位运输成本较低；公路运输的载重量小，单位运输成本较高；航空运输的成本最高。

各种运输方式对应于不同的技术特征，有不同的运输单位、运输时间和运输成本，因而形成了各种运输方式不同的服务质量。不同运输方式的成本比较如图 3-1 所示。也就是说，运输服务的利用者可以根据货物的性质、大小、所要求的运输时间和运输成本等条件选择相适应的运输方式，或者合理利用各种运输方式，实行复合运输。

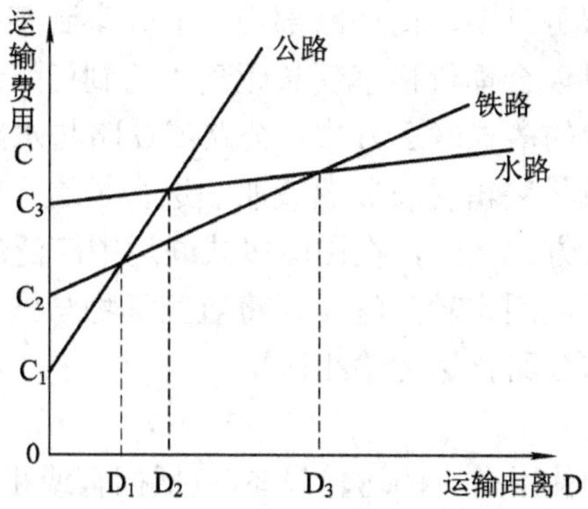

图 3-1 不同运输方式的成本比较

3. 劳动生产率

铁路和水路的高劳动生产率，只有在确保客货大宗运输和远距离的前提下才能达到；公路运输的平均劳动生产率低于其他几种运输方式，但是在货运量小、距离短的零担运输情况下，则有较高的劳动生产率。

4. 燃料消耗量

运输工具运行速度越高，阻力越大，单位燃料消耗量越高。各种运输工具在陆上、水上和空中，因速度提高而产生的运行阻力增大的状况各有特点。在低速情况下，船舶的单位阻力比火车小。但是，船舶的运行阻力具有因速度的提高而急剧增大的特点，即阻力与速度的平方成正比，发动机功率与速度的立方成正比，而发动机功率的增大又与燃料的消耗量成正比。

5. 始建投资

在各种运输方式的建设线路投资中，铁路运输较高；水路运输是线路投资较少的一种运输方式；公路运输的线路投资介于铁路和水路之间，但高速公路的投资很大；管道运输的始建投资大；航空运输的线路投资最少。在各种运输方式的运输工具投资上，船舶尤其是海船，单船造价昂贵，铁路机车车辆的单车造价比船舶低得多，汽车的单车造价最低，飞机的造价最贵。

(三) 运输方式的选择与定量分析

1. 运输方式的选择

运输方式选择包括多式联运中的运输方式选择和自用运输的确定。

1) 多式联运

在有些情况下，两种以上运输方式的合理连接可以降低物流运输成本、改善服务。在一次运输过程中，使用两种以上的运输方式来提供运输服务就是多式联运，它的主要特点是使用两种以上的运输工具，以最合理、最有效的方式实现货物的运输过程。

比较常见的多式联运有铁路与公路联运、公路或铁路与水路联运等。铁路与公路联运，即公铁联运，也称“驼背运输”，通常是在铁路平板车上载运汽车拖车，可实现比公路运输更长距离的运输。它综合了公路运输的方便、灵活与铁路适合长距离运输的特点。这样，公路运输企业可以延伸其服务范围，而铁路部门也能分享到某些一般只有汽车公司单独运输的业务，同时托运人可以以合理价格享受长距离“门到门”运输服务的便捷。因此，铁路与公路联运成为最受欢迎的多式联运方式。公路或铁路与水路联运，也称“鱼背运输”，即将汽车拖车、火车车厢或集装箱转载驳船或船舶进行长途运输。这种使用水路进行长途运输的方式是最便宜的运输方式之一，在国际多式联运中广泛应用。

此外，航空与公路联运应用也较广泛，即将航空货物与汽车运输结合起来，这种方式所提供的服务和灵活性可与公路直达运输相比拟。

2) 自用运输

所谓自用运输，即企业使用自有的运输设备(包括拥有或租用火车车皮、汽车、货运飞机及运输船舶)，承担自有的、承租的或受托的货物的运输活动。自用运输具有更强的控制力和灵活性，能够随时适应客户的需要、缩短交货时间、减少库存和缺货的可能性，而且可以不受商业运输公司服务水平和运价的限制，有利于改善与客户的关系。自用运输的弊端是运输成本较高，主要原因是运输车辆等回空现象的存在。回空成本要计入运出或运入的单程货运成本内，这样，运输成本差不多是单程成本的两倍。因此，企业在选择自用运输前，一定要做好成本核算工作。

2. 运输方式的定量分析

定量分析是物流运输管理部门运用定量方法选择运输方式的过程。定量分析的一般程序是：对拟选择的运输方式的各种指标进行量化、评分，给出相应的绩效度量值，然后根据各项指标的重要程度给出不同的权重，用权重乘以运输方式的绩效度量值，就得到运输方式在该评估因素中的等级，再将个别因素的等级累加，便得到这种运输方式的总等级。通过定量分析将指标量化，可以使各种运输方式的优劣一目了然。

由于各种新的运输方式不断出现，它们能够提供的服务和能力也在不断变化，这使得因素评估变得更加困难，运输方式的选择也比过去更加复杂。因此，定量分析方法也作了相应的改进，如通过建立科学的评价体系和模型，对这些因素进行分析，以便选择最佳的运输方式。

单元三　运输合理化

所谓运输合理化，就是遵循商品流通规律，根据货物运输的条件、货物的合理流向和市场供需状况，以最快的速度、最少的环节、最短的路程、最省的费用完成货物的运输任务。

一、不合理运输

不合理运输是指在现有条件下可以达到的运输水平而未达到，从而造成了动力浪费、运输时间增加、运费超支等问题的运输形式。不合理运输主要表现如下：

1．返程或启程空驶

空车或无货载行驶可以说是不合理运输的最严重形式。在实际运输组织中，有时必须调运空车，从管理上不能将其看成是不合理运输，但是因调运不当、货源计划不周、不采用运输社会化而形成的空驶，则是不合理运输的表现。

2. 对流运输

对流运输也称“相向运输”、“交错运输”，是指同一种货物，或彼此间可以互相代用而不影响管理、技术及效益的货物，在同一线路上或平行线路上作相对方向的运送，而与对方运程的全部或一部分发生重叠交错的运输。已经制订了合理流向图的产品，一般必须按合理流向图指定的方向运输，如果与合理流向图指定的方向相反，则属于对流运输。

3. 迂回运输

迂回运输是舍近取远的一种运输，指可以选取短距离进行运输而不选取，却选择路程较长的路线进行运输。迂回运输有一定的复杂性，不能简单认定，只有当计划不周、地理不熟、组织不当而发生的迂回运输，才属于不合理运输。如果最短距离内有交通阻塞、道路情况不好，或有对噪声、排气等特殊限制而不能使用时发生的迂回运输，不能称为不合理运输。

4. 重复运输

重复运输是指一种货物本可直达目的地，但由于某种原因而在中途停卸、重新装运的不合理运输现象。重复运输虽未延长运输里程，但增加了装卸环节，延长了货物在途时间，增加了装卸搬运费用，而且降低了车船使用效率，影响了其他货物运输。

5. 倒流运输

倒流运输是指货物从销售地或中转地向产地或起运地回流的一种运输现象。其不合理程度要大于对流运输。其原因在于，往返两程的运输都是不必要的，形成了双程的浪费。倒流运输也可以看成是隐蔽对流的一种特殊形式。

6. 过远运输

过远运输是舍近求远的现象，即销售地本来可以由距离较近的产地供应物资，却从远地采购进来；或产品不是就近供应给消费地，而是调给较远的其他消费地，违反了近产近销的原则。

7. 运力选择不当

运力选择不当是指因未正确利用运输工具而造成的不合理现象。常见的运力选择不当有以下几种形式：

① 弃水走路。在同时可以利用水运和陆运时，不利用成本较低的水运或水陆联运，而选择成本较高的铁路运输或公路运输，使水运优势不能发挥。

② 运输工具承载能力选择不当。即运输没有根据承运货物数量及重量有效选择运输工具，造成货物超载、车辆损坏或车辆不满载、运力浪费等。

③ 铁路、大型船舶的过近运输。火车与大型船舶的起运及到达目的地的准备、装卸时间长，机动性不足，如果在过近距离中利用这些运输工具，不仅发挥不了它们的优势，反而会延长运输时间，增加装卸难度和运输费用。

8. 托运方式选择不当

托运方式选择不当是指没有选择最好的托运方式，造成运力浪费及费用增加。例如，应采取整车运输而选择了零担托运，应采取直达运输而选择了中转运输等，这些都是托运方式选择不当的表现。

二、运输合理化的措施

运输合理化的措施如下：

(1) 提高运输工具实载率。通过充分利用运输工具的额定能力，减少车船空驶和不满载行驶的时间来提高实载率，从而求得运输的合理化。

提高实载率的一条有效途径是实行“配送”，将多家需要的物品和一家需要的多种物品实行配装，以达到容积和载重量的充分合理运用，比起以往自家提货或一家送货车辆的回程空驶的状况，是运输合理化的一个进步。

(2) 发展直达运输。直达运输是运输合理化的重要表现形式，其要点是通过减少过载、换载，提高运输速度，节省装卸费用，降低中转货损。直达的优势在一次运输批量和用户一次需求量达到整车时表现最为突出。此外，在生产资料、生活资料运输中，利用有效的技术来实现直达运输，可以建立起稳定的产销关系和运输系统，有利于提高运输水平和运输效率。

(3) 减少运力的投入。运输的投入主要是能耗和基础设施的建设，在设施建设已定型和完成的情况下，尽量减少能源投入，是减少投入的核心。做到了这一点，就能大大节约运费，降低单位物品的运输成本，达到合理化的目的。

减少动力投入，提高运输能力的有效措施有：在机车能力允许的情况下，加挂车皮；水运拖排和拖带法；将内河驳船编成一定队形，由机动船顶推前进；汽车拖挂运输；选择大吨位汽车或者开展甩挂运输等。

(4) 开展中短距离铁路公路分流。在公路运输经济里程范围内，“以公代铁”运输，或者经过论证，超出通常平均经济里程范围，也尽量利用公路。这种运输合理化的表现主要有两点：一是对于比较紧张的铁路运输，用公路分流后，可以得到一定程度的缓解，从而加大这一区段的运输通过能力；二是充分利用公路从“门到门”和在中短途运输中速度快且灵活、机动的优势，实现铁路运输服务难以达到的水平。

(5) 开展“四就”直拨运输。所谓“四就”直拨，是指由管理机构预先筹划，就厂、就站(码头)、就库、就车(船)将货物分送给用户，而不予入库。“四就”可以有效减少中转运输环节。

(6) 采取各种现代运输方法。为了提高运输效率，一些新的运输模式应该加以推广，如多式联运、一贯托盘化运输、散装化运输、智能化运输等。

(7) 发展特殊运输技术和运输工具。依靠科技进步是实现运输合理化的重要途径。例如，专用散装及罐车解决了粉状与液状物运输损耗大、安全性差等问题；袋鼠式车皮、大型半挂车解决了大型设备整体运输问题；“滚装船”解决了车载货的运输问题；集装箱船比一般船能容纳更多的箱体；集装箱高速直达车船加快了运输速度等。这些都是通过运用先进的科学技术实现了运输合理化。

(8) 发展社会化的运输体系。运输社会化的含义是发展运输的大生产优势，实行专业分工，打破一家一户自成运输体系的状况。实行运输社会化，可以统一安排运输工具，避免不合理形式，不但可以追求组织效益，而且可以追求规模效益，所以发展社会化的运输体系是运输合理化非常重要的措施。

(9) 通过流通加工使运输合理化。有不少产品，由于产品本身形态及特性问题，很难实现运输的合理化，如果进行适当加工，就能有效解决合理运输问题。如将造纸材料在产地预先加工成干纸浆，然后压缩体积运输，就能解决造纸材料运输不满载的问题，从而提高车辆装载效率并降低运输损耗。

任务三　项目单项能力训练

一、单项选择题

1．在下列运输方式中，运量相对较大的是(　　)。

A. 铁路运输　　B. 水路运输　　C. 航空运输　　D. 管道运输

2. 在下列运输方式中，适用于长途货运、体积小、价值高、时间性强的物资的是(　　)。

A. 铁路运输　　B. 水路运输　　C. 航空运输　　D. 管道运输

3．在下列运输方式中，能够实现“门对门”运输的是(　　)。

A. 铁路运输　　B. 水路运输　　C. 航空运输　　D. 管道运输

4．在下列运输方式中，运输速度相对较快的是(　　)。

A. 铁路运输　　B. 水路运输　　C. 航空运输　　D. 管道运输

5．在下列运输方式中，运输成本相对较低的是(　　)。

A. 铁路运输　　B. 水路运输　　C. 航空运输　　D. 管道运输

6．随着一次装运量的增大，每单位重量的运输成本下降的原理是(　　)。

A. 规模原理　　B. 距离原理　　C. 速度原理　　D. 经济原理

二、多项选择题

1．运输的功能有(　　)。

A. 产品位移　　B. 保护产品　　C. 短时储存　　D. 长时储存

2．“四就”直拨运输是指(　　)。

A. 就厂直拨　B. 就车站直拨　　C. 就库运输　　D. 直达运输

3．运输合理化的影响因素包括(　　)。

A. 运输距离　　B. 运输环节　　C. 运输时间　　D. 运输费用　　E. 运输工具

三、判断题

1. 现代化的交通运输系统由铁路、水路、公路、航空四个部分组成。(　　)

2. 公路运输是速度最快的运输方式。(　　)

3. 航空运输比较适宜于时间性强的鲜活易腐和高价值货物的中短途运输。(　　)

4. 运输业是国家基础产业，属于服务业，具有公益性和竞争性双重特征。(　　)

5. 运输需求的不平衡性体现在时间、空间和方向上。(　　)

四、简答题

1．航空运输的特点是什么？

2．运输不合理的表现有哪些？

3．运输合理化的措施有哪些？

4. 运输在物流中的作用是什么?
5. 试述各种运输方式的经济特性。

任务四 项目综合技能训练

大家都宣布自己是"无车承运人",其实没那么简单

"无车承运人"看似轻资产运营,但因其要以承运人身份介入运输过程,参与交易结算,故应收账款压力相对较大,这也是其区别于一般车货匹配平台和设备提供商的明显特征。而真正拿到银行大规模授信,保障实际承运人和托运人利益的企业少之又少。

一、主体责任重"承运"

根据《国家发展改革委关于印发〈"互联网+"高效物流实施意见〉的通知》(发改经贸[2016]1647 号),交通运输部、发展改革委等部门将开展无车承运人试点工作,对符合条件的无车承运企业赋予运输经营资质,整合货物运输资源,提高运输组织化、规模化水平。

首先,通过试点工作规范运输经营行为,对每一环节进行安全监督和税收监管;其次,加强信用体系与诚信考核机制建设,并鼓励先进运输组织方式发展。

"无车承运人"的概念由英文"Freight Broker(货运经纪)"而来,有时也被称为DTM(Domestic Transportation Management),而不是现在我国广为流传的"Track Broker"。

此前研究给出"无车承运人"的概念是不拥有车辆而从事货物运输的个人或单位,重在强调"无车";但在实际业务中,其实更强调"承运"的重要性。

做到"无车"很容易,所有的平台类企业,甚至和物流业务不相关的企业都可以称自己是"无车"企业,但是其发生的承运服务是简单的运力信息匹配,还是真正负责全程运输并能承担相关责任,区别则很大。

"无车承运人"的概念和认定标准应重在强调"承运",要与"代理"区分开,与不符实际承运责任的运力信息配对区分开。在实际业务中,"代理"通过赚取佣金等手段产生运费差价,却不对实际运输业务负责,这种代理不应称为"无车承运人"。

真正的"无车承运人"应为不依赖于自有运输工具,以承运人身份签订运输合同,有独立承担法律责任和风险承担能力的经营者。

二、垫付费用成重压

业界提到"无车承运人"必提到罗宾逊物流(C. H. Robinson),也必提到其通过先进技术进行"轻资产"运营的模式。

罗宾逊定位为世界最大的第三方物流(3PL)公司之一,2015 年的营业收入达到了 135 亿美元,约合 900 亿元人民币;市值 99 亿美元,约合 660 亿元人民币。

罗宾逊物流 2015 年的年报显示其资产总额为 32 亿美元,其中流动资产为 21 亿美元,物业、厂房及设备总和仅为 3 亿美元,分别约占总资产的 65%和 5%。从流动资产的构成

看，应收账款为 16 亿美元，约占流动资产的 75%、约占总资产的 50%。

而同期，联合包裹流动资产占总资产的 33%，物业、厂房及设备总和占到总资产的 52%，应收账款占流动资产的 56%、占总资产的 18%。

以此对标，罗宾逊物流的固定资产类物业、厂房及设备投入相对较少，而联合包裹超过一半的资产皆为固定资产。可见，罗宾逊物流的确是“轻资产”。反观流动资产构成，罗宾逊物流应收账款占比接近总资产一半，而联合包裹不到 1/5。从流动资产的角度，罗宾逊物流因其“无车承运人”模式，在承运过程中要垫付物流相关费用，故在应收账款上压力较大，一点都不“轻”。

再比如，回声物流(Echo Global Logistics)，虽然规模没有罗宾逊物流大，但可谓“麻雀虽小，五脏俱全”。其业务除了多式联运、公路运输、包裹运输外，还涉及国际运输，上市不到 7 年，发展迅速。其资产负债表显示，他们的物业、厂房及设备为零，固定资产实属“超轻资产”；然而，其应收账款占流动资产的 82%，也充分反映“无车承运人”在应收账这类流动资产上的“重压力”。

三、明确服务规范与监管模式

应收账款是把双刃剑，一方面保障了实际承运人的结账需要，使无车承运人的作用得以充分发挥，让物流变得更简单、高效。但另一方面，也将财务压力转移给“无车承运人”，甚至会间接牵涉其上游的金融企业。

国内某“无车承运人”企业，他们公司一天成交 300 单，平均每单要垫入 1 万元，一个月将近 1 亿元，一年就是 10 亿元(中间会循环授信)。由于应收账款的压力，虽然公司平台的成交单量不断上涨，但作为企业的管理者几乎无暇顾及业务如何，而是为寻找各种金融机构增加授信以缓解财务压力而疲于奔命。

美国在“无车承运人”管理上已积累了一定经验，其主管部门为美国交通部下的联邦汽车运输安全局(Federal Motor Carrier Safety Administration)。根据美国法典第 13904 条第 49 款(Title49，U. S. C. 13904)，美国的“无车承运人”(货运经纪)在开展业务前，需要到联邦汽车运输安全局注册登记并申请执照，申请注册单位必须满足在相关领域从业三年或有足够的证据表明在货运行业中掌握了丰富的经验和技术。

此外，还需要根据运输的不同货物，提供额度不等的保证金，以保障实际承运人和托运人的利益。美国的政府管理部门可以根据相关的诉讼判决和开出的罚单，从各单位的保证金中直接扣除。

思考题

1. 无车承运人与货代的区别是什么？
2. 无车承运人对物流企业到底意味着什么？

项目四 仓 储

任务一 项目导入案例

亚马逊公司(Amazon，简称亚马逊)成立于 1995 年，位于华盛顿州的西雅图，是网络上最早开始经营电子商务的公司之一。亚马逊作为全球最大的一家电子商务网络公司，它能够提供的图书目录是全球任何一家书店的存书的 15 倍。而实现这一切既不需要庞大的建筑，又不需要众多的工作人员，现在，亚马逊公司正朝着多元化的产品销售发展，销售的产品有音乐 CD、DVD、录影带、家电、厨房用具、玩具、服装、体育用品、生鲜食品、首饰、手表、美容品、乐器等。

亚马逊 2016 年在线零售共盈利 1360 亿美元，纯利润接近 300%。这一切的实现，亚马逊背后的仓储物流系统起着至关重要的作用。

任务二 项目支撑知识学习

单元一 仓 储 概 述

一、仓储的概念

“仓”也称为仓库，是存放物品的建筑物和场地，可以为房屋建筑、大型容器、洞穴或特定的场地等，具有存放和保护物品的功能；“储”表示收存以备使用，具有收存、保管、交付使用的意思，当适用于有形物品时也称为储存。“仓储”则为利用仓库存放、储存未即时使用的物品的行为。简言之，仓储就是在特定的场所储存物品的行为。

二、仓储的功能

仓储最基本的功能就是物资的存储和保管。从国家角度来讲，仓储是一种有目的的社会存储，是为了应对战争、自然灾害、突发事件等不可抗力事件发生时的不时之需，以保持国家和社会的安全与稳定，是国家战略的重要内容。从社会角度来讲，仓储是保证社会再生产顺利进行的必要条件，它联系生产与消费，创造了“时间效应”，解决商品生产与消费之间的“时间间隔”。

(一) 物资存储与保管功能

物资存储与保管功能是仓储的基本功能。物资的存储可能是长期的存储，也可能只是短时间的周转存储。进行物资存储既是仓储活动的表征，也是仓储的最基本的任务。但是无论在库时间长短，都要保证物资数量不减少、质量不变化。

(二) 调节供需功能

商品的生产与消费往往不可能做到完全同步，可通过仓储来解决商品生产和消费上的时间间隔。对于企业而言，仓储可以解决生产的均衡性与消费的不均衡性之间的矛盾，或者解决生产的不均衡性与消费的均衡性之间的矛盾。例如，生产苹果罐头的企业，由于苹果的收获在秋季，那么就需要储备原材料以备春夏季节生产，否则只有停产。而有些商品的消费有季节性，例如春节期间人们喜欢大肆购买，但此时企业的生产能力又不能满足市场需要，就需要提前生产储备起来，否则到时会错过商机。

(三) 调节运输功能

物流系统各子系统之间是相互联系、相互作用的。运输解决商品生产与消费的“空间间隔”问题。商品的转移需要我们选择适当的运输方式和运输工具。从经济效益角度来说，大批量的运输、整车运输可以取得相应的规模经济效益。而现代物流强调的是多品种、小批量的配送，我们可以通过存储来解决这一矛盾。无论是在采购中，还是在销售过程中，对于小批量的配送，我们可以通过存储来集中货物，达到配装整车的目的，从而降低运输成本，提高运输效率。

(四) 流通加工功能

现代物流的发展拓展了仓储的功能，使之由以前的物资保管中心向流通销售中心转变。生产企业将产品的分拣、分装、组配、包装等工序留到最接近销售的仓储环节进行，使得仓储成为流通加工的重要环节，从而扩大了仓储的经营范围，提高了服务水平，并创造了经济效益。

三、仓库的类型

仓库是储存保管货物的建筑物和场所的总称。仓库从传统的物资存储场所、流通中心发展到物流的节点，作为物流管理的核心环节而存在，并在物流主体的均衡协调中发挥着重要的作用，成为产品制造环节的延伸。

仓库由于功能、用途、保管形态、结构和构造不同，可采用不同的标准对仓库进行分类。

(一) 按仓库的功能分类

1. 采购供应仓库

采购供应仓库主要用于集中储存从生产部门收购的和供国际间进出口的商品。这一类仓库一般设在商品生产比较集中的大、中城市，或商品运输枢纽的所在地。

2. 批发仓库

批发仓库主要用于储存从采购供应库场调进或在当地收购的商品。这一类仓库一般贴近商品销售市场，规模同采购供应仓库相比一般要小一些，它既从事批发供货，又从事拆零供货业务。

3. 零售仓库

零售仓库主要用于商品零售业的短期储货，一般是提供店面销售。零售仓库的规模较小，所储存物资周转快。

4. 储备仓库

储备仓库一般由国家设置，以保管国家应急的储备物资和战备物资。货物在这类仓库中的储存时间一般比较长，并且储存的物资会定期更新，以保证物资的质量。

5. 中转仓库

中转仓库处于货物运输系统的中间环节，用于存放那些等待转运的货物，一般货物在此仅做临时停放。这一类仓库一般设置在公路、铁路的场站和水路运输的港口码头附近，以方便货物在此等待装运。

6. 加工仓库

一般具有产品加工能力的仓库称为加工仓库。

7. 保税仓库

保税仓库是指为国际贸易的需要，设置在一国国土之上，但在海关关境以外的仓库。外国企业的货物可以免税进出这类仓库而办理海关申报手续，而且经过批准后，可以在保税仓库内对货物进行加工、存储等作业。

(二) 按保管货物的特性分类

1. 原料仓库

原料仓库是用来储存生产所用的原材料的仓库。这类仓库一般比较大。

2. 产品仓库

产品仓库的作用是存放已经生产完成的产品，但这些产品还没有进入流通区域。产品仓库一般附属于产品生产工厂。

3. 冷藏仓库

冷藏仓库用来储藏那些需要进行冷藏储存的货物，一般多是农副产品、药品等对于储存温度有要求的物品。

4. 恒温仓库

恒温仓库和冷藏仓库一样也用来储存对于储藏温度有要求的产品。

5. 危险品仓库

危险品仓库用于储存危险品。危险品可能会对人体以及环境造成危险，因此在此类物品的储存方面一般会有特定的要求，例如许多化学用品就是危险品，它们的储存都有专门的规定。

6. 水面仓库

像圆木、竹排等能够在水面上漂浮的物品，可以储存在水面，水面仓库就是用来储存这类物品的。

(三) 按仓库的构造分类

1. 单层仓库

单层仓库是最常见的，也是使用最广泛的一种仓库建筑类型，这种仓库只有一层，不需要设置楼梯。

2. 多层仓库

多层仓库一般占地面积较小，它一般建在人口稠密、土地使用价格较高的地区。由于多层仓库是多层结构，因此一般使用垂直输送设备来搬运货物。

3. 立体仓库

立体仓库又称为高架仓库，它是一种单层仓库，但与一般的单层仓库的不同在于它利用高层货架来储存货物，而不是简单地将货物堆积在库房地面上。在立体仓库中，由于货架一般比较高，所以货物的存取需要采用与之配套的机械化、自动化设备，一般在存取设备自动化程度较高时也将这样的仓库称为自动化仓库。

4. 筒仓

筒仓就是用于存放散装的小颗粒或粉末状货物的封闭式仓库。一般这种仓库被置于高架上。例如筒仓经常用来存储粮食、水泥和化肥等。

5. 露天堆场

露天堆场是用于在露天堆放货物的场所，一般堆放大宗原材料，或者不怕受潮的货物。

(四) 按建筑材料的不同分类

根据仓库使用的建筑材料的不同，可以将仓库分为钢筋混凝土仓库、钢质仓库、砖石仓库等。

(五) 按仓库的管理体制分类

1. 自用仓库

自用仓库就是指某个企业建立的供自己使用的仓库。自用仓库一般由企业自己进行管理。

2. 公用仓库

公用仓库是一种专门从事仓储经营管理的、面向社会的、独立于其他企业的仓库。一般自用仓库被称为第一或第二方物流仓库，而公用仓库被称为第三方物流仓库。

四、仓储管理的目标

仓储管理的目标可以概括为使仓库空间利用与库存货品的处置成本之间实现均衡，具体来讲有以下几个方面：

(1) 空间利用率最大化。在确定储存空间的布局时，首先要考虑所储存货品的数量及其储存形态，以便能提供适当的空间来满足需求。因为在储存货品时，必须规划大小不同的区域，以适应不同尺寸数量货品的存放。同时，必须进行存储区的分类，了解各空间的使用目的，确定储存空间的大小，然后再进行储存空间的布置设计。

(2) 人员及设备的有效利用。为每批次不同类型货物的入库、在库和出库作业，安排合理的人员和设备，以最专业的人员和最合适的设备完成有效的仓储作业。

(3) 所有货品都能随时存取。储存能增加商品的时间值，因此若能做到一旦有需求时货品能随时存放和取出，则此系统才算是一个有计划的仓储系统。

(4) 货品的有效移动。在存储区进行的大部分活动是货品的搬运，需要人力及设备来进行物品的搬进与搬出，因此人力与机械设备的操作应达到经济和安全的要求。

(5) 保证货品的品质。通过科学、合理、有效的保管养护手段和标准的作业方法，使货物的各类货损降到最低，保证货物的品质。

(6) 良好的管理。良好的管理能使工作变得有效率以及提高员工的工作士气(生产力)。

五、仓储系统的构成

仓储系统指的是在产品分拣或储存接收中使用的设备和运作策略的组合。

(一) 储存空间

储存空间即仓库内的保管空间。在进行储存空间规划时，必须考虑空间大小、柱子、梁下高度、走道、设备回转半径等基本要素，再配合其他相关因素的分析，方可做出完善的设计。

(二) 货物

货物是仓储系统的重要组成部分。分析货物的特性、货物在储存空间的摆放方法以及货物的管理和控制是仓储系统要解决的关键问题。

货物的特征主要包括以下几个方面：

(1) 供应商：货物是别处供应而来，还是自己生产，有无行业特征及影响。

(2) 货物特性：此货物的体积、重量、单位、包装、周转率、季节性的分布、物性、温湿度的要求、气味的影响等。

(3) 数量：如生产量、进货量、库存量等。

(4) 进货规定：采购前置时间、采购作业特殊需求。

(5) 品种：种类类别、规格大小等。

(三) 仓储设施设备

1. 搬运与输送设备

在选择搬运与输送设备时，需要考虑货物的特性、货物的单位、容器、托盘等因素，以及作业流程、货位空间的配置等。选择合适的搬运与输送设备，同时还要考虑设备成本与使用操作的方便性。

2. 储存设备

选择储存设备要考虑货物的特性等基本条件，然后再选择适当的设备配合使用。有了货架设备后，需要做好标示、区隔等工作，要进行货位及货架的统一编码，以便管理。

(四) 人员

在规模较大的仓库中，人员分工可能比较细，包括仓管人员、搬运人员、理货拣货人员等。对于一般仓库，作业人员可实行统一调配，不细分作业工种。

(五) 作业及管理系统等要素

作业及管理系统等要素能通过实时的计算机软件系统，按照运作的业务规则和运算法则，对信息、资源、行为、存货和分销运作进行更加完美的管理，使其最大化满足有效产出和精确性的要求。

单元二　仓储作业管理

仓储作业流程比较简单，主要分为入库作业、在库保管、出库作业这三个主要环节，如图 4-1 所示。

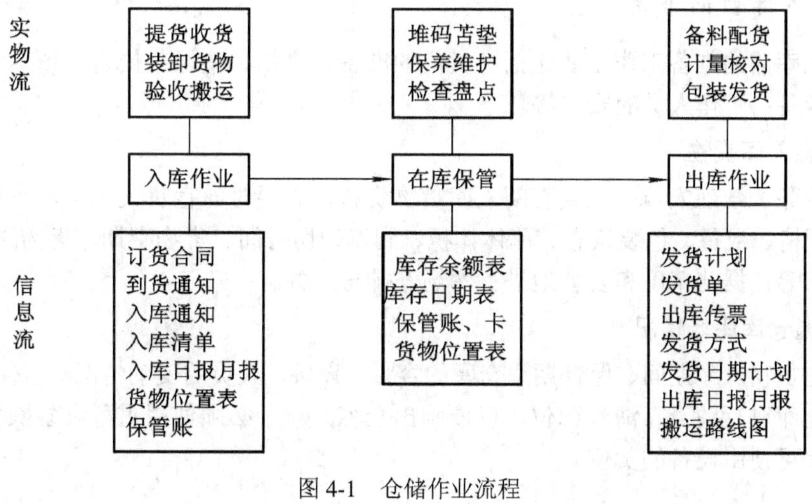

图 4-1　仓储作业流程

下面详细介绍每一环节的具体业务流程。

一、入库作业

入库作业是仓储作业的开始，主要内容包括核验单据、装卸、搬运、分类、验收，确认商品后，将商品按预定的货位储存入库。商品入库作业是后续作业的基础和前提，入库工作的质量直接影响到后续作业的质量。入库作业流程如图 4-2 所示。

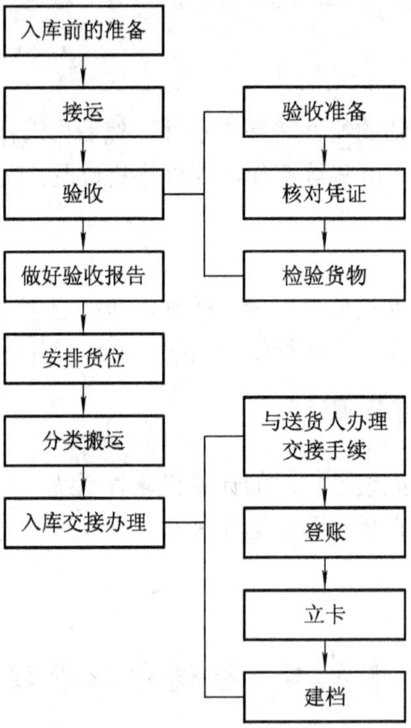

图 4-2　入库作业流程

(一) 入库前的准备

商品入库前的准备工作主要包括：货位的准备、清扫、垫垛；接货现场准备；装卸搬运设备的准备；工作人员的安排等。

1. 熟悉入库货物

仓库业务、管理人员应认真查阅入库货物资料，必要时向存货人询问，掌握入库货物的品种、规格、数量、包装状态、单体体积、到库确切时间、货物存期、货物的理化特性、保管的要求等，据此精确和妥善地进行库场安排与准备。

2. 掌握仓库库场情况

了解在货物入库期间、保管期间仓库的容量、设备、人员的变动情况，以便安排工作。必要时对仓库进行清查，清理归位，以便腾出仓容。对于必须使用重型设备操作的货物，一定要确保可使用设备的货位。

3. 制订仓储计划

仓储业务部门根据货物情况、仓库情况、设备情况制订仓储计划，并将任务下达到各相应的作业单位、管理部门。

4. 妥善安排货位

仓库部门根据货物的性能、数量、类别，结合仓库分区分类保管的要求，核算货位大小；根据货位使用原则，妥善安排货位，验收场地，确定堆垛方法、苫垫方案等准备工作。

5. 做好货位准备

仓库保管员要及时进行货位准备，彻底清洁货位，清除残留物，清理排水管道，必要时进行消毒除虫、铺地；详细检查照明、通风等设备，发现损坏及时通知修理。

6. 准备苫垫材料、作业工具

在货物入库前，根据所确定的苫垫方案，准备相应的材料，并组织衬垫铺设作业，对作业所需的用具准备妥当，以便能及时使用。

7. 验收准备

仓库理货人员根据货物情况和仓库管理制度，确定验收方法；准备验收所需的点数、称量、测试、开箱装箱、丈量、移动照明等工具。

8. 文件单证准备

仓库保管员对货物入库所需的各种报表、单证、记录簿(如入库记录、理货检验单、料卡、残损卡)等预填妥善，以备使用。

在这里应注意的问题是，由于仓库、货物与业务性质的不同，入库准备工作有所差别，需要根据具体的实际情况和仓库制度做好充分准备。

(二) 接运

由于货物到达仓库的形式不同，除了一小部分由供货单位直接运到仓库交货外，大部分要经过铁路、公路、航运、空运和短途运输等运输工具转运。凡经过交通运输部门转运的商品，都必须经过仓库接运后，才能进行入库验收。因此，货物的接运是入库业务流程的第一道作业环节，也是仓库直接与外部发生的经济联系。它的主要任务是及时而准确地向交通运输部门提取入库货物，要求手续清楚，责任分明，为仓库验收工作创造有利条件。因为接运工作是仓库业务活动的开始，如果接收了损坏的或错误的商品，会直接导致商品出库装运时出现差错。商品接运是商品入库和保管的前提，接运工作完成的质量直接影响商品的验收和入库后的保管保养。因此，在接运由交通运输部门转运的商品时，必须认真检查，分清责任，取得必要的证件，避免将一些在运输过程中或运输前就已经损坏的商品带入仓库，造成验收中责任难分和在保管工作中的困难或损失。

(三) 验收

凡进入仓库储存的商品必须经过检查验收，只有验收后的商品方可入库保管。货物入库验收是仓库把好“三关”(入库、保管、出库)的第一关，抓好货物入库质量关，能防止劣质商品流入流通领域，划清仓库与生产部门、运输部门以及供销部门的责任界线，也为货物在库场中的保管提供第一手资料。

1. 验收准备

验收准备是货物入库验收的第一道程序。仓库接到到货通知后，应根据商品的性质和批量提前做好验收的准备工作，具体包括以下内容：

(1) 全面了解验收货物的性能、特点和数量，根据其需求确定存放地点、垛形和保管方法。

(2) 准备堆码苫垫所需材料和装卸搬运机械、设备及人力，以便使验收后的货物能及时入库保管存放，减少货物停顿时间；若是危险品，则需要准备防护设施。

(3) 准备相应的检验工具，并做好事前检查，以便保证验收数量的准确性和质量的可靠性。

(4) 收集和熟悉验收凭证及有关资料。

(5) 进口货物或上级业务主管部门指定需要检验质量的货物，应通知有关检验部门会同验收。

2. 核对凭证

入库货物必须具备下列凭证：

(1) 货主提供的入库通知单和订货合同副本，这是仓库接收货物的凭证。

(2) 供货单位提供的验收凭证，包括材质证明书、装箱单、磅码单、发货明细表、说明书、保修卡及合格证等。

(3) 承运单位提供的运输单证，包括提货通知单和登记货物残损情况的货运记录、普通记录以及公路运输交接单等(作为向责任方进行交涉的依据)。

核对凭证就是将上述凭证加以整理后进行全面核对。入库通知单、订货合同要与供货单位提供的所有凭证逐一核对，相符后，才可以进入下一步的实物检验；如果发现有证件不齐或不符等情况，要与存货、供货单位及承运单位和有关业务部门及时联系解决。

3. 检验货物

检验货物是仓储业务中的一个重要环节，包括数量检验、质量检验和包装检验三方面的内容，即复核货物数量是否与入库凭证相符，货物质量是否符合规定的要求，货物包装能否保证在储存和运输过程中的安全。

1) 数量检验

数量检验是保证货物数量准确不可缺少的措施。要求货物入库时一次进行完毕。一般在质量验收之前，由仓库保管职能机构组织进行。对批量小、规格和包装不整齐、生产条件差、梅雨季节入库的货物需采用全检，严格验收质量，以全检的结果作为实收数。对于数量大、包装规格统一、固定包装的小件，以及按件标明数量或重量的货物，或验收时按照理论换算而规格整齐划一的货物，可采用抽检的方式，一般抽检比例为5%～15%。

2) 质量检验

质量检验包括外观检验、尺寸检验、机械物理性能检验和化学成分检验四种形式。仓库一般只做外观检验和尺寸检验，后两种检验如果有必要，则由仓库技术管理职能机构取样，委托专门检验机构检验。

3) 包装检验

货物包装的好坏、干潮直接关系着货物的安全储存和运输，所以对货物的包装要进行严格验收，凡是产品合同对包装有具体规定的要严格按规定验收，如箱板的厚度，纸箱、麻包的质量等。对于包装的干潮程度，一般是用眼看、手摸方法进行检查验收的。

(四) 做好验收报告

在数量验收和质量验收过程中，应将验收的数量和质量情况按货物的品名、规格与型号详细、真实地记录下来，经过汇总、比对后，做好验收报告。验收报告中应有结论，数量和质量情况应非常明确。如有问题，应提出处理意见。

(五) 安排货位

安排货位是货物入库工作的第一步，即具体落实每批入库货物的储存位置。合理选择货位必须遵循安全、方便、节约的原则。

货位选择要做到轻重搭配、整零结合、吞吐快慢搭配和操作难易结合。这样既能充分发挥仓库使用的效能，而且还能避免各个储存区域之间忙闲不均的现象。

(六) 分类搬运

保管员把已经验收合格的货物按每批入库单开制的数量将同一品种集中起来，分批送到预订的货位，且要做到进一批清一批，严格防止品种互串和数量溢缺。

(七) 入库交接办理

入库货物经过点数、查验之后，可以安排卸货、入库堆码，表示仓库接收货物。在卸货、搬运、堆垛作业完毕后，与送货人办理交接手续，并建立仓库台账。

1. 与送货人办理交接手续

仓库对收到的货物向送货人进行确认，表示已接收货物。交接手续的办理意味着划清运输、送货部门的责任。

2. 登账

货物入库，仓库应建立详细反映货物仓储的明细账，登记货物入库、出库、结存的详细情况，用以记录库存货物动态和入出库过程。

登账的主要内容有货物名称、规格、数量、件数、累计数或结存数、存货人或提货人、批次、金额，并注明货位号或运输工具、接(发)货经办人。

3. 立卡

货物入库或上架后，将货物名称、规格、数量或出入状态等内容填在料卡上，这一步称为立卡。料卡又称为货卡、货牌，如表 4-1 所示，插放在货架上物品下方的货架支架上或摆放在货垛正面明显位置。

表4-1 料 卡

货物名称： 规格： 单位： 单价：

年		送货(提货)单位	入库	出库	库存	经手人
月	日					

4. 建档

仓库应对所接收仓储的货物或者委托人建立存货档案或者客户档案，以便货物管理和与客户保持联系，同时有助于总结和积累仓库保管经验，研究仓储管理规律。

存货档案应该一货一档设置，将该货物入库、保管、交付的相应单证、报表、记录、作业安排等资料的原件或者复印件存档。存货档案应统一编号，妥善保管，长期保存。

二、在库保管

货物经过入库作业后进入在库保管作业环节。在库保管作业的主要任务是妥善保存货物，合理利用存储空间，有效利用劳力和设备，安全经济地搬运商品，对存货进行科学管理。

(一) 储位管理

1. 分区分类规划

分区分类规划是指按照库存货物的性质划分出类别，根据各类货物存储量的计划任务，结合各种库房、货场、起重运输设备的具体条件，确定出各库房和货场的分类存储方案。

1) 分区分类规划的方法

分区分类规划的方法主要有以下几种：

(1) 按库存货物理化性质的不同进行规划。即按照库存货物的理化性质进行分类管理，如化工品区、纺织品区、金属材料区、冷藏品区等。在这种分类方式下，理化性质相同的货物集中堆放，便于仓库对库存货物采取相应的养护措施，同时还便于对同种库存货物进行清仓盘点。

(2) 按库存货物的使用方向或按货主不同进行规划。即根据货物的所有权关系进行分区分类管理，以便仓库发货或货主提货。这种方式非常容易造成货位的交叉占用，以及货物间相互产生影响。

(3) 混合货位规划。即综合考虑按理化性质分类和按使用方向分类的优缺点，对通用货物按理化性质分类保管，对专用货物按使用方向分类保管。

2) 分区分类规划的原则

分区分类规划的基本原则主要有以下几点：

(1) 存放在同一货区的货物必须具有互容性。

(2) 保管条件不同的货物不应混存。

(3) 作业手段不同的货物不应混存。

(4) 灭火措施不同的货物不应混存。

2. 货位管理

进入仓库中储存的每一批货物在其理化性质、来源、去向、批号、保质期等各方面都有独特的性质，仓库要为这些货物确定一个合理的货位，既要保证保管的需要，又要便于仓库的作业和管理。仓库需要按照货物自身的理化性质和储存要求，根据分库、分区、分类的原则，将货物存放于固定区域与位置。此外，还应进一步在定置区域内，以物品材质和型号规格等系列，按一定顺序依次存放。货位管理的基本步骤如图 4-3 所示。

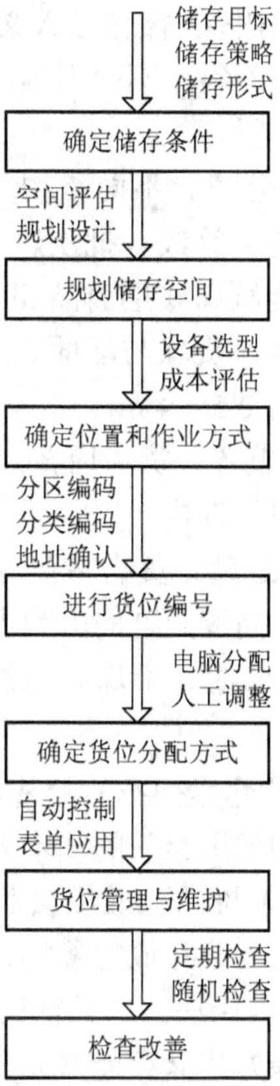

图 4-3　货位管理的基本步骤

3. 货位的存货方式

货位的存货方式主要分为固定型和流动型两种。

1) 固定型

固定型是一种利用信息系统事先将货架进行分类、编号，并贴付货架代码，各货架内装置的货物事先加以确定的货位存货方式。

2) 流动型

流动型指所有货物按顺序摆放在空的货架中，不事先确定各类货物专用的货架。

(二) 货物堆码

货物堆码是指根据货物的包装、外形、性质、特点、种类和数量，结合季节和气候情况，以及储存时间的长短，将货物按一定的规律码成各种形状的货垛。堆码的主要目的是便于对货物进行维护、查点等管理和提高仓库利用率。

1. 堆码的基本原则和基本要求

1) 堆码的基本原则

堆码的基本原则主要有以下几点：

(1) 分类存放。分类存放是仓库储存规划的基本要求，是保证货物质量的重要手段，因此也是堆码需要遵循的基本原则。

此外，分类存放还包括不同流向货物、不同经营方式货物的分类分存。

(2) 选择适当的搬运活性。为了减少作业时间、次数，提高仓库的物流速度，应根据货物作业的要求，合理选择货物的搬运活性。对搬运活性高的入库存放货物，也应注意摆放整齐，以免堵塞通道，浪费仓容。

(3) 面向通道，不围不堵。货垛以及存放货物的正面，尽可能面向通道，以便查看；另外，所有货物的货垛、货位都应有一面与通道相连，处在通道旁，以便能对货物进行直接作业。只有当所有的货位与通道相通时，才能保证不围不堵。

2) 货物堆码操作要求

货物堆码操作要求如下：

(1) 牢固。操作工人必须严格遵守安全操作规程，防止建筑物超过安全负荷量。码垛必须不偏不斜，不歪不倒，牢固坚实，与屋顶、梁柱、墙壁保持一定的距离，确保堆垛的安全和牢固。

(2) 合理。不同货物其性能、规格、尺寸不相同，应采用各种不同的垛形。不同品种、产地、等级、批次、单价的商品，应分开堆码，以便收发、保管。货垛的高度要适度，不能压坏底层商品和地坪，并与屋顶、照明灯保持一定距离为宜；货垛的间距，走道的宽度，货垛与墙面、梁柱的距离等，都要合理、适度。垛距一般为 0.5～0.8 m，主要通道为 2.5～4 m。

(3) 整齐。货垛应按一定的规格、尺寸叠放，排列整齐、规范。商品包装标识应一律向外，便于查找。

(4) 定量。货物储存量不应超过仓储定额，即应储存在仓库的有效面积、地坪承压能力和可用高度允许的范围内。同时，应尽量采用“五五化”堆码方法，便于记数和盘点。

(5) 节约。堆垛时应注意节省空间位置，适当、合理地安排货位的使用，提高仓容利用率。

2. 货物堆码存放的基本方法

货物堆码存放的基本方法如下：

(1) 散堆法。散堆法适用于露天存放的没有包装的大宗货物，如煤炭、矿石等，也适用于库内少量存放的谷物、碎料等散装货物。

(2) 堆垛法。对于有包装(如箱、桶)的货物，包括裸装的计件货物，采取堆垛的方式储存。堆垛方式储存能够充分利用仓容，做到仓库内整齐，方便作业和保管。货物的堆码方式主要取决于货物本身的性质、形状、体积、包装等。一般情况下多采取平放，使重心最低，最大接触面向下，易于堆码，且货垛稳定牢固。

常见的堆码方式包括重叠式、纵横交错式、仰俯相间式、压缝式、通风式、载柱式、衬垫式等。

(3) 使用托盘。由于托盘在物流系统中的运用得到认同，因此就形成了货物在托盘上的堆码方式。托盘是具有标准规格尺寸的集装工具，因此，在托盘上堆码货物可以参照典型堆码图谱来进行。如硬质直方体货物可参照中华人民共和国国家标准 GB/T 4892—1996《硬质直方体运输包装尺寸系列》硬质直方体在 1140 mm × 1140 mm 托盘上的堆码图谱进行。圆柱体货物可参照中华人民共和国国家标准 GB/T 13201—1997《圆柱体运输包装尺寸系列》圆柱体在 1200 mm × 1000 mm、1200 mm × 800 mm、1140 mm × 1140 mm 托盘上的堆码图谱进行。

(三) 在库货物保管作业

在库货物的保管是指仓库针对货物的特性，结合仓库的具体条件，采取各种科学手段对货物进行养护，防止和延缓货物质量变化的行为。在库货物保管的作业流程如图 4-4 所示。货物保管的目的在于保持库存货物的使用价值，最大限度地减少货物的自然损耗，杜绝因保管不善而造成的货物损害，防止造成货物损失，失去仓储保管的意义。

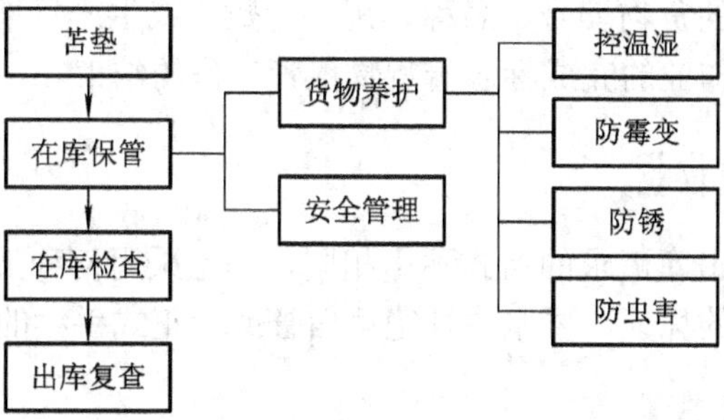

图 4-4　在库货物保管作业流程

1. 苫垫

“苫”指在货垛上加上遮盖物，“垫”指在货物垛底加衬垫物。苫垫是防止各种自然条件对库存货物质量产生不良影响的必要措施。比如，露天存放的货物在苫垫后就可以减轻雨、露与潮气的侵蚀和受日光暴晒的危害。

2. 在库保管

在库保管中，货物养护是防止其质量变化的重要措施，是一项经常性的工作。为此必须做到以下几点：

(1) 货物要按规定区域和货位存放，便于识别和查找。货物出入要有序，按先进先出或后进先出的原则。

(2) 控制好仓库的温湿度。根据货物的性能要求，采取密封、通风、吸潮等方法，保持仓库温湿度在适合货物仓储的范围内，确保货物的质量安全。

(3) 防治仓储货物霉变。许多仓储货物(如竹木制品、皮革制品)在夏季易发生霉变，常见的防治霉变的方法有使用除氧剂、紫外线等。

(4) 仓储货物和仓储设施用的是金属材料，金属制品如果长期不维护会生锈，锈蚀不仅破坏外形，而且会造成内部损害，使材料的使用价值受到影响。常用防治锈蚀的方法有防水防潮、防尘除尘、涂油涂漆等。

(5) 虫害不仅使仓储货物本身受损，还会使苫垫物等仓储设施遭到破坏。常用防治虫害的方法有灯光诱杀、高低温杀虫、使用防虫药剂等。

(6) 保管的货物要定期或不定期进行盘点，保证账实相符。

(7) 仓库安全是其他工作的前提和基础，并贯穿于整个仓储的全过程。仓储安全管理工作主要有防火、防汛以及防盗等。

3. 在库检查

检查在库货物可以掌握货物在保管过程中的质量变化情况，便于及时发现问题并采取相应措施。

4. 出库复查

货物出库时，应认真仔细复查。

三、出库作业

货物出库作业是依据客户服务部门或业务部门开出的发货单、提货单、领料单等货物的出库凭证，按其所列的货物编号、名称、规格、数量或生产日期等项目组织货物出库的一系列活动。货物出库作业的完成标志着货物保管工作的结束。

(一) 货物出库的依据

货主的出库通知或出库请求的格式不尽相同，不论采用何种形式，都必须是符合财务制度要求的有法律效力的凭证，要坚决杜绝凭信誉或无正式手续的发货。

(二) 货物出库的要求

货物出库要求做到“三不、三核、五检查”。“三不”即未接单据不翻账，未经审单不备库，未经复核不出库；“三核”即在发货时，要核实凭证、核对账卡、核对实物；“五检查”即对单据和实物要进行品名检查、规格检查、包装检查、件数检查、重量检查。货物出库要求严格执行各项规章制度，提高服务质量，使用户满意，包括对品种规格要求、积极与货主联系、为用户提货创造各种方便条件、杜绝差错事故等。

(三) 货物出库方式

出库方式是指仓库用什么样的方式将货物交付用户。选用哪种方式出库，要根据具体条件，由供需双方事先商定。

1. 送货

仓库根据货主单位的出库通知或出库请求，通过发货作业把应发货物交由运输部门送达收货单位或使用仓库自有车辆把货物运送到收货地点的发货形式，就是通常所说的送货制。

仓库实行送货具有多方面的优点：

(1) 仓库可预先安排作业，缩短发货时间。

(2) 收货单位可避免因人力、车辆等不便而发生的取货困难。

(3) 在运输上，可合理使用运输工具，减少运费。

2. 收货人自提

收货人自提的发货形式是由收货人或其代理持取货凭证直接到库取货，仓库凭单发货。仓库发货人与提货人可以在仓库现场划清交接责任，当面交接并办理签收手续。

3. 过户

过户是一种就地划拨的形式，物品实物并未出库，但是所有权已从原货主转移到新货主的账户中。仓库必须根据原货主开出的正式过户凭证，才予办理过户手续。

4. 取样

货主由于商检或样品陈列等需要，要到仓库提取货样(通常要开箱拆包、分割抽取样本)，仓库必须根据正式取样凭证发出样品，并做好账务记载。

5. 转仓

转仓是指货主为了业务方便或改变储存条件，将某批库存自甲库转移到乙库。仓库也必须根据货主单位开出的正式转仓单，办理转仓手续。

(四) 出库业务程序

货物出库作业包括出库前的准备工作和货物出库。

1. 出库前的准备工作

出库前的准备工作包括以下几个方面的内容：

(1) 合理安排装车空间。

(2) 检查车辆装载条件，是否满足卫生要求。

(3) 准备装车工具，如推车、渡板、叉车、托盘等。

(4) 安排装车所需工作人员。

2. 货物出库

出库程序包括核单备货、复核、包装、点交、登账、清理等过程。出库必须遵循“先进先出，推陈储新”的原则，使仓储活动的管理实现良性循环。不论是哪一种出库方式，都应按以下程序做好管理工作。

1) 核单备货

如属自提物品，首先要审核提货凭证的合法性和真实性，其次核对品名、型号、规格、单价、数量、收货单位、有效期等。

出库货物应附有质量证明书或副本、磅码单、装箱单等。机电设备、电子产品等货物的说明书及合格证应随货同行。备料时应本着“先进先出，推陈储新”的原则，易霉易坏的先出，接近失效期的先出。

备货过程中，凡计重货物一般以入库验收时标明的重量为准，不再重新计重。需分割或拆捆的应根据情况进行。

2) 复核

为了保证出库货物不出差错，备货后应进行复核。出库的复核形式主要有专职复核、交叉复核和环环复核三种。除此之外，在发货作业的各道环节上，都贯穿着复核工作。例如，理货员核对单货，守护员(门卫)凭票放行，账务员(保管会计)核对账单(票)等。这些分散的复核形式起到了分头把关的作用，有助于提高仓库发货业务的工作质量。

复核的内容包括：品名、型号、规格、数量是否同出库单一致；配套是否齐全；技术证件是否齐全；外观质量和包装是否完好。只有加强出库的复核工作，才能防止错发、漏发和重发等事故的发生。

3) 包装

出库货物的包装必须完整、牢固，标记必须正确、清晰，如有破损、潮湿、捆扎松散等不能保障运输中安全的，应加固整理。破包、破箱不得出库。各类包装容器上若有水渍、油迹、污损，也均不能出库。

出库货物如需托运，包装必须符合运输部门的要求，选用适宜的包装材料，其重量和尺寸便于装卸和搬运，以保证货物在途的安全。

包装是仓库生产过程的一个组成部分。严禁互相影响或性能互相抵触的货物混合包装。包装后，要写明收货单位、到站、发货号、本批总件数、发货单位等。

4) 点交

出库货物经过复核和包装后，需要托运和送货的，应由仓库保管机构移交调运机构；属于用户自提的，则由保管机构按出库凭证向提货人当面交清，即点交(清点交接)。

5) 登账

点交后，保管员应在出库单上填写实发数、发货日期等内容，并签名。然后将出库单连同有关证件资料及时交给货主，以便货主办理货款结算。

6) 清理

经过出库的一系列工作程序之后，实物、账目和库存档案等都发生了变化，应按下列几项工作彻底清理，使保管工作重新趋于账、物、资金相符的状态。

(1) 按出库单，核对结存数。

(2) 如果该批货物全部出库，应查实损耗数量，在规定损耗范围内进行核销，超过损耗范围的要查明原因并进行处理。

(3) 该批货物全部出库后，可根据该批货物入出库的情况、采用的保管方法和损耗数量，总结保管经验。

(4) 清理现场，收集苫垫材料，妥善保管，以待再用。

(5) 代运货物发出后，收货单位提出存在误差时，属于重量短少而包装完好且件数不缺的，应由仓库保管机构负责处理；属于件数短少的，应由运输机构负责处理。若发出的货物种类、规格、型号不符，则由保管机构负责处理。若发出的货物被损坏，应根据承运人出具的证明，分别由保管及运输机构处理。在整个出库业务程序过程中，复核和点交是两个最为关键的环节。复核是防止差错的重要和必不可少的措施，而点交则是划清仓库和提货方两者责任的必要手段。

(6) 由于提货单位任务变更或其他原因要求退货时，可经有关方同意，办理退货。退回的货物必须符合原发的数量和质量，要严格验收，重新办理入库手续。当然，未移交的货物则不必检验。

单元三　库存管理与控制

一、库存管理概述

加强库存控制，搞好存货的科学管理，目的就是在保证企业生产或经营活动能够正常进行的前提下，使库存量维持在合理的水平上，降低库存成本，提高企业的经济效益。库存控制理论研究在什么时间，以什么数量，从什么来源补充库存，使得保持库存和补充采购的总成本最低。

(一) 库存的概念

库存是指仓库中实际储存的货物。广义的库存还包括处于制造加工状态和运输状态的货物。通俗地说，库存是指企业在生产经营活动中为现在和将来的耗用或者销售而储备的资源。当某些库存承担起国家的安全使命时，这些库存通常被称为国家储备。

库存具有二重性。一方面它是生产和流通的前提，没有库存，正常的生产和流通不能维持；另一方面，库存又是生产和流通的负担，库存要占用一定的资金，企业还要负担库存货物的保管费用，承担库存损失和库存风险。因此，库存不能没有，但也不能过多，而且是越少越好。

（二）库存管理的概念

库存管理就是对库存货物的管理。它包括库存业务管理、库存货物品种数量管理、库存成本管理和库存量的控制管理。重点是库存量的控制管理。

由库存的二重性可知，库存管理的目标主要有两个：一是保障供应，二是成本低。对于企业来说，这两个目标是互相矛盾的。库存管理的任务，就是通过科学的决策，使库存既满足生产或流通的需要，又使总库存成本最低。

（三）影响库存管理的因素

1. 需求的性质

对货物的需求性质的不同，库存控制方法也不同。若需求是确定且已知的，则可只在需求发生时准备库存，库存的数量根据给定的计划确定；若需求是不确定的，则需要保持经常储备量，以供应随时发生的需求。

需求虽有变动但其变动存在规律性，如季节性变动，则有计划地根据变动规律，在旺季到来之前准备较多的库存储备以备销售增长的需要。若需求变动没有一定的规律，呈现为随机性变化，就需要设置经常性库存，甚至准备一定的保险储备量来预防突然发生的需求。

独立需求是企业所不能控制的，它们随机发生，只能用预测的方法而无法精确计算，在确定供货数量和时间上主要考虑成本的经济性。相关需求库存控制的发展方向是供应链库存管理模式。

有些货物可由其他货物替代，它们的库存量可以定得少些，万一发生缺货也能用替代品来满足需求。而对于没有替代品的货物，则需要保持比较多的库存才能保证预期的供应需求。

2. 提前期

提前期是指从订购或下达生产指令开始，到货物入库的时间周期。提前期是确定订购的时间或下达生产指令时间的主要考虑因素。在库存控制中，都是根据库存量将要消耗完的时间提前一个提前期提出订货，以避免在订货到达之前发生缺货，这与订单处理时间、货物在途时间以及该货物的日常用量有关。

3. 自制或外购

所需要的货物是自制还是外购，也影响对库存的决策。若从外部采购，应着重从经济性，即节约成本的要求来确定它们的供货数量和供货次数。若属于本厂自制，则不但要考虑成本的经济性，还需要考虑生产能力的约束性、生产各阶段的节奏性等因素来确定供货的数量和时间。

4. 服务水平

服务水平指的是库存满足客户需求的程度。如果库存能够满足全部客户的全部订货需要，则其服务水平为优秀。若 100 次订货，只能满足 90 次，则服务水平为良好。服务水平一般是由企业领导部门根据经营的目标和战略而规定的。服务水平的高低会影响库存水平的选择。服务水平要求高，就需要较多的储备来保证。

二、库存控制的基本方法

不管是独立需求库存控制还是相关需求库存控制，都要回答下列问题：如何优化库存成本？怎样平衡生产与销售计划来满足一定的交货要求？怎样避免浪费，避免不必要的库存？怎样避免需求损失和利润损失？所以，库存管理是要根据用户需求量的大小，指定一个订货策略，来控制订货进货过程，达到既满足用户需要又控制了库存水平，使得库存总费用最低的目的。库存控制方法实际上又可以称为订货策略，主要解决与订货有关的三个问题：什么时候订货(即订货点、订货时机)？订多少(即订货批量)？如何实施(即如何操作)？

(一) 库存控制的基本方法

对于库存控制的第一个问题，在独立需求的情况下有连续检查订货策略和定期检查订货策略两种基本的订货策略。

1. 连续检查订货策略

连续检查订货策略是指每次取货后对库存水平进行检查，看其是否低于事先设定的订货点，一旦低于订货点就发出订货单。

2. 定期检查订货策略

定期检查订货策略是指每隔一段固定的时间就对库存水平进行检查，然后发出订单将存货补充到预先设定的目标库存水平。

对于库存控制的第二个问题，在独立需求的情况下是根据经济订货批量(EOQ)来决定每次订货的数量，在相关需求情况下有多种可供选择的批量确定方法，如动态规划法、启发式方法和部分期间平衡法。

适用于独立需求的库存控制系统称为库存补充系统，它是以经常性地维持一定的库存水平并不断补充为特征的，连续检查和定期检查是这种系统的两个控制策略。适用于相关需求的库存控制系统有物料需求计划(MRP)和 JIT 系统等。ABC 分析方法主要用于库存品种的数量管理。

(二) 库存补给策略

独立需求的物质采用的是订货点控制策略。订货点法库存管理的策略很多，最基本的策略有四种：连续性检查的固定订货量、固定订货点策略，即(Q,R)策略；连续性检查的固定订货点、最大库存策略，即(R,S)策略；周期性检查策略，即(t,S)策略；总和库存策略，即(t,R,S)策略。

1. (Q,R)策略

(Q,R)策略的基本思想是对库存进行连续性检查，当库存降低到订货点水平 R 时，即发出一个订货要求，每次的订货量保持不变，都为固定值 Q。该策略适用于需求量大、缺货费用较高、需求波动性很大的情形。

2. (R,S)策略

(R,S)策略也需随时检查库存，当发现库存降低到订货点水平 R 时，开始订货，订货后使最大库存保持不变，即为常量 S，若发出订单时的库存量为 I，则其订货量为 S−I。此策略的订货量是可变的。

3. (t,S)策略

(t,S)策略是每隔一定时期检查一次库存，并发出一次订货要求，把现有库存补充到最大库存水平 S。如果检查时库存量为 I，则订货量为 S−I。经过固定的检查期 t，发出订货，若此时的库存量为 I_1，则订货量为 $S-I_1$，经过一定的时间，库存补充 $S-I_1$，达到 A 点；再经过一个固定的检查周期 t，又发出一次订货要求，若此时的库存量为 I_2，则订货量为 $S-I_2$，经过一段时间，库存再达到新的高度 B 点。如此周期性检查库存，不断补给。该策略不设订货点，只设固定检查周期和最大库存量。该策略适用于一些不很重要的或使用量不大的物资。

4. (t,R,S)策略

(t,R,S)策略是(t,S)策略和(R,S)策略的综合。这种补给策略有一个固定的检查周期 t、最大库存量 S 和固定订货点 R。当经过一定的检查周期 t 后，若库存低于订货点，则发出订货；否则，不订货。订货量的大小等于最大库存量减去当时的库存量。当经过固定的检查周期到达 A 点时，库存已经下降到订货点水平线 R 以下，因而应发出一次订货要求，订货量等于最大库存量 S 与当时的库存量 I_1 的差，即 $S-I_1$。当经过一定的订货提前期后在 B 点订货到达，库存补充到 C 点。如此周期进行下去，实现周期性库存补给。

三、ABC 分类法与库存管理

（一）ABC 分类法的基本原理

ABC 分类法又称为 ABC 分析法、重点管理法，它是“关键的少数和次要的多数”的帕累托原理在仓储管理中的应用。ABC 分类法就是强调对货物进行分类管理，根据库存货物的不同价值而采取不同的管理方法。

ABC 分类法的基本原理是：由于各种库存品的需求量和单价各不相同，其年耗用金额也各不相同。那些年耗用金额大的库存品，由于其占用企业的资金较大，对企业经营的影响也较大，因此需要进行特别的重视和管理。ABC 分类法就是根据库存品的年耗用金额的大小，把库存品划分为 A、B、C 三类。A 类库存品：其年耗用金额占总库存金额的 75%～80%，其品种数却只占总库存品种数的 5%～10%；B 类库存品：其年耗用金额占总库存金额的 20%～25%，其品种数占总库存品种数的 15%～20%；C 类库存品：其年耗用金额占总库存金额的 5%～10%，其品种数却占总库存品种数的 70%～80%。

（二）ABC 分类法的实施步骤

ABC 分类法的一般步骤如下：

1. 搜集数据

按分析对象和分析内容，搜集有关数据。例如，打算分析产品成本，则应搜集产品成本因素、产品成本构成等方面的数据；打算分析针对某一系统搞价值工程，则应搜集系统中各局部功能、各局部成本等数据。

2. 处理数据

利用搜集到的年需求量、单价，计算出各种库存品的年耗用金额。

3. 编制 ABC 分析表

根据已计算出的各种库存品的年耗用金额，把库存品按照年耗用金额从大到小进行排列，并计算累计百分比。ABC 分析表如表 4-2 所示。

表 4-2 ABC 分析表

产品序号	数量	单价/元	占用资金/元	资金占用百分比/(%)	累计百分比/(%)	产品项的百分比/(%)	分类
1	10	680	6800	68.0	68.0	10	A
2	12	100	1200	12.0	80.0	20	A
3	25	20	500	5.0	85.0	30	B
4	20	20	400	4.0	89.0	40	B
5	20	10	200	2.0	91.0	50	C
6	20	10	200	2.0	93.0	60	C
7	10	20	200	2.0	95.0	70	C
8	20	10	200	2.0	97.0	80	C
9	15	10	150	1.5	98.5	90	C
10	30	5	150	1.5	100	100	C
合 计			10000	100			

4. 根据 ABC 分析表确定分类

根据已计算出的年耗用金额的累计百分比，按照 ABC 分类的基本原理，对库存品进行分类。

5. 绘制 ABC 分析图

以库存品种数百分比为横坐标，以累计耗用金额百分比为纵坐标，在坐标图上取点，并连接各点，则绘成如图 4-5 所示的 ABC 曲线。按 ABC 分析曲线对应的数据，以 ABC 分析表确定 A、B、C 三个类别的方法，在图上标明 A、B、C 三类，则制成 ABC 分析图。

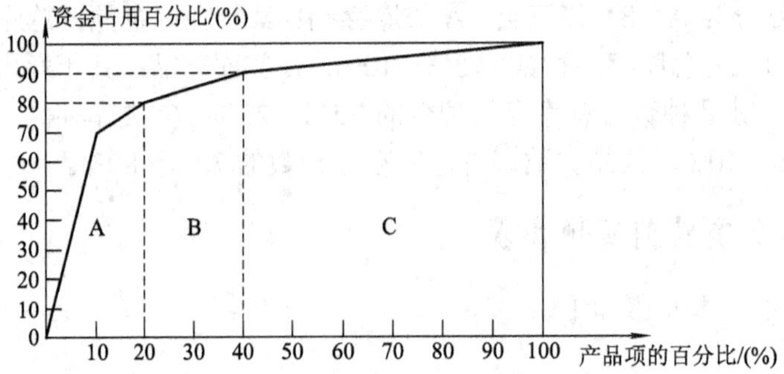

图 4-5 ABC 分析图

(三) ABC分类法在库存控制中的作用

ABC分析的结果，只是理顺了复杂事物，搞清了各局部的地位，明确了重点。但是，ABC分析的主要目的在于解决困难，它是一种解决困难的技巧。因此，在分析的基础上必须提出解决的办法，才能真正达到ABC分析的目的。对三类库存物品可按以下方法进行区别管理。

1. A类库存物品

对A类库存物品可按以下方法进行管理：

(1) 每件库存物品皆做编号。

(2) 尽可能慎重、正确地预测需求量。

(3) 少量采购，尽可能在不影响需求的情况下减少库存量。

(4) 请供货单位配合，力求出货量平稳化，以降低需求变动，减少库存量。

(5) 采用定期订货方式，对其存货进行定期检查。

(6) 必须严格执行盘点，每天或每周盘点一次，以提高库存精确度。

(7) 对交货期限必须严格控制，在制品及发货也必须从严控制。

(8) 货品放至易于出入库的位置。

(9) 实施货品包装外形标准化，增加出入库单位。

(10) A类库存物品的采购需经高层主管审核。

2. B类库存物品

对B类库存物品可按以下方法进行管理：

(1) 采用定量订货方式，但对前置时间较长或需求量有季节性变动趋势的货品宜采用定期订货方式。

(2) 每两三周盘点一次。

(3) 中量采购。

(4) 采购需经中级管理人员审核。

3. C类库存物品

对C类库存物品可按以下方法进行管理：

(1) 采用复合制或定量订货方式以节省手续。

(2) 大量采购，以利于在价格上取得优惠。

(3) 简化库存管理手段。

(4) 安全库存量可以大些，以免发生库存短缺。

(5) 每月盘点一次。

(6) 采购仅需基层主管核准。

任务三 项目单项能力训练

一、单项选择题

1. 仓库作业过程实质上包含了实物流过程和(　　)两个方面。

A. 信息流过程　　B. 作业流过程　　C. 订单流过程　　D. 数据流过程

2. 商品入库或上架后，将货物名称、规格、数量或出入状态等内容填在料卡上，称为(　　)。

A. 登账　　B. 立卡　　C. 记录　　D. 建档

3. 货物入库的第一道程序是(　　)。

A. 核对凭证　　B. 验收准备　　C. 检验货物　　D. 交接单据

4. 出库程序包括核单备货、复核、(　　)、点交、登账、清理等过程。

A. 包装　　B. 检验　　C. 计价　　D. 交单

5. 常见堆码方式中，(　　)是逐件、逐层向上重叠堆码，一件压一件的堆码方式。

A. 重叠式　　B. 纵横交错式　　C. 仰俯相间式　　D. 压缝式

二、判断题

1. 凡货物进入仓库储存，必须经过检查验收，只有验收的货物才可入库保管。(　　)

2. 货物的堆码方式主要取决于货物本身的性质、形状、体积、包装等，一般情况下采取平放，使重心最低，最大接触面向下，易于堆码。(　　)

3. 固定货位储存适用于季节性货物以及重点客户的货物。(　　)

4. ABC 分类中 A 类货物需要对其库存进行严密的监视。(　　)

5. 为了保证出库物品不出差错，备货后应进行复核。出库的复核形式主要有专职复核、交叉复核和环环复核三种。(　　)

三、简答题

1. 什么是仓储？仓库的类型有哪些？

2. 绘制仓库作业的基本流程图。

3. 对 A、B、C 类货物的管理措施有哪些？

任务四　项目综合技能训练

某公司仓库商品保管业务流程案例

仓库是该公司供应体系的一个重要组成部分，是公司各种物资周转储备的重要环节，同时担负着货品管理的多项业务职能。仓管员的主要任务是：保管好库存物品，做到数量准确，质量完好，确保安全，收发迅速，面向销售，服务周到。为规范仓库工作，确保工作有序进行，提高工作效率，特制订以下工作流程。

1. 货品入库

货品入库的工作流程如下：

(1) 货品入库时，仓管员要亲自核对货号、尺码明细及数量与供应商发货单是否一致。核对无误，仓管员把入库日期、货号、尺码明细以及成分、执行标准认真填写到货品入库本上，然后把货品入库本交给 ERP 管理员。

(2) ERP 管理员接到货品入库本，根据货品入库本上的明细首先录制、打印采购入库单，然后安排商标牌的打印。

(3) 仓管员把打印好的商标牌对应货号、尺码明细准确无误地穿挂到货品上，拿一件货品出展厅，记录在展厅盘存表上，然后按货号、尺码整齐地摆放到货架上。

2. 货品出库

货品出库的工作流程如下：

(1) 货品出库时，仓管员把货号、数量及明细报给 ERP 管理员，ERP 管理员应迅速、准确地录制转仓单。

(2) 仓管员接到转仓单，应认真核对实物与转仓单有无出入。核对无误后，仓管员发货出库。加盟商补货需得到财务部同意方可出库、发货。

(3) 仓管员把货品送到各直营店后，双方进行核对，核对无误后双方签字。仓管员把票据带回公司，交 ERP 管理员进行下账。

3. 货品调换

货品调换的工作流程如下：

(1) 货品调换时，ERP 管理员应迅速、准确地录制转仓单。

(2) 仓管员接到转仓单，应立刻到出货店提取货品，双方认真核对转仓单与实物有无出入。核对无误后，仓管员带货离店。

(3) 仓管员把货品送到收货店后，双方认真核对转仓单与实物有无出入，核对无误后收货人签字。仓管员把票据带回公司，交 ERP 管理员进行下账。

4. 货品返库

货品返库的工作流程如下：

(1) 货品返库时，仓管员把货号、数量及明细报给 ERP 管理员，ERP 管理员应准确地录制转仓单。

(2) 仓管员接到转仓单，应立刻到返货店提取货品，双方认真核对实物与转仓单有无出入。核对无误后，接货入库(人为损坏的需请示经理后再做返库)。

(3) 仓管员把货品带回仓库，分类摆放整齐(如有问题要单独放置，以待解决)。仓管员把票据带回公司，交 ERP 管理员进行下账。

思考题

1. 结合此案例分析仓储业务的流程。
2. 试想作为一名仓管员，该如何做好自己的工作。

项目五 配　送

任务一　项目导入案例

沃尔玛公司是全美零售业务年销售收入居第一的著名企业。目前，沃尔玛已经在美国本土建立了 70 个由高科技支持的物流配送中心，并拥有自己的送货车队和仓库，可同时供应 700 多家商店，向每家分店送货频率通常是每天一次。配送中心每周作业量达 120 万箱，每个月自理的货物金额大约在 5000 万美元。

在配送运作时，大宗商品通常经由铁路送达自己的配送中心，再由公司卡车送达商店。每店一周约收到 1～3 卡车货物，60%的卡车在返回自己的配送中心途中又捎回从沿途供应商处购买的商品。

沃尔玛公司全部配送作业实现自动化，是当今世界公认的先进配送方式，实现了高效率、低成本的配送目的。

任务二　项目支撑知识学习

单元一　配　送

一、配送的概述

(一) 配送的概念

配送(Distribution)一词起源于日本，日本工业标准(JIS)的物流用语中将配送定义为：把货物从物流据点送至收货人的交货行为。我国将配送定义为：在经济合理的区域范围内，根据用户要求，对物品进行拣选、加工、包装、分割、组配等作业，并按时送达指定地点的物流活动。

我们可以从两个方面来认识配送的概念：

第一，从经济学资源配置的角度，对配送在社会再生产过程中的位置和配送的本质行为予以表述：配送是以现代送货形式实现资源的最终配置的经济活动。这个概念的内涵可以概括为以下四点：

(1) 配送是资源配置的一部分，这是根据经济学家的理论认识得出的。因而，配送是经济体制的一种形式。

(2) 配送的资源配置作用是“最终配置”，因而是接近顾客的配置。接近顾客是经营战略至关重要的内容。

(3) 配送的主要经济活动是送货。这里强调现代送货，表述了与旧式送货的区别，其区别以“现代”两字概括，即现代生产力、劳动手段支撑的，依靠科技进步的，实现“配”和“送”有机结合的一种方式。

(4) 配送在社会再生产过程中的位置是处于接近用户的那一段流通领域，因而有其局限性。配送是一种重要的方式，有其战略价值，但是它并不能解决流通领域的所有问题。

第二，从配送的实施形态角度，表述如下：配送是指按用户订货要求，在配送中心或其他物流节点进行货物配备，并以最合理的方式送交用户。这个概念的内涵可以概括为以下五点：

(1) 整个概念描述了接近用户资源配置的全过程。

(2) 配送实质是送货。配送是一种送货，但与一般送货又有区别。一般送货可以是一种偶然的行为，而配送却是一种固定的形态，甚至是一种有确定组织、确定渠道，有一套装备和管理力量、技术力量，有一套制度的体制形式。所以，配送是一种高水平送货形式。

(3) 配送是一种“中转”形式。配送是从物流节点至用户的一种特殊送货形式。从送货功能来看，其特殊性表现为：从事送货的是专职流通企业，而不是生产企业；配送是“中转”型送货，而一般送货尤其从工厂至用户的送货往往是直达型；一般送货是生产什么送什么，有什么送什么，而配送则是企业需要什么就送什么。所以，要做到需要什么就送什么，就必须在一定中转环节筹集这种需要，从而使配送必然以“中转”形式出现。

(4) 配送是“配”和“送”有机结合的形式。配送与一般送货的重要区别在于，配送利用有效的分拣、配货等理货工作，使送货达到一定的规模，以利用规模优势取得较低的送货成本。如果不进行分拣、配货，有一件运一件，需要一点送一点，这就会大大增加动力的消耗，使送货并不优于取货。所以，追求整个配送的优势，分拣、配货等项工作是必不可少的。

(5) 配送以用户要求为出发点。定义中强调的“按用户订货要求”明确了用户的主导地位。配送是从用户利益出发、按用户要求进行的一种活动，因此，在观念上必须明确“用户第一”、“质量第一”。配送企业的地位是服务地位而不是主导地位，因此不能从本企业利益出发而应从用户利益出发，在满足用户利益的基础上取得本企业的利益。更重要的是，企业不能利用配送损伤或控制用户，不能利用配送作为部门分割、行业分割、割据市场的手段。

(二) 配送的种类

配送的种类很多，按不同的划分标准，可分为不同的类型。

1. 按配送的时间和数量不同来分

按配送的时间和数量的不同，配送可分为以下几种类型：

(1) 定时配送。定时配送是按规定的时间间隔进行的配送，如数天或数小时一次。配送商品的品种和数量可按计划执行，也可在配送之前用商定的联络方式(如电话、计算机终端等)加以确定。这种配送方式，由于配送时间固定，配送企业易于安排工作和计划使用车辆；对于用户来讲，也易于安排接货力量。但是由于配送商品的种类变化，致使配货、配装工作难度较大，并且当要求配送的商品数量变化较大时，会造成配送运力不均衡的状况。

(2) 定量配送。定量配送是按规定的商品数量在一个指定的时间范围内进行的配送。这种配送方式数量固定，备货工作较为简单，可采用按托盘、集装箱及车辆的装载能力规定配送的定量，也可采取整车配送，提高配送效率。由于配送时间上没有严格限定，可将不同用户所需商品凑成整车后配送，提高车辆利用率和节省运力。对于用户来说，每次接货作业处理的是同等数量的货物，有利于人力、物力的调度和准备。

(3) 定时、定量配送。定时、定量配送是按规定的配送时间和配送数量进行的配送。这种配送方式兼有定时、定量两种配送方式的优点，但特殊性很强，计划难度大，适合采用的对象不多，不是一种普遍的配送方式。

(4) 定时、定路线配送。定时、定路线配送是在规定的运行路线上制订送货到达的时间表，按运行时间表进行的配送，用户可以按规定的路线及规定时间接货，并可对配送业务提出要求。这种配送方式有利于计划安排送货车辆和调度驾驶人员，用户既可以在一定的路线、一定的时间上进行选择，又可以有计划地安排接货力量。但这种配送方式适用的范围也是有限的。

(5) 即时配送。即时配送是完全按用户临时提出的配送时间和数量要求进行的配送。这种配送方式具有极强的随机性和很高的灵活性，是服务水平最高的一种配送方式。但由于计划性差，车辆利用率低，因而配送成本较高。

2. 按配送的品种与数量构成不同来分

按配送的品种与数量构成的不同，配送可分为以下几类：

(1) 单(少)品种、大批量配送。单(少)品种、大批量配送形式适合于工业企业需要量较大的商品，单独一个品种或少数几个品种就可以达到较大的输送量，实行整车运输，而不需要再与其他商品搭配。由于商品配送量大，整车发运比率高，配送中心的业务组织和计划工作比较简单，因而配送成本较低。

(2) 多品种、小批量配送。多品种、小批量配送形式是按用户的要求，把其所需要的各种数量不多的商品配备齐全，凑成整车后由配送企业送达用户。这种配送要求配送中心设备齐全，配货、送货的计划性强，配货作业水平高。在各种配送方式中，这是一种高水平、高技术的组织方式。

(3) 成套配套配送。成套配套配送是按企业生产需要，尤其是装配型企业生产的需要，将生产每一台件所需要的全部零部件配齐后，按生产节奏定时送达生产企业，生产企业随即将此成套零件送入生产线装配产品。这种配送方式因配送企业承担了生产企业大部分的供应工作，使生产企业可以专注于生产，有利于提高生产效率。

3. 按实施配送组织者的不同来分

按实施配送组织者的不同，配送可分为以下几类：

(1) 配送中心配送。配送中心配送是由专职从事配送业务的配送中心所组织的配送。配送中心配送的规模较大，专业性强，和用户有固定配送关系。配送中心配送是配送的主要形式。

(2) 仓库配送。仓库配送是由仓库组织的配送。仓库配送既可以是将仓库改造成为配送中心，也可以是仓库在保持原有功能的基础上增加一部分配送功能。由于仓库的设施设备不是专门按配送中心的要求设计和建立的，因此仓库配送的规模比配送中心配送的规模小，配送的专业化程度低。

(3) 商店配送。商店配送的组织者是商业或物资的门市网点。这些网点主要承担商品零售业务，经营品种齐全。除了日常零售业务外，还可根据用户的要求将商店经营的品种配齐，或代用户外订外购一部分商店平时不经营的商品，和商店经营的品种一起配齐后送交用户。

(4) 生产企业配送。生产企业配送由进行多品种生产的企业直接对本企业生产的产品进行配送而无须将产品发送到配送中心进行中转配送。生产企业配送由于避免了一个物流中转环节，节省了物流费用，因而具有一定的优势。但是在社会化大生产条件下的现代企业，往往是进行大批量低成本生产，品种单一，因而不能像配送中心那样依靠多种商品凑整运输取得规模经济的优势。

4. 其他类型的配送

(1) 共同配送。共同配送是指多个客户联合起来共同由一个第三方物流服务公司来提供配送服务。共同配送的本质是通过作业活动的规模化降低作业成本，提高物流资源的利用效率。

共同配送目前主要有两种运作形式：

第一种，由一个配送企业对多家用户进行配送。即由一个配送企业综合某一地区内多个用户的要求，统筹安排配送时间、次数、路线和货物数量，全面进行配送。

第二种，在送货环节上将多家用户待运送的货物混载于同一辆车上，然后按照用户的要求分别将货物运送到各个接货点，或者运送到多家用户联合设立的配送货物接收点上。这种配送有利于节省运力和提高运输车辆的货物满载率。

(2) 加工配送。加工配送是指与流通加工相结合的配送。即在配送据点中设置流通加工环节，或是流通加工中心与配送中心建立在一起。如果社会上现成的产品不能满足用户需要，或者是用户根据本身的工艺要求需要使用经过某种初加工的产品，则可以将产品加工后进行分拣、配货，再送货到用户手中。

(三) 配送合理化

1. 不合理配送

不合理配送是指在现有条件下可以达到的配送水平而未达到，从而造成了资源浪费、成本增加等问题。

不合理配送的表现形式主要有以下几个方面:

(1) 进货不合理。配送是利用较大批量进货，通过规模效益来降低进货成本，使配送进货成本低于客户自己进货成本，从而取得优势。如果不是集中多个客户需要进行批量进货，而仅仅是为某几个客户代购，不仅不能降低成本，反而要多支付一笔配送企业的代购费，因而是不合理的。

(2) 价格不合理。一般配送的价格低于客户自己进货时购买价格加上提货、运输、进货的成本总和，这样客户才有利可图。有时由于配送有较高服务水平，即使价格稍高，客户也是可以接受的，但这不是普遍原则。如果配送价格普遍高于客户自己进货价格，损害了客户利益，就是一种不合理表现；如果价格制定过低，使企业在无利或亏损状态下运行，也是不合理的。

(3) 库存决策不合理。配送应充分利用集中库存总量低于客户分散库存总量这一优势，大大节约库存成本，降低客户实际库存负担。因此，必须依靠科学管理来实现一个低总量的库存，否则就会出现库存转存现象，并未根本解决库存的不合理问题。

(4) 送货中运输不合理。配送与客户自提货物比较，可以集中配装一车送几个客户，大大节省了运力和运输。如果不利用这一优势，仍然是一户一送的模式，车辆达不到满载，就属于不合理配送。

(5) 配送与直达的决策不合理。配送增加了环节，但是环节的增加可降低客户平均库存水平，这样不但抵消了增加环节的支出，而且还能取得剩余效益。但是如果客户使用批量大，可以直接通过社会物流系统均衡批量进货，比通过配送中心转送更节约费用。在这种情况下，不直接进货而通过配送就是不合理的。

(6) 经营观念不合理。在配送实施中，有许多情况属于经营观念不合理，使配送优势无法发挥，这是在开展配送时尤其需要注意克服的不合理现象。例如，企业利用配送手段向客户转嫁资金、库存困难(如在库存过大时，长期占用客户资金；在资源紧张时，将客户委托资源挪作他用获利等)。

2. 合理配送

对配送是否合理进行判断是配送决策的重要内容，一般来说可以通过以下四个指标来进行判断。

(1) 库存指标。库存是判断配送合理与否的重要标志，具体包括以下两个指标:

① 库存总量。在一个配送系统中，库存从分散于各个客户转移给了配送中心，配送中心库存数量加上各客户在实行配送后库存量之和应低于实行配送前各客户库存量之和。库存总量是一个动态的指标，比较应当在一定经营规模前提下进行。只有消除客户经营发展对库存总量上升的影响，才能对总量是否下降做出正确判断。

② 库存周转。由于配送企业的调剂作用，以低库存保持高的供应能力，库存周转一般总是快于原来各个企业库存周转。

(2) 资金指标。实行配送应有利于资金占用下降及资金运用的科学化，具体包括以下几个指标:

① 资金总量。随储备总量的下降及供应方式的改变，进货所占用的流动资金总量必然

有一定幅度的下降。

② 资金投向。资金分散还是集中投入，是资金调控能力的重要反映。实行配送之后，资金必然从分散改为集中投入，增加调控作用。

③ 资金周转。从资金运用来讲，由于周转加快，资金充分发挥作用，对于同样数量的资金，在过去需要较长时期才能满足一定供应要求，实施配送之后，在较短期内就能达到此目的。资金周转速度是衡量配送是否合理的指标。

(3) 供应保证指标。实行配送，客户最担心的是供应保证程度会降低。配送必须提高而不能降低客户的供应保证能力，才算实现合理配送。供应保证能力可以从以下几个方面进行判断：

① 缺货次数。实行配送后，该到货而未到货以致影响客户生产及经营的次数必须下降才算合理。

② 即日配送的能力及速度。即日配送的能力及速度是客户出现特殊情况的特殊供应保障方式，这一能力必须高于实行配送前客户紧急进货能力及速度才算合理。

③ 配送企业集中库存量。配送企业集中库存量所形成的保证供应能力应高于配送前单个客户保证程度，从供应保证来看才算合理。

(4) 成本和效益指标。总效益、宏观效益、微观效益、进货成本都是判断配送是否合理的重要指标。对于不同的配送方式，可以有不同的判断侧重点。例如，配送企业、客户是各自独立的以获得利润为中心任务的企业，在判断时不但要看配送的总效益，还要看对社会的宏观效益及对两个企业的微观效益，不顾及任何一方都必然出现不合理现象。

3. 提高配送合理化的措施

综合国内外提高配送合理化的措施，可以归纳为以下几点：

(1) 推行共同配送。通过共同配送，可以以最近的路程、最低的配送成本完成配送，从而提高合理化程度和配送的经济效益。尤其当单独配送的配送量较小、车辆不能满载且难以确定最优路线时，采取共同配送方式可大大降低成本，提高效益。

(2) 推行一定综合程度的专业化配送。物流企业可通过采用专业设备、设施及操作程序，力争取得较好的配送效果并降低配送过分综合化的复杂程度及难度，从而达到配送合理化。

(3) 推行加工配送。通过加工和配送结合，充分利用本来应有的中转，不增加新的中转就可以取得配送合理化。同时，加工借助于配送，加工目的更明确，和客户联系更紧密，避免了加工的盲目性。两者的有机结合，能够使投入不增加太多就可追求两种优势、两个效益，这是提高配送合理化程度的重要途径。

(4) 恰当设置配送中心。配送中心的数量及地理位置是决定能否取得高效益的前提条件。配送路线的选择，直送或配送的决定都是在配送中心数量、位置已确定的前提下做出的。如果这个前提条件本身有缺陷，则很难弥补，所以恰当设置配送中心是取得效益的基础。在此前提条件下，准确选择配送路线，恰当决定配送或直送，是提高配送的合理化程度、实现系统总体最优的基本条件。

(5) 推行定时配送。定时配送是配送合理化的重要内容。只有及时配送商品，提高供应保证能力，客户才可以放心地实施低库存或零库存，并有效地安排接货的人力、物力，追求最高效率的工作。

(6) 推行即时配送。即时配送是大幅度提高供应保证能力的重要手段，是配送企业快速反应能力的具体体现，也是企业配送能力的体现。即时配送成本较高，但它是追求整个配送合理化的重要手段。

二、配送的作业流程

(一) 配送的一般作业流程

配送一般具有进货、储存、分拣、配货、送货等基本作业，如图 5-1 所示。

图 5-1 配送的一般作业流程

(1) 进货。进货亦即组织货源，其方式有两种：订货或购货(表现为配送主体向生产商订购货物，由后者供货)；集货或接货(表现为配送主体收集货物，或者接收用户所订购的货物)。前者的货物所有权(物权)属于配送主体，后者的货物所有权属于用户。

(2) 储存。储存即按照用户提出的要求并依据配送计划将购到或收集到的各种货物进行检验，然后分门别类地储存在相应的设施或场所中，以备拣选和配货。储存作业依产品性质、形状不同而形式各异。有的是利用仓库进行储存，有的是利用露天场地进行储存，特殊商品(如液体、气体)则储存在特制的设备中。

(3) 分拣、配货。分拣和配货是同一个工艺流程中的两项有着紧密关系的经济活动。有时这两项活动是同时进行和同时完成的(如散装物的分拣和配货)。在进行分拣、配货作业时，少数场合是以手工方式进行操作的，更多的场合是采用机械化或半机械化方式操作的。如今，随着一些高新技术的相继开发和广泛应用，自动化的分拣、配货系统已在很多国家的配送中心建立起来，并且发挥了重要作用。

(4) 送货。在送货流程中，包括这样几项活动：搬运、配装、运输和交货。送货是配送的终结，故在送货流程中除了要圆满地完成货物的移交任务以外，还必须及时进行货款(或费用)结算。在送货这道工序中，运输是一项主要的经济活动。据此，在进行送货作业时，选择合理的运输方式和使用先进的运输工具，对于提高送货质量至关重要。就前者而言，应选择直线运输、配载运输(即充分利用运输工具的载重量和容积，合理安排装载的货物和载运方法的一种运输方式)方式进行作业。

(二) 配送的特殊作业流程

在实践中，某些有特殊性质、形状的货物，其配送活动有许多独特之处(例如，液体状态的物质资料的配送就不存在配货、配装等工序，金属材料和木材等生产资料的配送常常附加流通加工工序)。据此，在配送的一般流程的基础上，又产生了配送的特殊流程。其作业流程如下：

(1) 进货→储存→分拣→送货。

(2) 进货→储存→送货。

(3) 进货→加工→储存→分拣→配货→配装→送货。

(4) 进货→储存→加工→储存→装配→送货。

上面所指示的配送流程中：(1)为各类食品的配送工序；(2)为煤炭等散货的配送流程；(3)为木材、钢材等原材料的配送流程；(4)为机电产品中的散件、配件的配送流程。

三、配送模式

（一）配送模式的分类

配送模式是指企业对配送所采取的基本战略和方法。目前主要有以下四种常用的配送模式。

1. 自营配送模式

自营配送模式是企业物流配送的各个环节由企业自身筹建并组织管理，实现对企业内部及外部货物配送的模式。这种模式有利于企业供应、生产和销售的一体化作业，系统化程度相对较高，既可以满足企业内部原材料、半成品及成品的配送需要，又可以满足企业对外进行市场拓展的需求。缺点是企业为组建配送体系的投资规模将会大大增加，当企业配送规模较小时，配送的成本和费用相对较高。

采用自营配送的主要是规模较大的集团企业。有代表性的是沃尔玛这样的连锁企业配送，其基本上都是通过组建自己的配送系统来完成企业的配送业务，包括对连锁企业内部的各个分场、分店的配送和对外部客户的配送等业务。

2. 共同配送模式

共同配送是物流配送企业之间为了提高配送效率以及实现配送合理化所建立的一种功能互补的配送联合体。该模式的优势在于有利于实现配送资源的有效配置，弥补配送企业功能的不足，促使企业配送能力的提高和配送规模的扩大，更好地满足客户要求，提高配送效率，降低配送成本。

共同配送的实施步骤是选择联合对象、组建谈判小组、做好谈判准备、签订合作意向书及合同、进行公正、组建领导班子、拟定管理模式、正式运作。

在实际运作中，受合作形式、所处环境和客户要求等多方面因素的影响，共同配送的运作过程存在较大差异。共同配送的一般流程如图 5-2 所示。

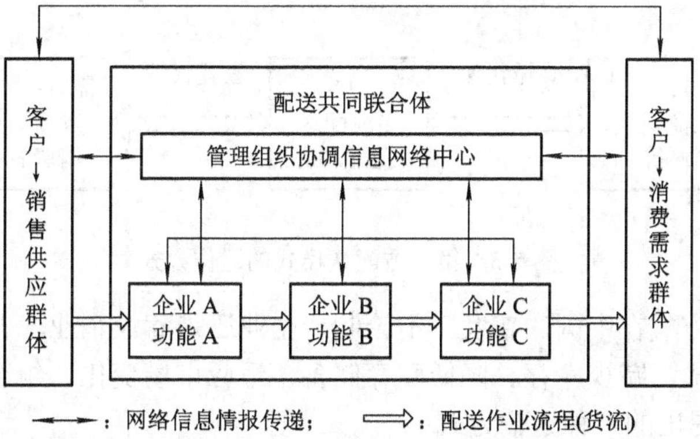

图 5-2　共同配送的一般流程

3. 互用配送模式

互用配送模式是几个企业为了各自利益，以契约的方式达成某种协议，互用对方的配送系统进行配送的模式。该模式的优点是企业不需要投入较大的资金和人力就可以扩大自身的配送规模和范围，但是需要企业有较高的管理水平及与相关企业的组织协调能力。

互用配送模式的基本形式如图 5-3 所示。

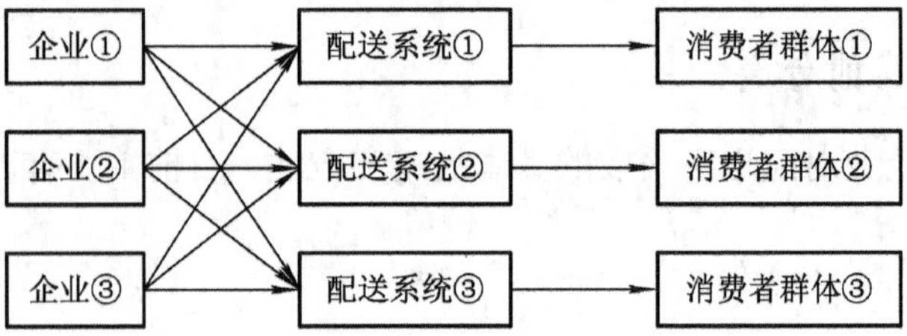

图 5-3 互用配送模式的基本形式

在电子商务条件下，企业和消费者之间可以直接通过网络进行信息交流与订货，这时互用配送模式的形式就转为以网络控制为主的配送系统。

电子商务互用配送模式如图 5-4 所示。

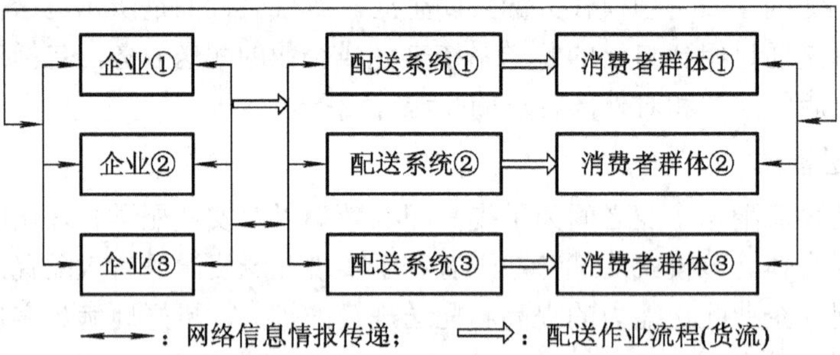

图 5-4 电子商务互用配送模式的基本形式

4. 第三方配送模式

第三方配送模式是指交易双方把自己需要完成的配送业务委托给第三方完成的一种配送运作模式。第三方配送模式的基本形式如图 5-5 所示。

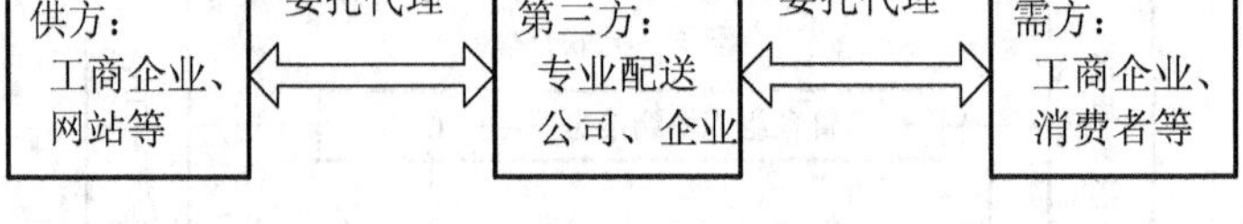

图 5-5 第三方配送模式的运作方式

随着 JIT 管理方式在中国的普及，不论制造企业还是商业企业，普遍应用 JIT 管理的理念，采用拉动方式，减少库存、降低库存储备，适应市场变化。组合配送是第三方物流企业适应 JIT 运输提出的一种运输方式。

组合配送是第三方物流企业根据采购方的小批量和多频率的要求，按照地域分布密集情况，决定供应方的取货顺序，并提供一系列的信息技术和物流技术，保证 JIT 取货和送货。其基本模型如图 5-6 所示。

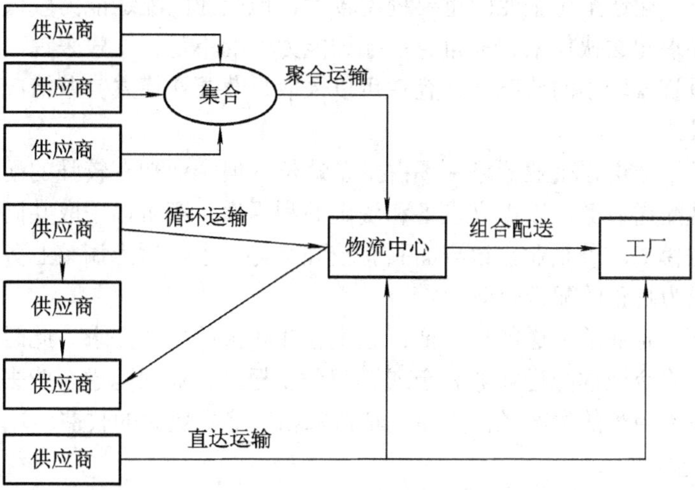

图 5-6　组合配送的基本模型

(二) 配送模式的选择

企业选择何种配送模式主要考虑配送对企业的重要性、市场规模与地理范围、企业的配送能力、保证的服务和配送成本等因素。目前，企业选择配送模式时，主要采用矩阵图决策法和比较选择法。

1. 矩阵图决策法

矩阵图决策法主要是通过两个不同因素的组合，利用矩阵图来选择配送模式的决策方法。其基本思路是选择决策因素，然后通过其组合形成不同区域或象限再进行决策。目前主要围绕配送对企业的重要性和企业配送的能力来进行分析。

在实际经营过程中，企业根据自身的配送能力和配送对企业的重要性组成了如图 5-7 所示的区域。

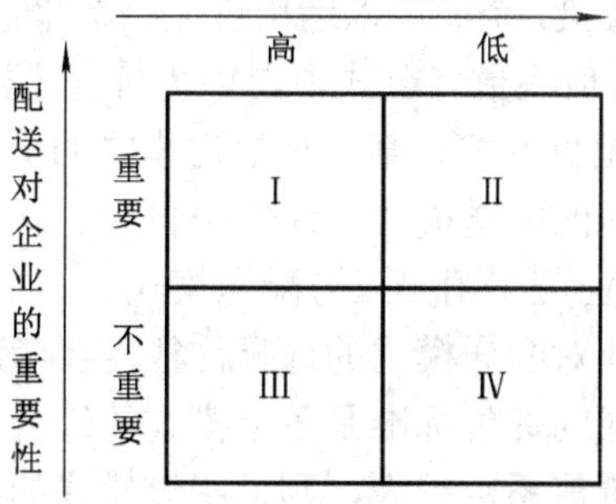

图 5-7　矩阵图决策法

一般来说，企业可以按下列思路来进行选择和决策：

在状态 I 下，配送对企业的重要性程度较大，企业也有较强的配送能力。在配送成本和地理区域较小但是市场相对集中的情况下，企业可以采取自营配送模式，以提高顾客的满意度和配送效率，与营销保持一致。

在状态Ⅱ下，配送虽对企业的重要程度较大，但企业的配送能力较低。此时，企业可采取的策略是寻求配送伙伴来弥补自身在配送能力上的不足。一般来说，在市场规模较大且相对集中及投资量较小的情况下，企业可以采取自营配送模式；若情况相反，则可以采取第三方配送模式。

在状态Ⅲ下，配送在企业战略中不占主要地位，但企业却有较强的配送能力。此时，企业可向外拓展配送业务，以提高设备和资金的利用率，既可以采取共同配送模式，也可以采取互用配送模式。若企业在该方面具有较强优势，也可适当调整业务方向，向社会化的方向发展，成为真正的配送企业。

在状态Ⅳ下，企业的配送能力较低，且不存在较大的配送需求。此时，企业宜采取第三方配送模式，将企业的配送业务完全或者部分委托给专业的配送企业去完成，而将主要精力放在企业最为擅长的生产经营方面，精益求精，追求更大的收益。

2. 比较选择法

比较选择法是企业通过对配送活动的成本和收益等进行比较而选择配送模式的一种方法。比较选择法有确定型决策、非确定型决策和风险型决策三种决策方法。

1) 确定型决策

确定型决策是指一个配送模式只有一种确定的结果，只要比较各个方案的结果，即可做出选择何种配送模式的决策。

例 1 某企业为了扩大生产销售，现有三种配送模式可供选择，各配送模式所需的配送成本和可能实现的销售额如表 5-1 所示。企业应选择哪种配送模式？

表 5-1 各配送模式所需的配送成本与可能实现的销售额

配 送 模 式	成本费用/万元	销售额预计数/万元
自营配送模式	10	220
互用配送模式	8	180
第三方配送模式	5	140

这类问题一般为单目标决策，企业可以运用价值分析来进行选择，也就是直接利用 $V = F/C$ 公式来计算配送模式的价值系数。公式中，V 为价值系数，F 为功能(表 5-1 中为销售额预计数)，C 为成本费用。根据计算，某一种配送模式的价值系数越大，则说明该种模式的配送价值越大，是企业最佳的配送模式。此例中自营、互用、第三方配送模式的价值系数分别为 22、22.5 和 28，企业应采用第三方配送模式。

在实际经营过程中，企业对配送模式的选择往往需要考虑多方面的因素，也就是进行多目标决策。此时，配送模式的评价标准是各个模式的综合价值，一般可以用综合价值系数来进行。某一模式的综合价值系数越大，则说明该模式的综合价值越大，这种模式就是企业要选择的配送模式。综合价值系数可以用公式 $V = \sum M_iF_i$ 来计算。公式中，V 为综合价值系数，M_i 为分数，F_i 为权数。

例 2 某企业在选择配送模式时，主要考虑四个方面的目标，如表 5-2 所示。

表 5-2　某企业选择配送模式时主要考虑的目标

配送模式	成本费用/万元	销售额预计数/万元	利润总额/万元	顾客满意度/(%)
	0.1	0.3	0.4	0.2
自营配送模式	10	220	25	98
互用配送模式	8	180	17	97
第三方配送模式	5	140	15	99

根据表 5-2 的资料计算，各个模式的综合价值系数分别为

$V_{自营} = (10/10) \times 0.1 + (220/220) \times 0.3 + (25/25) \times 0.4 + (98/99) \times 0.2 \approx 1$

$V_{互用} = (8/10) \times 0.1 + (180/220) \times 0.3 + (17/25) \times 0.4 + (97/99) \times 0.2 \approx 0.79$

$V_{第三方} = (5/10) \times 0.1 + (140/220) \times 0.3 + (15/25) \times 0.4 + (99/99) \times 0.2 \approx 0.68$

通过计算，可以看到自营配送模式的综合价值系数最大，是企业要选择的配送模式。但是需要注意的是，在利用确定型决策选择配送模式时，要明确几个问题：一是决策的目标要明确；二是至少要有两个可供选择的配送模式；三是未来有一个确定的自然状态或者一组确定的约束条件；四是各备选方案的自然状态或约束条件的效益值可以确定出来。

2) 非确定型决策

非确定型决策是指一个配送模式可能出现几种结果，而又无法知道其概率时所进行的决策。其条件是：决策者期望的目标明确，存在着不以决策者意志为转移的两种以上的状态，具有两种或两种以上可供选择的配送模式，不同模式在不同状态下相应的损益值可以获得。这种决策方法虽然有较大的主观随意性，但也有一些公认的决策准则可供企业在选择模式时参考。

例 3　某企业计划通过提高配送效率来满足客户对配送的要求，从而扩大经营规模。现在有三种可供选择的配送模式，由于在未来几年内，企业对用户要求的配送程度无法做出准确的预测，只能大体估计为三种情况，且估算出在三种自然状态下三种模式在未来几年内的成本费用，见表 5-3，但不知道这三种情况的发生概率，那么该企业应如何决策？

表 5-3　某企业在三种自然状态下三种模式的成本费用　　万元

自然状态	配送模式		
	自营配送模式	互用配送模式	第三方配送模式
配送要求程度高	80	75	68
配送要求程度一般	45	30	40
配送要求程度低	10	15	25

第一种方法是按照乐观准则来决策。首先从每种模式中选择一个最小成本看作必然发生的自然状态，然后在这些最小成本的模式中再选择一个最小成本的模式作为满意方案。此例中三种模式的最小成本分别为 10 万元、15 万元和 25 万元。其中，自营配送模式的成本最低，应作为企业满意的配送模式。这种方法一般适用于把握较大和风险较小的情况。

第二种方法是按照悲观准则来决策。首先从每种模式中选择一个最大成本作为评价模

式的基础，实际上是对每个局部模式持悲观态度，从不利的角度出发，把最大成本作为必然发生的自然状态，将非确定型决策问题变为确定型决策问题处理，再从这些最大成本之中选择成本最小的模式。此例中三种模式的最大成本分别为80万元、75万元和68万元。其中，第三方配送模式的成本最小，可作为企业满意的模式。这种方法一般适用于把握性较小和风险较大的情况。

第三种方法是按照折中准则来决策。决策者不应极端行事，而应在两种极端情况中求得平衡。具体的方法是，根据决策者的估计确定一个乐观系数a，乐观系数a的取值范围是$0 < a < 1$。给最好的结果和最坏的结果分别赋予相应的权数a和$1 - a$，中间结果不予考虑。本例是计算折中成本值，公式为

$$折中成本值 = a \times 最小成本值 + (1 - a) \times 最大成本值$$

在决策过程中，决策者根据分析估计客户对配送程度要求高的大概占60%，客户对配送要求程度低的占40%，即乐观系数为0.6。此时三种模式的折中成本值分别为38万元、39万元和42.2万元。从计算结果可以看出，自营配送模式的成本最低，可作为企业选择的配送模式。

第四种方法是按照等概率准则来决策。这种方法认为在非确定型决策中各种自然状态发生的概率是未知的，若按最好或最坏的结果进行决策，都缺乏依据。解决的方法是给每种可能出现的结果都赋予相同的权数，若有几种自然状态，则每种自然状态发生的概率都是相等的，且和为1。然后计算出各个方案在各种自然状态下的加权平均值，并根据决策(指标)的性质来进行决策。在本例中，各种自然状态发生的概率为1/3，各种模式的成本加权值分别为45万元、40万元和44.3万元。可以看出，互用配送模式的成本加权值最小(40万元)，可作为企业选择的配送模式。

第五种方法是按照最小后悔值准则来决策。这种方法是以每个模式在不同自然状态下的最小成本值作为理想目标的。如果在该状态下，没有采取这一理想模式而采取了其他模式，从而使成本增加，就会感到“后悔”，这样每个自然状态下的其他模式成本值与理想值之差所形成的损失值，就称为“后悔值”。然后按模式选出最大后悔值，在最大后悔值中再选出后悔值最小的成本值，其对应的模式就是企业要选择的配送模式，这是一种比较保险的决策方法。

根据例3中的资料，可以计算出各种状态下各模式的后悔值，如表5-4所示。

表5-4　某企业在三种自然状态下三种模式的后悔值　　万元

自然状态	配送模式		
	自营配送模式	互用配送模式	第三方配送模式
配送要求程度高	12(80 − 68 = 12)	7(75 − 68 = 7)	0(68 − 68 = 0)
配送要求程度一般	15(45 − 30 = 15)	0(30 − 30 = 0)	10(40 − 30 = 10)
配送要求程度低	0(10 − 10 = 0)	5(15 − 10 = 5)	15(25 − 10 = 15)

从表5-4中可以看出，三种模式的最大后悔值分别为15万元、7万元和15万元。其中互用配送模式的最大后悔值最小，可作为该例中企业选择的满意配送模式。

从上面介绍的五个准则中可以看出，同一个问题按不同的准则来决策，决策的结果也

存在着差异性。因此，在企业用不确定型决策方法来选择配送模式时，还应该考虑其他方面的因素。

3) 风险型决策

风险型决策是指在目标明确的情况下，依据预测得到不同自然状态下的结果及出现的概率所进行的决策。由于自然状态并非决策所能控制，决策的结果在客观上具有一定的风险，因此称为风险型决策。

风险型决策通常采用期望值准则，一般是先根据预测的结果及出现的概率计算期望值，然后再根据指标的性质及计算的期望值结果进行计算。产出类性质的指标一般选择期望值大的方案；投入类性质的指标一般选择期望值小的方案。

例 4 某企业计划通过加强配送效率来提高顾客满意度，从而扩大产品的销售量，现有三种配送模式可供企业选择，各种资料如表 5-5 所示，企业应选择哪种配送模式？

表 5-5 某企业资料表

市场需求规模	概率	销售量/万元		
		自营配送模式	互用配送模式	第三方配送模式
大	0.5	900	1400	1600
中	0.3	800	900	1000
小	0.2	300	400	700

从上面的资料可计算出三种配送模式的销售量分别是 750 万元、1050 万元和 1240 万元。第三方配送模式的期望值最大，为 1240 万元，可作为企业选择的比较满意的配送模式。

单元二 配送中心

一、配送中心的定义

配送中心是指从事配送业务的物流场所或组织，其应符合下列要求：主要为特定的用户服务；配送功能健全；完善的信息网络；辐射范围小；多品种，小批量；以配送为主，储存为辅。

配送中心是接受生产厂家等供货商多品种大批量的货物，按照多家需求者的订货要求，迅速、准确、低成本、高效率地将商品配送到需求场所的物流节点设施。

一般来说，为了提高物流服务水平，降低物流成本，从工厂等供货场所到配送中心之间实施低成本、高效率的大批量运输，在配送中心分拣后，向区域内的需求者进行配送。在配送过程中，根据需要还可以在接近用户的地方设置末端集配点，从这里向小需求量用户配送商品。

从物流成本的角度来看，配送圈的大小、配送中心数量的增减会直接影响到运输费、入出库费、保管费和配送费等物流总成本的变化，这些费用彼此之间存在着效益悖反关系。因此，需要在充分考虑各种因素对物流总成本影响的基础上，确定一个合理的配送圈和配送中心的最佳数量。

二、配送中心的分类

(一) 按配送中心的内部特性分类

按内部特性的不同，配送中心可以分为以下几类：

(1) 储存型配送中心：有很强储存功能的配送中心。一般来讲，在买方市场下，企业成品销售需要有较大库存支持，其配送中心可能有较强的储存功能；在卖方市场下，企业原材料、零部件供应需要有较大库存支持，这种供应配送中心也有较强的储存功能。大范围配送的配送中心需要有较大库存，也可能是储存型配送中心。

(2) 流通型配送中心：基本上没有长期储存功能，仅以暂存或随进随出方式进行配货、送货的配送中心。这种配送中心的典型方式是，大量货物整进并按一定批量零出，采用大型分货机，进货时货物直接进入分货机传送带，分送到各用户货位或直接分送到配送汽车上，货物在配送中心仅做少许停滞。

(3) 加工型配送中心：配送中心具有加工职能，根据用户的需要或者市场竞争的需要，对配送物经加工之后再进行配送的配送中心。在这种配送中心内，有分装、包装、初级加工、集中下料、组装产品等加工活动。在工业、建筑领域，生混凝土搅拌的配送中心就属于这种类型的配送中心。

(二) 按配送中心承担的流通职能分类

按承担的流通职能不同，配送中心可以分为以下几类：

(1) 供应型配送中心：配送中心执行供应的职能，专门为某个或某些用户(例如连锁店、联合公司)组织供应的配送中心。例如，为大型连锁超级市场组织供应的配送中心；代替零件加工厂送货的零件配送中心，使零件加工厂对装配厂的供应合理化。供应型配送中心的主要特点是，配送的用户有限并且稳定，用户的配送要求范围也比较确定，属于企业型用户。因此，配送中心集中库存的品种比较固定，配送中心的进货渠道也比较稳固，同时，可以采用效率比较高的分货式工艺。

(2) 销售型配送中心：配送中心执行销售的职能，以销售经营为目的，以配送为手段的配送中心。销售型配送中心大体有两种：一种是生产企业将本身产品直接销售给消费者的配送中心，在国外，这种类型的配送中心很多；另一种是流通企业作为本身经营的一种方式，建立配送中心以扩大销售，我国目前拟建的配送中心大多属于这种类型。

销售型配送中心的用户一般是不确定的，属于消费者型用户，而且用户的数量很大，每一个用户购买的数量又较少。这种配送中心的计划性较差，很难像供应型配送中心一样实行计划配送。

销售型配送中心集中库存的库存结构也比较复杂，一般采用拣选式配送工艺。销售型配送中心往往采用共同配送方法才能取得比较好的经营效果。

(三) 按配送区域的范围分类

按配送区域范围的不同，配送中心可以分为以下几类：

(1) 城市配送中心：以城市范围为配送范围的配送中心。由于城市范围一般处于汽车运输的经济里程，这种配送中心可直接配送到最终用户，且采用汽车进行配送，所以这种配送中心往往和零售经营相结合。由于运距短，反应能力强，因而从事多品种、少批量、多用户的配送较有优势。

(2) 区域配送中心：以较强的辐射能力和库存准备，向省际、全国乃至国际范围的用户配送的配送中心。这种配送中心的配送规模较大，一般而言，用户也较大，配送批量也较大，而且往往是配送给下一级的城市配送中心，也配送给营业所、商店、批发商和企业用户，但不是主体形式。

(四) 按配送货物属性分类

按配送货物属性的不同，配送中心可以分为食品配送中心、日用品配送中心、医药品配送中心、化妆品配送中心、家用电器配送中心、电子产品配送中心、书籍产品配送中心、服饰产品配送中心、汽车零件配送中心以及生鲜处理中心等。

三、配送中心的功能

配送中心的功能如下：

(一) 采购功能

配送中心必须首先采购所要供应配送的商品，才能及时、准确无误地为其用户即生产企业或商业企业供应物资。配送中心应根据市场的供求变化情况，制订并及时调整统一的、周全的采购计划，由专门的人员与部门组织实施。

(二) 储存功能

配送中心的服务对象是为数众多的生产企业和商业网点，配送中心需要按照用户的要求及时将各种配装好的货物送交到用户手中，以满足生产和消费需要。为了顺利有序地完成向用户配送商品的任务，而且为了能够更好地发挥保障生产和消费需要的作用，配送中心通常要兴建现代化的仓库并配备一定数量的仓储设备，储存一定数量的商品。

(三) 配组功能

由于每个用户企业对货物的品种、规格、型号、数量、质量、送达时间和地点等的要求不同，配送中心就必须按用户的要求对商品进行分拣和配组。配送中心的这一功能是其与传统的仓储企业的明显区别之一。这也是配送中心的最重要的特征之一。可以说，没有配组功能，就无所谓的配送中心。

(四) 分拣功能

配送中心为数众多的客户彼此差别很大，不仅各自的性质不同，而且经营规模也大相径庭。因此，在订货或进货时，不同的用户对于货物的种类、规格、数量会提出不同的要求。针对这种情况，为了有效地进行配送，即为了同时向不同的用户配送多种货物，配送中心必须采取适当的方式对组织来的货物进行拣选，并且在此基础上，按照配送计划分装和配装货物。这样，在商品流通实践中，配送中心就又增加了分拣货物的功能，发挥了分拣中心的作用。

(五) 分装功能

从配送中心的角度来看，它往往希望采用大批量的进货来降低进货价格和进货费用，但是用户企业为了降低库存、加快资金周转、减少资金占用，则往往要采用小批量进货的方法。为了满足用户的要求，即用户的小批量、多批次进货，配送中心就必须进行分装。

(六) 集散功能

凭借配送中心特殊的地位以及拥有的各种先进的设施和设备，配送中心能够将分散在各个生产企业的产品集中到一起，然后经过分拣、配装，向多家用户发运。

任务三 项目单项能力训练

一、单项选择题

1. 配送中心的业务活动是以(　　)发出的订货信息作为驱动源的。

A. 生产订单　　B. 客户订单

C. 采购订单　　D. 内部订单

2. 配送中心进货作业不包括(　　)。

A. 订货　　B. 盘点

C. 接货　　D. 验收入库

3. 组织合理化配送作业不包括(　　)。

A. 订货发货合理化　　B. 商品检验合理化

C. 备货作业合理化　　D. 送货时间合理化

4. 下列不属于配送中心的主要功能的是(　　)。

A. 储存功能　　B. 分拣功能　　C. 配送功能　　D. 计划功能

5. (　　)是按配送区域划分的配送中心。

A. 城市配送中心　　B. 流通加工型配送中心

C. 家电商品配送中心　　D. 第三方配送中心

二、判断题

1. 配送需求是指一定时期内客户由于经营需要而产生的对物在时间和费用方面的总要求。(　　)

2. 配送需求包括量和质两个方面，即从配送规模和配送服务质量中综合反映出配送的总体需求。(　　)

3. 配送规模是配送活动中订单处理、库存、运输、装卸搬运、流通加工等配送作业量的总和。(　　)

三、简答题

1. 什么是配送？配送的基本作业流程是什么？

2. 什么是配送中心？配送中心的功能是什么？

任务四 项目综合技能训练

华联超市配送中心案例

华联超市股份有限公司(以下简称华联)是中国国内第一家上市的连锁超市公司，其前身为成立于1993年1月的上海华联超市公司。公司决策层提出了“低收入、低风险、高效率、高产出”的两低两高原则，依托品牌效力，大力推进加盟连锁，充分发挥经营管理的综合优势，提出经营发展的“重加盟、重管理、重质量、重效益”的四重方针，精心构筑好特许经营体系，已经建立覆盖上海及江苏、浙江、安徽、江西、河南、山东、山西、湖南、湖北、北京等11个省市的配送中心。

华联超市配送中心是以零售商为主体的配送中心。华联超市配送中心具有较高的技术含量：

① 仓储立体化。

② 装卸搬运机械化。

③ 拆零商品配货电子化。

④ 物流功能条码化与配送过程无纸化。

⑤ 组织好“越库中转型物流”、“直送型物流”和“配送中心内的储存型物流”，完善“虚拟配送中心”技术在连锁超市商品配送体系中的应用。

⑥ 建立自动补货系统(ECR)。

华联认为影响顾客满意度的物流范围项目有：配送过程中如何确保商品品质，门店紧急追加、减货的弹性，根据门店实际情况确定配送时间的安排，缺品率的控制，退货问题，流通加工中的拆零工作等内容。

① 配送过程中如何确保商品品质。华联的原则是“搬运次数越少，商品品质越能得到保证”。所以，华联尽量减少商品从验收入库到门店上货架整个过程中的搬运次数。在配送过程中尽量减少人工搬运，多用托盘和机械作业。严格控制商品保质期是确保商品品质的首要条件。

② 门店紧急追加、减货的弹性。适当加强配送系统中的“紧急加减货”功能；在深入调查研究的基础上，制订门店可以追加、减货的条件。

③ 根据门店实际情况确定配送时间的安排。根据商场的销售实绩、门店的要货截止时间、门店交通状况、门店规模大小及节假日等，来确定门店的配送时间。

④ 缺品率的控制。华联重点抓了采购部门的“缺品率管理”，并采用电脑加强配送中心库存量的实时管理，保证配送中心有适当的库存量。实施自动补货系统，进一步降低了商品的缺品率和库存量，提高了商品的周转率。

⑤ 退货问题。配送中心、门店和供应商协商制订统一的退货制度。

⑥ 流通加工中的拆零工作。华联通过计算机系统进一步对商品实施单品管理，确定配送中心应该拆零的商品品种。

合理规划物流配送的流程是构筑配送体系的重要前提。为了准时将商品送到客户手中，华联超市在运输管理调度方面遵循调度原则，并编制出合理的行驶路线和时间安排。

华联的调度原则包括以下几点：

① 相互临近的门店的货装在同一辆车上，安排在同一时间配送。

② 配送路线从离物流中心最远送货点开始。

③ 同一辆车途经各门店路线呈凸状。

④ 尽量使用装载量加大的车辆。但对于规划线外，特别是送货量小的门店，使用载重量小的车辆。

⑤ 尽量减少门店工作时间过短的限制。

为了准时将商品送到客户手中，运输功能为客户选择满足客户需要的运输方式，在规定的时间内将客户的货物送到正确的目的地。

配送路线的重新规划及提高车辆利用率，对驾驶员的时间管理、分配工作量有着极其重要的作用。车辆的调度可以减少时间的耗用率，货物能够快速地送达目的地，几乎无配送差错率，提高了物流的效率。

思考题

华联超市配送中心是从哪些方面来提高顾客满意度的？

项目六

包　装

任务一　项目导入案例

中秋节吃月饼、赏月是中国人自古以来的风俗。因此，每年中秋节前夕，一场关于月饼的销售战屡屡在各大商家上演。月饼作为一种寄托团圆、思念之情的特殊食品和商品，使得其包装上赋予了更多的文化内涵。但是，很多商家却对月饼进行豪华包装、过度包装。月饼包装主要的诉求点应该是中国独有的中秋文化，无论包装的材料、图案、创意发生怎样的变化，都不应该脱离这个诉求主题。现在很多月饼的包装甚至已经超过了月饼本身价值的上百倍。这不但脱离了包装的原有目的和功能，也造成了极大的资源浪费。月饼的包装强调的是创意、是文化，而不是豪华、奢侈。

任务二　项目支撑知识学习

单元一　包 装 概 述

一、包装的含义和作用

（一）包装的含义

可以这么说，从有产品的那一天起，就有了包装。包装已成为现代商品生产不可分割的一部分，也成为各商家竞争的利器，各厂商纷纷打着“全新包装，全新上市”去吸引消费者，绞尽脑汁，不惜重金，以期改变其产品在消费者心中的形象，从而也提升企业自身的形象。就像唱片公司为歌星全新打造、全新包装，并以此来改变其在歌迷心中的形象一样，而今，包装已融合在各类商品的开发设计和生产之中，几乎所有的产品都需要通过包装才能成为商品，并进入流通过程。

在不同的时期、不同的国家，人们对包装的理解与定义不尽相同。以前，很多人认为包装是以转动流通物资为目的的，是包裹、捆扎、容装物品的手段和工具，也是包扎与盛装物品时的操作活动。20 世纪 60 年代以来，各种自选超市与卖场的普及和发展，使包装由原来的保护产品的安全流通为主，一跃而转向销售员的作用，人们对包装也赋予了新的内涵和使命。包装的重要性已深被人们认可。

在高级汉语大词典里对包装的定义是：

(1) 把东西打捆成包或装入箱等容器的动作或过程。

(2) 包装商品的东西，即起覆盖作用的外表、封套或容器；特指储藏或运输商品时用的保护性的单元。

中国国家标准 GB/T 4122.1—1996 中将包装定义成“为在流通过程中保护产品、方便储运、促进销售，按一定技术方法而采用的容器、材料及辅助物等的总体名称。也指为了达到上述目的而采用容器、材料和辅助物的过程中施加一定技术方法等的操作活动”。在其他版本的教材中，也有将包装定义为“为了保证商品的原有状及质量在运输、流动、交易、储存及使用时不受到损害和影响，而对商品所采取的一系列技术手段”。

(二) 包装的作用

1. 保护功能

保护功能是包装最基本的功能，即使商品不受各种外力的损坏。一件商品要经多次流通，才能走进商场或其他场所，最终到达消费者手中。这期间，需要经过装卸、运输、库存、陈列、销售等环节。在储运过程中，很多外因，如撞击、潮湿、光线、气体、细菌等因素，都会威胁到商品的安全。因此，作为一个包装设计师，在开始设计之前，首先要想到包装的结构与材料能保证商品在流通过程中的安全，这是包装最主要的作用。

2. 便利功能

所谓便利功能，也就是商品的包装是否便于使用、携带、存放等。一个好的包装作品，应该以“人”为本，站在消费者的角度考虑，这样会拉近商品与消费者之间的关系，增加消费者的购买欲和对商品的信任度，也促进消费者与企业之间的沟通。

3. 销售功能

以前人们常说“酒香不怕巷子深”、“一等产品、二等包装、三等价格”，只要产品质量好，就不愁卖不出去。在市场竞争日益激烈的今天，包装的作用与重要性也为厂商深谙。人们已感觉到“酒香也怕巷子深”。如何让自己的产品得以畅销，如何让自己的产品从琳琅满目的货架中跳出来，只靠产品自身的质量与媒体的轰炸是远远不够的。因为在各种超市与自选卖场如雨后春笋般而起的今天，直接面向消费者的是产品自身的包装。好的包装能直接吸引消费者的视线，让消费者产生强烈的购买欲，从而达到促销的目的。

4. 提高物流作业效率

包装是物流系统的构成要素之一。精心设计包装，实现包装的标准化和模块化，便于采用科学合理且成本低廉的方式完成各项物流作业，有利于采用科学的物流作业设备和物流作业方式，有利于选择合理的物流管理方法，有利于降低物流作业损耗，节约储存与运输费用。随着电子商务的快速发展，该功能愈来愈受到商家的重视。

二、包装的分类

在生产、流通和消费过程中，包装会起不同的作用，其分类也有所不同。对包装的科学分类应有利于充分发挥包装在流通和消费领域的作用，有利于商品的物流和商流，有利于包装的标准化、规格化和系列化，有利于物流作业机械化和自动化，有利于科学管理水平和科学技术水平的提高。对包装的分类，大致有以下几种。

(一) 按包装在流通领域的作用分类

按包装在流通领域的作用，包装分为物流包装和商流包装两大类。

1. 物流包装

物流包装包括运输包装、托盘包装、集合包装等。

(1) 运输包装。根据国家有关标准，运输包装是以满足运输储存要求为目的的包装，它具有保障商品的安全、方便储运装卸、加速交接和检验的作用。

(2) 托盘包装。托盘包装以托盘为承载物，将包装件或产品堆码在托盘上，通过捆扎裹包或胶贴等方法加以固定，形成一个搬运单位，以便使用机械设备搬运。

(3) 集合包装。集合包装是指将一定数量的包装件或商品装入具有一定规格、强度、适宜长期周转使用的重大包装容器内，形成一个合适的装卸搬运单位的包装，例如集装箱、集装托盘、集装袋等。

2. 商流包装

商流包装就是我们常说的销售包装，是直接接触商品，并随商品进入零售网点，和消费者或客户直接见面的包装。

商流包装在设计时重点考虑的是包装造型、结构和装潢，因此与商品直接接触。在包装材料的性质、形态、式样等因素上，都要为保护商品着想，结构造型要有利于流通，图案、文字、色调和装潢能吸引消费者，能激发消费者的购买欲，为商品流通创造良好条件。另外，包装要适宜消费者的购买量和商店设施条件。这种包装具有一定的保护功能和方便功能。

(二) 按包装的形态层次分类

按形态层次的不同，包装可分为以下几类：

1. 个包装

个包装也称内包装或小包装。它是与产品最亲密接触的包装，是产品走向市场的第一道保护层。个包装一般都陈列在商场或超市的货架上，最终连产品一起卖给消费者。它是直接盛装和保护商品的最基本包装形式。其标识、图案和文字起到指导消费、便于流通的作用。

2. 中包装

中包装主要是为了增强对商品的保护、便于计数而对商品进行的组装或套装，如日常生活中装箱啤酒是12瓶，一条香烟是10包，等等。

3. 大包装

大包装也称外包装、运输包装。它的主要作用是增加商品在运输中的安全，便于装卸与计数。大包装的设计相对个包装简单得多。一般在设计时，也就是标明产品的型号、规格、尺寸、颜色、数量、出厂日期，再加上一些视觉符号，诸如小心轻放、防潮、防火、堆压极限、有毒等，令其起到保护商品、简化物流环节的作用。

(三) 按包装形状和材料分类

按包装材料的不同，包装可分为纸类、塑料类、玻璃类、金属类、木材类、复合材料类、陶瓷类、纺织品类、其他材料类等包装。

(四) 按包装方法分类

按包装方法的不同，包装可分为缓冲、吸塑、贴体、透明、托盘、开窗、热收缩、提袋、易开、喷雾、熏蒸、真空、充气、防潮、防锈、防霉、防虫、无菌、防震、遮光、礼品等包装。

单元二 包装材料和包装容器

一、包装材料

(一) 包装材料的含义与功能要求

1. 包装材料的含义

包装材料指构成产品包装和制作包装容器所使用的材料。它是形成商品包装的物质基础，是商品包装各种功能的具体承担者，是构成商品包装使用价值最基本的要素。因此，了解包装材料对深入分析与研究商品包装使用价值具有重要意义。

包装材料在整个包装工业中占有重要的地位。了解包装材料的性能、应用范围和发展趋势，对合理选用包装材料、扩大包装材料的来源、采用新的包装材料和加工新技术、发明新型包装容器和包装技法与提高包装技术水平和规律都具有重要而又深远的意义。

2. 包装材料的功能要求

从现代包装的功能来看，包装材料应具有以下几个方面的性能：

(1) 维护性能。包装材料应具有一定机械强度，适应气温变化，能够防潮、防水、防腐蚀、防紫外线穿透、耐热、耐寒、耐光、耐油等，而自身应无异味、无毒、无臭，能维护内装物质量完好。

(2) 操作性能。包装材料应具有一定的刚性、热合性和防静电性，有一定的光洁度以及可塑性、可焊性、易开口性、易加工、易充填、易分合等，适合自动包装机械操作，生产效率高等。

(3) 附加价值性能。良好的包装使商品的价值及使用价值大大提高。尤其是作为销售包装材料，要求透明度好，外表光泽，使造型和色彩美观，产生摆设效果，以便提高商品价值和消费者的购买欲望。

(4) 方便使用性能。无论用何种材料包装商品，基本要求是便于开启和提取内装物，便于再封闭，开启性能好，不易破裂和损坏。

(5) 降低费用性能。包装落后既增加成本又达不到预期效果，实际应用中在选择何种包装材料及方法时，除了考虑上述几种要求外，还应考虑节省包装材料费用及包装机械设备费用、劳务费用等，要使用最合适的材料，采取最合理的包装方法，以取得最佳效果。

(6) 与商品性质相适应性。商品包装必须同商品的性质相适应。如丝绸匹头，有的是在商店与顾客直接见面，有的则是进厂加工整理或制成衣服，其包装应该有所不同，前者应做得考究些，以突出绸缎质量特点，后者则要求货物平整不皱，启封方便，以利厂方加工。又如聚氨酯现场发泡衬垫技术，是较新的科技成果，使用它可以提高商品身价，维护商品安全，但使用这种包装需逐一成型，费用高，又花费时间，故现在只用于包装名贵的雕刻品及仿古瓷器等贵重的工艺品，而一般的工艺品，如木雕、摆件等则使用聚乙烯塑料和气泡薄膜包装。

(二) 包装材料的种类

1. 纸和纸板

纸和纸板是支柱性的包装材料，应用范围十分广泛。纸和纸板是按定量(单位面积的质量)或厚度来区分的。定量在 250 g/m^2 以下或厚度在 0.1 mm 以下的称为纸，在此以上的称为纸板。由于纸无法形成固定形状的容器，常用来做裹包衬垫和口袋，而纸板常用来制成各种包装容器。

纸和纸板作为包装材料的优点主要有：具有适宜的强度、耐冲击性和耐摩擦性，容易达到卫生要求；密封性好，便于采用各种加工方法；具有优良的成型性和折叠性，对于机械化、自动化的包装生产具有良好的适应性；具有最佳的可印刷性，便于介绍和美化商品，价格较低且重量轻，可以降低包装成本和运输成本；用后易于处理，可回收复用和再生，不会污染环境，并节约资源。

上述特点使得纸和纸板得以广泛应用，但是其也存在着一定的缺点：如难以封口、受潮后牢度下降，以及气密性、防潮性、透明性差等，从而使它在包装应用上受到一定的限制。

常见的包装纸类材料有下列品种：

(1) 白板纸。白板纸是一种正面呈白色且光滑、背面多为灰底的纸板。这种纸板主要用于单面彩色印刷后制成纸盒以供包装使用，或用于手工制品。白板纸有灰底与白底两种，适用于做折叠盒。

(2) 铜版纸。铜版纸是以原纸涂布白色涂料所制成的高级印刷纸，主要用于印刷高级书刊的封面和插图、彩色画片、各种精美的商品广告、样本、商品包装、商标等，适用于多色套版印刷。

(3) 胶版纸。胶版纸主要供平版(胶印)印刷机或其他印刷机印刷较高级彩色印刷品时使用，适于印制单色或多色的书刊封面、正文和插页，以及画报、地图、宣传画、彩色商标和各种包装品、信纸、信封、产品说明书、标签等。

(4) 卡纸。卡纸是介于纸和纸板之间的一类厚纸的总称。

(5) 牛皮纸。牛皮纸用作包装材料时强度很高，通常呈黄褐色。半漂或全漂的牛皮纸浆呈淡褐色、奶油色或白色。牛皮纸抗撕裂、破裂强度和动态强度很高，其多为卷筒纸，也有平板纸。牛皮纸采用硫酸盐针叶木浆为原料，经打浆后在长网造纸机上抄造而成，可用作水泥袋纸、信封纸、胶封纸、沥青纸、电缆防护纸、绝缘纸等。牛皮纸以经济实惠著称，因此是包装设计的优良用纸。

(6) 特种纸。特种纸是具有特殊用途的、产量比较小的纸张。特种纸的种类繁多，是各种特殊用途纸或艺术纸的统称。特种纸在印刷时产生特殊的底纹效果和印刷纹理，起到平面纸张达不到的艺术效果。

(7) 再生纸。再生纸是一种以废纸为原料，经过分选、净化、打浆、抄造等十几道工序生产出来的纸张。它并不影响办公、学习的正常使用，并且有利于保护视力健康。在全世界日益提倡环保思想的今天，使用再生纸是一个深得人心的举措。

(8) 玻璃纸。玻璃纸是一种以棉浆、木浆等天然纤维为原料，用胶黏法制成的薄膜，适用于食品包装，广泛应用于商品的内衬纸和装饰性包装用纸。其对油性、碱性和有机溶剂有强劲的阻力；不产生静电，不自吸灰尘；因用天然纤维制成，在垃圾中能吸水而被分解，不至于造成环境污染。玻璃纸的透明性使人对内装商品一目了然，又因其具有防潮、不透水、不透气、可热封等性能，可对商品起到良好的保护作用。

(9) 有光纸。有光纸是供书写办公和宣传标语用的单面光纸张，也可以用于裱糊纸盒、包装商品，以及印刷日历、信笺和发票等，其用途广泛，是一种常用的薄纸。

(10) 过滤纸。过滤纸为一种有效的过滤介质，已被广泛地用于各个领域。根据组成滤纸的纤维种类不同，过滤纸的性能、用途也不一样，有用于一般场合的普通滤纸，用于高温下的玻璃纤维滤纸，也有超净用聚丙烯滤纸等。

(11) 铝箔纸。铝箔纸作为一种工业制造原(辅)材料，将更多地取代单一性材料，广泛应用于各种软包装。随着经济的发展，铝箔包装的发展前景十分可观。

(12) 瓦楞纸板。瓦楞纸板是一个多层的黏合体，它最少由一层波浪形芯纸夹层(俗称“坑张”或“瓦楞芯纸”)及一层纸板(俗称“牛皮卡”)构成。瓦楞纸板有很高的机械强度，能经受搬运过程中的碰撞和摔打。瓦楞纸板是由面纸、里纸、芯纸和加工成波形瓦楞的瓦楞纸黏合而成的。根据商品包装的需求，瓦楞纸板可以加工成单面、三层、五层、七层、十一层等瓦楞纸板。构成瓦楞纸板的波形瓦楞纸，其瓦楞波形可分为 V 型、U 型和 UV 型。V 型瓦楞波形的特征是平面抗压力强度值高，使用中可节省黏合剂用量、节约瓦楞原纸；但这种波形的瓦楞做成的瓦楞纸板缓冲性差，瓦楞在受压或受冲击变形后不容易恢复。U 型瓦楞波形的特征是着胶面积大，黏结牢固，富有一定弹性，当受到外力冲击时不像 V 型瓦楞那样脆弱；但平面抗压力强度不如 V 型瓦楞好。UV 型是采用 V 型和 U 型的优点结合而成的，既保持了 U 型瓦楞的黏合强度，又具备了 V 型瓦楞的高平面抗压强度，承受力较大，弹性也好。目前广泛采用 UV 型瓦楞制造瓦楞纸板。

2. 塑料

塑料是以合成的或天然的高分子化合物为基本成分，在加工过程中可塑制成型，而产品最后能保持形状不变的材料。由于种类多，因此各有其特殊的物理、化学、电和机械等性能。

其优点主要有：重量轻、强度和韧性好，结实耐用，使用方便，有的透明能体现美感；阻隔性良好，对气体具有阻隔作用；化学性质优良，耐腐蚀；易加工成型，易热封和复合，也就是不同塑料以及塑料与其他材料易于复合，有成熟的成型工艺；包装适应性强，可替代许多天然材料和传统材料。

其缺陷主要表现在易老化，易燃，耐热性差，物理及化学稳定性不及玻璃，废弃物不易分解或处理，易造成对环境的污染等方面。

塑料以其无可比拟的优异性能广泛用于包装工业中。现代塑料生产的四分之一以上都用于制作包装材料。包装上常用的塑料主要有聚乙烯、聚丙烯、聚苯乙烯、聚氯乙烯等。

(1) 聚乙烯(PE)。聚乙烯是乙烯的高分子聚合物，是一种热塑性塑料，按其工业生产方法，有高压、中压、低压聚合法。若生产方法不同，其分子结构也有很大差异，产品性能亦随分子结构而异。

聚乙烯是一种乳白色蜡状固体，比水轻，较柔软，抗水性好，耐低温，无味、无毒，耐热性较差，薄膜气密性差，对紫外线敏感，易氧化、老化，热收缩变化较大，印刷性能较差。按其密度来划分，可分为高密度、中密度、低密度聚乙烯，以及线性低密度聚乙烯。

(2) 聚丙烯(PP)。聚丙烯是石油炼制时的副产品丙烯，经过精炼的丙烯单体，在触媒的催化下进行聚合反应，再从聚合物中分离而得。聚丙烯的分子量为 10 万～50 万，密度很小，是已知塑料中最小的；无毒、无味，透明度高，机械性能、表面强度、抗摩擦性、抗化学腐蚀性、防潮性均很好；在室温以上时抗冲击值大，但耐低温冲击值小；易带静电，印刷性能欠佳。

聚丙烯的原料来源广泛，价格便宜，性能适应性广，广泛用于食品工业中，多用作制造薄膜、复合薄膜，有良好的透明性和表面光泽，能耐 120℃的高温，可制成包装箱，吹塑成塑料瓶，添加某些填料可制成某些机器零件等。

(3) 聚苯乙烯(PS)。乙烯与苯在无水三氧化铝催化下，发生烃化反应生成乙基苯，再经催化脱氢而得苯乙烯，苯乙烯单体在适量引发剂(过氧化苯甲酰)和分散剂(聚乙烯醇)的水悬浮液中加热聚合而成聚苯乙烯。聚苯乙烯是一种无色、透明、无延展性的热塑性塑料；无毒、无味、无臭，着色性好，透湿性大于聚乙烯，吸湿性很低，尺寸稳定，具有良好光泽；加工性能好，成本低；机械性能随分子量的加大而提高；耐热性低，不能在沸水中使用；耐低温，可承受-40℃的低温；有良好的室内耐老化性；对醇类有机溶剂、矿物油有较好的耐受性，耐酸、碱性能也很好。

聚苯乙烯由于性能优越，价格低廉，应用很广，可以制成薄膜、容器，广泛用于食品工业中；收缩率可达 60%～70%，是制作收缩包装的好材料；有良好的绝缘性能，可制作多种电信零件，还可以制作成各种机器零件、玩具、日用品等；在聚苯乙烯中加入发泡剂，可制造泡沫塑料，是一种良好的缓冲包装材料。

(4) 聚氯乙烯(PVC)。聚氯乙烯是氯乙烯经引剂作用，进行悬浮聚合或乳液聚合而生成的。它呈淡褐色、透明、韧性好，密度 1.4 g/cm；有良好的化学稳定性，不易被酸、碱所腐蚀；气密性、抗水性、热封性能好，印刷性良好，生产能耗少，价格便宜；机械强度，耐磨、耐压性均优于聚乙烯和聚丙烯。聚氯乙烯的主要缺点是热稳定性较差，受热易于分解，放出氯化氢气体。由于添加剂，如增塑剂、稳定剂的品种和数量的不同，聚氯乙烯可制成不同的产品，可生产硬质制品，如硬管、建筑材料等；可制造人造革、电线电缆绝缘层、塑料地板等。它在包装上的最主要作用是制成薄膜，分为软质膜、硬质膜、收缩膜三种。软质膜质地柔软，热封性好，适于高频封台；拉伸强度很小，撕裂强度很高；滑动性差，加工性能也较差。硬质膜的拉伸强度和撕裂强度都较大，质地较硬，延伸率小；透湿性小，阻气性好，滑动性较好；印刷适应性好，但要选择适当的油墨溶剂；耐温性较差，低温时变脆。收缩膜的透明度好，透气性小，加热时产生收缩，收缩温度范围宽，收缩率大，是良好的热收缩包装材料；按其生产工艺不同，可分为干拉伸、管状拉伸，及纵、横单向拉伸等品种。

(5) 聚酯(PET)。聚酯是苯二甲酸与乙二醇的缩聚产物。聚酯和其他塑料相比，具有极优良的阻隔性，如对二氧化碳、氧气、水和香味等均能很好地阻隔；机械性能优异，有很高的强度、抗压性和耐冲击性；化学稳定性好，耐酸、碱腐蚀；透明度高，光泽性、光学特性好；无毒、无味，符合食品卫生标准；其结构中有酯基，故印刷性能好。聚酯是一种独特而用途广泛的包装材料，可以制造薄膜，做成瓶、罐、杯等包装容器，还可作两用可烘烤托盘。

(6) 酚醛树脂(PF)。酚醛树脂由酚类(主要是苯酚)和醛类(主要是甲醛)缩聚而成。根据催化剂是酸性或碱性，以及苯酚与甲醛比例的不同，可得到热塑性树脂或热固性树脂。两者在合适的条件下可以互相转化。在实践中多用热固性树脂。酚醛树脂有很好的机械强度，热强度亦很好；耐湿性、耐腐蚀性良好；易于加工，价格低廉。

酚醛树脂添加不同的填料、固化剂等加工后，可制得不同的酚醛塑料。将各种片状填料加入热固性树脂，经层压后可得多种性能的层压板；加入发泡剂可制得酚醛泡沫塑料；酚醛塑料用于包装时，是用酚醛树脂混以填料、固化剂、着色剂等制成模塑粉，再经模压成型为瓶盖、机器零件、日用品以及某些包装容器等。

酚醛塑料制品化学稳定性好；耐热性优良；机械强度高，耐磨；不易变形，但弹性差；电绝缘性良好；颜色单调，多呈暗红色或黑色。由于它的主要原料是苯酚和甲醛，都有一定毒性，故不宜作为食品包装材料。

(7) 聚酰胺(PA)。聚酰胺俗称“尼龙”，可用二元酸与二元胺通过缩聚反应而得。聚酰胺无毒，无色透明；耐磨性好；冲击韧性强，机械性能优异；耐光性好，光照不易老化；耐油性好，化学稳定性好，但不耐醇类、甲酸和苯酚；气密性好；对温度适应性大，可在−40℃～100℃范围内使用；印刷性与装饰性良好；吸湿性大。

聚酰胺的用途很广，可以制作轴承、齿轮、泵叶、汽车零件等。它在包装上的应用主要是软包装，制成薄膜用于食品包装，还可以制成打包带和绳索，其坚固性比聚丙烯打包带更好。

(8) 脲醛塑料(UF)。脲醛塑料俗称“电玉”，是由尿素与甲醛为原料，经缩聚反应而得脲醛树脂，再加填料、着色剂、润滑剂、增塑剂等加工成压塑粉(电玉粉)，再经加热、模压而成的制品。它表面硬度大，有一定的机械强度，不易变形，但脆性较大；无臭、无味，着色力强，色彩鲜艳，形似美玉；耐热性好，不易燃烧；耐酸、耐碱，耐水性较差，吸水性较大，电绝缘性良好。

脲醛塑料可制成多种制品，如日用品、电器元件等；在包上可制成漂亮的包装盒、包装盘、瓶盖等；因甲醛有一定毒性，不宜用于食品包装。

在脲醛树脂中加入发泡剂，用机械方法使其发泡，可得脲醛泡沫塑料。它质轻、价廉、保温性好，耐腐蚀，是广为使用的缓冲包装材料。

(9) 密胺塑料(ME)。密胺塑料与脲醛塑料同属氨基塑料，它由三聚氰胺与甲醛经缩聚反应而得，树脂为主要成分。

密胺塑料无毒、无臭、无味，卫生性能好；机械强度大，表面硬度好，不易变形；表面光滑，手感似瓷器；抗冲击、抗污染能力强；化学稳定性好。密胺塑料可以用来制作包括食品包装在内的各种颜色的包装容器。

(10) 聚乙烯醇(PVA)。聚乙烯醇是聚醋酸乙烯酯的水解产物。它透明性大，无毒，无味；有极好的阻气性、耐水性和耐油性；化学稳定性好；印刷性好，无静电；机械性能好。

聚乙烯醇在包装上多利用其薄膜，用于食品包装，对防止食品氧化变色、变味和变质，保持食品的新鲜度有显著效果；也能包装其他产品，如化工产品等。

(11) 聚碳酸酯(PC)。聚碳酸酯是分子链中含有碳酸酯结构的树脂的总称，通常是指双酚 A 型的聚碳酸酯。它无色透明，光泽性良好；耐热性、耐寒性优良，可用于加压杀菌；机械强度较高，可与聚酯和尼龙并列；有极好的冲击韧性，制品受冲击不易破裂；吸水性、吸湿性、透气性小；耐化学腐蚀性能好，能阻止紫外线透过；无毒、无臭、无味；成型性能良好，用一般成型方法均可，成型的制品精度很高，但热封性能较差。

聚碳酸酯是一种综合性能优良的工程塑料，可制作各种齿轮、机器零件等，也可制成薄膜，用以包装食品和其他物品；需要密封时，多制成复合薄膜，以改善热封性能，还可制成各种包装容器。

(12) 聚偏二氯乙烯(PVDC)。聚偏二氯乙烯是偏二氯乙烯的聚合物。它无毒、无味、透明；机械强度大，韧性好；耐油和有机溶剂；热收缩性与自黏性好，薄膜间能轻易黏合；气密性、防潮性极佳；机械加工性差，热稳定性差，不易热封；受紫外线作用时易分解。

聚偏二氯乙烯在包装上的应用主要是制作食品包装薄膜，可用作密封包装，能有效地防止食品吸潮和油脂类食品氧化，使食品长期保质不坏；可用作杀菌食品包装，因其能进行加热杀菌；还可用作家庭日用的包装材料。

(13) 聚氨酯(PVP)。聚氨酯又称聚氨基甲酸酯，它由异氰酸酯和羟基化合物反应制得。聚氨酯的主要特点是耐磨性好，耐低温性优良，耐油性、耐化学腐蚀性突出。

聚氨酯主要加工成泡沫塑料，改变原料及配比可得软硬不同的泡沫塑料。软质制品韧性好，有较好的弹性，耐油，是聚氨酯泡沫塑料的主要品种，在包装上广泛用于制作衬垫等缓冲材料。硬质制品耐热、抗寒、绝热，有优良的防震性，广泛用于精密仪器、仪表的包装。聚氨酯泡沫塑料的生产简单，成本低廉，防震性能好，常温下即可制得，特别是可以通过现场发泡制得，给包装带来极大方便。

3. 金属材料

金属包装材料主要有镀锡薄钢板、镀铬薄钢板、铝和铝箔等。金属包装材料的阻隔保护性好，即阻光、阻水、阻气、渗透性小，能较长期地保存食品；耐高温和低温、耐压、耐虫害；但耐酸碱能力较小，需内涂层保护；加工、装饰性好。

常见的金属包装材料有下列品种：

(1) 铝板。铝是一种轻金属，在大气中非常稳定，加工工艺性能优良，是一种应用非常广泛的金属。1930 年起人们采用铝来制作包装容器，由于铝制作包装容器加工方便，轻便耐用，防护性能良好，所以铝在包装产品方面应用的范围很广，用量也很大。目前，世界上生产铝较多的有美国及欧洲各国，每年生产的铝中，大约有 7%～10%(总数达 60 万吨)用于产品包装。制作铝包装容器的板材多采用纯铝或铝合金板材。

铝合金(主要是铝镁、铝锰合金)板材的强度较纯铝高。由于铝对酸、碱、盐不耐蚀，所以铝板均需经涂料后使用。铝板的生产过程是：铸铝→热轧→冷轧→退火→冷轧→热处理→校平→钝化处理(生成氧化铝膜)→涂料→铝薄板。

铝板主要用于制作铝质包装容器，如罐、盒、瓶等。此外，铝板因加工性好，是制作易拉罐的专用材料。

(2) 铝冲拔罐。虽然铝板是一种新型的制罐材料，加工性能优良，但是焊接较困难，因此铝板均制作成一次冲拔成型的二片罐。目前铝罐生产线的速率可达 120～150 个/分钟。铝罐轻便美观，外壁不生锈，罐身无缝不泄漏，且由单一金属制成，保护性能好，用于鱼、肉类罐头时无硫化斑现象，用作啤酒饮料罐时无风味变化现象。铝罐的一个缺点是强度较低，较易碰凹，但只要改进运输包装，这个问题就能较好地解决。

现在铝冲拔罐在欧美应用较多，约占金属罐的 1/3，主要用于销售量很大的啤酒饮料罐，一般制成易拉罐形式。非食品包装的喷雾罐中也有部分为铝罐。

(3) 铝管和铝管包装。挤压软管包装容器中约有 2/3 是铝管。铝管主要用于牙膏、化妆品、药膏等的包装。铝管用于食品包装则是一种新型简便的包装方法，流行于欧洲和澳大利亚。铝管特别适合于灌装半流质或膏状食品，如果酱、肉酱、奶油、蜂蜜、浓缩食品和调味食品等。铝管包装不仅具有重量轻、防护性能优良、强度好、不易破碎、便于携带的特点，而且具有易开启、可挤压折叠，食用后食品易于再存放，保持新鲜度的时间较瓶、罐装长，不需进行冷冻处理，使用方便的优点。因此，铝管颇受消费者的欢迎，并被用于军用食品和宇航食品的包装。

铝管一般由 99%的纯铝制成，以便挤压卷曲，外表面可进行印刷装潢，内壁涂有有机树脂涂料，如环氧树脂、酚醛树脂、乙烯基树脂等，既可进一步提高耐蚀性，又能防止铝管在卷曲时破裂。

铝管的生产方法是，把一定厚度的铝板用精密落料冲床进行冲压，落料变成小圆片坯料，经过退火，然后在 100～350 T 的挤压机上进行冲击挤压，使圆片坯料沿一定长度和直径向外延伸成管状，最后达到一定尺寸。成型后的铝管还要经过热处理，以免在挤压和卷曲时产生破裂。最后在铝管内壁上涂料、烘干，并在管表面进行装潢印刷。铝管尺寸大小不等，直径约为 15～50 mm，长度为 40～200 mm。其长度由圆片坯料的厚度决定。

(4) 镀锡薄钢板。镀锡薄钢板俗称马口铁，是指两面镀有商业纯锡的冷轧低碳薄钢板或钢带。锡主要起防止腐蚀与生锈的作用。镀锡薄钢板将钢的强度和成型性与锡的耐蚀性、易焊性和美观的外表结合于一种材料之中，具有耐腐蚀、无毒、强度高、延展性好的特性。

马口铁包装由于具有良好的密封性、保藏性、避光性、坚固性和特有的金属装饰魅力，因而在包装容器业内被广泛使用，是国际上通用的包装品种。马口铁各种 CC 材料、DR 材料、镀铬铁的不断丰富，促进了包装制品及相关技术的发展，马口铁包装到处充满创新。

因其抗氧化性强，且款式多样、印刷精美，马口铁包装容器深受广大客户喜爱，广泛应用于食品包装、医药品包装、日用品包装、仪器仪表包装、工业品包装等方面。

《2013—2017年中国马口铁包装容器行业市场前瞻与投资战略规划分析报告》显示，马口铁包装容器强度高、成型性好、对产品的兼容性强等许多优点已经为其在国际市场上树立了良好的“口碑”。所以，各国都普遍重视这一种包装容器，它是世界上用量最大的一种金属包装板材。

根据包装行业的不同要求，马口铁材料的厚度、镀锡量、机械性能等都有不同的需要。自问世以来，马口铁就一直向减薄的方向发展。一是少用锡，甚至不用锡；二是减薄马口铁的基板厚度。其目的都是为了适应制罐产品的变化和降低制罐的成本。

4. 玻璃、陶瓷材料

玻璃、陶瓷的主要特点是有很强的耐腐蚀性能，强度较高，装潢、装饰性能好，因此被广泛用于商业包装，有宣传美化的推销作用。

(1) 玻璃包装材料。玻璃包装材料具有良好的化学稳定性，可以保证食物纯度和卫生，不透气、易于密封、造型灵活、有多彩晶莹的装饰效果等优点，所以得到了广泛的应用。在运输包装中，用玻璃来制作存装化工产品如强酸类的大型容器。在销售包装中，主要采用玻璃瓶和平底杯式的玻璃罐，用来存酒、饮料、其他食品、药品、化学试剂、化妆品和文化用品等。

值得注意的是，玻璃具有耐冲击力较低、熔制玻璃能耗较高等缺点。

(2) 陶瓷包装材料。陶瓷包装是指各种以陶瓷为原料制成的包装的总称。陶瓷按所用原料不同可以分为粗陶器、精陶器、瓷器、炻器。陶瓷包装材料硬度高，对高温、水和其他化学介质具有抗腐蚀能力。不同价位的商品包装对陶瓷的性能要求也不同。如高级饮用酒茅台，对陶瓷包装的要求就高。此外，陶瓷包装材料易碎，并且回收成本较高。

二、包装容器

包装容器一般是指在商品流通过程中，为了保护商品，方便储存，利于运输，促进销售，防止环境污染和预防安全事故，按一定技术规范而用的包装器具、材料及其他辅助物的总体。

(一) 包装袋

包装袋是指用于包装各种用品的袋子，广泛用于日常生活和工业生产中。包装袋的发展经历了四个明显的阶段：原始包装袋阶段，大包装袋阶段，小包装袋阶段，目前逐步进入的环保(绿色)包装袋新阶段。随着商品经济的发展，包装本身的商品性也越来越显著，它已成为一种不再依附于商品生产的特殊产品，一种所有商品都离不开的、广泛应用的产品。

按生产原料进行分类，包装袋可分为高压聚乙烯塑料袋、低压聚乙烯塑料袋、聚丙烯塑料袋和聚氯乙烯塑料袋等。

按外形进行分类，包装袋可分为背心袋、直筒袋、立体袋、方底袋、封口袋、胶条袋和异形袋等。

按制作工艺进行分类，包装袋常分为塑料包装袋和复合包装袋。

(1) 塑料包装袋：包括塑料编织袋和塑料薄膜袋。前者具有重量轻、强度高、耐腐蚀等特点，加入塑料薄膜内衬后可防潮防湿；轻型袋载重量在 2.5 kg 以下，中型袋载重量为 25～50 kg，重型袋载重量为 50～100 kg。后者的轻型袋载重量在 1 kg 以上，中型袋载重量为 1～10 kg，重型袋载重量为 10～30 kg，集装袋载重量在 1000 kg 以上。

(2) 复合包装袋：把各种不同特性的材料复合在一起，以改进包装材料的透气性、透湿性、耐油性、耐水性、耐药品性，使其具有防虫、防尘、防微生物等性能，并对光、香、臭等气味具有隔绝性，以及耐热、耐寒、耐冲击等更好的机械强度和加工适用性能，且具有良好的印刷及装饰效果。

按包装的形式进行分类，复合包装袋可分为三边封袋、阴阳袋、中封袋、枕型袋、五边封袋、自立袋、拉链袋、吸管袋、卷材、盖材等。

按功能进行分类，复合包装袋可分为高阴隔膜袋、蒸煮膜袋、抗静电膜袋、抗菌膜袋、防雾膜袋、真空袋、抗化学膜袋、除氧包装膜袋、气调包装膜袋等。

按材质进行分类，复合包装袋可分为激光镀铝膜复纸材料、激光转移纸材料、纸复合材料、铝复合材料、塑料复合材料、织物复合材料等。

(二) 包装盒

包装盒是指用卡纸和微细瓦楞纸板这两种材料制成的折叠纸盒和微细瓦楞纸盒。一般生产包装盒的企业称为包装材料有限公司或印刷包装厂。

包装盒一般作为中档的包装方法使用，介于内包装与外箱包装之间。彩色包装盒一般由若干颜色搭配而成，给人以强烈的视觉感受，使购买者和使用者对商品的整体外观和颜色等细节有一点了解。它特别适合于购买前不能拆箱的商品，现已被广泛应用于电子、食品、饮料、酒类、茶品、卷烟、医药、保健品、化妆品、小家电、服装、玩具、体育用品等行业和产品包装配套等行业。

(三) 包装箱

1. 瓦楞纸箱

瓦楞纸箱是采用具有空心结构的瓦楞纸板，经过成型工序制成的包装容器。瓦楞纸箱采用包括单瓦楞、双瓦楞、三瓦楞等各种类型的纸板做包装材料，大型纸箱装载货物的重量可达 3000 kg。

瓦楞纸箱的应用范围非常广泛，几乎包括所有的日用消费品，包括水果、蔬菜、加工食品、针棉织品、玻璃陶瓷、医用药品等各种日用品，以及自行车、家用电器、精美家具等。瓦楞纸箱具有很多优点：它的设计可使之具有足够的强度，富有弹性，且密封性能好，便于实现集装单元化，便于空箱储存；瓦楞纸箱的箱面光洁，印刷美观，标志明显，便于传达信息；它的体积、重量比木箱小，有利于节约运费；纸箱耗用资源比木箱要少，其价格自然比木箱低，经回收利用，可以节省资源。当然，瓦楞纸箱也有一些不足之处，主要是其抗压强度不足和防水性能差，这两个缺陷都会影响瓦楞纸箱的基本功能——保护商品功能的实现。

2. 木箱

木箱是一种传统的包装容器，虽然在很多情况下已逐步被瓦楞纸箱所取代，但木箱与瓦楞纸箱相比在某些方面仍有其优越性和不可取代性。加上目前木箱还比较适合我国包装生产和商品流通的现状，所以木箱在整个运输包装容器中仍占有一席之地。

常见的木箱有木板箱、框板箱和框架箱三种。木板箱一般用于小型运输包装容器，能装载多种性质不同的物品，有较大的耐压强度，但箱体较重，防水性较差；框板箱是由条木与人造材板制成的箱框板，再经钉合装配而成；框架箱是由一定截面的木条构成箱体的骨架，再根据需要在骨架外面加上木板覆盖而成。

3. 托盘集合包装

托盘集合包装是把若干件货物集中在一起，堆叠在运载托盘上，构成一件大型货物的包装形式。托盘包装是为了适应装卸和搬运作业机械化而产生的一种包装形式。托盘集合包装是一类重要的集合包装，它区别于普通运输包装的特点就是搬运活性大，在任何时候都处于可转入运动的状态，使静态的货物变成动态的货物。托盘集合包装既是包装方法，又是运输工具，也是包装容器。从小包装单位的集合来看，它是一种包装方法；但从适合运输的状态来看，它又是一种运输工具；从它对货物所起的保护功能来看，它也是一种包装容器。

4. 集装箱

集装箱是密封性较好的大型包装箱。使用集装箱可实现最先进的运输方式，即“门到门”运输。集装箱属于大型集合包装，具有既是运输工具，又是包装方法和包装容器的特点。在适应现代化物流方面，它比托盘集合包装更具有优越性。集装箱这一术语不包括车辆和一般包装，从作为一种运输设备的角度来看，它应满足下列要求：具有足够的强度，可长期反复使用；适于一种或多种运输方式运送，途中转运时箱内货物不需换装；具有快速装卸和搬运装置，特别便于从一种运输方式转移到另一种运输方式；便于货物装满和卸空；具有 1 立方米及以上的容积。

5. 塑料周转箱

塑料周转箱是一种适于短途运输，可以长期重复使用的运输包装器具。同时，它是一种敞开式的、不需要捆扎、用户也不必开包的运输包装。所有与厂家直销挂钩、快进快出的商品都可采用周转箱，如饮料、肉食、豆制品、牛奶、糕点、禽蛋等食品。

过去的周转箱普遍采用木箱，近年来出现的新型塑料周转箱逐步取代了木箱。塑料周转箱在保护商品、节约费用、提高服务质量等方面，具有很大的潜力空间可供挖掘，因此，塑料周转箱的应用范围不断扩大。塑料周转箱的重量轻，体积小，费用低，搬运方便，可提高安全度，不会发生箱底脱落现象，使玻璃瓶等易碎物品的破损率大大降低。塑料箱的采用还可以节约宝贵的木材资源。但塑料周转箱的缺点是一次性投资大，成本高；空箱也要占用运输储存费用；密封性差，在某些情况下有碍卫生；缺少商品标志，给物流管理工作带来一定的困难。

（四）包装瓶

包装瓶是瓶颈尺寸有较大差别的小型容器，是刚性包装中的一种。其包装材料有较高的抗变形能力，刚性、韧性要求一般也较高，个别包装瓶介于刚性与柔性材料之间，瓶的形状在受外力时虽可发生一定程度变形，但外力撤除后，仍可恢复原来瓶形。包装瓶的瓶颈口径远小于瓶身，且在瓶颈顶部开口。包装操作是填灌操作，然后将瓶口用瓶盖封闭。包装瓶包装量一般不大，适合美化装潢，多用于商业包装、内包装，主要包装液体和粉状货物。

(五) 包装罐(筒)

包装罐是罐身各处横截面形状大致相同、罐颈短、罐颈内径比罐身内径稍小或无罐颈的一种包装容器，是刚性包装的一种。其包装材料强度较高，罐体抗变形能力强。包装操作是装填操作，然后将罐口封闭，可作运输包装、外包装，也可作商业包装和内包装用。包装罐类型有以下三种：

1. 小型包装罐

小型包装罐是典型的罐体，可用金属材料或非金属材料制造，容量不大，一般用作销售包装、内包装，罐体可采用各种方式美化。

2. 中型包装罐

中型包装罐的外形也是典型罐体，容量较大，一般用于化工原材料、土特产的外包装。

3. 集装罐

集装罐是一种大型罐体，外形有圆柱形、圆球形、椭球形等，卧式、立式都有。集装罐往往罐体大而罐颈小，采取灌填式作业，灌进作业和排出作业往往不在同一罐口进行。另设卸货出口。集装罐是典型的运输包装，适合包装液体、粉状和颗粒状货物。

单元三 包装技术

一、防震保护技术

防震包装又称缓冲包装，在各种包装方法中占有重要的地位。产品从生产出来到开始使用要经过一系列的运输、保管、堆码和装卸过程，置于一定的环境之中。在任何环境中都会有力作用在产品之上，并使产品发生机械性损坏。为了防止产品遭受损坏，就要设法减小外力的影响。所谓防震包装，就是指为减缓内装物受到冲击和振动，保护其免受损坏，采取一定防护措施的包装。防震包装主要有以下三种方法：

(1) 全面防震包装方法。全面防震包装方法是指内装物和外包装之间全部用防震材料填满进行防震的包装方法。

(2) 部分防震包装方法。对于整体性好的产品和有内装容器的产品，仅在产品或内包装的拐角及局部地方使用防震材料进行衬垫即可。所用包装材料主要有泡沫塑料防震垫、充气型塑料薄膜防震垫和橡胶弹簧等。

(3) 悬浮式防震包装方法。对于某些贵重易损的物品，为了有效地保证其在流通过程中不被损坏，外包装容器应比较坚固，然后用绳、带、弹簧等将被装物悬吊在包装容器内。

在物流中，无论是什么操作环节，内装物都被稳定悬吊而不与包装容器发生碰撞，从而减少损坏。

二、防破损保护技术

缓冲包装有较强的防破损能力，因而是防破损包装技术中有效的一类。此外还可以采取以下几种防破损保护技术：

(1) 捆扎及裹紧技术。捆扎及裹紧技术的作用是使杂货、散货形成一个牢固整体，以增加整体性，便于处理及防止散堆来减少破损。

(2) 集装技术。利用集装，减少外界与货体的接触，从而防止破损。

(3) 选择高强保护材料。通过外包装材料的高强度来防止内装物受外力作用而破损。

三、防锈包装技术

1. 防锈油防锈蚀包装技术

大气锈蚀是空气中的氧、水蒸气及其他有害气体等作用于金属表面引起电化学作用的结果。如果使金属表面与引起大气锈蚀的各种因素隔绝(即将金属表面保护起来)，就可以达到防止金属大气锈蚀的目的。防锈油包装技术就是根据这一原理将金属涂封防止锈蚀的。

用防锈油封装金属制品，要求油层要有一定厚度，油层的连续性好，涂层完整。不同类型的防锈油要采用不同的方法进行涂覆。

2. 气相防锈包装技术

气相防锈包装技术就是用气相缓蚀剂(挥发性缓蚀剂)，在密封包装容器中对金属制品进行防锈处理的技术。气相缓蚀剂是一种能减慢或完全停止金属在侵蚀性介质中的破坏过程的物质，它在常温下具有挥发性。它在密封包装容器中，在很短的时间内挥发或升华出的缓蚀气体就能充满整个包装容器内的每个角落和缝隙，同时吸附在金属制品的表面上，从而起到抑制大气对金属锈蚀的作用。

四、防霉腐包装技术

在运输包装内装运食品和其他有机碳水化合物货物时，货物表面可能生长霉菌，在流通过程中如遇潮湿，霉菌生长繁殖极快，甚至伸延至货物内部，使其腐烂、发霉、变质，因此要采取特别防护措施。

包装防霉烂变质的措施，通常是采用冷冻包装、真空包装或高温灭菌等方法。冷冻包装的原理是减慢细菌活动和化学变化的过程，以延长储存期，但不能完全消除食品的变质；高温灭菌法可消灭引起食品腐烂的微生物，可在包装过程中用高温处理防霉。有些经干燥处理的食品包装，应防止水汽浸入以防霉腐，可选择防水汽和气密性好的包装材料，采取真空和充气包装。真空包装法也称减压包装法或排气包装法。这种包装可阻挡外界的水汽进入包装容器内，也可防止在密闭着的防潮包装内部存有潮湿空气，在气温下降时结露。采用真空包装法，要注意避免过高的真空度，以防损伤包装材料。

防止运输包装内货物发霉，还可使用防霉剂。防霉剂的种类甚多，用于食品的必须选用无毒防霉剂。

机电产品的大型封闭箱，可酌情开设通风孔或通风窗等。

五、防虫包装技术

防虫包装技术常用的是驱虫剂，即在包装中放入有一定毒性和臭味的药物，利用药物在包装中挥发气体杀灭和驱除各种害虫。常用的驱虫剂有萘、对位二氯化苯、樟脑精等。也可采用真空包装、充气包装、脱氧包装等技术，使害虫无生存环境，从而防止虫害。

六、危险品包装技术

危险品有上千种，按其危险性质，交通运输及公安消防部门将其分为十大类，即爆炸性物品、氧化剂、压缩气体和液化气体、自燃物品、遇水燃烧物品、易燃液体、易燃固体、毒害品、腐蚀性物品、放射性物品等，有些物品同时具有两种以上危险性能。

对有毒商品的包装要明显地标明有毒的标志。防毒的主要措施是包装严密不漏、不透气。例如重铬酸钾(红矾钾)和重铬酸钠(红矾钠)，为红色带透明结晶，有毒，应用坚固附桶包装，桶口要严密不漏，制桶的铁板厚度不能小于 1.2 mm。对有机农药一类的商品，应装入沥青麻袋，缝口严密不漏。如用塑料袋或沥青纸袋包装的，外面应再用麻袋或布袋包装。用作杀鼠剂的磷化锌有剧毒，应用塑料袋严封后再装入木箱中，箱内用两层牛皮纸、防潮纸或塑料薄膜衬垫，使其与外界隔绝。

对有腐蚀性的商品，要注意商品和包装容器的材质发生化学变化。金属类的包装容器，要在容器壁涂上涂料，防止腐蚀性商品对容器的腐蚀。例如，包装合成脂肪酸的铁桶内壁要涂有耐酸保护层，防止铁桶被商品腐蚀，否则商品也随之变质。再如氢氟酸是无机酸性腐蚀物品，有剧毒，能腐蚀玻璃，不能用玻璃瓶作包装容器，应装入金属桶或塑料桶，然后再装入木箱。甲酸易挥发，其气体有腐蚀性，应装入良好的耐酸坛、玻璃瓶或塑料桶中，严密封口，再装入坚固的木箱或金属桶中。

对黄磷等易自燃商品的包装，宜将其装入壁厚不少于 1 mm 的铁桶中，桶内壁须涂耐酸保护层，桶内盛水，并使水面浸没商品，桶口严密封闭，每桶净重不超过 50 kg。再如遇水引起燃烧的物品(如碳化钙)，遇水即分解并产生易燃乙炔气，对其应用坚固的铁桶包装，桶内充入氮气。如果桶内不充氮气，则应装置放气活塞。

对于易燃、易爆商品(例如有强烈氧化性的，遇有微量不纯物或受热即急剧分解引起爆炸的产品)，防爆炸包装的有效方法是采用塑料桶包装，然后将塑料桶装入铁桶或木箱中，每件净重不超过 50 kg，并应有自动放气的安全阀，当桶内达到一定气体压力时，能自动放气。

七、特种包装技术

1. 充气包装

充气包装是采用二氧化碳气体或氮气等不活泼气体置换包装容器中空气的一种包装方法，因此也称为气体置换包装。这种包装方法是根据好氧性微生物需氧代谢的特性，在密封的包装容器中改变气体的组成成分，降低氧气的浓度，抑制微生物的生理活动、酶的活性和鲜活商品的呼吸强度，达到防霉、防腐和保鲜的目的。

2. 真空包装

真空包装是将物品装入气密性容器后，在容器封口之前抽真空，使密封后的容器内基本没有空气的一种包装方法。

一般的肉类商品、谷物加工商品以及某些容易氧化变质的商品都可以采用真空包装。真空包装不但可以避免或减少脂肪氧化，而且抑制了某些霉菌和细菌的生长。同时在对其进行加热杀菌时，由于容器内部气体已排除，因此加速了热量的传导，提高了高温杀菌效率，也避免了加热杀菌时由于气体的膨胀而使包装容器破裂的现象发生。

3. 收缩包装

收缩包装就是用收缩薄膜裹包物品(或内包装件)，然后对薄膜进行适当加热处理，使薄膜收缩而紧贴于物品(或内包装件)的包装技术方法。

收缩薄膜是一种经过特殊拉伸和冷却处理的聚乙烯薄膜，由于薄膜在定向拉伸时产生残余收缩应力，这种应力受到一定热量后便会消除，从而使其横向和纵向均发生急剧收缩，同时使薄膜的厚度增加，收缩率通常为 30%～70%，收缩力在冷却阶段达到最大值，并能长期保持。

4. 拉伸包装

拉伸包装是 20 世纪 70 年代开始采用的一种新包装技术，它是由收缩包装发展而来的。拉伸包装是依靠机械装置在常温下将弹性薄膜围绕被包装件拉伸、紧裹，并在其末端进行封合的一种包装方法。由于拉伸包装不需进行加热，所以消耗的能源只有收缩包装的 1/20。拉伸包装可以捆包单件物品，也可用于托盘包装之类的集合包装。

5. 脱氧包装

脱氧包装是继真空包装和充气包装之后出现的一种新型除氧包装方法。在密封的包装容器中，使用能与氧气起化学作用的脱氧剂与脱氧包装反应，从而除去包装容器中的氧气，以达到保护内装物的目的。脱氧包装方法适用于某些对氧气特别敏感的物品，适用于那些即使有微量氧气也会促使品质变坏的食品包装中。

单元四 包装合理化

一、包装合理化的定义及表现

(一) 包装合理化的定义

所谓包装合理化，是指在包装过程中使用适当的材料和适当的技术，制成与物品相适应的容器，节约包装费用，降低包装成本，既满足包装保护商品、方便储运、有利销售的要求，又可提高包装的经济效益的包装综合管理活动。

(二) 包装合理化的主要表现

包装合理化主要表现在以下几个方面：

(1) 包装的轻薄化。由于包装只是起保护作用，对产品使用价值没有任何意义，因此在强度、寿命、成本相同的条件下，更轻、更薄、更短、更小的包装，可以提高装卸搬运的效率。

(2) 包装的单纯化。为了提高包装作业的效率，包装材料及规格应力求单纯化，包装规格还应标准化，包装形状和种类也应单纯化。

(3) 符合集装单元化和标准化的要求。包装的规格与托盘、集装箱关系密切，也应考虑到与运输车辆、搬运机械的匹配，应从系统的观点制定包装的尺寸标准。

(4) 包装的机械化与自动化。为了提高作业效率和包装现代化水平，各种包装机械的开发和应用是很重要的。

(5) 注意与其他环节的配合。包装是物流系统组成的一部分，需要和装卸搬运、运输、仓储等环节一起综合考虑、全面协调。

(6) 有利于环保。包装是产生大量废弃物的环节，处理不好可能造成环境污染。包装材料最好可反复多次使用并能回收再利用；在包装材料的选择上，还要考虑不对人体健康产生影响，对环境不造成污染，即所谓的“绿色包装”。

二、包装合理化设计与管理

(一) 包装合理化的设计要求

一方面，包装强度不足、包装材料不足等因素所造成商品在流通过程中发生的损耗不可低估；另一方面，包装物强度设计过高、包装材料选择不当，会造成包装过剩，这一点尤其在发达国家表现突出。日本的调查结果显示，发达国家包装过剩在20%以上。

包装合理化的设计要求包括以下几点：

(1) 掌握流通实况，发挥最经济的保护功能。

(2) 实行包装标准化。

(3) 协调与生产的关系。

(4) 注意装卸及开启的方便性。

包装合理化还要做好以下工作：深入了解产品因素和物流因素；了解流通环境和运输目的地；注意包装与物流功能间的平衡。

(二) 包装合理化管理

要实现包装合理化，需要从以下几方面加强管理：

(1) 广泛采用先进包装技术。包装技术的改进是实现包装合理化的关键。要推广诸如缓冲包装、防锈包装、防湿包装等包装方法，使用不同的包装技法，以适应不同商品的包装、装卸、储存、运输的要求。

(2) 由一次性包装向反复使用的周转包装发展。

(3) 采用组合单元装载技术，即采用托盘、集装箱进行组合运输。托盘、集装箱是包装—输送—储存三位一体的物流设备，是实现物流现代化的基础。

(4) 推行包装标准化。

(5) 采用无包装的物流形态。

对需要大量输送的商品(如水泥、煤炭、粮食等)来说，包装所消耗的人力、物力、资金、材料是非常大的，若采用专门的散装设备，则可获得较高的技术经济效果。散装并不是不要包装，它是一种变革了的包装，即由单件小包装向集合大包装转变。

三、包装合理化策略

从物流总体角度出发，用科学方法确定最优包装。

(1) 对包装发生影响的第一因素是装卸，不同装卸方法决定着不同包装。目前，我国的铁路运输与汽车运输，还大多采用手工装卸，因此，包装的外形和尺寸就要适合于人工操作。另一方面，装卸人员素质低，作业不规范也直接引发商品损失。有这样一件案例：从香港报关进口的一件大木箱，内装精密设备，要求运输途中不能倾斜。当木箱运至客户手中时，货主肯定地认为货物已被倾斜了，因为木箱外包装上有一个标识变成了红色(因为货物倾斜 45°时，外包装上的标识就会变色)。因此，引进装卸技术，提高装卸人员素质，规范装卸作业标准等都会相应地促进包装、物流的合理化。

(2) 对包装有影响的第二因素是保管。在确定包装时，应根据不同的保管条件和方式采用与之相适合的包装强度。

(3) 对包装有影响的第三因素是运输。运送工具类型、输送距离长短、道路情况等对包装都有影响。我国现阶段，存在很多种不同类型的运输方式：航空的直航与中转，铁路快运集装箱，包裹快件，行包专列等，汽车的篷布车、密封厢车。以上不同的运送方式对包装都有着不同的要求和影响。

任务三 项目单项能力训练

一、单项选择题

1. 包装是产品生产过程的(　　)，包装质量的好坏通过流通过程得到检验。

A. 始点、流通过程的始点　　B. 始点、流通过程的终点

C. 终点、流通过程的终点　　D. 终点、流通过程的始点

2. 防止产品在潮湿的大气环境中受潮、霉变和腐蚀，体现包装的(　　)功能。

A. 促销　　B. 方便　　C. 保护　　D. 环保

3. 销售包装所需的纸材需要具有良好的白度、光洁度和韧性，印刷性能优越，经得住反复的折叠，所以(　　)被广泛地应用于销售包装之中。

A. 牛皮纸板　　B. 黄板纸　　C. 白板纸　　D. 铜版纸

4. 下列选项中，属于辅助包装材料的是(　　)。

A. 玻璃　　B. 塑料　　C. 黏合剂　　D. 纸箱

5. 将若干包装件或商品包装在一起，形成一个合适的搬运单元的包装，称为(　　)。

A. 外包装　　B. 托盘包装　　C. 集合包装　　D. 运输包装

二、判断题

1. 气泡塑料薄膜和泡沫塑料是同一个品种的防震材料。　　(　　)

2. 过度包装是指商品包装过于烦琐。　　(　　)

3. 包装不足是指包装不够牢固。 ( )

4. 包装材料废弃后最难处理的是纸类。 ( )

5. 茶叶包装箱应主要考虑木材的强度。 ( )

三、简答题

1. 防震包装技术有哪几种?

2. 试述包装合理化策略。

3. 包装的作用有哪些?

任务四 项目综合技能训练

商品的绿色包装

目前，世界上大部分国家都用塑料制品来包装食品和药品。让人担忧的是在一定的介质环境和温度条件下，塑料中的聚合物单体和一些添加剂会溶出，并且极少量地转移到食品和药物中，从而引起急性或慢性中毒，严重的甚至会致癌。同时由于世界每年消耗的塑料制品很多，它们使用后遭人抛弃成为垃圾，很难腐烂降解，这也让环保者伤透脑筋。

例如作为食品包装工具之一的一次性快餐盒，它现在已变成“白色污染”，成为全球性公害。据报道，我国铁路运输系统一年使用四亿多只泡沫塑料餐盒，而回收率仅为16.6%，其余的大多数被扔在铁路沿线两侧，形成了“白色污染带”。化学专家指出，这种高分子化合物需要200～400年才能分解掉。这类塑料制品丢弃或掩埋在土壤中，会妨碍农作物生长。据测算，每亩土地残留废塑餐盒、碗、膜10公斤，可使玉米减产11%～23%，小麦减产6%～10%，豆减产6%～10%，蔬菜减产15%～60%。

这些塑料若被牲口误吃，轻者消化系统得病，重者死亡。若焚烧则会释放出大量有毒气体。“白色污染”正在污染着人类的生存环境，消除“白色污染”已成为当今世界的热门课题。

绿色包装的问题是一个迫切需要解决的问题，且已经上升到全球性问题。在国外，许多国家和地区已开始行动。他们颁布法则，并积极运用化学技术研制新型的可分解塑料，或者使用代替品。

在日本，经营食品的商人已放弃塑料包装，在食品界掀起“绿色”革命，并取得了较大的成效。现在的日本商人在给食品包装时尽量采用不污染环境的原料，用纸袋包装取代塑料制品，减少了将使用过的包装收集到工厂再循环所面对的成本和技术困难。食品包装已不只是要好和实用，照顾环境需要也成为包装业的重要课题。

绿色包装设计在这方面发挥了很大的作用，不少设计师进行了有益的设计并取得了令人可喜的成就。

1. 节省材料

(1) 日本味之素公司设计推出的包装，可以说丝毫没有显现其耀人的光辉，而只是用白色单瓦楞纸做成最节省的包装，标贴印刷也是朴实无华。

(2) 日本资生堂株式会社推出的用于装载高效洗发剂、调理剂的包装，展示了其设计师精心结合包装功能选择包装材料的功力。整套设计与原来所见的所谓“醒目包装”差距甚远，其目的也是尽可能地减少用料，从而减少垃圾的产生。

(3) 日本碗碟清洁剂的包装也一样能够照顾到环保的需要。消费者第一次用完清洁剂后，能够在市面上买到以立式或袋装出售的清洁剂，再把清洁剂倒入原有的塑料容器中继续使用，使塑料容器不需丢掉。

(4) 日本 90%的牛奶都是以有折痕线条的包装出售的，这是很好的教育，使小孩自小便接触和使用有环保作用的“绿色”产品，这种容易压扁的包装不但生产成本较低，而且能够减少占用空间，方便再循环加工并减少运输成本。还有日本常见的饮料 Yakult 健康饮品也使用一种底部可以撕开的杯形容器。在撕开底部后，人们能够轻易地把容器压扁，便于再循环。日本东京每年都举行包装设计比赛，一个叫做 EcoPac 的获奖饮料包装，曾广泛使用。该包装由 100%再循环的纸板盒和盒子内用来盛饮料的袋子组成，这也就是所谓的衬袋盒(Bag in Box)设计。其主要目的就是要让人们能够较轻易地把纸盒和袋子分开，送去再循环加工时就容易处理了。在日本市面上的饮料、酒类，大多数采用这类包装。另一种开始被日本消费者接受的新包装设计是立式袋(Standing Bag)。由于开袋子比开瓶子更容易使内部液体溢出，因此袋子的开口都经过特别设计，方便打开。这类袋包装主要是用来取代塑料瓶子的。比较两者，前者的塑料使用量只及后者的五分之一。除了饮料，日本市面上出售的食油，很多都是以复合纸包装的，这也大大减少了塑料的使用。

以上是日本“绿色”包装的优秀设计，它们大多数能减少循环使用时的困难，更重要的是它们有利于维护人体的健康。尽管用纸包装取代了塑料容器，但是包装广告的废物仍是一个不容忽视的问题。若以重量来计算，它们占废物总量的 20%～30%，若以体积来计算，占总废物量的 50%～60%。针对这一情况，日本专家指出：许多没有包装必要的食品，完全可以放弃包装。以蔬菜、水果为例，日本连锁店商会的调查显示，除了西红柿、桃、草莓外，90%的蔬菜、水果都不需要销售包装，这样有助于保持蔬菜、水果的营养与新鲜。这些“绿色”包装是值得我们借鉴的。

2. 向安全材料方向发展的包装设计

日本三得利公司用来赠送顾客的啤酒礼品盒，其包装材料用麦壳精制而成，这种材料的包装废弃后可自行分化，成为一种肥料，形成另一种资源。这说明这个包装师很好地进行了生态学及循环工艺的研究。以这样的材料设计制作包装可认为是一种“安全材料”和“安全包装”的典范。

再生纸作为一种安全材料在包装设计中具有特殊地位。1991 年日本包装设计协会展专门辟出一块场地介绍和展出这方面的成果。设计师设计出一种貌不惊人的白色礼品纸袋，在其制造过程中已将树木的种子加入其中，使纸袋废弃后，除了纸本身分解外，里面的种子便有机会生根发芽，甚至长大。这种包装设计方案的提出无疑有益于我们保护生态环境，并将循环工艺的意义推向一个新的领域。日本“守护从未来预支的地球设计小组”设计颇具新意，比较彻底地将包装在使用包装内部物品时一同消耗。他们设计的食用油包装，用于包装食用油的塑料空心圆球为可食性塑料，加热烹调后自行融化，这种安全材料正逐步被消费者接受。

3. 向方便回收方向发展的包装设计

本着保护环境的目的，必须在包装设计时采用适当的形式和构造来鼓励消费者进行废弃包装的回收。日本三得利公司推出的啤酒易拉罐包装，喝完以后只要按其罐体形态提示的方向，左右扭曲便可缩小体积，方便回收。日本在各城镇街头设置了共计 250 万台罐装饮料售货机，一年要出售 350 亿只罐装饮料，有关部门对这些出售以后的废弃物的回收作了巨大的努力，为此，其包装设计也应运而生。

日本政府采取奖励空罐回收的方法，由各销售店经常向消费者提供简便的回收工具和方法，促使回收工作的开展，最大限度地保证了这些废弃包装不会对环境造成污染。味之素株式会社推出的用来装各类食用油的包装，当内部油用完以后，只要上下用力压缩，即可缩小体积，方便回收。其他各国也有各自改革的方法。

例如在英国，某化学公司发明了一种新型的生物降解塑料，这种塑料不仅具有以往塑料的耐久、稳定及防水等性质，而且像自然界里许多有机物一样能迅速有效地分解为二氧化碳和水。在美国，某化学公司制成了一种新型塑料——乳酸聚合物，它们是由可再生资源(如干酪乳清)和玉米制成的，在水分、空气和菌类的共存条件下，这种塑料半年左右就可降解为二氧化碳和水，因而它适合作为快餐业与食品工业的餐具与包装材料。

在中国，我们已发明了一种以纯天然纸浆为原料的一次性快餐盒。这种纸膜餐具用毕丢弃后，7～15 天即全降解，且不留任何有毒物质。可是喜中有忧的是，这种纸餐盒不能尽快地推向市场，影响因素有以下五点：

(1) 法规建设相对滞后、地方保护主义、替代产品跟不上和消费习惯等方面，再有对纸餐盒的研制和开发缺乏具体的政策，如何引导和鼓励无章可循，对其制造设备、系列产品以及检测方法，尚无国家或部分专项标准等。

(2) 扶持基金没有到位，缺少新设备、新材料、新工艺和新技术。少数科研、生产和使用单位是无力购置高效率的设备设施的，致使生产不能形成规模。

(3) 消费市场不成熟，纸餐盒大量上市的大气候尚未形成。

(4) 制作成本居高不下。纸餐盒的成本比塑料餐盒每个贵 0.05～0.30 元，且制作工艺复杂。

(5) 产品质量不够稳定。由于原料、辅料与制造技术等方面的原因，纸餐盒在质量方面尚未达到塑料餐盒那样的成熟水平。

综上所述，当前我国纸餐盒之所以未能有效地占领市场，除了社会因素，更主要的是质量问题，但是“以纸代塑”已是大趋势，人类生存之所需。因此可以断言，随着全体国民环保意识的日益增强以及纸餐盒制造的日臻成熟，加之国家产业政策的正确引导和全社会的积极参与，在我国市场上将实现普遍使用纸质快餐盒的目标，以解决“白色污染”的问题。我们也能带动更多的商品包装走向绿色，为我们的子孙后代留下宝贵的环境资源。

思考题

1. 绿色包装的内涵是什么？
2. 包装降解的方法有哪些？

项目七

装卸搬运

任务一　项目导入案例

联华公司创建于 1991 年 5 月，是上海首家发展连锁经营的商业公司。经过 11 年的发展，已成为中国最大的连锁商业企业。2001 年销售额突破 140 亿元，连续 3 年位居全国零售业第一。联华公司的快速发展，离不开高效便捷的物流配送中心的大力支持。目前，联华公司共有 4 个配送中心，分别是 2 个常温配送中心、1 个便利物流中心、1 个生鲜加工配送中心，总面积 7 万余平方米。

联华便利物流中心总面积 8000 平方米，由 4 层楼的复式结构组成。为了实现货物的装卸搬运，配置的装卸搬运机械设备主要为：电动叉车 8 辆，手动托盘搬运车 20 辆，垂直升降机 2 台，笼车 1000 辆，辊道输送机 5 条，数字拣选设备 2400 套。

在装卸搬运时，操作过程如下：

(1) 对来货卸下后，把其装在托盘上，由手动叉车将货物搬运至入库运载处，入库运载装置上升，将货物送上入库输送带；

(2) 接到向第一层搬送指示的托盘，在经过升降机平台时不再需要上下搬运，将直接从当前位置经过一层的入库输送带自动分配到一层入库区等待入库；

(3) 接到向二至四层搬送指示的托盘，将由托盘垂直升降机自动传输到所需楼层；当升降机到达指定楼层时，由各层的入库输送带自动搬送货物至入库区；

(4) 货物下平台时，由叉车从输送带上取下托盘入库。

出库时，根据订单进行拣选配货，拣选后的出库货物用笼车装载，由各层平台通过笼车垂直输送机送至一层的出货区，装入相应的运输车上。

先进实用的装卸搬运系统，为联华便利店的发展提供了强大的支持，使联华便利物流运作能力和效率大大提高。

任务二　项目支撑知识学习

单元一　装卸搬运概述

一、装卸搬运的概念和地位

(一) 装卸搬运的概念

装卸是指物品在指定地点以人力或机械装入运输设备或卸下。搬运是指在同一场所内，对物品进行水平移动为主的物流作业。

装卸是改变“物”的存放、支撑状态的活动，主要指物体上下方向的移动。而搬运是改变“物”的空间位置的活动，主要指物体横向或斜向的移动。通常装卸与搬运是合在一起用的，两者全称装卸搬运。有时候或在特定场合，单称“装卸”或单称“搬运”，也包含了“装卸搬运”的完整含义。在习惯使用中，物流领域(如铁路运输)常将装卸搬运这一整体活动称做“货物装卸”；在生产领域中常将这一整体活动称做“物料搬运”。实际上，活动内容都是一样的，只是领域不同而已。

(二) 装卸搬运的地位

装卸活动的基本动作包括装车(船)、卸车(船)、堆垛、入库、出库，以及连接上述各项动作的短程输送、随运输和保管等活动而产生的必要活动。

在物流过程中，装卸活动是不断出现和反复进行的，它出现的频率高于其他各项物流活动，每次装卸活动都要花费很长时间，所以往往成为决定物流速度的关键。装卸活动消耗的人力也很多，所以装卸费用在物流成本中所占的比重也较高。以我国为例，铁路运输的始发和到达的装卸作业费占运费的20%左右，船运占40%左右。因此，为了降低物流费用，装卸是重要环节。

此外，进行装卸操作时往往需要接触货物，因此，这是在物流过程中造成货物破损、散失、损耗、混合等损失的主要环节。例如，袋装水泥纸袋破损和水泥散失主要发生在装卸过程中，玻璃、机械、器皿、煤炭等产品在装卸时最容易造成损失。

由此可见，装卸活动是影响物流效率、决定物流技术经济效果的重要环节。从下列几个数据可以感受到装卸搬运在物流中的重要地位：

(1) 据我国统计，火车货运以500 km为分界点。运距超过500 km，运输在途时间多于起止的装卸时间；运距低于500 km，装卸时间则超过实际运输时间。

(2) 美国与日本之间的远洋船运，一个往返需25天，其中运输时间13天，装卸时间12天。

(3) 我国对生产物流的统计，机械工厂每生产1吨成品，需进行252吨次的装卸搬运，其成本为加工成本的15.5%。

二、装卸搬运的特点

与生产领域和流通领域的其他环节相比，装卸搬运具有如下特点：

(1) 装卸搬运是伴随生产与流通的其他环节发生的。无论是生产领域的加工、组装、检测，还是流通领域的包装、运输、储存，一般都以装卸搬运作为起始和终结。所以说，无论在生产还是流通领域里，装卸搬运环节既是不可缺少的，又与其他环节密不可分。因而，装卸搬运具有与其他环节伴生和起讫性的特点。

(2) 装卸搬运不产生有形的产品，而是提供劳动服务，是生产领域与流通领域的其他环节的配套保障和服务性作业。

(3) 装卸搬运过程不消耗作业对象，不排放废弃物，不大量占用流动资金。

(4) 装卸搬运没有提高作业对象的价值和使用价值的功能。因为它既不改变作业对象的物理、化学、几何、生物等方面的性质，也不改变作业对象的相互关系(指零件组装成部件或机器，机械设备拆解为零、部件等)。

(5) 装卸搬运作业具有均衡性与波动性。生产领域的装卸搬运必须与生产活动的节拍一致，表现为与生产过程均衡性、连续性的一致；流通领域的装卸搬运，虽力求均衡作业，但随着车船的到发和货物出、入库的不均衡，作业是突击的、波动的、间歇的，因此装卸搬运作业应具有适应波动性的能力。

(6) 复杂性与延展性。通常认为货物装卸搬运改变物料存放状态和几何位置者居多，作业比较单纯，但由于它经常和运输、存储紧密衔接，除装卸搬运外，还要同时进行堆码、装载、加固、计量、取样、检验、分拣等作业，以保证充分利用载运工具、仓库的载重能力与容量，因此作业是比较复杂的。这些作业也可看成是装卸搬运作业的分支或附属作业，它丰富了“改变货物存放状态和位置”这一基本概念的内涵，装卸搬运系统对这些分支作业应有较强的适应能力。

单元二　装卸搬运合理化

一、装卸搬运的作用和原则

(一) 装卸搬运的作用

装卸搬运活动在整个物流过程中占有很重要的位置。一方面，物流过程各环节之间以及同一环节不同活动之间，都是以装卸作业有机结合起来的，从而使物品在各环节、各种活动中处于连续运动或所谓流动状态；另一方面，各种不同的运输方式之所以能联合运输，也是由于装卸搬运才使其形成的。在生产领域中，装卸搬运作业已成为生产过程中不可缺少的组成部分，成为直接生产的保障系统，从而形成装卸搬运系统。由此可见，装卸搬运是物流活动得以进行的必要条件，在全部物流活动中占有重要地位，发挥重要作用。

装卸搬运的作用主要表现在以下几点：

(1) 影响物流质量。因为装卸搬运是使货物产生垂直和水平方向上的位移，货物在移动过程中受到各种外力作用，如振动、撞击、挤压等，容易使货物包装和货物本身受损，如损坏、变形、破碎、散失、流溢等，故装卸搬运损失在物流费用中占有一定的比重。

(2) 影响物流效率。物流效率主要表现为运输效率和仓储效率。在货物运输过程中，在发运地的装车时间和在目的地的卸车时间占有不小的比重，特别是在短途运输中，装卸车时间所占比重更大，有时甚至超过运输工具的运行时间，所以缩短装卸搬运时间对加速车船和货物周转具有重要作用；在仓储活动中，装卸搬运效率对货物的收发速度和货物周转速度产生直接影响。

(3) 影响物流安全。由于物流活动是物的实体的流动，因此在物流活动中确保劳动者、劳动手段和劳动对象安全非常重要。装卸搬运特别是装卸作业，货物要发生垂直位移，不安全因素比较多。实践表明物流活动中发生的各种货物破损事故、设备损坏事故、人身伤亡事故等，相当一部分是在装卸过程中发生的。特别是一些危险品，在装卸过程中如违反操作规程进行野蛮装卸，很容易造成燃烧、爆炸等重大事故。

(4) 影响物流成本。装卸搬运是劳动力借助于劳动手段作用于劳动对象的生产活动。为了进行此项活动，必须配备足够的装卸搬运人员和装卸搬运设备。由于装卸搬运作业量较大，它往往是货物运量和库存量的若干倍，所以所需装卸搬运人员和设备数量亦比较大，即要有较多的活动和物化劳动的投入，这些劳动消耗要计入物流成本，如能减少用于装卸搬运的劳动消耗，就可以降低物流成本。

(二) 装卸搬运的原则

装卸搬运的原则主要有以下几点：

(1) 尽量不进行装卸。前面已经讲过，装卸作业本身并不产生价值。但是，如果进行了不适当的装卸作业，就可能造成商品的破损，或使商品受到污染。因此，尽力排除无意义的作业，是理所当然的。尽量减少装卸次数，以及尽可能地缩短搬运距离等，所起的作用也是很大的。因为装卸作业不仅要花费人力和物力，增加费用，还会使流通速度放慢。如果多增加一次装卸，费用也就相应地增加一次，同时还增加了商品污损、破坏、丢失、消耗的机会。因此，装卸作业的经济原则就是“不进行装卸”。所以，应当考虑如何才能减少装卸次数、缩短移动商品的距离的问题。

(2) 装卸的连续性。装卸的连续性是指两处以上的装卸作业要配合好。进行装卸作业时，为了不使连续的各种作业中途停顿，而能协调地进行，整理其作业流程是很必要的。因此，进行“流程分析”，对商品的流动进行分析，使经常相关的作业配合在一起，也是很有必要的。如把商品装到汽车或铁路货车上，或把商品送往仓库进行保管时，应当考虑合理取卸或出库的方便。所以某一次的装卸作业，某一个装卸动作，有必要考虑下一步的装卸而有计划地进行。要使一系列的装卸作业顺利地进行，作业动作的顺序、作业动作的组合或装卸机械的选择及运用是很重要的。

(3) 减轻人力装卸。减轻人力装卸就是把人的体力劳动改为机械化劳动。在不得已的情况下，非依靠人力不可时，尽可能不要让搬运距离太远。关于“减轻人力装卸”问题，主要是在减轻体力劳动、缩短劳动时间、防止成本上升、劳动安全卫生等方面推进省力化、自动化。

(4) 提高装卸搬运活性。物流过程中，常需将暂时存放的物品再次搬运。从便于经常发生的搬运作业考虑，物品的堆放方法是很重要的，这种便于移动的程度，被称之为“装卸搬运活性”。

(5) 商品整理。商品整理就是把商品汇集成一定单位数量，然后再进行装卸，即可避免损坏、消耗、丢失，又容易查点数量，其最大的优点在于使装卸、搬运的单位加大，使机械装卸成为可能，以及使装卸、搬运的灵活性好等。这种方式是把商品装在托盘、集装箱和搬运器具中原封不动地装卸、搬运，进行输送、保管。

(6) 物流整体。在整个物流过程中，要从运输、储存、保管、包装与装卸的关系来考虑。装卸要适合运输、储存保管的规模，即装卸要起支持并提高运输、储存保管能力与效率的作用，而不是起阻碍作用。对于商品的包装来说也是一样的，过去是以装卸为前提进行包装，要运送许多不必要的包装材料，采用集合包装，不仅可以减少包装材料，同时也省去了许多徒劳的运输。

二、装卸搬运的合理化措施

装卸搬运作业应采取一些合理化的措施。

(一) 防止和消除无效作业

所谓无效作业，是指在装卸作业活动中超出必要的装卸、搬运量的作业。显然，防止和消除无效作业对装卸作业的经济效益有重要作用。为了有效地防止和消除无效作业，可从以下几个方面入手：

(1) 尽量减少装卸次数。要使装卸次数降低到最小，要避免没有物流效果的装卸作业。

(2) 提高被装卸物料的纯度。物料的纯度是指物料中含有水分、杂质和与物料本身使用无关的物质的多少。物料的纯度越高，装卸作业的有效程度就越高；反之，无效作业就会增多。

(3) 包装要适宜。包装是物流中不可缺少的辅助作业手段。包装的轻型化、简单化、实用化会不同程度地减少作用于包装上的无效劳动。

(4) 缩短搬运作业的距离。物料在装卸、搬运过程中，要实现水平和垂直两个方向的位移，选择最短的路线完成这一活动，就可避免超越这一最短路线以上的无效劳动。

(二) 提高装卸搬运活性

装卸搬运活性是指货物的存放状态对装卸搬运作用的方便（或难易）程度，也称装卸活性。如果很容易转变为下一步的装卸搬运而不需过多进行装卸搬运装备工作，则活性就高；如果难以转入下一步的装卸搬运，则活性低。

活性一般用“活性指数”定量衡量。根据物料所处的状态，即物料装卸搬运的难易程度，可将活性划分为不同的级别。一般来说，活性指数用数字 0、1、2、3、4 表示，具体含义如下：

0 级表示物料杂乱地堆放在地面上的状态。

1 级表示物料装箱或经捆扎后的状态。

2 级表示箱子或被捆扎后的物料下面放有枕木或其他衬垫，便于叉车或其他机械作业的状态。

3 级表示物料被放于台车上或用起重机吊钩钩住，可以即刻移走的状态。

4 级表示被装卸搬运的物料已经处于被启动、直接作业的状态。

装卸搬运活性指数图如图 7-1 所示。

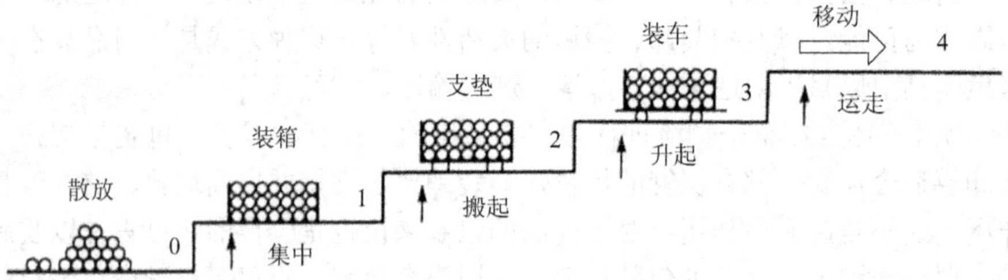

图 7-1 装卸搬运活性指数图

在装卸搬运过程中，下一步工序比上一步工序的活性指数高，因而下一步比上一步工序更便于作业时，称为“活化”。装卸搬运的工序、工步应设计得使货物的活性指数逐步提高，则称“步步活化”。通过合理设计工序、工步，在做到步步活化作业的同时，还要采取相应的措施和方法尽量节省劳力、降低能耗。从理论上讲，活性指数越高越好，但也必须考虑实施的可能性。例如，物流在储存阶段中，活性指数为 4 的输送带和活性指数为 3 的车辆，在一般的仓库中很少被采用，这是因为大批量的物料不可能存放在输送带和车辆上。

(三) 实现装卸搬运的省力化

装卸搬运使物料发生垂直和水平位移，必须通过做功才能实现，要尽力实现装卸作业的省力化。

在装卸作业中应尽可能地消除重力的不利影响。在有条件的情况下利用重力进行装卸，可减轻劳动强度和能量的消耗。将设有动力的小型运输带(板)斜放在货车、卡车或站台上进行装卸，使物料在倾斜的输送带(板)上移动，这种装卸就是靠重力的水平分力完成的。在搬运作业中，不用手搬，而是把物资放在车上，由器具承担物体的重量，人们只需克服滚动阻力，使物料水平移动即可，这无疑是十分省力的。

利用重力式移动货架也是一种利用重力进行省力化的装卸方式之一。重力式货架的每层格均有一定的倾斜度，利用货箱或托盘可自己沿着倾斜的货架层板滑到输送机械上。为了降低物料滑动的阻力(越小越好)，通常货架表面均处理得十分光滑，或者在货架层上装有滚轮，也有在承重物资的货箱或托盘下装上滚轮，这样将滑动摩擦变为滚动摩擦，物料移动时所受到的阻力会更小。

(四) 提高装卸搬运的机械化

物资装卸搬运设备运用组织是以完成装卸任务为目的，并以提高装卸设备的生产率、装卸质量和降低装卸搬运作业成本为中心的技术组织活动。它包括下列内容：

(1) 确定装卸任务量。根据物流计划、经济合同、装卸作业不均衡程度、装卸次数、装卸车时限等来确定作业现场年度、季度、月、旬、日平均装卸任务量。装卸任务量有事先确定的因素，也有临时变动的可能。因此，要合理地运用装卸设备，就必须把计划任务量与实际装卸作业量两者之间的差距缩小到最低水平。同时，装卸作业组织工作还要对装卸作业物资对象的品种、数量、规格、质量指标以及搬运距离尽可能地做出详细的规划。

(2) 根据装卸任务和装卸设备生产率，确定装卸搬运设备需用的台数和技术特征。

(3) 根据装卸任务、装卸设备生产率和需用台数，编制装卸作业进度计划。它通常包括装卸搬运设备的作业时间表、作业顺序、负荷情况等详细内容。

(4) 下达装卸搬运进度计划，安排劳动力和作业班次。

(5) 统计和分析装卸作业成果，评价装卸搬运作业的经济效益。

随着生产力的发展，装卸搬运的机械化程度定将不断提高。此外，由于装卸搬运的机械化能把工人从繁重的体力劳动中解放出来，尤其对于危险品的装卸作业，机械化能保证人和货物的安全，这也是装卸搬运机械化程度不断得以提高的动力。

(五) 推广组合化装卸搬运

在装卸搬运作业过程中，根据不同物料的种类、性质、形状、重量的不同来确定不同的装卸作业方式。处理物料装卸搬运有三种形式：将普通包装的物料逐个进行装卸，叫做“分块处理”；将颗粒状物资不加小包装而原样装卸，叫做“散装处理”；将物料以托盘、集装箱、集装袋为单位进行组合后进行装卸，叫做“集装处理”。对于包装的物料，尽可能进行“集装处理”，实现单元化装卸搬运，以充分利用机械进行操作。组合化装卸具有以下优点：

(1) 装卸单位大、作业效率高，可大量节约装卸作业时间。

(2) 能提高物料装卸搬运活性。

(3) 操作单元大小一致，易于实现标准化。

(4) 不用手去触及各种物料，可达到保护物料的效果。

(六) 合理规划装卸搬运方式和装卸搬运作业过程

装卸搬运作业过程是指对整个装卸作业的连续性进行合理的安排，以减少运距和装卸次数。

装卸搬运作业现场的平面布置是直接关系到装卸、搬运距离的关键因素，装卸搬运机械要与货场长度、货位面积等互相协调。要有足够的场地集结货物，并满足装卸搬运机械工作面的要求，场内的道路布置要为装卸搬运创造良好的条件，有利于加速货位的周转。使装卸搬运距离达到最小平面布置是减少装卸搬运距离的最理想的方法。

提高装卸搬运作业的连续性应做到：作业现场装卸搬运机械合理衔接；不同的装卸搬运作业在相互联结使用时，力求使它们的装卸搬运速率相等或接近；充分发挥装卸搬运调度人员的作用，一旦发生装卸搬运作业障碍或停滞状态，立即采取有力的措施补救。

单元三　装卸搬运作业

一、装卸搬运作业的分类

按不同标准，装卸搬运可有不同的分类：

1. 按设备对象分类

装卸搬运按设备对象的不同可分为仓库装卸、铁路装卸、港口装卸、汽车装卸、飞机装卸等。

仓库装卸配合出库、入库、维护保养等活动进行，并且以堆垛、上架、取货等操作为主。

铁路装卸是对火车车皮的装进及卸出，特点是一次作业就实现一车皮的装进或卸出，很少有像仓库装卸时出现的整装零卸或零装整卸的情况。

港口装卸包括码头前沿的装船，也包括后方的支持性装卸搬运，有的港口装卸还采用小船在码头与大船之间“过驳”的办法，因而其装卸的流程较为复杂，往往经过几次的装卸及搬运作业才能最后实现船与陆地之间货物过渡的目的。

汽车装卸一般一次装卸批量不大，由于汽车的灵活性，可以减少或根本减去搬运活动，而直接、单纯利用装卸作业达到车与物流设施之间货物过渡的目的。

2. 按机械分类

装卸搬运按机械的不同可分成使用吊车的“吊上吊下”方式，使用叉车的“叉上叉下”方式，使用半挂车或叉车的“滚上滚下”方式、“移上移下”方式及散装散卸方式等。

(1) “吊上吊下”方式：采用各种起重机械从货物上部起吊，依靠起吊装置的垂直移动实现装卸，并在吊车运行的范围内或回转的范围内实现搬运或依靠搬运车辆实现小搬运。由于吊起及放下属于垂直运动，故这种装卸方式属于垂直装卸方式。

(2) “叉上叉下”方式：采用叉车从货物底部托起货物，并依靠叉车的运动进行货物位移，搬运完全靠叉车本身，货物可不经中途落地直接放置到目的地。由于这种方式垂直运动不大而主要是水平运动，故这种装卸方式属于水平装卸方式。

(3) “滚上滚下”方式：港口装卸的一种水平装卸方式，利用叉车、半挂车或汽车承载货物，连同车辆一起开上船，到达目的地后再从船上开下。若采用叉车的滚上滚下方式，则在船上卸货后，叉车必须离船；若采用半挂车、平车或汽车，则拖车将半挂车、平车拖拉至船上后，拖车开下离船而载货车辆连同货物一起运到目的地，再原车开下或拖车上船拖拉半挂车、平车开下。

“滚上滚下”方式需要有专门的船舶(滚装船)，对码头也有要求。

(4) “移上移下”方式：在两车之间(如火车及汽车)进行靠接，然后利用各种方式，不使货物垂直运动，而靠水平移动从一个车辆上推移到另一车辆上的一种装卸方式。“移上移下”方式需要使两种车辆水平靠接，因此，对站台或车辆货台需进行改变，并配合移动工具实现这种装卸。

(5) 散装散卸方式：对散装物进行装卸，一般从装点直到卸点，中间货物不再落地，这是集装卸与搬运于一体的装卸方式。

3. 按作业特点分类

装卸搬运按作业特点可分为连续装卸与间歇装卸。

(1) 连续装卸：同种大批量散装或小件杂货通过连续输送机械，连续不断地进行作业，中间无停顿，货间无间隔。在装卸量较大、装卸对象固定、货物对象不易形成大包装的情况下宜采用这一方式。

(2) 间歇装卸：有较强的机动性，装卸地点可在较大范围内变动，主要适用于货流不固定的各种货物，尤其适于包装货物、大件货物。散粒货物也可采用此种方式。

4. 按被装物的主要运动形式分类

装卸搬运按被装物的主要运动形式可分为垂直装卸和水平装卸。

(1) 垂直装卸：使用各种起重机械，以改变货物的铅垂方向的位置为主要特征的方式，这种方式的应用面最广。

(2) 水平装卸：以改变货物水平方向的位置为主要特征的方式。

5. 按装卸搬运对象分类

装卸搬运按装卸搬运对象可分为单件货物装卸和集装货物装卸。

(1) 单件货物装卸：单件、逐件装卸搬运方式，这是以人力作业为主的作业方式。

(2) 集装货物装卸：对煤炭、矿石、粮食、化肥等块、粒、粉状物资，采用重力法(通过筒仓、溜槽、隧洞等方法)、倾翻法(铁路翻车机)、机械法(抓、舀等)、气力输送法(用风机在管道内形成气流，利用压差来输送)等方法进行装卸。

二、装卸搬运作业安全常识

装卸搬运作业容易发生砸伤、碰伤、扭伤等伤害；搬运粉状货物还要注意防尘肺病；搬运易燃易爆、化学危险品还要注意预防火灾、爆炸事故。作业中应注意以下几个方面的问题：

(1) 单人搬运时，要注意腿曲、腰部前倾，多发挥腿部力量；双人抬运时，杠子上肩要同起同落；多人抬运时，要有专人喊号子，同时起落，抬运中步伐一致。

(2) 用手推车搬运货物时，应保持平稳，掌握重心，不得猛跑或撒把溜放。前后车距平地时不小于 2 m，下坡时不小于 10 m。

(3) 用汽车装运货物时，搬运应在搬运车辆停稳后进行，货物要按次序堆放平稳、整齐。若在斜坡地面停车，则要将车轮填塞住。

(4) 装运有扬尘的垃圾时要洒水湿润，装运白灰、水泥等粉状材料时要戴口罩。

(5) 装运化学危险品(如炸药、氧气瓶、乙炔气瓶等)和有毒物品时，要按安全交底的要求由熟练工人进行作业。作业中要轻拿轻放，互不碰撞，防止剧烈震动。要按规定穿工作服，戴口罩和手套。

任务三 项目单项能力训练

一、单项选择题

1. 在同一区域范围内，以改变商品的存放状态和空间位置为主要内容和目的的活动称为(　　)。

A. 运输　　B. 仓储　　C. 物流　　D. 装卸搬运

2. 以下对装卸、搬运作业的特点描述不正确的是(　　)。

A. 对象复杂　　B. 作业量小

C. 作业不均衡　　D. 安全性要求高

3. 目前装卸搬运作业的主流，以各种装卸搬运机械完成商品装卸搬运的作业方法是(　　)。

A. 人工作业法　　B. 集装作业法

C. 机械化作业法　　D. 综合机械化作业法

4. 以叉车完成的装卸搬运作业，根据叉车自身作业特点的不同，应属于(　　)。

A. 间歇式作业法　　B. 连续式作业法

C. 集装作业法　　D. 机械化作业法

5. 与其他环节相比，(　　)具有伴随性的特点。

A. 运输　　B. 仓储

C. 配送　　D. 装卸搬运

二、判断题

1. 严格地讲，装卸和搬运是两个相同概念的组合。　　(　　)

2. 在生产过程中装卸搬运通常称为货物装卸，流通过程中装卸搬运多称为物料搬运。(　　)

3. 重力法是利用各种机械，采用专门的工作机构，通过舀、抓、铲等作业方式装卸货物的方法。　　(　　)

4. 配送中心装卸搬运设施布置应以系统管理为指导思想，以装卸搬运系统作为整个物流系统的一个子系统，所以其设施布置应具有系统的观点。　　(　　)

三、简答题

1. 试述装卸搬运的分类。

2. 简述装卸搬运的特点。

3. 试述运用活性分析图法的步骤。

任务四　项目综合技能训练

双鹤医药的装卸搬运环节分析

云南双鹤医药有限公司(以下简称云南双鹤)是北京双鹤这艘医药航母部署在西南战区的一艘战舰，是一个以市场为核心、以现代医药科技为先导、以金融支持为框架的新型公司，是西南地区经营药品品种较多、较全的专业医药公司。

虽然云南双鹤已形成规模化的产品生产和网络化的市场销售，但其流通过程中物流管理严重滞后，造成物流成本居高不下，不能形成价格优势，这严重阻碍了物流服务的开拓与发展，成为公司业务发展的“瓶颈”。

装卸搬运活动是衔接物流各环节活动正常进行的关键，而云南双鹤恰好忽视了这一点，由于搬运设备的现代化程度低，只有几个小型货架和手推车，大多数作业仍处于人工作业为主的原始状态，工作效率低，且易损坏物品。另外，仓库设计的不合理，造成长距离的搬运，并且库内作业流程混乱，形成重复搬运，产生大约70%的无效搬运。这种过多的搬运次数，损坏了商品，也浪费了时间。

思考题

1. 分析装卸搬运环节对企业发展的作用。
2. 针对医药企业的特点，请对云南双鹤的搬运系统的改造提出建议和方法。

项目八 流通加工

任务一 项目导入案例

阿迪达斯公司在美国有一家超级市场，设立了组合式鞋店，摆放着不是做好了的鞋，而是做鞋用的半成品，款式花色多样，有 6 种鞋跟、8 种鞋底，均为塑料制造的，鞋面的颜色以黑、白为主，鞋带的颜色有 80 种，款式有百余种，顾客进来可以任意挑选自己所喜欢的各个部位，交给职员当场进行组合。

只要 10 分钟，一双崭新的鞋便唾手可得。这家鞋店昼夜营业，职员技术熟练。鞋子的售价与成批制造的价格差不多，有的还稍便宜些。所以，顾客络绎不绝，销售金额比邻近的鞋店多 10 倍。

任务二 项目支撑知识学习

单元一 流通加工概述

一、流通加工的概念

流通加工(Distribution Processing)是商品在从生产者向消费者流通的过程中，为了增加附加价值，满足客户需求，促进销售而进行的组装、剪切、套裁、贴标签、刷标志、分类、检量、弯管、打孔等加工作业的总称。

中华人民共和国国家标准《物流术语》指出，流通加工是为了提高物流速度和物品的利用率，在物品进入流通领域后，按客户的要求进行的加工活动，即在物品从生产者向消费者流动的过程中，为了促进销售、维护商品质量和提高物流效率，对物品进行一定程度的加工。流通加工通过改变或完善流通对象的形态来实现“桥梁和纽带”的作用，因此流通加工是流通中的一种特殊形式。随着经济增长，国民收入增多，消费者的需求出现多样化，促使在流通领域开展流通加工。目前，在世界许多国家和地区的物流中心或仓库经营中都大量存在流通加工业务，在日本、美国等物流发达国家则更为普遍。

现代物流实用词典指出，流通加工是指物品在从生产地到使用地的过程中，根据需要施加包装、分割、计量、分拣、刷标志、贴标签、组装等简单作业的总称。

二、流通加工的产生

流通加工的产生与以下因素有关：

(1) 流通加工的出现与现代生产方式有关。现代生产发展趋势之一就是生产规模大型化、专业化，依靠单品种、大批量的生产方法降低生产成本，获取规模经济效益，这样就出现了生产相对集中的趋势。这种规模的大型化、生产的专业化程度越高，生产相对集中的程度也就越高。生产的集中化进一步引起产需之间的分离，产需分离的表现首先为人们认识的是空间、时间及人的分离，即生产及消费不在同一个地点，而是有一定的空间距离；生产及消费在时间上不能同步，而是存在着一定的“时间差”；生产者及消费者不是处于一个封闭的圈内，某些人生产的产品供给成千上万人消费，而某些人消费的产品又来自其他许多生产者。弥补上述分离的手段则是运输、储存及交换。

近年来，人们进一步认识到，现代生产引起的产需分离并不局限于上述三个方面，这种分离是深刻而广泛的。第四种重大的分离就是生产及需求在产品功能上分离。尽管“用户第一”等口号成了许多生产者的主导思想，但是，生产毕竟有生产的规律，尤其在强调大生产的工业化社会，大生产的特点之一就是“少品种、大批量、专业化”，产品的功能(规格、品种、性能)往往不能和消费需要密切衔接。弥补这一分离的方法，就是流通加工。所以，流通加工的诞生实际是现代生产发展的一种必然结果。

(2) 流通加工不仅是大工业的产物，也是网络经济时代服务社会的产物。流通加工的出现与现代社会消费的个性化有关。消费的个性化和产品的标准化之间存在着一定的矛盾，使本来就存在的产需第四种形式的分离变得更加严重。本来，弥补第四种分离可以采取增加一道生产工序或消费单位加工改制的方法，但在个性化问题十分突出之后，采取上述弥补措施将会使生产及生产管理的复杂性和难度增加，按个性化生产的产品难以组织高效率、大批量的流通。所以，消费个性化的新形势及新观念的出现，就为流通加工开辟了道路。

(3) 流通加工的出现还与人们对流通作用的观念转变有关。在社会再生产的全过程中，生产过程是典型的加工制造过程，是形成产品价值及使用价值的主要过程，再生产型的消费究其本质来看也是和生产过程一样，通过加工制造消费了某些初级产品而生产出深加工产品。历史上，在生产不太复杂的产品且生产规模不大时，所有的加工制造几乎全部集中于生产及再生产过程中，而流通过程只是实现商品价值及使用价值的转移而已。

在社会生产向大规模生产、专业化生产转变之后，社会生产越来越复杂，生产的标准化和消费的个性化的出现，使生产过程中的加工制造常常满足不了消费的要求。而由于流通的复杂化，生产过程中的加工制造也常常不能满足流通的要求。于是，加工活动开始部分地由生产及再生产过程向流通过程转移，在流通过程中形成了某些加工活动，这就是流通加工。

流通加工的出现使流通过程明显地具有了某种“生产性”，改变了长期以来形成的“价值及使用价值转移”的旧观念，这就从理论上明确了：流通过程从价值观念来看是可以主动创造价值及使用价值的，而不单是被动地“保持”和“转移”的过程。因此，人们必须研究流通过程中孕育着多少创造价值的潜在能力，这就有可能通过努力在流通过程中进一步提高商品的价值和使用价值，并以很少的代价实现这一目标。这样，就引起了流通过程从观念到方法的巨大变化，流通加工则是为适应这种变化而诞生的。

(4) 效益观念的树立是促使流通加工形式得以发展的重要原因。20 世纪 60 年代后，效益问题逐渐引起人们的重视。过去人们盲目追求高新技术，引起了燃料、材料投入的大幅度上升，结果新技术、新设备虽然采用了，但往往是得不偿失。70 年代初，第一次石油危机的发生证实了效益的重要性，使人们牢牢树立了效益观念，流通加工可以以少量的投入获得很大的效果，是一种高效益的加工方式，自然获得了很大的发展。所以，流通加工从技术上来讲，可能不需要采用什么先进技术，但这种方式是现代观念的反映，在现代的社会再生产过程中起着重要作用。

单元二 流通加工的类型与内容

一、流通加工的目的和类型

(一) 流通加工的目的

流通阶段的加工即物流加工，处于不易区分生产还是物流的中间环节，尽管它可以创造性质和形态的使用效能，但还是应该从物流机能拓展的角度将其看作物流的构成要素。

流通加工的目的可归纳为以下几点：

(1) 适应多样化的客户的需求。

(2) 在食品方面，可以通过流通加工来保持并提高其保存机能。

(3) 提高商品的附加值。

(4) 可以规避风险，推进物流系统化。

(二) 流通加工的类型

根据不同的目的，流通加工有着不同的类型表现。

1. 从适应多样化需要的角度考虑

生产部门为了实现高效率、大批量的生产，其产品往往不能完全满足用户的要求。这样，为了满足用户对产品多样化的需要，同时又要保证高效率的大生产，可将生产出来的单一化、标准化的产品进行多样化的改制加工。例如，对钢材卷板的舒展、剪切加工；平板玻璃按需要规格的开片加工；木材改制成枕木、板材、方材等的加工。

2. 从方便消费、省力的角度考虑

根据下游生产的需要将商品加工成生产直接可用的状态。例如，根据需要将钢材定尺、定型，按要求下料；将木材制成可直接投入使用的各种型材；将水泥制成混凝土拌和料，使用时只需稍加搅拌即可使用等。

3. 从保护产品的角度考虑

在物流过程中，为了保护商品的使用价值，延长商品在生产和使用期间的寿命，防止商品在运输、储存、装卸搬运、包装等过程中遭受损失，可以采取稳固、改装、保鲜、冷冻、涂油等方式。例如，水产品、肉类、蛋类的保鲜与保质的冷冻加工和防腐加工；丝、麻、棉织品的防虫和防霉加工；为防止金属材料的锈蚀而进行的喷漆和涂防锈油；运用手工、机械或化学方法除锈；木材的防腐朽、防干裂加工；煤炭的防高温自燃加工；水泥的防潮、防湿加工；等等。

4. 从弥补生产加工不足的角度考虑

由于受到各种因素的限制，许多产品在生产领域的加工只能到一定程度，而不能完全实现终极的加工。例如，木材如果在产地完成成材加工或制成木制品，就会给运输带来极大的困难，所以，在生产领域只能加工到圆木、板、方材这个程度，进一步的下料、切裁、处理等加工则由流通加工完成；钢铁厂大规模的生产只能按规格生产，以使产品有较强的通用性，从而使生产能有较高的效率，取得较好的效益。

5. 从促进销售的角度考虑

流通加工也可以起到促进销售的作用。比如，将过大包装或散装物分装成适合销售的小包装的分装加工；将以保护商品为主的运输包装改换成以促进销售为主的销售包装，以起到吸引消费者、促进销售的作用；将蔬菜、肉类洗净切块以满足消费者要求；等等。

6. 从提高加工效率的角度考虑

许多生产企业的初级加工数量有限，加工效率不高，而流通加工以集中加工的形式，解决了单个企业加工效率不高的弊病。它以一家流通加工企业的集中加工代替了若干家生产企业的初级加工，促使生产水平有了一定的提高。

7. 从提高物流效率的角度考虑

有些商品本身的形态使之难以进行物流操作，而且商品在运输、装卸搬运过程中极易受损，因此需要进行适当的流通加工加以弥补，从而使物流各环节易于操作，提高物流效率，降低物流损失。例如，造纸用的木材磨成木屑的流通加工，可以极大提高运输工具的装载效率；自行车在消费地区的装配加工可以提高运输效率，降低损失；石油气的液化加工，使很难输送的气态物转变为容易输送的液态物，也可以提高物流效率。

8. 从衔接不同运输方式的角度考虑

在干线运输和支线运输的节点设置流通加工环节，可以有效解决大批量、低成本、长距离的干线运输与多品种、少批量、多批次的末端运输和集货运输之间的衔接问题。在流通加工点与大生产企业间形成大批量、定点运输的渠道，以流通加工中心为核心，组织对多个用户的配送，也可以在流通加工点将运输包装转换为销售包装，从而有效衔接不同目的的运输方式。比如，散装水泥中转仓库把散装水泥装袋，将大规模散装

水泥转化为小规模散装水泥的流通加工，就衔接了水泥厂大批量运输和工地小批量装运的需要。

9. 从生产—流通一体化的角度考虑

依靠生产企业和流通企业的联合，或者生产企业涉足流通，或者流通企业涉足生产，形成的对生产与流通加工进行合理分工、合理规划、合理组织，统筹进行生产与流通加工的安排，这就是生产—流通一体化的流通加工形式。这种形式可以促成产品结构及产业结构的调整，充分发挥企业集团的经济技术优势，是目前流通加工领域的新形式。

10. 从实施配送的角度考虑

这种流通加工形式是配送中心为了实现配送活动，满足客户的需要而对物资进行的加工。例如，混凝土搅拌车可以根据客户的要求，把沙子、水泥、石子、水等各种不同材料按比例要求装入可旋转的罐中，在配送路途中，汽车边行驶边搅拌，到达施工现场后，混凝土已经均匀搅拌好，可以直接投入使用。

二、流通加工的内容

(一) 流通加工与生产加工的对比

现从以下几个方面对流通加工与生产加工进行对比。

1. 加工对象

流通加工的对象是进入流通过程的商品，具有商品的属性；生产加工的对象不是最终产品，而是原材料、零配件或半成品。

2. 加工程度

流通加工大多是简单加工，而不是复杂加工。一般来讲，如果必须进行复杂加工才能形成人们所需的商品，那么，这种复杂加工应该专设生产加工过程。生产过程理应完成大部分加工活动，流通加工则是对生产加工的一种辅助及补充。特别需要指出的是，流通加工绝不是对生产加工的取消或代替。

3. 价值观点

生产加工的目的在于创造价值及使用价值；而流通加工的目的则在于完善其使用价值，并在不做大的改变的情况下提高价值。

4. 加工组织者

流通加工的组织者是从事流通工作的人员，能密切结合流通的需要进行加工活动。从加工单位来看，流通加工由商业或物资流通企业完成，而生产加工则由生产企业完成。

5. 加工目的

生产加工是为交换、消费而进行的生产，而流通加工的一个重要目的是为了消费(或再生产)，这一点与生产有共同之处。但是流通加工有时候也是以自身流通为目的的，纯粹是为流通创造条件，这种为流通所进行的加工与直接为消费进行的加工在目的上是有所区别的，这也是流通加工不同于一般生产加工的特殊之处。

(二) 流通加工的内容

流通加工包含以下内容：

1. 食品的流通加工

流通加工最多的是食品。为便于保存，提高流通效率，食品的流通加工是不可缺少的，如鱼和肉类的冷冻、生奶酪的冷藏、将冷冻的鱼肉磨碎以及蛋品加工、生鲜食品的原包装、大米的自动包装、上市牛奶的灭菌和摇匀等。

2. 消费资料的流通加工

消费资料的流通加工以服务顾客、促进销售为目的，如衣料品的标识和印记商标，粘贴标价，安装做广告用的幕墙，家具等的组装，地毯剪接等。

3. 生产资料的流通加工

具有代表性的生产资料加工是钢铁的加工，如钢板的切割，使用矫直机将薄板卷材展平，纵向切割薄板卷使之成为窄幅(钢管用卷材)，用气割厚板，切断成形钢材等。这种加工以适应顾客需求的变化、服务顾客为目的。

流通加工不仅能够提高物流系统效率，而且对于生产的标准化和计划化，以及提高销售效率、提高商品价值和促进销售将越来越重要。

三、流通加工的地位和作用

(一) 流通加工的地位

流通加工在物流中的地位主要表现在以下几个方面：

(1) 流通加工有效地完善了流通。流通加工在实现时间效用和场所效用这两个重要功能方面，确实不能与运输和保管相比，因而，流通加工不是物流的主要功能要素。另外，流通加工的普遍性也不能与运输和保管相比，流通加工不是对所有物流活动都是必需的。但这绝不是说流通加工不重要，实际上它也是不可轻视的，它具有补充、完善、提高与增强的作用，能起到运输、保管等其他功能要素无法起到的作用。所以，流通加工的地位可以描述为：提高物流水平，促进流通向现代化发展。

(2) 流通加工是物流的重要利润来源。流通加工是一种低投入、高产出的加工方式，往往以简单的加工解决大问题。实践中，有的流通加工通过改变商品包装，使商品档次升级而充分实现其价值；有的流通加工可将产品利用率大幅提高 30%，甚至更多。这些都是采取一般方法以期提高生产率所难以做到的。实践证明，流通加工提供的利润并不亚于从运输和保管中挖掘的利润，因此我们说流通加工是物流业的重要利润来源。

(3) 流通加工是重要的加工形式。流通加工在整个国民经济的组织和运行方面是一种重要的加工形式，对推动国民经济的发展、完善国民经济的产业结构具有一定的意义。

(二) 流通加工的作用

流通加工的作用主要表现在以下几个方面：

(1) 提高原材料利用率。通过流通加工进行集中下料，将生产厂商直接运来的简单规格产品按用户的要求进行下料，如将钢板进行剪板、切裁，将木材加工成各种长度及大小的板、方等。集中下料可以优材优用、小材大用、合理套裁，明显地提高原材料的利用率，有很好的技术经济效果。

(2) 方便用户。用量小或满足临时需要的用户，不具备进行高效率初级加工的能力，通过流通加工可以使用户省去进行初级加工的投资、设备和人力，方便了用户。目前发展较快的初级加工有：将水泥加工成生混凝土；将原木或板、方材加工成门窗；钢板预处理、整形等加工。

(3) 提高加工效率及设备利用率。在分散加工的情况下，加工设备由于生产周期和生产节奏的限制，设备利用时松时紧，使得加工过程不均衡，设备加工能力不能得到充分发挥，而流通加工面向全社会，加工数量大、加工范围广、加工任务多，因此通过建立集中加工点，采用一些效率高、技术先进、加工量大的专门机具和设备，既可提高加工效率和加工质量，又可提高设备利用率。

单元三　流通加工管理

一、流通加工不合理的表现形式

流通加工是在流通领域中对生产的辅助性加工，从某种意义上来讲，它不仅是生产过程的延续，也是生产本身或生产工艺在流通领域的延续。这个延续可能有正、反两方面的作用，即可能有效地起到补充完善的作用，也可能对整个过程产生负效应。各种不合理的流通加工都会产生抵消效益的负效应。

几种不合理流通加工形式如下：

1. 流通加工地点设置的不合理

流通加工地点设置即布局状况，是使整个流通加工有效的重要因素。一般而言，为衔接单品种大批量生产与多样化需求的流通加工，加工地设置在需求地区，才能实现大批量的干线运输与多品种末端配送的物流优势。

如果将流通加工地设置在生产地区，其不合理之处如下：

第一，多样化需求要求的产品多品种、小批量由产地向需求地的长距离运输会出现不合理。

第二，在生产地增加了一个加工环节，同时增加了近距离运输、装卸、储存等一系列物流活动。

所以，在这种情况下，不如由原生产单位完成这种加工而无须设置专门的流通加工环节。

一般而言，为方便物流的流通加工环节应设在产出地，设置在进入社会物流之前，如果将其设置在物流之后，即设置在消费地，则不但不能解决物流问题，又在流通中增加了一个中转环节，因而也是不合理的。

即使是产地或需求地设置流通加工的选择是正确的，还有流通加工在小地域范围的正确选址问题，如果处理不善，仍然会出现不合理。这种不合理主要表现在交通不便，流通加工与生产企业或用户之间距离较远，流通加工点的投资过高(如受选址的地价影响)，加工点周围社会环境、条件不良等方面。

2. 流通加工方式选择不当

流通加工方式包括流通加工对象、流通加工工艺、流通加工技术、流通加工程度等。流通加工方式的确定实际上是与生产加工的合理分工。例如，本来应由生产加工完成的，却错误地由流通加工完成，而本来应由流通加工完成的，却错误地由生产过程去完成，都属于不合理的流通加工。

流通加工不是对生产加工的代替，而是一种补充和完善。所以，一般而言，如果工艺复杂，技术装备要求较高，加工可以由生产过程延续或轻易解决的，都不宜再设置流通加工，尤其不宜与生产过程争夺技术要求较高、效益较高的最终生产环节，更不宜利用一个时期市场的压迫力使生产者变成初级加工或前期加工，而流通企业完成装配或最终形成产品的加工。如果流通加工方式选择不当，就会出现与生产夺利的恶果。

3. 流通加工作用不大，形成多余环节

有的流通加工过于简单，或对生产及消费者作用都不大，甚至有时流通加工未能解决品种、规格、质量、包装等问题，相反却实际增加了环节，这也是流通加工不合理的重要形式。

4. 流通加工成本过高，效益不好

流通加工之所以能够有生命力，重要优势之一是有较大的产出投入比，因而有效起着补充与完善的作用。如果流通加工成本过高．则不能实现以较低投入实现更高使用价值的目的。除了一些必需的、从政策要求即使亏损也应进行的加工外，都应看成是不合理的流通加工。

二、流通加工合理化

流通加工合理化的含义是实现流通加工的最优配置，不仅要做到避免各种不合理，使流通加工有存在的价值，而且要做到最优的选择。

为避免各种不合理现象，对是否设置流通加工环节，在什么地点设置，选择什么类型的加工，采用什么样的技术装备等，都需要做出正确的抉择。

要实现流通加工的合理化，主要应从以下几个方面加以考虑：

(1) 加工和配送结合。加工和配送结合就是将流通加工设置在配送点中。一方面按配送的需要进行加工，另一方面加工又是配送作业流程中分货、拣货、配货的重要一环，加工后的产品直接投入到配货作业，这就无需单独设置一个加工的中间环节，而使流通加工与中转流通巧妙地结合在一起。同时，由于配送之前有必要的加工，可以使配送服务水平大大提高，这是当前对流通加工做合理选择的重要形式，在煤炭、水泥等产品的流通中已经表现出较大的优势。

(2) 加工和配套结合。“配套”是指对使用上有联系的用品集合成套地供应给用户使用。例如，方便食品的配套。当然，配套的主体来自各个生产企业，如方便食品中的方便面，就是由其生产企业配套生产的。但是，有的配套不能由某个生产企业全部完成，如方便食品中的盘菜、汤料等。这样，在物流企业进行适当的流通加工，可以有效地促成配套，大大提高流通作为供需桥梁与纽带的能力。

(3) 加工和合理运输结合。流通加工能有效衔接干线运输和支线运输，促进两种运输形式的合理化。利用流通加工，在支线运输转干线运输或干线运输转支线运输等这些必须停顿的环节，不进行一般的支转干或干转支，而是按干线或支线运输合理的要求进行适当加工，从而大大提高运输及运输转载水平。

(4) 加工和合理商流结合。流通加工也能起到促进销售的作用，从而使商流合理化，这也是流通加工合理化的方向之一。加工和配送相结合，通过流通加工，提高了配送水平，促进了销售，使加工与商流合理结合。此外，通过简单地改变包装加工形成方便的购买量，通过组装加工解除用户使用前进行组装、调试的难处，都是有效促进商流的很好例证。

(5) 加工和节约结合。节约能源、节约设备、节约人力、减少耗费是流通加工合理化重要的考虑因素，也是目前我国设置流通加工并考虑其合理化的较普遍形式。

对于流通加工合理化的最终判断，是看其是否能实现社会的和企业本身的两个效益，而且是否取得了最优效益。流通企业更应该树立“社会效益第一”的观念，以实现产品生产的最终利益为原则，只有在生产流通过程中以不断补充和完善为己任的前提下才有生存的价值。如果只是追求企业的局部效益，不适当地进行加工，甚至与生产企业争利，这就有违于流通加工的初衷，或者其本身已不属于流通加工的范畴。

三、流通加工的管理

流通加工管理的方法和组织运输、交易等方法区别较大，许多方面类似于生产组织和管理。因此，流通加工的管理需要特殊的组织和安排。

(一) 流通加工可行性分析

流通加工只是生产加工制造的一种补充形式，是否需要进行流通加工应进行认真的可行性分析。

(1) 研究是否可以延续生产过程或改造生产方式，使之充分与需求衔接。在技术不断进步的情况下，原来难以实现的多品种灵活生产现在已经可以实现，因此无须设置流通加工来衔接。只有在生产过程确实不能满足要求或经济效益不好的前提下才可考虑设置流通加工。

(2) 充分考虑技术进步的因素，研究是否可以通过集装、专门装运等方式，而不进行未实现流通的加工。有些加工，如增加防护性运输包装的加工，是在运输技术水平较低情况下所需进行的加工。因此，如果开拓少包装的运输技术，则可以不进行此种加工。

总之，流通加工虽然有许多优越性，但毕竟造成了产需之间的中间环节，也存在许多降低效益的因素，因此，即使在技术上可行，也还要研究效益问题，要进行效益对比以及加工中心本身投资回收的计算等。

(二) 流通加工的生产管理

在物流系统和社会生产系统中，经过可行性研究确定设置流通加工中心后，组织与管理流通加工生产是运作成败的关键。流通加工的生产管理与运输、存储等方法有较大区别，而与生产组织和管理有许多相似之处。流通加工的组织和安排的特殊性在于内容及项目很多，而不同的加工项目有不同的加工工艺，一般而言，都有如劳动力、设备、动力、财务、物资等方面的管理。对于套裁型流通加工，其最具特殊性的生产管理是出材率的管理。这种主要流通加工形式的优势在于利用率高、出材率高，从而获取效益。为提高出材率，需要加强消耗定额的审定及管理，并采取科学方法，进行套裁的规划及计算。

(三) 流通加工的质量管理

流通加工的质量管理，主要是对加工产品的质量控制。由于加工成品一般是国家质量标准上没有的品种规格，因此，进行这种质量控制的依据主要是用户要求。各用户要求不一，质量宽严程度也不一，流通加工必须进行灵活的柔性生产才能满足质量要求。

此外，全面质量管理中采取的工序控制、产品质量监测、各种质量控制图表等，也是流通加工质量管理的有效方法。

(四) 流通加工的技术经济指标

衡量流通加工的可行性，对流通加工环节进行有效的管理，可考虑采用以下两类指标：

(1) 流通加工建设项目可行性指标。流通加工仅是一种补充性加工，规模、投资都必须远低于一般生产性企业，其投资特点是投资额较低、投资时间短、建设周期短、投资回收速度快且投资收益较大。因此，投资可行性可采用静态分析法。

(2) 流通加工环节日常管理指标。由于流通加工的特殊性，不能全部搬用考核一般企业的指标。例如，八项技术经济指标中，对流通加工较为重要的是劳动生产率、成本及利润指标，此外，还有反映流通加工特殊性的指标。

① 增值指标：反映经流通加工后单位产品的增值程度，以百分率计。

$$增值率=\frac{产品加工后价值-产品加工前价值}{产品加工前价值}\times 100\%$$

② 品种规格增加额及增加率：反映某些流通加工方式在满足用户、衔接产需方面的成就，增加额以加工后品种、规格数量与加工前之差决定。

$$品种规格增加率=\frac{产品规格增加额}{加工前品种规格}\times 100\%$$

③ 资源增加量指标：反映某些类型流通加工在增加材料利用率、出材率方面的效果指标。这个指标不但可提供证实流通加工的重要性数据，而且可具体用于计算微观及宏观经济效益。其具体指标分新增出材率和新增利用率两项。

$$新增出材率=加工后出材率-原出材率$$

$$新增利用率=加工后利用率-原利用率$$

(五) 流通加工中心的布局

流通加工中心应按以下要求布局：

(1) 设置在靠近生产地区，以实现物流为主要目的的加工中心，如肉类、鱼类的冷冻食品加工中心，木材的制浆加工中心等。这种加工中心的货物能顺利地、低成本地进入运输与储存等物流环节。

(2) 设置在靠近消费地区，以实现销售、强化服务为主要目的的流通加工中心，如平板玻璃的开片套裁加工中心等。经这里加工过的货物能适应用户的具体要求，有利于销售。

任务三 项目单项能力训练

一、单项选择题

1. 流通加工是(　　)。

A. 生产加工另一种表述　　B. 残次品的返工

C. 回收旧货的改造　　D. 满足客户个性化需求的商品再加工

2. (　　)既是生产的终点，同时又是物流的起点。

A. 运输　　B. 仓储

C. 包装　　D. 流通加工

3. 流通加工建设项目可行性指标采用(　　)。

A. 静态分析法　　B. 劳动生产率

C. 成本　　D. 利润

4. 对流通加工的正确理解是(　　)。

A. 提高物流效率、促进销售

B. 由生产企业在产品出厂前完成

C. 对象多为原材料、零配件、半成品

D. 能被生产加工替代

5. 流通加工是指物品在从生产地到使用地的过程中，根据需要施加包装、分割、计量、分拣、刷标志、贴标签、组装等简单作业的总称。根据上述定义，下列属于流通加工的是(　　)。

A. 某工厂采购布匹、纽扣等材料，加工成时装并在市场上销售

B. 某运输分公司在冷藏车皮中保存水果，使之在运到目的地时更新鲜

C. 杂货店将购进的西红柿按质量分成每斤1元和每斤2元两个档次销售

D. 某批发商在运输玻璃杯的过程中，为杯子加上防震外包装，以避免其碎裂

二、判断题

1. 流通加工是销售物流中增加附加价值的活动，是一项具有广泛发展前景的工作。(　　)

2. 流通加工与生产加工在目的上是相同的。(　　)

3. 流通加工的出现与现代生产方式有关。(　　)

4. 流通加工是物流的重要利润来源。(　　)

5. 流通加工的作用不大，可有可无。(　　)

三、简答题

1. 什么是流通加工？它有哪些类型？

2. 流通加工合理化措施有哪些？

3. 流通加工的不合理形式有哪些？

任务四 项目综合技能训练

某钢材仓库占地 220 亩，拥有四条铁路专用线、10～30 吨起重龙门吊车十台，年吞吐钢材近 100 万吨。过去钢卷进出仓库运输都要用一种专用钢架固定，以防钢卷滚动。因此，客户在购买钢卷时，必须租用钢架，这样既要支付钢架租金，又要支付返还钢架的运费。

尽管后来一些钢厂开始使用不需返还的草支垫加固运输，但过大的钢卷(如 35 吨一卷)使有些客户无法一次购买使用，如果建议这些客户购买钢厂成品平板，其成本又会增加很多。因为钢厂成品平板一般以 2 米倍尺交货，即长度分别为 2 米、4 米、6 米等尺寸，而一些客户使用的板面长度要求为非标准尺寸，如 3.15 米、4.65 米，甚至 9.8 米，而且有的工艺要求不能焊接，这样的平板不是长度不够就是边角余料大。

思考题

你能为这家钢材仓库及其客户想出一个两全其美的办法吗？

项目九 物流信息

任务一 项目导入案例

沃尔玛在美国建立了 62 个配送中心，为 4000 家商场提供服务。配送中心的平均面积超过 11 万平方米，相当于 24 个足球场那么大，商品在长达几千米的传送带上进进出出，传送带上一天输出的货物可达 20 万箱。

沃尔玛在美国共有近 3 万个大型集装箱挂车，6000 辆大型货运卡车，全部安装了卫星定位系统。24 小时不停作业，每年的运输量达到 77.5 亿箱，总行程为 6.5 亿千米。

早在 20 世纪 70 年代，沃尔玛就对尖端科技和物流系统进行了巧妙搭配，使用计算机进行管理。20 世纪 80 年代，沃尔玛投资 4 亿美元由修斯公司发射了一颗商用卫星，用于全球店铺的信息传送与运输车辆的定位和联络，实现了全球联网，并采用统一的 UPC 代码进行货品管理。20 世纪 90 年代，沃尔玛采用了 GPS 系统，总部可随时将全球所有店铺的销售、订货、库存信息调出查阅。沃尔玛通过控制公司的物流，提高了配送效率，降低了运营成本，以速度和质量赢得了用户的满意。

沃尔玛公司建立了专门的计算机管理系统、卫星定位系统和电视调度系统三大系统，拥有世界一流的先进技术。其总部虽然只有一座普通的平房，但与其相连的计算机控制中心确是一座外貌形同体育馆的庞然大物。

任务二 项目支撑知识学习

单元一 物流信息认知

一、物流信息的定义与组成

(一) 物流信息的定义

物流信息的产生与物流活动的开展密不可分。由于物流系统是涉及社会经济生活各个方面的错综复杂的大系统，关系到原材料供应商、生产制造商、批发商、零售商和最终消费者及市场流通的全过程，因此，物流信息数量巨大，类别繁多。例如，在运输管理子系统中，运输方式的选择、运输服务商的确定、运输工具的选择、运输路线的确定等需要大量准确的物流运输信息来进行决策支持。又如，在库存管理子系统中，管理人员需要了解仓库的分布状况、库存的数量、入库/出库情况、库存时间等库存信息，以加强库存管理，最大限度地降低库存成本。

可见，物流信息指的是在物流活动进行中产生及使用的必要信息，它是物流活动内容、形式、过程以及发展变化的反映。在物流活动中，物流信息流动于各个环节之中，并起神经系统的作用，如图 9-1 所示。因此，对物流信息的有效管理是物流现代化管理的基础和依据。

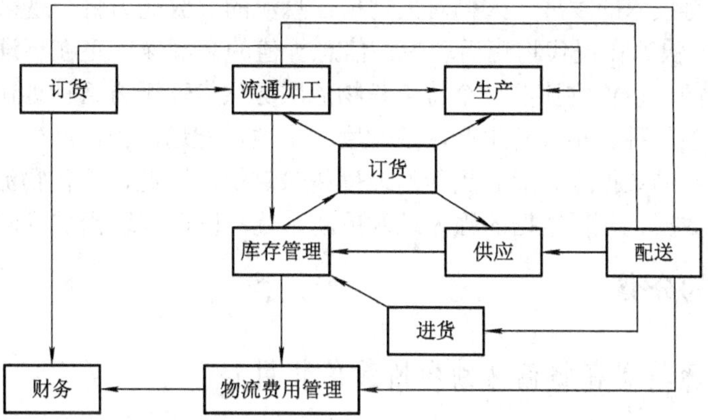

图 9-1　物流信息的流动过程

物流信息是一个相当宽泛的概念，它不仅包括与物流活动有关的信息，还包括大量的其他流通活动的信息，例如商品的交易信息(包括商品的销售和购买信息等)和商品的市场信息(包括市场的结构信息、消费者的需求信息、竞争性商品的信息)等。此外，物流信息还应当包括政策信息、通信信息等基础设施信息。总之，在现代物流活动中，物流信息与其他各类相关信息互相交叉、互相融合，共同在物流系统和整个供应链活动中发挥重要作用。

(二) 物流信息的组成

从上述对物流信息的定义可以看出，物流信息一般由以下两部分组成。

(1) 物流系统的内部信息，即伴随物流活动发生的信息作业层信息、物流控制层信息和物流管理层信息。

(2) 物流系统的外部信息，即在物流活动以外发生的，但提供给物流活动需要用的信息，包括供货人信息、顾客信息、订货合同信息、交通运输信息、市场信息、政策信息，以及来自相关企业内部生产、财务等部门与物流相关的信息。

二、物流信息的特点

物流信息的特点如下：

(1) 种类繁多、分布广。物流活动的各个环节都会产生类型繁多的各种物流信息，不仅包括企业内部的物流信息，而且包括企业间的物流信息和与物流活动有关的基础设施信息。各种物流信息的来源、发生、处理地点、扩散范围都相对不同，这使得物流信息的搜索分类、统计分析等工作量较大。在物流企业内部，来源广泛的物流信息要求物流企业建立有效的信息收集和处理系统，以实现企业内部的信息统一化和信息共享。在供应链管理中，某个企业竞争优势的获得需要供应链各参与企业互相协调合作，通过电子数据交换在各个企业间进行物流信息传输，实现资源共享，降低物流信息处理成本，推动物流活动的顺利开展。

(2) 信息量大。物流信息随着物流活动以及商品交易活动的开展而大量产生。与此同时，大信息量的处理方法也在增多。例如，零售商们广泛采用销售时点信息系统来读取某一销售时点的商品品种、价格、数量等即时销售信息，并对此销售信息进行加工整理，通过电子数据交换系统向相关企业传送。在库存补充作业方面，许多企业采用电子自动订货系统。随着供应链技术的发展，人们对大规模信息流的驾驭能力将会越来越强。

(3) 更新速度快。在现代物流活动中，信息价值的衰减速度正在逐渐加快，大量的信息转瞬即逝。例如，现代物流的一个特点是物流服务供应商千方百计地满足客户个性化服务的需求，进行多品种、小批量生产，多额度、小数量配送，由此产生了大量的新信息，需要不断更新原有的数据库，而且更新的速度越来越快。因此，现代物流信息系统必须具有能够即时更新数据、分析数据的强大录入更新系统，以适应现代物流信息的特点。

三、物流信息的分类

(一) 按物流信息在物流活动中所起的作用分

按物流信息在物流活动中所起作用的不同，可将物流信息分为以下几种：

(1) 控制信息：控制了物流系统的流体、载体、流向、流量和流程，引发和调整物流系统，如各种计划、决策等。

(2) 作业信息：与物流活动同步产生，反映了物流的状态，比如货物情况、库存情况、运输情况等。

(3) 辅助信息：对管理起到辅助作用的信息，比如统计信息是对作业信息进行统计分析的结果等。

(二) 按信息加工程度分

按信息加工程度的不同，可将物流信息分为以下几种：

(1) 原始信息：物流活动中直接产生而收集到的，反映物流活动的信息。

(2) 加工信息：在原始信息的基础上进行分析处理后产生的信息，如统计信息等。

(三) 按信息的来源分

按信息来源的不同，可将物流信息分为以下几种：

(1) 外部信息：与物流活动相关的但不是物流活动直接产生的信息，比如客户信息、交通信息、市场信息等。

(2) 内部信息：物流活动中直接产生的各种作业信息、控制信息和辅助信息等。

另外，物流信息还有不同的分类方法，比如按物流活动环节不同，物流信息可分为运输信息、库存信息、包装信息和加工信息等。

四、物流信息的作用

在现代物流环境下，信息对于物流系统的运作起着极其重要的作用。在整个物流活动中，信息不仅记录了物流活动的基本运作过程，而且能够改善物流活动，提高物流活动的运作效率。

物流信息的作用如下：

1. 沟通联系的作用

物流系统是由许多行业、部门以及众多企业群体构成的经济大系统，系统内部正是通过各种指令、计划、文件、数据、报表、凭证、广告、商情等物流信息，建立起各种纵向和横向的联系，沟通生产厂、批发商、零售商、物流服务商和消费者，以满足各方的需要。因此，物流信息是沟通物流活动各环节之间联系的桥梁。

2. 引导和协调的作用

物流信息随着物资、货币及物流当事人的行为等信息载体进入物流供应链中，同时信息的反馈也随着信息载体反馈给供应链上的各个环节，依靠物流信息及其反馈可以引导供应链结构的变动和物流布局的优化；协调物资结构，使供需之间平衡；协调人、财、物等物流资源的配置，以促进物流资源的整合和合理使用等。

3. 管理控制的作用

通过移动通信、计算机信息网、电子数据交换(EDI)、全球定位系统(GPS)等技术实现物流活动的电子化，如货物实时跟踪、车辆实时跟踪、库存自动补货等；用信息化代替传统的手工作业，实现物流运行、服务质量和成本等的管理控制。

4. 缩短物流管道的作用

为了应付需求波动，在物流供应链的不同节点上通常设置有库存，包括中间库存和最终库存，如零部件、在制品、制成品的库存等，这些库存增加了供应链的长度，提高了供应链成本。但是，如果能够实时地掌握供应链上不同节点的信息，如知道在供应管道中，什么时候、什么地方、多少数量的货物可以到达目的地，那么就可以发现供应链上的过多库存并进行缩减，从而缩短物流链，提高物流服务水平。

5. 辅助决策分析的作用

物流信息是制订决策方案的重要基础和关键依据。物流管理决策过程本身就是对物流信息进行深加工的过程，是对物流活动的发展变化规律性认识的过程。物流信息可以协助物流管理者鉴别、评估物流战略或可选方案，如车辆调度、库存管理、设施选址、资源选择、流程设计及收益分析等均是在物流信息的帮助下才能作出的科学决策。

6. 支持战略计划的作用

作为决策分析的延伸，物流战略计划涉及物流活动的长期发展方向和经营方针的制订，如企业战略联盟的形成、以利润为基础的顾客服务分析以及能力和机会的开发和提炼，作为一种更加抽象、松散的决策，它是对物流信息进一步提炼和开发的结果。

7. 价值增值的作用

物流信息本身是有价值的，而在物流领域中，流通信息在实现其使用价值的同时，其自身的价值又呈现增长的趋势，即物流信息本身具有增值特征。另外，物流信息是影响物流的重要因素，它把物流的各个要素以及有关因素有机地组合并联结起来，以形成现实的生产力和创造出更高的社会生产力。同时，在社会化大生产条件下，生产过程日益复杂，物流诸要素都渗透着知识形态的信息，信息真正起影响生产力的现实作用。企业只有有效地利用物流信息，投入生产和经营活动后，才能使生产力中的劳动者、劳动手段和劳动对象最佳结合，产生放大效应，使经济效益出现增值。物流系统中各个物流环节的优化所采取的办法、措施(如选用合适的设备、设计最合理路线、决定最佳库存储备等)都要切合系统实际，即都要依靠准确反映实际的物流信息，否则，任何行动都不免带有盲目性。所以，物流信息对提高经济效益起着非常重要的作用。

单元二　物流信息系统

一、物流信息系统概述

(一) 物流信息系统的概念

物流信息系统是利用计算机硬件、软件、网络通信设备以及其他设备，进行物流信息的收集、传输、加工、存储、更新和维护，以支持物流管理人员和基层操作人员进行物流管理和运作的人—机系统。

(二) 物流信息系统的特点

物流信息系统是整个物流系统的心脏，是现代物流企业的灵魂。对于物流企业而言，拥有物流信息系统在某种意义上比拥有车队、仓库更为重要。物流信息系统在物流运作过程中非常关键，并且自始至终发挥着不可替代的中枢作用。随着信息经济的发展，物流信息系统在现代物流中占有极为重要的地位。

物流信息系统的特点如下：

1. 管理性和服务性

物流信息系统的目的是辅助物流企业的管理者进行物流运作的管理和决策，提供与此相关的信息支持。因此，物流信息系统必须同物流企业的管理体制、管理方法、管理风格相结合，遵循管理与决策行为理论的一般规律。为了适应物流管理活动的需要，物流信息系统必须具有处理大量物流数据和信息的能力，具备各种分析物流数据的分析方法，拥有各种数学和管理工程模型。

2. 适应性和易用性

根据系统的一般理论，一个系统必须适应环境的变化，尽可能地做到当环境发生变化时，系统能够不需要经过太大的变化就能适应新的环境。这主要表现为系统的适应性，便于人们根据外界环境的变化对系统进行相应的修改。一般认为，模块式的系统结构易于修改。因此，物流信息系统也要具有对环境的适应性。适应性强就意味着系统变动小，对系统用户来说方便、可靠。

3. 集成化和模块化

集成化是指物流信息系统将相互连接的各个物流环节联结在一起，为物流企业进行集成化的信息处理运作提供平台。物流信息系统各个子系统的设计应遵循统一的标准和规范，以便系统内部实行信息共享。模块化系统设计的一个基本方法就是，将一个大系统根据功能的不同分成相互独立的若干个子系统，各个子系统分别遵循统一的标准进行功能模块的开发，最后按照一定的规范进行集成。

4. 网络化和智能化

随着网络技术的迅速发展，在物流信息系统的设计过程中广泛地应用了网络化技术。通过互联网将分散在不同地理位置的物流分支机构、供应商、客户等联结起来，形成一个信息传递与共享的信息网络，便于各方实时了解各地业务的运作情况，提高了物流活动的运作效率。智能化是物流信息系统的发展方向，目前信息系统的发展正在向这个方向努力。例如，在物流决策支持系统中的知识子系统，通过智能化处理在决策过程中所需要的物流知识、专家决策知识和经验知识等，为管理者提供决策支持服务。

二、物流信息系统的组成

物流信息系统由硬件、软件、数据库和人员等组成。

(一) 硬件

物流信息系统硬件包括计算机、网络通信设备和输入/输出设备等，例如服务器、客户机、通信设备、打印机、扫描仪等。它是物流信息系统的物理设备，是实现物流信息的基础。

(二) 软件

物流信息系统软件包括系统软件和应用软件两大类。系统软件主要用于系统的管理、维护、控制程序的装入和编译等工作；应用软件是指挥计算机进行信息处理的程序和文件，包括功能完备的数据库系统、实时的信息收集和处理系统、实时的信息检索系统、报告生成系统、经营预测规划系统、经营监测审计系统及资源调配系统等。

(三) 数据库

数据库技术是将多个用户、多种应用所涉及的数据按一定数据模型进行组织、存储、使用、控制和维护管理，数据的独立性高、冗余度小、共享性好，能进行数据的完整性、安全性、一致性控制。数据库系统面向一般管理层的事务性处理。

(四) 人员

人员包括系统分析员、系统设计员、系统实施和操作人员、系统维护人员、系统管理人员、数据准备人员及各层次管理机构的决策者。

三、物流信息系统的结构

物流信息系统是以系统思想为主导建立起来的为了进行物流计划、操作、控制和决策的人—机系统。从系统的观点来看，物流信息系统具有一定的系统结构。我们可以将物流信息系统分为以下四个层次。

(一) 业务操作层

业务操作层是用于启动和记录个别物流活动的最基本层次。业务操作层的任务就是及时地处理每天的物流业务活动，如物品订货管理、订货处理、运输管理、仓储管理、配送管理等具体的物流活动。

(二) 管理控制层

管理控制层的主要任务是进行功能衡量和报告。管理控制功能在整个系统运行过程中占重要地位。管理控制以估计可能会出现的中期焦点问题为对象，评价各种功能的发挥情况和鉴别各种可选方案。普通的衡量包括物流生产率、顾客服务及质量指标等。管理控制层通过对业务操作层产生的数据和信息的加工分析，产生相应的评估报告，为管理人员提供所需的基础信息。

(三) 决策分析层

决策分析层的主要功能在于协助管理人员经过比较物流可选方案，进行战术上的决策分析。决策分析涉及很多方面，如物流合同管理、客户关系管理、质量管理、计划管理等。决策分析层与管理控制层的区别是，该层将注意力主要集中在评估未来策略的可选方案上。因此，物流信息系统的决策分析强调得更多的是有效性而不是效率性。

(四) 战略计划层

物流信息系统的最终目标是辅助物流人员进行战略决策，提供有价值的战略管理信息，因此战略计划层是物流信息系统的重要组成部分。一个完善的战略计划层可以有效地帮助企业的高层深刻理解物流战略的制订、实施和评价，以及它们之间的内在关系，为物流企业的未来发展指明方向。

四、物流信息系统的开发步骤

企业物流信息系统开发是以系统工程为基础的，具体可分为以下几个阶段。

(一) 可行性分析阶段

在进行大规模的信息系统开发前，要从有益性、可能性和必要性三个方面对未来系统的经济效益、社会效益进行分析。

(二) 信息系统规划阶段

信息系统规划是在可行性分析论证之后，从总体的角度来规划系统应由哪些部分组成，在这些组成部分中有哪些数据库，它们之间的信息交换关系是如何实现的，并根据系统功能需求提出计算机网络配置方案。

(三) 信息系统分析阶段

信息系统分析阶段的任务是按照总体规划的要求，逐一对系统规划中所确定的各组成部分进行详细的分析。

(四) 信息系统设计阶段

信息系统设计阶段的任务是根据系统分析的结果，结合计算机的具体实现，设计各个组成部分在计算机系统上的结构。

(五) 信息系统开发实施阶段

信息系统开发实施阶段的任务包括硬件设备的购置与安装，应用软件的程序设计。

(六) 信息系统测试阶段

程序设计工作的完成并不标志信息系统开发的结束。信息系统测试是从总体出发，测试系统应用软件的总体效益、系统各个组成部分的功能完成情况，以及系统的运行效率与系统的可靠性等。

(七) 信息系统安装测试阶段

在信息系统安装、数据加载等工作完成后，可以对信息系统硬件和软件进行联合测试。

(八) 信息系统运行阶段

对信息系统进行一阶段的试运行，使用户逐步适应系统的使用，不断修改该阶段中出现的问题，避免未曾预料的问题出现在生产系统中造成严重的经济损失，从而降低系统的风险。

(九) 信息系统运行维护阶段

在信息系统运行后，要制订一系列的管理规章制度，做好系统维护工作。

(十) 信息系统更新阶段

当系统已经不能满足企业或组织发展的要求时，准备信息系统进入下一个开发周期。

单元三　物流信息技术及其应用

一、信息技术的概念

信息技术一般是指有关信息的收集、识别、提取、变换、存储、传递、处理、检索、检测、分析和利用等的技术。

信息技术主要包括传感技术、通信技术、计算机技术和缩放技术等。

传感技术的任务是延长人的感觉器官收集信息的功能；通信技术的任务是延长人的神经系统传递信息的功能；计算机技术的任务是延长人的思维器官处理信息和决策的功能；

缩放技术的任务是延长人的记忆器官存储信息的功能。当然，这种划分只是相对的、大致的，没有明显的界限。如传感系统里也有信息的处理和收集，而计算机系统里既有信息传递，也有信息收集。

二、物流信息技术

(一) 物流信息技术的概念

物流信息技术是指运用于物流各环节的信息技术。它包括计算机技术、通信技术、全球定位系统技术、地理信息系统技术、条形码、射频技术，以及在这些技术手段支撑下的数据库技术、面向行业的管理信息系统等软件技术。

现代物流认为物流活动不是单个生产、销售部门或企业的事，而是包括供应商、批发商、零售商等有关关联企业在内的整个统一体的共同活动，因而现代物流通过这种供应链强化了企业间的联系。具体来说，这种供应链通过企业计划的连接、企业信息的连接、在库风险承担的连接等机能的连接，使供应链包含了流通过程的所有企业，从而使物流管理变成一种供应链管理。供应链管理通过所有市场参与者的联盟追求流通生产过程效率的提高，这种供应链管理带来的一个直接效应是产需的结合在时空上比以前任何时候都要紧密，并带来了企业经营方式的转变，即从原来的投机型经营转向时需型经营，同时伴随这种经营方式的改变，在经营、管理要素上，信息已经成为物流管理的核心，因为没有高度发达的信息网络和信息的支撑，时需型经营是无法实现的。

物流信息技术在企业的经营战略中占有越来越重要的地位，建立物流信息系统，充分利用各种现代信息技术，提供迅速、及时、准确、全面的物流信息是现代企业获得竞争优势的必要条件。

物流信息技术通过切入物流企业的实际业务流程来实现对物流企业各生产要素的合理组合与高效利用，降低企业的经营成本，提高经济效益。

(二) 物流信息技术及其应用

1. 条码技术

1) 条码的概念

条码是由美国的 N. T. Woodland 在 1949 年首先提出的。近年来，随着计算机技术应用的不断普及，条码的应用得到了快速发展。条码可以标示出商品的生产国、制造商、商品名称、生产日期、类别等信息，因而在商品流通、图书管理、邮件管理等众多领域得到了广泛应用。

条码是一种信息代码，它将宽度、反射率不同的条和空按照一定的编码规则(码制)组合起来，用以表示一定的信息。它是一种可以用光电扫描阅读设备进行识读并转换为数据的特殊代码。常见的条码是由反射率相差很大的黑条(简称条)和白条(简称空)组成的。

2) 条码技术的特点

条码技术的特点如下：

(1) 简单。条码符号制作容易，扫描操作简单、易行。

(2) 信息采集速度快。普通计算机键盘录入速度是 200 字符/分钟，而利用条码扫描的录入信息的速度是键盘录入的 20 倍。

(3) 采集信息量大。利用条码扫描，依次可以采集几十位字符的信息，而且可以通过选择不同码制的条码增加字符密度，使采集的信息量成倍增加。

(4) 可靠性强。键盘录入数据，误码率约为三百分之一；利用光学字符识别技术，误码率约为万分之一。而采用条码扫描录入方式，误码率仅为百万分之一，首读率可达 98%以上。

(5) 使用灵活。条码符号作为一种识别手段可以单独使用，也可以和有关设备组成识别系统实现自动化识别，还可以和其他控制设备联系起来实现整个系统的自动化管理；同时，在没有自动识别设备时，也可以实现手工键盘输入。

(6) 自由度大。识别装置与条码标签相对位置的自由度要比光学字符识别(OCR)大得多。

(7) 设备结构简单、成本低。条码符号识别设备的结构简单，操作容易，无需专门训练。与其他自动化技术相比，推广应用条码技术所需费用较低。

3) 条码在物流中的应用

从生产到销售的流通转移过程中，条码技术起到了准确识别物品信息和快速跟踪物品转移历程的重要作用，它是整个物流信息管理工作的基础。条码中含有大量的商品信息，条码的应用对商品在仓储、运输、配送、验货、售货过程中的管理起到了重要的作用，大大提高了商品流通的管理水平。

条码在物流中的应用主要体现在以下几个方面：

(1) 销售信息系统。在商品上贴上条码就能快速、准确地利用计算机进行销售和配送管理。其过程为：对销售商品进行结算时，通过光电扫描读取并将信息输入计算机，然后输进收款机，收款后开出收据，同时通过计算机处理，掌握进、销、存的数据。

(2) 仓储系统。在库存物资上应用条码技术，尤其是用在规格包装、集装、托盘货物上，入库时自动扫描并输入计算机，由计算机处理后形成库存信息，并输出入库区位、货架、货位的指令。出库程序则和销售信息系统条码应用一样。

(3) 分货拣选系统。在配送方式中和仓库出货时，采用分货、拣选方式，需要快速处理大量的货物，利用条码技术便可自动进行分货、拣选，并实现有关的管理。

2. 射频识别技术

1) 射频识别技术的概念

RFID(Radio Frequency IDentification)即无线射频识别技术，是一种非接触式的自动识别技术，它利用射频信号来识别目标对象并获取相关数据，可工作于各种恶劣环境，识别工作无需人工干预。

2) RFID 系统的组成

RFID 系统主要由标签、阅读器和天线组成。

(1) 标签：由耦合元件及芯片构成，每个标签具有唯一的电子编码，附着在物体上标识目标对象。电子标签用于储存数字字母编码，当收到无线电射频信号时，能反射回所携带数字字母编码的无线电射频信号，供阅读器处理识别。电子标签有各种形状和大小，其种类也较多。

(2) 阅读器：读取标签信息的设备，可设计为手持式或固定式。阅读器产生无线电射频信号并接收由电子标签反射回的无线电射频信号，经处理后获得标签的数据信息。

(3) 天线：在标签和阅读器之间传递信号的装置。

3) RFID 系统的工作原理

RFID 系统的基本工作原理并不复杂：标签进入磁场后，接收阅读器发出的射频信号，凭借感应电流所获得的能量发送出存储在芯片中的产品信息(Passive Tag，无源标签或被动标签)，或者由标签主动发送某一频率的信号(Active Tag，有源标签或主动标签)，阅读器读取信息并解码后，送至中央信息系统进行有关数据处理。

4) RFID 的特点

与条码技术相比，无线射频识别技术具有如下优点：

(1) 快速扫描。条码一次只能扫描一个条码；RFID 辨识器可同时辨识读取数个 RFID 标签。

(2) 体积小型化、形状多样化。RFID 在读取上并不受尺寸大小与形状的限制，不需要为了提高读取精确度而配以纸张的固定尺寸和印刷品质。此外，RFID 标签向小型化与多样化方向发展，以应用于不同产品。

(3) 抗污染能力和耐久性强。传统条码的载体是纸张，因此容易受到污染，但 RFID 对水、油和化学药品等物质具有很强的抵抗性。此外，由于条码是附于塑料袋或外包装纸箱上的，特别容易被折损，而 RFID 卷标是将数据储存在芯片中，因此可以免受污损。

(4) 可重复使用。现今的条码印刷上去之后就无法更改，RFID 标签则可以重复地新增、修改、删除 RFID 卷标内储存的数据，方便信息的更新。

(5) 穿透性强，支持无屏障阅读。在被覆盖的情况下，RFID 能够穿透纸张、木材和塑料等非金属或非透明的材质，并能够进行穿透性通信。而条码必须在近距离而且没有物体阻挡的情况下，才可以被辨读。

(6) 数据的记忆容量大。一维条码的容量是 50 字节，二维条码的最大容量为 1100 多字节，而 RFID 的最大容量为数百万字节。随着记忆载体的发展，数据容量也有不断扩大的趋势。未来物品所需携带的资料量会越来越大，对卷标所能扩充容量的需求也相应增加。

(7) 安全性。由于 RFID 承载的是电子式信息，其数据内容可经由密码保护，使其内容不易被伪造及变造。

近年来，RFID 因其所具备的远距离读取、高储存量等特性而备受瞩目。它不仅可以帮助一个企业大幅提高货物、信息管理的效率，还可以让销售企业和制造企业互联，从而更加准确地接收反馈信息，控制需求信息，优化整个供应链。

5) RFID 的应用

RFID 技术可以应用在高速公路的自动收费、交通督导、停车场智能化管理、邮政包裹管理、铁路货运编组调度、集装箱识别、库存跟踪等方面。目前，RFID 技术在物流中最多的应用场合是在供应链物流实现过程中，如对货物的跟踪、对生产线上零部件的跟踪以及对物流设施的跟踪等。在电子化物流客户服务方面，RFID 技术可借助互联网直接向客户提供实时的货物状态数据，会给客户带来更大的便利，受到客户的普遍欢迎。

RFID 的具体应用如下：

(1) 生产环节。RFID 在生产环节中主要用于完成自动化生产线运作，实现对原材料、零部件、半成品以及最终成品在整个生产过程中的识别与跟踪，降低人工识别成本和出错率，从而提高生产效率和企业效益。特别是在采用了 JIT 的生产流水线上，原材料与零部件必须准时送达到工位上。运用了 RFID 之后，企业就能够通过识别 RFID 标签来快速、准确地从品类繁多的库存中找出适当工位所需的适当原材料和零部件，并结合运输系统及传输设备，实现物料的转移。RFID 还能及时根据生产进度发出补货信息，从而协助生产管理人员实现对流水线的均衡协调，以确保稳步生产，同时还加强了对产品质量的控制与追踪。

(2) 存储环节。在各物流环节中，RFID 最重要的使用环境在于存储环节，尤其是在进行存取货物活动过程中，它能够帮助企业简化作业流程，实现工作流程自动化。在整个仓库管理中，将整个物流系统制订的收货计划、取货计划、装运计划等与射频识别技术相结合，能够高效地完成各种业务操作，如指定堆放区域、上架取货和补货等，并最大限度地减少储存成本。这样，既增强了作业的准确性和快捷性，提高了服务质量，降低了成本，节省了劳动力和库存空间，同时又减少了整个物流中由工作失误而造成的物品错送、偷窃等损害和由库存、出货错误等而造成的不必要的损耗。

RFID 同样降低了在库存盘点时对人力的要求。RFID 可以使商品的登记自动化，在盘点时无需人工检查或条码扫描的过程，使盘点工作更加快速、准确。RFID 智能标签系统能够提供相关产品现有库存情况的准确信息，管理人员可由此快速识别并统计现有库存状况，从而实现快速盘点。

(3) 运输环节。在商品运输过程中，可以在在途运输的货物和车辆上贴上 RFID 标签，同时在运输路线上的一些检查点安装 RFID 接收转发装置。当接收装置收到 RFID 标签发出的信息后，可以将商品的当前情况以及所在的地理位置等信息上传至通信卫星，再由卫星传送给运输调度中心，送入数据库中。这可使企业直接了解目前有多少货箱处于转运途中、转运的始发地和目的地，以及预期的到达时间等信息，方便对在途货物进行管理，同样便于货物的发货人或收货人掌握货物行进状况，从而调整收货时间。

(4) 配送环节。在配送环节采用 RFID 能够大大加快配送速度，提高拣选与分发过程的效率与准确率，并能减少人工作业量、降低配送成本。假设到达中央配送中心的所有商品都已经贴有 RFID 标签，当这些商品在进入配送中心时，配送中心的读码设备可以读取所有商品各自标签中所包含的内容，配送系统将这些信息与发货记录进行核对，以检测出可能的错误，然后将 RFID 标签更新为最新的商品存放地点和状态，并且根据要求将商品进行下一步处理，确保了对商品的精确控制。

(5) 销售环节。RFID 智能标签可以在供应链最终端的销售环节中改进零售商的库存管理水平，实现适时补货，有效跟踪运输与库存，提高效率，减少出错率，免除了跟踪过程中的人工干预，并能够生成百分之百准确的业务数据，因而具有巨大的吸引力。特别是在超市中，智能标签能对某些时效性强的商品的有效期进行监控。商店还能利用 RFID 系统在付款台实现自动扫描和计费，从而取代人工收款。

3. 全球定位系统(GPS)

1) 全球定位系统概述

全球定位系统(Global Positioning System，GPS)是美国从 20 世纪 70 年代开始研制，历时 20 年，耗资 200 亿美元，于 1994 年全面建成，具有在海、陆、空进行全方位实时三维导航与定位能力的新一代卫星导航与定位系统。经多年我国测绘等部门的使用，GPS 以全天候、高精度、自动化、高效益等显著特点，赢得了广大测绘工作者的信赖，并成功地应用于大地测量、工程测量、航空摄影测量、运载工具导航和管制、地壳运动监测、工程变形监测、资源勘察、地球动力学等多种学科，从而给测绘领域带来了一场深刻的技术革命。

随着全球定位系统的不断改进，硬、软件的不断完善，其应用领域正在不断地拓展，目前正逐步深入人们的日常生活之中。

2) 全球定位系统的物流功能

全球定位系统的物流功能如下：

(1) 实时监控功能。GPS 可以在任意时刻通过发出指令来查询运输工具所在的地理位置(经度、纬度、速度等信息)，并在电子地图上直观地显示出来。

(2) 双向通信功能。GPS 的用户可使用 GSM 的话音功能与司机进行通话或使用本系统安装在运输工具上的移动设备的汉字液晶显示终端进行汉字消息收发对话。驾驶员通过按下相应的服务、动作键，将信息反馈到网络 GPS 工作站，质量监督员可以在网络 GPS 工作站的显示屏上确认其工作的正确性，了解并控制整个运输作业的准确性(发车时间、到货时间、卸货时间、返回时间等)。

(3) 动态调度功能。物流公司调度人员在任意时刻通过调度中心发出文字调度指令，并得到确认信息。操作人员可以进行运输工具待命计划管理，即操作人员通过在途信息的反馈，在运输工具未返回车队前即做好待命计划，可提前下达运输任务，减少等待时间，加快运输工具周转速度。

利用 GPS 可以进行运能管理，将运输工具的运能信息、维修记录信息、车辆运行状况信息、司机人员信息、运输工具的在途信息等多种信息提供给调度部门决策，以提高重车率，尽量减少空车时间和空车距离，充分利用运输工具的运能。

(4) 数据存储、分析功能。利用 GPS 可以实现路线规划及路线优化，事先规划车辆的运行路线、运行区域，何时应该到达什么地方等，并将该信息记录在数据库中，以备以后查询、分析使用。

利用 GPS 还可以进行可靠性分析，通过汇报运输工具的运行状态，了解运输工具是否需要较大的修理，预先做好修理计划，计算运输工具平均日差错时间，动态衡量该型号车辆的性能价格比。

利用 GPS 还可以进行服务质量跟踪，在中心设立服务器，并将车辆的有关信息(运行状况、在途信息、运能信息、位置信息等用户关心的信息)让有权限的用户能在异地方便地获取自己需要的信息。同时，还可以对客户索取的信息中的位置信息用相对应的地图传送过去，并将运输工具的历史轨迹印在上面，使该信息更加形象化。

依据数据库储存的信息，可随时调阅每台运输工具以前的工作资料，并可根据各管理部门的不同要求制作各种不同形式的报表，使各管理部门能更快速、更准确地做出判断及提出新的指示。

3) 全球定位系统在物流领域中的应用

全球定位系统在物流领域中的具体应用如下：

(1) 用于汽车自定位、跟踪调度。据丰田汽车公司的统计和预测，全世界在车辆导航上的投资将平均每年增长 60.8%，因此车辆导航将成为未来全球卫星定位系统应用的主要领域之一。

(2) 用于铁路运输管理。我国铁路开发的基于 GPS 的计算机管理信息系统，可以通过 GPS 和计算机网络实时收集全路列车、机车、车辆、集装箱及所运货物的动态信息，实现列车、货物追踪管理。只要知道货车的车种、车型、车号，就可以立即从近 10 万公里的铁路网上流动着的几十万辆货车中找到该货车，还能得知这辆货车现在何处运行或停在何处，以及所有的车载货物发货信息。铁路部门运用这项技术可大大提高其路网及其运营的透明度，为货主提供更高质量的服务。

(3) 用于军事物流。全球卫星定位系统首先是因为军事目的而建立的，在军事物流中(如后勤装备的保障等方面)的应用相当普遍。尤其是在美国，其在世界各地驻扎的大量军队无论是在战时还是在平时，都对后勤补给提出了更高的需求。

4) 全球定位系统在交通运输中的应用

全球定位系统在交通运输中的具体应用如下：

(1) GPS 在道路工程中的应用。在道路工程中 GPS 目前主要用于建立各种道路工程控制网及测定航测外控点等。高等级公路的迅速发展对勘测技术提出了更高的要求，由于线路长、已知点少，因此，用常规测量手段不仅布网困难，而且难以满足高精度的要求。

(2) GPS 在汽车导航和交通管理中的应用。GPS 导航是由 GPS 接收机接收 GPS 卫星信号(三颗以上)，得到该点的经纬度坐标、速度、时间等信息。为提高汽车导航定位的精度，通常采用差分 GPS 技术。当汽车行驶到地下隧道、高层楼群、高速公路等遮掩物而捕获不到 GPS 卫星信号时，系统可自动导入自律导航系统，此时由车速传感器检测出汽车的行进速度，通过微处理单元的数据处理，从速度和时间中直接算出前进的距离，陀螺传感器直接检测出前进的方向，陀螺仪还能自动存储各种数据，即使在更换轮胎暂时停车时，系统也可以重新设定。

GPS 导航系统与电子地图、无线电通信网络及计算机车辆管理信息系统相结合，可以实现车辆跟踪和交通管理等许多功能，这些功能包括：

① 车辆跟踪。利用 GPS 和电子地图可以实时显示出车辆的实际位置，并可任意放大、缩小、还原、换图；可以随目标移动，使目标始终保持在屏幕上；还可实现多窗口、多车辆、多屏幕同时跟踪。利用该功能可对重要车辆和货物进行跟踪运输。

② 提供出行路线规划和导航。提供出行路线规划是汽车导航系统的一项重要辅助功能，它包括自动路线规划和人工路线设计。自动路线规划是由驾驶者确定起点和目的地，由计算机软件按要求自动设计最佳行驶路线，包括最快的路线、最简单的路线、通过高速公路路段次数最少的路线等。人工路线设计是由驾驶者根据自己的目的地设计起点、终点和途经点等，自动建立路线库。路线规划完毕后，显示器能够在电子地图上显示设计的路线，并同时显示汽车运行路径和运行方法。

③ 信息查询。信息查询可为用户提供主要物标，如旅游景点、宾馆、医院等数据库，用户能够在电子地图上根据需要进行查询。查询资料可以文字、语言及图像的形式显示，并在电子地图上显示其位置。同时，监测中心可以利用监测控制台对区域内的任意目标的所在位置进行查询，车辆信息将以数字形式在控制中心的电子地图上显示出来。

④ 话务指挥。指挥中心可以监测区域内车辆的运行状况，对被监控车辆进行合理调度。指挥中心也可随时与被跟踪目标通话，实行管理。

⑤ 紧急援助。通过 GPS 定位和监控管理系统可以对遇有险情或发生事故的车辆进行紧急援助。监控台的电子地图可显示求助信息和报警目标，规划出最优援助方案，并以报警声、光提醒值班人员进行应急处理。

4. 地理信息系统(GIS)

1) 地理信息系统的概念

地理信息系统(Geographic Information System，GIS)是多种学科交叉的产物，它以地理空间数据为基础，采用地理模型分析方法，适时地提供多种空间的和动态的地理信息，是一种为地理研究和地理决策服务的计算机技术系统。其基本功能是将表格型数据(无论它来自数据库、电子表格文件或直接在程序中输入)转换为地理图形显示，然后对显示结果浏览、操作和分析。其显示范围从洲际地图到非常详细的街区地图，显示对象包括人口、销售情况、运输路线以及其他内容。

2) 地理信息系统在物流中的应用

GIS 应用于物流分析，主要是指利用 GIS 强大的地理数据功能来完善物流分析技术。完整的 GIS 物流分析软件集成了车辆路线模型、网络物流模型、分配集合模型和设施定位模型等。

(1) 车辆路线模型：用于解决一个起始点、多个终点的货物运输中如何降低物流作业费用，并保证服务质量的问题，包括决定使用多少辆车、每辆车的路线等。

(2) 网络物流模型：用于解决寻求最有效的分配货物路径的问题，也就是物流网点布局问题。如将货物从 N 个仓库运往 M 个商店，每个商店都有固定的需求量，因此需要确定由哪个仓库提货送给哪个商店所耗的运输代价最小。

(3) 分配集合模型：可以根据各个要素的相似点把同一层上的所有或部分要素分为几个组，用以解决确定服务范围和销售市场范围等问题。如某一公司要设立 x 个分销点，要求这些分销点要覆盖某一地区，而且要使每个分销点的顾客数目大致相等。

(4) 设施定位模型：用于确定一个或多个设施的位置。在物流系统中，仓库和运输路线共同组成了物流网络，仓库处于网络的节点上，节点决定着路线，如何根据供求的实际需要并结合经济效益等原则，在既定区域内设立数目适宜的仓库、每个仓库的位置、每个仓库的规模，以及仓库之间的物流关系等问题，运用此模型均能很容易地得到解决。

5. 电子数据交换(EDI)技术

1) EDI 的概念

EDI(Electronic Data Interchange)即电子数据交换，它是 20 世纪 80 年代发展起来的一种电子化商业贸易方法。EDI 就是按照商定的协议，将商业文件标准化和规范化，并通过计算机网络，在贸易伙伴的计算机网络系统之间进行数据交换和自动处理。

EDI 具体的工作方式是：用户在现有的计算机网络系统上进行信息的编辑处理，然后通过 EDI 转换软件将原始单据格式转换为平面文件(平面文件是用户原始资料格式与 EDI 标准格式之间的对照性文件，它符合翻译软件的输入格式，通过翻译软件变成 EDI 标准格式文件)；在文件外层加上通信信封，通过通信软件发送到增值服务网络(VAN)或直接传给对方用户；对方用户进行相反的处理过程，最后成为用户系统应用能够接受的文件格式，由用户进行收阅处理。

2) EDI 的特点

EDI 的特点如下：

(1) EDI 的使用对象是具有固定格式的业务信息和具有经常性业务联系的单位。

(2) EDI 所传送的资料是一般业务资料，如发票、订单等，而不是指一般性的通知。

(3) EDI 采用共同标准化的格式，这也是与一般 E-mail 的区别。

(4) 尽量避免人工的介入操作，由收送双方的计算机系统直接传送、交换资料。

3) 企业使用 EDI 的效益

在 EDI 的效益中，有许多项目如提高客户满意度、提高产品市场竞争力、降低停工待料风险等都是不易量化的。较易量化的效益项目如下：

(1) 降低纸张使用成本。使用 EDI 后，直接由计算机与计算机来传送资料，可以大幅度节省文件的纸张、印刷复印、存储及邮寄等费用。据估计，纸张成本可以节省 25%。

(2) 提高工作效率。使用 EDI 后，资料传送及处理时间均能大幅度减少，各项工作都能获得更多的时间来被妥善安排与处理。例如，订单提前确认，生产计划更易安排，采购及库存成本均因 EDI 的时效性而降低。

(3) 节省库存费用。由于缩短了订货时间，可以提早确定订货量，产品的库存量可以大大降低。

(4) 减少错误的资料处理。未使用 EDI 之前，相同的文件在买卖双方及各部门间经常有重复输入处理工作，易发生人为输入错误，为寻找和修改这些错误，需耗费相当多的人力与时间。

(5) 节省人员费用。使用 EDI 后，重复输入文件、装订邮寄单据、填写单据内容及文件检查等人力及人事费用可以减少。另外，应用 EDI 后，公司内部的相关工作流程也可以重建，借此进行流程合理化、标准化等工作。

任务三 项目单项能力训练

一、单项选择题

1. (　　)不属于管理信息的内容。

A. 市场供求状况　　B. 销售状况　　C. 原材料价格　　D. 技术参数

2. 下面不属于条码识别技术特点的是(　　)。

A. 简单　　B. 可靠性高　　C. 成本低　　D. 自由度低

3. 下列不属于射频识别系统的是(　　)。

A. 标签　　B. 阅读器　　C. 天线　　D. 光源

4. 汽车的自动缴费通道是通过(　　)来实现的。

A. 人工远距离控制技术　　B. 条码识别技术

C. 射频识别技术　　D. 遥感控制技术

5. (　　)不属于 GPS 在货物运输中的功能。

A. 车辆导航　　B. 货物缺失　　C. 车辆跟踪　　D. 车辆调度

二、判断题

1. 物流信息系统是物流管理的必然要求，没有物流的信息化，就没有先进的物流管理。 ( )

2. 由条码与扫描设备构成的自动识别技术在物流管理中被广泛使用，它能提高生产率，减少差错。 ( )

3. 信号发射机就是射频标签。 ( )

4. 在用 GPS 导航定位时，为了计算 GPS 用户的三维坐标，必须观测四颗 GPS 卫星的位置。 ( )

5. GIS 物流分析软件中的车辆路线模型用于解决一个起始点、一个终点的货物运输中如何降低物流作业费用，并保证服务质量的问题。 ( )

三、简答题

1. 物流信息有哪些作用？

2. 什么是物流信息系统？

3. 简述条码在物流管理中的应用。

4. 简述射频识别系统在仓储管理中的应用。

任务四 项目综合技能训练

A 公司信息化案例

某零售企业 A 公司是一家知名的大型日用消费品生产及销售商，业务遍布我国各省。该公司生产的产品有 150 余种，包括营养保健食品、美容化妆品等。

随着 A 公司业务的不断扩大，新业务不断推出，出现了以下问题：连锁店的分散经营带来高昂的管理费用，订货、报账、沟通等通过电话来解决，需安排大量的人员监督各门店，信息在传递过程中丢失，店面人员可能会利用管理漏洞故意不遵守规则；总部无法准确、及时地了解各门店的进、销、调、存等信息，也无法了解各家门店的经营状况，总部和门店之间缺乏细致的沟通；配送体系难以跟上企业的经营速度，总部对于商品的在库、在途控制都是事后反馈；合理制订采购、配送计划比较困难；大量的人力、物力浪费在资料的重复录入、简单处理之中；门店连锁网络成本逐渐增高；销售前端关键业务信息收集与反馈速度较慢。

A 公司为了降低成本、提高效率，利用信息化提升自身竞争力成为了当务之急。A 公司希望通过此次信息化改造，优化 A 公司、分公司、店铺之间的工作流程、业务流程、物流流程与服务流程。

思考题

1. A 公司的信息化改造将起到什么作用？

2. 你认为 A 公司信息化改造应包括哪些内容？

项目十

第三方物流

任务一　项目导入案例

美的于1998年开始建立内部虚拟物流中心，通过物流中心内部整合资源，初步改善物流环节中不合理的方面，并为长期物流发展做好准备。

2000年美的通过建立自己的第三方物流公司——安得物流，不仅解决了物流成本居高不下的问题，还造就了一个新的利润增长点。安得物流公司的主要业务是建立自己的平台，包括仓储平台和网络平台。美的把各个事业部原先分散的仓储资源整合起来交给安得，使安得在全国建立了比较健全的仓储网络。

安得的出现使美的公司总部的物流工作量大量减少，工作趋向监督、管理。美的公司总部的工作就变为整合、招标；物流的全面继承化；集中招标管理第三方物流公司；集成的IT系统实施应用。美的的服务水平也有所提高。在安得投入运作的半年内，美的各事业部的运输成本平均下降10%，全集团的仓储成本也下降了10%。

安得物流的成功不仅为美的的物流整合、物流成本下降起到了支撑作用，也为第三方物流的发展作出了贡献。

任务二　项目支撑知识学习

单元一　第三方物流概述

一、第三方物流简介

(一) 第三方物流的基本概念

第三方物流(Third Party Logistics，TPL)是相对“第一方”发货人和“第二方”收货人而言的，是由第三方专业物流企业来承担企业物流活动的一种物流形态。

J. Bonney 在 1993 年提出，第三方物流是指利用外部企业为另一企业提供全部或部分的物料管理或产品配送服务。Lieb、Millen 等人认为，第三方物流与外部采办和合同物流(后勤保障)相似。一些学者认为，企业物流功能的全部或部分外部采办功能相当于基础服务，而合同物流包括了提供更复杂、更广泛的服务功能，并以长期的、更多互惠关系作为其特征。也有学者(S. E. Leahy 等)认为，传统的外部采办倾向于特别的物流功能，如运输公司提供的运输服务、仓储公司提供的仓储服务等，现代第三方物流还应包括参与企业的长期承诺、提供物料供应链中的多种功能管理，而合同物流包括了这些内容。

我国《物流术语》修改稿(第三稿)对第三方物流的定义为：第三方物流是指接受客户委托，并为其提供专项或全面的物流系统设计以及系统运营的物流服务模式。

TPL 既不属于第一方，也不属于第二方，而是通过与第一方或第二方的合作来提供其专业化的物流服务，它不拥有商品，不参与商品的买卖，而是为客户提供以合同为约束、以结盟为基础的，系列化、个性化、信息化的物流代理服务。

信息技术的发展和经济全球化使得越来越多的产品在世界范围内流通、生产、销售和消费，物流活动日益庞大和复杂，而第一方、第二方物流的组织和经营方式已不能完全满足社会需要；同时，为参与世界性竞争，企业必须确立核心竞争力，加强供应链管理，降低物流成本，把不属于核心业务的物流活动外包出去。于是，第三方物流应运而生。

广义与狭义的第三方物流的区别如下：

(1) 广义的第三方物流是相对于自营物流而言的，凡是由社会化的专业物流企业按照货主的要求所从事的物流活动都可以包含在第三方物流范围之内。

(2) 狭义的第三方物流主要是指能够提供现代的、系统的物流服务的第三方的物流活动。

(二) 第三方物流的特点

第三方物流的特点如下：

(1) 第三方物流服务提供的主体是第三方，即非生产者自身或货主，也非最终用户，它所提供的产品并不是自己所有的。这是第三方物流最基本的内涵，即第三方物流经营主体。若这一内涵不存在，则相关的现代经济关系的内涵也就不存在。例如，自营物流不属于第三方物流。

(2) 第三方物流的服务是建立在现代技术基础之上的物流活动。信息技术特别是基于电子计算机和移动通信的电子信息技术，是支持集成化物流、个性化物流管理的技术依托，诸如基于互联网(Internet)、内联网(Intranet)、外联网(Extranet)技术平台的移动通信(Mobile Communication)、全球定位系统(GPS)、数据交换技术(EDI)、电子商务(EC)、条形码(Bar Code)技术等，它们能够充分支持满足客户所需全部或部分物流需求的集成运作、可视化监控、个性化服务等过程的技术需要。在这一层次内涵中，经营主体可以根据客户需求、经济、技术环境等因素进行选择和组合，从而完成相应管理职能，以实现和满足客户需求。

(3) 第三方物流的提供者与客户方之间是现代经济关系，并以合同这一调整和约束现代经济活动行为与关系的法律形式为基础得以体现。现代经济关系包括体现个性化服务、合作双方或多方建立企业间战略联盟与业务联盟等形式，采用合同规范双方或多方的长期合作伙伴关系，一般可建立3～5年，或更长时间的合作关系。例如Ryder专业物流(Ryder Dedicated Logistics，RDL)公司和Whirlpool公司签订的一份为期五年的合同，该合同物流包括了为Whirlpool公司设计、管理和运营内部材料物流系统的内容。RDL公司和Whirlpool公司达成一致的潜在利益包括在信息管理、物流活动及资金周转时间改善的同时使物流总成本减少。在国内的第三方物流方案实施中，一般相关双方/多方采取签订长期合作协议和每年续签合同的方式较为普遍。

(4) 第三方物流为客户提供系统性个性化的物流服务。在物流运作过程中可以根据客户要求提供量身定制的服务。为了提高第三方物流服务水平，第三方物流服务提供商要提升自身方案的设计能力和物流运作的动态监控能力。

(5) 第三方物流发展呈现专业化、高级化、一体化经营方式，以及物流增值服务的系统化、个性化和物流业务运作的规模化、网络化。如果物流企业仅从广义的第三方物流概念进行物流业务，很可能由于缺乏一体化物流方案规划设计能力而处于被动地位，因此，还必须从狭义的第三方物流视角建立物流企业竞争策略。

(三) 第三方物流的类型

常见第三方物流的类型如下：

(1) 资产型：指机械、装备、运输工具、仓库、港口、车站等从事实物物流活动，具有实物物流功能的资产。

(2) 管理型：以本身的管理、信息、人才等优势作为第三方物流的核心竞争能力。

(3) 优化型：完全拥有管理型第三方物流在信息、组织、管理的优势，同时建立必要的物流设施装备系统，而不是全面建设这种系统。因此，优化型不但具有上述两种第三方物流的优点，同时又避免了过大投资、系统灵活服务水平不足的缺点。

(四) 第三方物流的制约因素

在我国制约第三方物流发展的因素主要有以下几个：

(1) 观念的影响。中小工业企业一般实行单一的生产管理，企业经营范围封闭，缺乏进入市场和社会的一体化模式，习惯于传统的企业储运方式，重生产、轻储运，难以形成现代物流管理思想，对第三方物流存在认识上、观念上的障碍，是影响第三方物流发展的根本因素。

(2) 结构的影响。中小企业量大面广，总规模不小，但组织和产业结构不合理，低水平重复建设，重复投入，在相当多行业形成产品供大于求、结构性过剩现象，普遍存在产业关联度较低，缺乏社会化、专业化分工协作，是影响第三方物流发展的重要因素。

(3) 技术因素。虽然信息产业给中小企业注入了大量的高新技术，但资源与技术构成不合理、设施设备老化、物流技术水平低是影响第三方物流发展的主要因素，使第三方物流难以适应现代化专业物流发展的需要。

(4) 管理因素。大多数中小工业企业在较大程度上缺乏较为科学的内部管理制度和管理组织能力，即在生产管理上处于混乱状态，在组织经营上处于无序状态。产前没有市场调研，没有严格的成本核算；产中没有生产控制，没有营销策略；产后没有售后服务。因此，管理是制约第三方物流发展的基础因素。

(5) 人才因素。中小企业普遍存在员工素质低，知识构成不合理，人才匮乏，创新能力缺乏等情况，是制约第三方物流发展的核心因素。

(五) 第三方物流的发展趋势

据美国权威机构统计，通过第三方物流公司的服务，企业物流成本会下降 11.8%，物流资产会下降 24.6%，办理订单的周转时间从 7.1 天缩短为 3.9 天，存货总量下降 8.2%。据调查，在西方发达国家，第三方物流已经是现代物流产业的主体。欧洲的大型企业使用第三方物流的比例高达 76%，而且 70%的企业不只使用一家。在欧洲，第三方物流所占市场份额，德国为 23%，法国为 27%，英国为 34%。美国、日本等国家使用第三方物流的比例都在 30%以上。在工业企业中，原材料的物流交由第三方物流完成的占 18%，商品销售物流仅占 16%。

我国的第三方物流发展趋势如下：

(1) 培育具有国际竞争力的物流集团，实行集约化经营。在我国，由于大部分物流企业是从原来的储运业转型而来的，大都未形成核心竞争力，企业的技术水平与管理水平不高，缺乏公认的物流服务标准。虽然各地的物流企业数量与基础投资猛增，但低价恶性竞争严重扰乱了市场秩序，造成物流企业普遍业绩不佳，发展后劲不足。运用信息化手段提高运输质量和运输效率，提高客户服务能力，从而提高核心竞争力，是很多第三方物流企业应对市场竞争的必然选择。

(2) 第三方物流信息化应用水平的提高。大量第三方物流企业的信息化水平还停留于初级阶段，有的企业甚至连办公套件、企业邮箱都还不具备。这类企业占第三方物流企业总数的 50%以上。我国的物流企业中，中小企业占了大部分。绝大多数中小物流企业尚不具备运用信息技术处理物流信息的能力。拥有信息系统的企业，其信息化需求也多数属于底层需求，基础信息系统建设是目前信息化建设的主要内容。

(3) 加强增值服务，发展战略同盟关系。从物流业的发展趋势看，那些既拥有大量物流设施与健全的网络，又具有强大全程物流设计能力的混合型公司的发展空间最大。只有这些企业才能把信息技术和实施能力融为一体，提供“一站到位”的整体物流解决方案。而这类公司要进一步发展，就要根据市场需求，不断细分市场，拓展业务范围，以客户增效为己任，发展增值物流服务，广泛开展加工、配送、货代等业务，甚至还提供包括物流策略和流程解决方案、搭建信息平台等服务，用专业化服务满足个性化需求，提高服务质量，以服务求效益；要通过提供全方位服务的方式，与大客户加强业务联系，增强相互依赖性，发展战略伙伴关系。

二、第三方物流运作

(一) 第三方物流企业

物流企业(Logistics Enterprise)指从事物流活动的经济组织，即至少从事运输(含运输代理、货物快递)或仓储一种经营业务，并能够按照客户物流需求对运输、储存、装卸、包装、流通加工、配送等基本功能进行组织和管理，具有与自身业务相适应的信息管理系统，实行独立核算、独立承担民事责任的经济组织。

第三方物流企业就是指不仅可以为本企业提供物流服务，还可以为社会上其他企业进行运输、仓储以及规划设计等高级物流服务的企业。

(二) 物流企业的运作方式

从物流企业物流运作业务角度分析，可以将物流企业的运作方式分为以人工作业为主的运作方式、以机械化作业为主的运作方式和以自动化作业为主的运作方式。

(1) 以人工作业为主的运作方式：在物流发展的初级阶段，由单一业务模式转为物流企业的业务模式较为多见，主要表现为单据处理、调度管理工作均以人工作业和管理者现场直接指挥形式为主，装卸、搬运作业以简单工具和人工作业方式为主。

(2) 以机械化作业为主的运作方式：主要表现为在物流相关衔接作业中有相互匹配的设施、设备和工具，能够较好地运用计算机网络技术进行单据处理等作业，能够高效率地支持一体化物流运作过程。

(3) 以自动化作业为主的运作方式：在物流发展的高级阶段比较多见，主要表现为建立在自动化物流中心基础上的物流运作方式，在单据处理、货物进出管理中都采用电子化、智能化作业方式。

(三) 物流企业运作的核心能力

物流企业需要拥有一定的物流经营资产，但是通过资产、技术、经济等关系形成较强的物流资源控制能力，对能够为客户、企业提供系统的集成物流服务更为重要。物流企业结合具体经营内容主要把握以下几个方面的核心能力：

(1) 运输配送车辆的实际调度能力。

(2) 物流信息管理与动态通信能力。

(3) 在途车辆(货物)的监控能力。

(4) 企业投资与运作经济财务能力。

(5) 客户增值服务能力。

目前国内处于领先地位的物流企业主要服务于带有外资性质的制造企业，其原因是，物流服务供需双方在意识上、行为上、利益上均能接受这种“双赢”的服务方式。由于市场竞争、行业竞争等原因，一方面市场中的单一运输、仓储等业务的经营者在减少，另一方面大企业利用单一运输、仓储业务经营者的数量也在减少。

三、第四方物流与第 X 方物流

(一) 第四方物流

根据 John Gattorna 在《战略供应链联盟》中的阐述，第四方物流供应商是一个对公司内部和具有互补性的服务供应商所拥有的不同资源、能力与技术进行整合及管理，并提供一整套供应链解决方案的供应链集成商。其中，服务供应商可以通过其影响整个供应链的能力来为客户提供更为复杂的供应链解决方案和价值，可以使迅速、高质量、低成本的产品运送服务得以实现。随着制造商和零售商日益趋于向外分解、剥离物流业务，第四方物流服务理念引起人们的重视。据称，第四方物流可以依靠业内最优秀的第三方物流供应商、技术供应商、管理咨询顾问和其他增值服务商，为客户提供独特的和广泛的供应链解决方案，从而帮助企业实现持续地低成本运作。客户可以把所有的物流活动外包给第四方物流，但是，通常的第四方物流只是从事一体化物流功能和流程的一些关键部分，其他部分仍是转包给其他物流资源提供商。

(二) 第X方物流

针对第三方物流，人们将企业为自己提供物流服务的模式，即自营物流称为“第一方物流”；将由供方提供的物流服务模式称为“第二方物流”；将集成物流提供商称之为“第四方物流”，也有人将物流方案提供商称为“第四方物流”，提供物流方案功能显然包含在提供集成物流服务之中；将物流培训教育称为“第五方物流”；等等。在此基础上，一般将企业在自营物流的基础上又为其他企业提供物流服务的模式称为“1+3”物流模式，即“第一方物流+第三方物流”，比较典型的是海尔物流，也有企业是以“1+3”物流模式出身的，在极力走向真正的第三方物流，如安得物流。也有人风趣地将第三方物流本身具备方案设计能力者称为“第七方物流”，即“第七方物流=第三方物流+第四方物流”。

单元二 第三方物流管理及其优势

一、第三方物流管理

(一) 第三方物流管理的内涵和特征

第三方物流管理的内涵和特征如下：

(1) 第三方物流管理是物流理论与实践发展到一定阶段的产物。它由供货方和需求方以外的独立的第三方物流企业运用系统化的管理与控制方法，对供需双方物流活动涉及的诸要素进行资源整合与优化管理，使各项物流活动实现最佳的协调与配合，以降低物流成本，提高物流效率和经济效益。

(2) 第三方物流管理是以客户需求为导向的物流活动。第三方物流管理的最终目的是通过资源整合与优化管理挖掘第三方利润，实现供需双方及第三方物流企业自身的价值增值。随着网络化、信息化及物流管理技术的发展，以客户需求为导向，为客户量身定做个性化产品与服务，是第三方物流管理的发展方向。

(3) 第三方物流管理是以合同、契约为纽带连接供需双方的管理活动。第三方物流管理活动涉及第三方物流公司、供货方及需求方三个方面。第三方物流公司与供货方及需求方的业务联系是以合同、契约的形式实现的，具有法律效力。

(4) 第三方物流管理是基于供应链的管理模式。在供应链概念出现之前，传统物流管理模式以企业内部资源的整合及其管理为主，生产领域的物流与流通领域的物流相分离。供应链概念出现之后，物流管理注意对产品从原材料供应、生产并传递给最终用户的全过程进行管理，以实现产品价值增值，其管理活动不仅注重企业内部物流资源的整合与管理，且注意企业外部供应链节点企业物流资源的整合与管理。

(二) 第三方物流管理业务流程

第三方物流管理的实施主体是从事第三方物流业务的独立法人。第三方物流公司本身不拥有货物，但以合同形式从供货方组织货源，并通过采购、库存、供货等一系列业务及管理活动低成本、高效率地满足需求方的货物需求。第三方物流管理业务流程如图 10-1 所示。

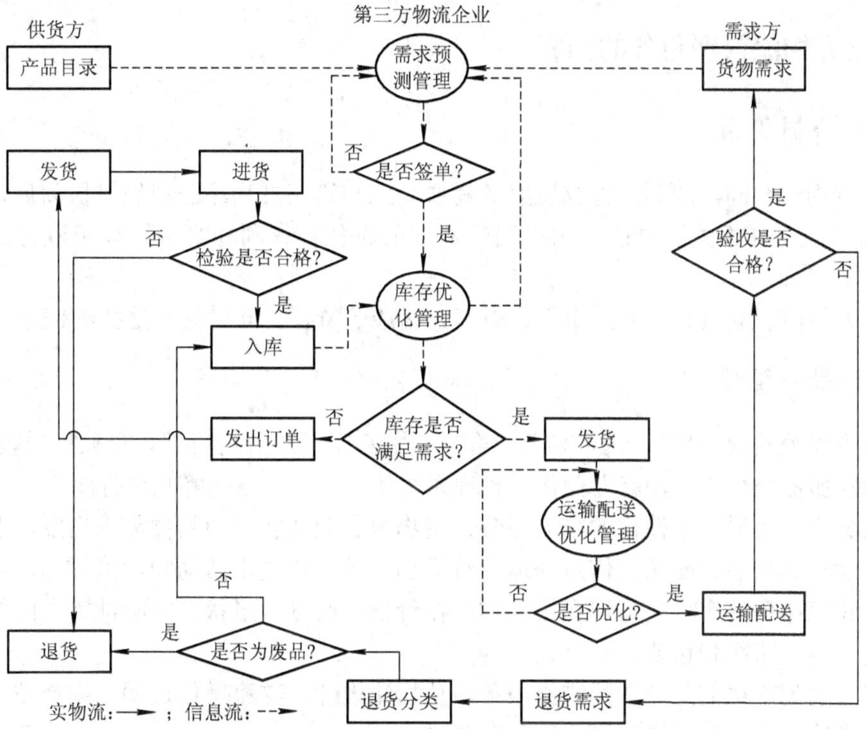

图 10-1　第三方物流管理业务流程

(三) 第三方物流管理系统

第三方物流管理活动包括相互联系的三个基本方面：需求预测管理、库存优化管理、运输配送优化管理。

1. 需求预测管理

第三方物流企业首先对需求方的货物需求进行较为准确的预测，并以此为依据，进行需求管理。一方面是在需求方订单发出之前进行市场调研、搜集需求客户企业的历史数据及相关信息，利用各种预测工具和方法对需求方的客户需求进行较为准确的预测；另一方面是在需求方订单发出之后，综合需求方、供货方、本企业资源条件的信息数据资料，确定订单数量，进行决策。

2. 库存优化管理

合理的库存既能保证不间断供货，满足客户需求，又能减少物流企业不必要的成本开支，是实现第三方物流企业优质、高效管理的关键。库存优化管理主要包括：根据订单要求，组织货源；根据现有库存及订单要求，进行库存优化；根据相关信息，对入库货物的检验、装卸搬运、分拣加工、集货、出库等一系列业务活动进行管理。

3．运输配送优化管理

运输配送优化管理是第三方物流管理的最后环节，也是保证货畅其流，实现客户需求的直接手段。优质高效的运输配送优化管理对实现第三方物流全过程优化管理至关重要。它包括根据客户需求进行配送和对运输方式及路线进行优化管理。

二、第三方物流管理包含的内容

(一) 合同管理

第三方物流合同，即第三方物流服务需要企业与第三方物流公司经过协商后，在双方认可的基础上签订相关的协议，用以明确双方的责任、权利和义务，规范双方的行为的协议。

第三方物流合同具有双方约束性、有偿、诺成等特征，同时具有法律约束效力。

(二) 服务管理

第三方物流不同于“第一方物流”、“第二方物流”，第三方物流具有它独特的服务特征，主要表现在服务个性化、功能专业化、管理系统化、信息网络化等几个方面。

从服务内容上看，个性化的物流服务是指物流企业从客户的具体需求出发，选择和整合仓储、运输、包装、配送、信息处理、流通加工等物流基本活动和增值活动；从技术层面上看，物流服务的个性化体现在根据物品在价值、密度、形状、危险性等方面的性状选择适宜的工具、路线和包装。

第三方物流提供的是专业的物流服务，从物流设计、物流操作过程、物流技术工具、物流设施到物流管理必须体现专业化和专业水平。

第三方物流应具备系统的物流功能，是第三方物流生产和发展的基本要求。第三方物流需要建立现代管理系统才能满足运行和发展的基本要求。

(三) 运输管理

运输提供了物品位移和短期库存的职能。运输管理是对整个运输过程的各个部门、各个环节，以及运输计划、发运、接运、中转等活动中的人力、物流、财力和运输设备进行合理组织，统一管理，实时监控，监督执行，在为客户提供优质服务的同时，实现自己企业的利润最大化。

第三方物流企业的运输管理具有自己的特点，具体表现在以下几个方面：

(1) 专业化。第三方物流企业具有专业化的人员、设施设备、服务管理，能及时、高效地完成运输任务，创造竞争优势，创造更大的利润空间。

(2) 系统化。第三方物流企业在进行运输管理时，要从系统的高度合理运用运输工具，提高运输效能，并且通过运输信息化系统对运输源、物流客户、客户需求、服务项目、运输单证等进行综合管理。

(3) 信息化。第三方物流企业通过建立完善的信息系统，及时把握市场信息，并对多个运输任务进行有效管理和控制，以确定最经济、合理的运输方案。

(四) 配送管理

第三方物流的配送管理是指在第三方物流服务下所进行的配送管理。

第三方物流的配送管理强调效率、合理化。应全面掌握用户的需求情况，加强计划管理，建立与配送相适应的组织结构，科学地组织好配送。

第三方物流配送管理的合理化是指对配送设备配置和配送活动组织进行调整改进，实现配送系统整体优化的过程，体现了“均衡”的思想。

(五) 装卸搬运管理

第三方物流下的装卸搬运是指在第三方物流服务过程中，在同一地域范围内进行的以改变物品的存放状态和空间位置为主要内容和目的的活动，包括装上、卸下、移送、拣选、分类、堆垛、入库、出库等活动。

在装卸搬运管理中应根据具体的任务需要选择合适的工具、人员作业方式，以达到装卸搬运合理化的要求，实现整个环节的最优化。

(六) 流通加工管理

流通加工是为了提高物流速度和物品的利用率，在物品进入流通领域后，按客户的要求进行的加工活动，即在物品从生产者向消费者流动的过程中，为了促进销售、维护商品质量和提高物流效率，对物品进行一定程度的加工。其次，为了弥补生产过程中加工不足的问题，更有效地满足用户或本企业的需要，使产需双方更好地衔接，而将这些加工活动放在物流过程中完成，成为物流的一个组成部分。

流通加工是流通中的一种特殊形式，是现代物流系统的构成要素之一，也属第三方物流增值功能的重要内容。只是流通阶段的加工即物流加工，处于不易区分生产还是物流的中间领域，其目的在于提高物流系统效率。

(七) 成本管理

在物流活动中，每个环节都要产生物流成本，因此我们需要确定物流成本管理对象，并制定成本标准，明确权责关系，合理控制物流成本，实现总体上物流成本的降低。这样节省成本的同时，可以增加企业、国家物资与财产的累积，并且提升物流企业的效益及竞争力。

三、第三方物流的价值

第三方物流服务提供商需要从提高物流运作效率、客户运作整合、横向或者纵向整合、发展客户运作四个方面创造运作价值。具体表现如下：

(1) 提高运作效率。物流运作效率的提高意味着对每一个最终形成物流的单独活动进行开发。在作业效率范围内，另一个更先进的作用是协调连续的物流活动。除了作业技能外，还需要协调和沟通技能。协调和沟通技能在很大程度上与信息技术相关联，协调与沟通一般是通过信息技术这一工具来实现的。如果存在有利的成本因素，并且公司的注意力集中在物流方面，那么用较低的成本提供更好的服务是非常有可能的。

(2) 客户运作整合。第三方物流服务带来增值的另一个方法是引入多客户运作，或者是在客户中分享资源。第三方物流整合运作的复杂性很高，需要更多的信息技术与技能。这一整合增值方式对于单个客户进行内部运作的很不经济的运输与仓储网络也适用，因此它所表现出来的规模经济效益是递增的，如果运作得好，将产生竞争优势及更大的客户基础。当然，一些拥有大量货流的大客户也常常投资协调和沟通技能及其资产，自行整合公司的物流资源。

(3) 横向或者纵向整合。前面讨论的主要是第三方物流客户的内部运作外包化带来的效率的提高，其实从第三方物流服务供应商角度看，也需要进行资源整合，业务外包。对无资产主要是以管理外部资源为主的第三方物流服务提供商，这类公司为客户创造价值的技能是强有力的信息技术和物流规划管理与实施等技能，它可以通过纵向整合，购买具有成本和服务优势的单项物流功能作业或资源，发展同单一物流功能提供商的关系，这也是创造价值的一种方法。这样，物流供应商可以专注于自己和新的能力的服务。在横向上，第三方物流公司如果能够结合类似但不是竞争对手的公司，则可以联合为客户服务，扩大为客户提供服务的地域覆盖面。

(4) 发展客户运作。第三方物流公司为客户创造价值的另一类方式是通过发展客户公司及组织运作来获取价值，这种第三方物流服务基本上接近传统意义上的物流咨询公司所做的工作，所不同的是这时候提出的解决方案要由物流供应商自己来开发，并完成运作。

任务三　项目单项能力训练

一、单项选择题

1. 第三方物流的特征不包括(　　)。

A. 成本最低化　　B. 功能专业化　　C. 服务个性化　　D. 信息网络化

2. 下列属于第三方物流利益来源的是(　　)。

A. 作业利益　　B. 成本利益　　C. 销售利益　　D. 超额利益

3. 第三方物流成本比较优势的来源不包括(　　)。

A. 规模效益　　B. 系统协调　　C. 工作人员水平　　D. 专业化

4. 我国的第三方物流企业主要来源于(　　)。

A. 运输业　　B. 仓储企业

C. 港口码头、铁路编组站和火车站、汽车站、航空货运站等

D. 以上都是

二、判断题

1. 第三方物流是指由物资提供者自己承担向物资需求者送货，以实现物资空间转移的过程。(　　)

2. 第三方物流为客户提供的“物流作业”改进利益属于作业利益。(　　)

3. 物流系统总成本包括显性成本和隐性成本，隐性成本指订单处理与信息服务等方面。（　）

4. 一般来说，第三方物流比自营物流具有成本比较优势。（　）

5. 第三方物流可能带来服务质量的降低和成本的提高。（　）

三、简答题

1. 什么是物流企业？什么是第三方物流企业？物流企业的业务特征有哪些？

2. 什么是第四方物流？第四方物流给第三方物流的集成能力的发展提供了哪些启示？

3. 第三方物流企业具有哪些优势？

4. 第三方物流有哪些类型？

任务四　项目综合技能训练

中国著名的家电企业海尔集团从1999年初开始进行物流改革，将物流重组定位在增强企业的竞争优势的战略高度上，希望通过物流重组有力地推动海尔的发展。因为零部件库的管理不太先进，库存资金占用比较大，甚至有些呆滞，所以海尔集团首先选择零部件作为首要的突破点，建立了现代化的立体库，开发了库存管理软件，使其达到最先进水平。之后，发现车间、分货方和经销商的管理水平跟不上，于是又向他们推荐先进的作业方法。立体库带动了机械化搬运和标准化包装，采用标准的托盘和塑料周转箱，都符合国际标准。因海尔生产的零部件种类繁多，所以就用标准的容器将其规范化，便于机械化搬运，便于管理。这些搞好后，又发现检验是一个薄弱环节。检验时间长，造成大量库存积压。于是又把检验集中起来，尽量分散到分供方和第三方仓库去检验。这样企业中的物流就没有检验这一环节，减少了大量的库存，目前只有3天的库存量，库存资金也大大减少。

海尔从1999年初开始实施物流发展计划，不到一年的时间，效果已非常明显。同时，海尔也利用第三方物流进行内部配送，企业物流把社会力量整合起来。当然，在实施物流的过程中，海尔也遇到了一些困难，其中最主要的是人们头脑中的习惯思维问题，观念还不适应整合起来后总的效果，只从自身是否方便来考虑问题。为解决这个问题，海尔成立了物流推进本部，专门从事物流改革的推进工作，由集团见习总裁亲自负责。该事业本部下属采购、配送、运输三个事业部，专门从事海尔全集团的物流活动，使得采购、生产支持、物资配送从战略上一体化。其次是国内研究物流的专业公司还不多，大部分从事的还只是物流中某个部分，可以借鉴的经验很少。因此，海尔计划在尽可能短的时间内，摸索出一套海尔独有的物流管理模式，创立海尔独特的物流体系。目前，海尔正努力建设企业内部的物流事业部门，并在为海尔集团服务的基础上最终社会化，使海尔的企业物流最终成为海尔的物流企业。

思考题

如何理解“海尔的企业物流最终成为海尔的物流企业”？

项目十一 企业物流

任务一 项目导入案例

海尔集团为适应新经济时代的需要，自 1998 年开始进行流程再造，改原来对上级负责任的职能管理为对市场负责任的流程管理，成立了物流推进本部、商流推进本部与资金流推进本部，在各流程的内部实施了市场链咬合的管理模式，注重整个流程最优与同步工程，消除企业内部与外部环节的重复、无效的劳动，让资源在每一个流动过程中都实现增值。这种改革使海尔实现了快速获取订单与满足订单的目标。

海尔物流以订单信息流为中心，以全球供应链资源网络、全球配送网络、计算机网络为基础，三网同步流动，为订单信息流的增值提供支持。

海尔物流推进本部下设三个中心，分别为采购中心、JIT(Just in Time，准时制)订单执行中心和配送中心。其中：采购中心负责供应商资源的管理，采购成本的降低与战略物资的采购；JIT 订单执行中心负责按订单将物资入库，并 JIT 配送至工位；配送中心负责将成品配送至最终用户。

海尔物流“一流三网”的同步模式如下：

(1) 为订单而采购，消灭库存。

海尔物流每年的采购额达数百亿元，所有的物资是按订单采购的。在海尔，仓库不再是储存物资的水库，而是一条流动的河，河中流动的是按订单采购来的生产必需的物资，从根本上消除了呆滞物资，消灭了库存。

(2) 全球供应链资源网络的整合使海尔获得了快速满足用户需求的能力。

海尔物流通过整合内部资源、优化外部资源，先后引进了 GE、爱默生、BASF、DOW 等世界 500 强企业成为海尔的供应商，实施并行工程，使一批国际化大公司以其高科技和新技术参与到海尔产品的前端设计中，保证了海尔产品技术的领先性，加快了开发速度。另外，建成开发区和胶州国际化工业园，爱默生等国际化供应商在此投资建厂，不但将最先进的技术带给海尔，也加快了订单的响应速度。

(3) JIT 速度实现同步流程。

由于先进物流技术和计算机信息管理的应用，海尔物流通过三个 JIT(即 JIT 采购、JIT 配送和 JIT 分拨物流)来实现同步流程。

(4) 计算机连接新经济。

2000 年 10 月，ERP 上线，B to B 电子采购平台投入使用，在该平台上，供应商能够接收订单、查询库存与配额、招标竞标、网上支付、信息交流，与供应商真正实现了公平、互动与双赢。

海尔物流的目标是成为世界一流的物流增值服务提供商。目前除集团内部业务外，海尔物流已经开始为其他企业提供不同要求的高质量物流增值服务。海尔物流希望利用自己高品质的服务为所有企业建立起高效的供应链体系。

任务二　项目支撑知识学习

单元一　企业物流概述

企业是为社会提供产品或服务的经济实体。企业物流是企业生产经营的重要组成部分，也是社会大物流的基础。企业物流相对社会物流而言，是指企业的生产经营活动中各种物品的实体流动。全面认识企业物流的内涵，对进行有效的物流管理、增强市场竞争力、提高企业的经济效益具有重要意义。

一、企业物流的概念

从 1924 年美国市场营销学者 F. E. Clerk 明确指出物流在销售活动中的重要性开始，物流在企业其他经营活动中的重要性也逐渐显现出来，物流的重要性已经引起企业界的广泛关注。发达国家和发展中国家均十分重视物流的发展，将其视为企业的“第三利润源”，企业物流成为物流的重要组成部分。

各国对企业物流的定义各不相同，比较权威的是美国物流管理协会提出的：企业物流是对原材料、半成品、成品、服务以及相关信息从供应始点到消费终点的流动与储存进行有效的计划、实施和控制，以满足消费者需求的过程。我国国家标准(GB/T 18354—2001)中将企业物流定义为“企业内部的物品实体流动”。

由此可见，企业物流包括的活动范围十分广泛，它是指从工厂进行生产活动所需的原材料(包括原材料、半成品、零部件及燃料等)进厂，经储存、加工、装配、包装，直至产成品出厂送达消费地或消费者这一过程的物料、产成品在仓库与消费地之间、仓库与仓库之间、仓库与车间之间、车间与车间之间、工序与工序之间每个环节的流转、移动与储存(停滞、等待)及与此有关的管理活动。它贯穿了整个生产、销售过程的始终，形成一个有机整体。

企业物流的根本任务就是企业在物流活动中适时、适地地采用先进的物流技术，与其生产经营活动达到最优的结合，进行有效的物流管理，使企业获得最高的经济效益。

二、企业物流的结构

(一)横向结构

企业物流一般包括原材料的购进、产品在生产线上的生产、产成品的入库、产成品的出库销售、产品消费后废旧物资的回收利用或处理等环节所对应的物流。所以，从水平方向来看，即企业物流的横向结构包括供应物流、生产物流、销售物流、回收与废弃物物流，如图 11-1 所示。

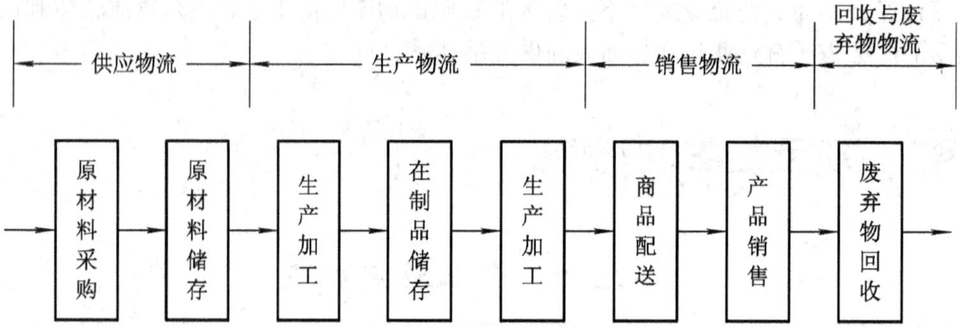

图 11-1 企业物流的横向结构

(二)纵向结构

按照物流系统的组成结构，企业物流的纵向结构包括管理层、控制层和作业层，它们协调配合实现物流系统的整体功能，如图 11-2 所示。

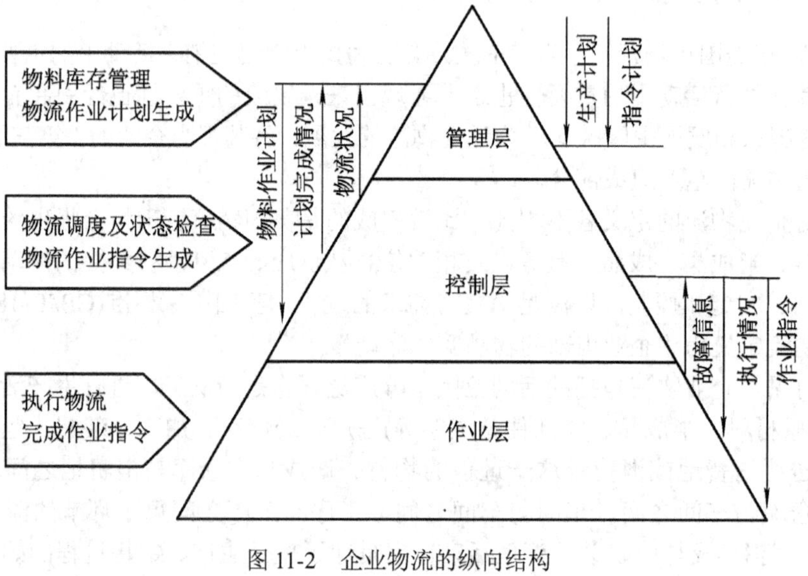

图 11-2 企业物流的纵向结构

三、企业物流的类型

企业物流是以企业生产经营为核心的物流活动，是具体的、微观的物流活动的典型领域。根据对应的生产经营活动，企业物流包括四个子系统，即供应物流子系统、生产物流子系统、销售物流子系统及回收与废弃物物流子系统。工业生产企业种类繁多，物流活动也有差异，按主体物流活动的不同，企业物流可大体分为以下四种：

(1) 供应物流突出的类型。这种物流系统的供应物流突出而其他物流活动较为简单。例如，项目建设期有很多设备采取外协方式生产，一个机械设备的几个甚至几万个零部件来自全国各地甚至国外，此时供应物流范围复杂突出，涉及装货港的装船、到货港的卸货、内陆的陆路运输等，其销售物流就相对简单。

(2) 生产物流突出的类型。这种物流系统的生产物流突出而供应、销售物流较为简单。典型的例子是生产冶金产品的工业企业，其供应物流是大宗矿石、废钢等的供应运输，销售是大宗冶金产品的配送运输，较为简单；而从原料转化为产品的生产过程及伴随的物流过程就相对复杂，其生产中的物流过程(包括铁水、钢水、钢坯、钢材的原料成分与标识对应，化学性能及物理性能的变化)很复杂，都需要动态配置。

(3) 销售物流突出的类型。例如很多小商品、小五金等，大宗原材料进货，加工也不复杂，但销售却要遍及全国或很大的地域范围，属于销售物流突出的工业企业物流类型。此外，如水泥、玻璃、化工危险品制造行业，虽然生产物流也较为复杂，但销售时物流难度更大，问题更严重，有时会出现大事故或付出大代价，因而也属于销售物流突出的类型。

(4) 回收与废弃物物流突出的类型。有一些工业企业回收与废弃物物流十分突出，如制糖、选煤、造纸、印染等工业企业，回收与废弃物物流组织得如何几乎决定了企业能否生存。

四、企业物流的目标

实践表明，只有目标明确的企业才能得到迅速的发展。同理，也只有目标明确的企业物流作业才能高效运转起来。

企业物流作业的目标包括如下几个方面：

(1) 快速响应。这是企业物流作业目标中最基本的要求。在供应物流方面，需要快速准确、按时保质地将供应材料、设备运抵指定地点，以确保生产环节的顺利进行。在生产物流方面，企业内部各个部门之间的物资、信息交换流动也需要快速响应、积极配合，保证生产链的运转顺畅。销售物流应按客户的需求，为客户服务，保质保量地把产成品快速地运输给客户。

(2) 最低库存。这是企业物流作业目标中核心的目标。最低库存的目标同资产占用和相关的周转速度有关。最低库存越少，资产占用就越少；周转速度越快，物流系统中存货的财务价值占用企业资产也就越低。企业物流作业的目标就是要以最低的存货满足客户需求，从而实现物流总成本最低。

(3) 集中运输。集中运输是企业物流作业中实施运输成本控制的重要手段。运输成本与运输产品的种类、运输规模和运输距离直接相关。许多具有一流服务特征的物流系统都采用的是高速度、小批量运输，这种运输通常成本较高。为降低成本，可以将运输整合。一般而言，运输量越大、距离越长，单位运输成本就越低。因此，将小批量运输集中起来以形成大规模的经济运输不失为一种降低成本的途径。

(4) 最小变异。变异是指破坏系统作业的任何未预期到的事件，它可以产生于物流作业的任何地方。比如，空运作业因为天气原因受到影响，铁路公路运输作业因为地震等灾害受到影响。减小变异的传统解决办法是建立安全存货，或是使用高成本的运输方式。不过，上述两种方式都将增加物流成本，为了有效地控制物流成本，目前多采用信息技术以实现主动的物流控制，这样变异在某种程度上就可以被减小到最低。

(5) 质量。物流作业本身就是不断地寻求客户服务质量的改善与提高。目前，全面质量管理(TQM)已引起各类企业的高度关注，物流领域也不例外。从某种角度说，TQM 还是物流得以发展的主要推动力之一。因为事实上一旦货物质量出现问题，物流的运作环节就要全部重新再来。比如，运输中出现差错或运输途中导致货物损坏，企业不得不对客户的订货重新操作，这样一来不仅会导致成本的大幅增加，而且还会影响到客户对企业服务质量的感知，因此企业物流作业对质量的控制不能有半点马虎。

传统的物流作业要求要同时达到上述物流作业的目标比较困难，而激烈的市场竞争又要求物流作业的目标几乎要同时满足，因此就要求企业必须对物流作业的各个环节进行高效整合。那么如何对企业物流的诸多环节进行高效整合呢？这就要求我们要了解企业物流运作的功能。任何企业都需要各个业务单位的支持与协调，才可能完成整个物流过程。企业物流的活动可以归结为五大功能，即信息网络设计、运输、存货以及仓储、物料搬运和包装。企业物流的综合能力就通过这五大功能的协调来实现。

单元二 供应物流

一、供应物流概述

(一) 供应物流的概念

供应物流是企业为保证本身生产或销售的连续进行，不断组织原材料、零部件、燃料、辅助材料供应的物流活动。这种物流活动对企业生产的正常、高效进行起着重大作用。企业供应物流不仅要保证供应，而且还是在最低成本、最少消耗、最大保证的限定条件下来组织供应，所以难度很大。

(二) 供应物流的地位与作用

供应物流是生产物流的前端，供应物流在企业物流中有着十分重要的地位和作用。企业产品质量的好坏、产品成本的高低、生产节奏能否正常运转、能否及时为用户供货等，都取决于供应物流的好坏。产成品的质量不仅取决于管理者的素质、员工的素质和设备质量，还取决于原材料的质量。

(三) 供应物流系统

供应物流包括原材料等一切生产资料的采购、供应、库存管理和仓储管理。它是企业物流系统中独立性相对较强的子系统。如图 11-3 所示，供应物流系统主要包括以下内容：

(1) 采购：企业物流与社会物流的衔接点。它依据企业销售需求预测，制订工厂企业生产计划，再根据生产计划制订采购计划，并进行原材料外购，需要承担市场资源、供应厂家、市场变化等信息的采集和反馈任务。

(2) 供应：供应物流与生产物流的衔接点。它依据供应计划，即消耗定额进行生产资料供给的作业层，负责原材料消耗的控制。厂内供应方式有两种基本形式：一种是用料单位到供应部门领料；另一种是供应部门按时按量送料。

(3) 库存管理：供应物流的核心部分。它依据企业生产计划的要求和库存状况制订采购计划，并负责制订库存控制策略及计划的执行与反馈情况。

(4) 仓储管理：供应物流的转折点。它负责生产资料的接货和生产供应的发货，以及物料保管工作。

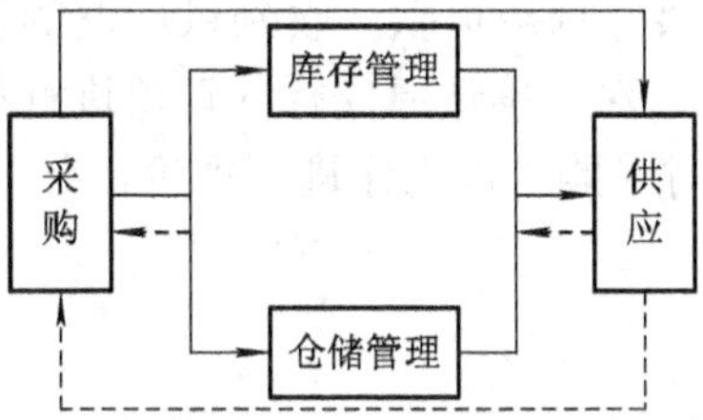

图 11-3　供应物流系统的功能结构图

二、企业采购管理

(一) 采购的概念

采购是选择和购买物品的过程，包括了解需求、选择供应商、协议价格、签订合同、选择运输方案、跟踪订单、货物验收入库等作业事项。采购既是一个商流活动，又是一个物流活动。

对于生产企业而言，为销售而生产、为生产而采购，是一个环环相扣的物料输入、输出的动态过程。采购是企业物流管理的起点，采购活动成功与否直接影响到企业生产、销售最终产品的定价和整个供应链的最终获利情况。因此，企业采购在物流管理中的龙头作用不可轻视。

(二) 采购的功能和一般流程

1. 采购的功能

采购的功能是购买企业各部门所需要的适当物料，即从适当的来源，以适当的价格、适当的质量、适当的送货方式(包括时间、地点)获取适当数量的原材料。

2. 采购的一般流程

不同原材料采购方式各不相同，但采购流程基本一致，主要由以下几个步骤组成。

(1) 采购计划。根据生产或客户的需要以及现有库存量，在对所需物品的品种、数量、安全库存量等科学的计算后提出采购计划，并经主管人员审核批准后执行。

(2) 选择供应商。寻找供应商，调查其在产品数量、质量、价格、信誉等方面的情况后慎重选择供应商。

(3) 价格谈判。由采购部门负责进行价格谈判。要求正确运用谈判策略，从供应商处获得尽量优惠的价格。

(4) 签发采购合同。采购订单是买方提出的购买文件，是具有法律效力的合同。要求购货方仔细推敲并认真书写每项条款，确保供应商能够准确地按客户提出的性能指标进行生产和供货。

(5) 跟踪订单。为了确保货物符合规定并按时进库，采购部门应监督供应商按时送货，防止对方违约事件的发生，保证订单的顺利执行。

(6) 接收货物。由收货部门按照合同条款，对收到的货物进行验收，以确保收到货物的质量、数量和选购的要求相符。

(7) 核对供应商的支付发票并划拨货款。收到供应商的发票时，须将采购订单、货物验收单、发票等凭证进行核对，对于确认已履行的订单进行结算并划拨款项。

(8) 评价采购工作。定期对采购管理工作进行评价，寻求高效率的采购流程模式。

(三) 采购管理

1. 采购管理的概念和目标

采购管理是指为了维护企业利益，实现企业目标而对采购过程所进行的计划、组织、协调和控制工作。实施采购管理旨在实现以下目标：

(1) 正确计划用料，加强对用料的控制，预防呆滞废料的产生。

(2) 适当的存量管理。通过强化重点管理(如管理)，改善库存结构，降低库存量，减少库存资金占用。

(3) 按照适价、适质、适时、适地的原则做好采购工作，降低采购成本。

(4) 发挥储存运输功能，确保物品品质，规范收发作业，维护仓储安全。

(5) 加强供应商关系管理。与供应商建立一种能促使其不断降低成本，提高质量的长期合作关系。

2. 采购管理策略

实现采购管理的目标，应当正确地运用采购管理策略。其具体体现在以下几个方面：

(1) 通过选择可靠的供应商来确保采购质量。

(2) 采用 ABC 分类法等科学方法采购，降低库存量，减少库存资金。科学确定订购批量与订购时间，降低采购成本。

(3) 采取分类管理策略，管理与供应商的关系。

三、企业物料管理

企业物料管理的主要对象是企业生产所需的物资，当然企业经营所需的物资也在管理的范围内，但不是生产型企业物料管理工作的重点。企业有效的物料管理可以做到对企业物料的实时监控，为企业采购活动提供准确的物料需求信息；可以做到物料的分类管理，提高物流的出、入库及验收等环节的工作效率；可以做到与企业采购活动和生产活动紧密衔接，充分体现物料管理的辅助作用，使企业生产、经营活动顺利进行。

(一) 企业物料的分类和编码

企业生产过程中所涉及的物料品种繁多，特征多样，自身的性质各异，价值不等，用途不同，给物料管理带来极大的困难，只有对物料进行系统的分类，物料的仓储管理工作才能顺利进行，各类统计数据和物料信息才具有可比性和现实意义。

企业对生产过程中所涉及的全部物料进行分类是物料管理的基础，也是物料编码的前提条件。企业物料的编码是物料管理的第一步，也是企业物料管理电子化、信息化改造的基础。不同的企业生产所需要的物料种类、数量、规格等不完全相同，物料的分类和编码也不完全一致，但遵循的基本原则是相同的。

1. 物料分类的原则

企业物料的分类常采用线分类和面分类相结合的方法，将企业所需物料总体按照选定的分类标志，依次分成若干个层级，每个层级又分为若干类目，最终形成一个有层次的、逐渐展开的分类体系。遵循原则如下：

(1) 物料类别的完整性。企业的物料分类应该保证全部物料都可以找到满足条件的类别，而不会出现某种物料游离于各物料类别之外，确保每种物料总会属于一个类别，而且这个类别还是唯一的。

(2) 物料分类标志的一致性。物料分类标志的一致性是指在同一分类层次和分类范围内采用统一的分类标志，即企业对全部满足条件的处于同一等级的物料必须采用唯一的标志，不可以在同一级分类上采用两种或两种以上的分类标志。如果企业在进行物料的一级分类的时候，采用的分类标志是物料在企业生产过程中所起的作用，设立的物料类别应该是原料、辅料和包装材料，但是企业最终设立的物料类别却是原材料、零部件、辅料和包装材料，那么该企业在一级分类中同时采用了两个标志，通常生产物料可分类为原料，原料又分为原材料和零部件，也就是在一级分类的时候同时进行了“原料”的二级分类，破坏了物料分类标准的一致性原则，使物料分类的逻辑性降低，物料分类的方便性目的也没有达到。

(3) 物料类别的互斥性。互斥性是指企业设立的每个物料类别所包含的物料之间不存在交叉性，即类别与类别之间只是相互独立的关系而不应该是相互包含的关系。一种物料只能归在一个物料分类层次上的一个类别，不应该出现同一种物料属于两个或两个以上的物料类别的现象。

(4) 物料类别的可操作性。企业划分物料类别的标准必须具有很强的可操作性。如果确定某物料的类别需要额外的检验或测量工作，那么这个类别的设立就不是有效的，明显降低了物料分类的可操作性，与企业生产物料的分类目标背道而驰。

(5) 物料类别的可变性。企业生产的产品类型不是永久不变的，生产技术的改进也是经常发生的，因此物料的分类也应该适应企业生产活动的这种变化。企业可以按照事先设立物料类别时的标准，根据企业所需的物料变化情况，删除已经退出生产的物料类别，为新采用的物料归类。

2. 物料编码的原则

企业制订物料的编码目的就是要简化物料管理工作，通过减少识别、记录和核对等环节的时间来提高物料管理活动的时间效率。物料编码是在企业物料分类的基础上遵循一定的原则编制物料类别的代码，使用简洁的、容易辨认、容易记忆的文字、符号或数字来表示物料类别、名称、规格、成分或配方。

物流编码原则如下：

(1) 物料编码的简化性。企业编制物料类别编码的目的就是要将复杂、难以记忆、不便书写的物料类别进行简化，使用简单的文字、字母或数字来表示复杂的物料类别、物料名称等，从而实现物料编码编制的目的。

(2) 物料编码的完全性和唯一性。物料编码是物料类别的代码，因此它也应该具有物料类别的性质——完全性和唯一性。企业在编制物料编码的时候要注意每个物料类别都有相应的且唯一的编码。如果在编码的编制过程中出现编码遗漏现象，将会增加物料管理的工作量，使物料编码下的有序物料管理难以实现。

(3) 物料编码的可变性。企业物料类别的可变性说明企业的物料种类不是固定不变的，而是随着企业生产活动的进行发生着变化，这就要求物料编码具有柔性，即可以根据物料类别的变化而改变。如果企业物料类别的变化所引起的物料编码的变化破坏了物料编码的逻辑性，打破了物料编码的内在规律，这样的物料编码就不是好的编码，不能适应企业物料管理的变化，因此物料编码的柔性对企业来说很重要。

(4) 物料编码的逻辑性。企业在编制物料编码的时候尽量赋予所用符号一定的含义，并在整个编制过程中保持其含义，使物料编码更具有逻辑性。一般用字母来表示物料一级分类的几个大类，并规定字母的使用范围，然后依次安排各字母、数字和符号的含义，将这些字母、数字、符号组合在一起形成的物料编码就是一个具有逻辑性的物料编码。

(二) 企业物料管理

1. 物料计划

物料计划是从较高层次上对物料管理整体的、时间较长的计划。物料计划与采购计划的区别在于物料计划涉及的范围更广，包括生产需要的全部物料；而采购计划仅涉及那些企业现有资源无法满足且需要通过对外购买的方式才能供应企业生产的物料。企业销售部门每年都会根据前期的销售状况、当前的市场环境和未来的供需发展情况对企业下一年度的销售情况进行预测，制订企业的销售计划，它是企业生产部门编制生产计划的主要依据之一。企业的物料管理部门结合生产计划和产品的物料清单，粗略地估算企业生产物料的需求；然后依据库存状况规划物料的采购和加工等环节，最终形成物料计划。物料计划包括采购物料的种类、数量、入库时间，企业可自制零部件的原料供应和零部件的生产，以及物料的生产线分配情况等。

2. 物料加工

企业购买物料常与生产需要不完全相符，通过加工使购买物料适合生产要求是物料增值的一个过程。物料的等级是物料价格的主要决定因素。如果企业拥有的机器设备可以对物料进行简单的加工处理，从而改变物料的等级，使其由低级品变为高级品，达到企业生产的要求，那么这种加工处理就可能是合理的。只要企业为物料的加工程序所支付的费用少于两种级别物料的差价，企业对物料的这种加工就具有实际意义。物料加工成为企业物料管理的一个环节，企业物料管理部门应充分掌握企业生产设备的使用情况、闲置情况，利用闲置设备完成物料的简单加工工作，实现降低物料方面支出的目的，同时提高企业设备的利用率，通过外部成本内部化的方式来降低企业物料管理的成本。

(三) 入库管理

经过加工处理内部资源而获得的物料和外部购买而获得的物料并不一定可以直接进入企业的生产环节，通常在进入生产环节之前会被存储于企业的仓库或生产区中，这是实现物料时间价值的有效手段之一。企业物料管理在入库管理环节中的主要工作是将待用物料置于仓库的入库区，由企业的相关人员对物料的质量进行检验，避免出现不合格物料进入仓储环节，进而流入生产环节的现象，这种现象可能造成企业生产的产品返工率升高或废品率升高，造成企业人力、物力和财力的浪费，致使产品丧失实现价值的机会。此外，企业的物料管理部门还应按照入库通知单核查物料的名称、规格、数量等重要内容，确保物料接收的准确性。

(四) 仓储管理

仓储管理不仅仅是保管保养问题，更是一个综合管理问题。首先，企业的仓储部门需根据物料在库存储时间的长短把物料分配到不同的区域进行管理，这样的物料在库管理增加了物料的在库搬运次数，但是也减少了物料的分拣工作，可以有效地避免错误的物料搬运，提高物料在库管理效率。企业的仓库一般都分为入库区、出库区、暂时存储区和长期存储区。暂时存储区存放的物料是企业生产环节在短期内会产生需求的物料，这些物料处于准备进入仓库的出库区状态；长期存储区存放的物料是企业在短期生产计划中超出预计部分的物料，这些物料多是企业的战略物资，这些物资供应出现停顿将直接造成企业生产的停工。仓储部门在接到生产部门发出的物料出库通知单之后，将该通知单列明的物料类别、数量、规格等与暂时存储区的物料相核对，不足部分由长期存储区的物料来补充。因此，企业的库存管理涉及物料在仓库内部的搬运和装卸问题，同时企业物料管理部门还应在这个过程中跟踪各类别物料的数量变化，在生产必需物料的存量低于事先确定的安全库存量时，及时通知采购部门和简单加工部门进行相应物料的补充。

(五) 出库管理

企业物料管理部门在出库管理阶段的主要职责就是将暂时存储区的物料搬运到出库区，在出库区进行物料相关信息与物料的出库通知单进行核对，将不同生产车间需要的物料分开存放，确保物料的流向与物料的需求一致。物料管理部门在出库阶段不需要进行物料的质量检验，但在物料的出库操作上应该保证物料的质量不会出现大幅度的变化。

(六) 物料管理绩效评估

企业对物料管理绩效的评估要做到“分总结合”，即在绩效评估中既要评估各环节的表现情况，也要评估物料管理的总体表现情况。企业对各环节运行情况的评估意见可以直接反馈到各部门，缩短环节绩效改善周期，使绩效评估在运作指导上的效果更明显；综合绩效评估主要是从总体角度对物料管理提出改进的意见，这些意见集中在环节之间运作的协调性改善和环节衔接的连贯性改善上。物料管理的绩效评估可以增强环节运作的协调性，减少环节之间的冲突和脱节，从而提高物料管理的效率；可以按照反馈信息使物料的库存量降到一个更为合理的水平，减少因库存多余而造成的积压资金的金额；可以优化物料管理的流程，减少物料厂内流转的各项手续，从而实现物料管理成本支出的降低。

四、与MRP系统配合的采购与供应物流

(一) MRP系统简介

MRP(物料需求计划)系统是一种以物料需求计划为核心的生产管理系统。它是针对多品种、小批量生产物流类型中，因产品结构和物料清单对物料(采购品)在品种、数量、交货期(生产提前期)等方面要求越来越细、管理越来越复杂而开发的计算机信息管理系统，精确、系统地管理物流。在MRP中，把销、产、供三项主要业务信息集成起来，同步地将生产计划和采购计划一次生成。如果需求有了变化，通过系统运算，很快就能把上千种物料的采购计划重新编排。

(二) MRP系统中的采购和供应物流的特点

MRP系统中的采购和供应物流的特点如下：

(1) 通过物料快速分类查询，对每一类物料按需用的频度规定优选原则。在简化采购物流的品种规格基础上，能够保持一定批量以争取优惠，从而对降低采购成本起到一系列的保证作用。

(2) 编制可以延续到未来某个任意日期的周密计划，这样既可以做到按需采购，又可以保证足够的采购提前期和采购预算，防止因突发性采购而增加额外的采购费用。

(3) 通过控制采购权限，严格控制成本来规范采购管理。即在系统中设置每一个采购员采购物料的范围和支付权限，同时规定超过限额的审批层次和权限等内容，以规范采购管理。

(4) 控制库存量，以便管理人员采取纠正措施。

(5) 建立供应商档案和认证目标，以保证每种材料的质量。

(6) 通过提供多种查询途径(如从采购单编号、物料号、供应商号、采购员代码、交货日期等)，跟踪采购订单以及采购合同执行情况。

(7) 严格控制付款程序。付款前系统将自动进行一系列的对比，如物料规格性能、合格数量、交货日期是否与采购单一致，报价单与发票金额是否一致。必须几方面都相符才能执行付款程序，严格控制不良资金流出。

(8) MRP系统对采购供应部门的员工素质也提出了更高的要求。采购人员的主要精力将放在同企业内部人员和供应商一起研究如何降低成本、提高采购质量方面，包括：参与零件设计的价值分析，以最低成本满足功能需求；编制、审定采购预算和采购权限；确定每个采购件的合理批量、安全储存量，控制库存资金占用；指导供应商改进外构件的性能和质量，研究降低成本的措施；采用EDI技术，实施电子采购，积极跟踪采购订单的进度，共同协调运输，保证及时供应。

总之，MRP系统对采购物流与供应物流的管理提供了一系列的规范化流程，以利于简

化采购计划与调配，同时又可以形成批量采购，简化运输管理，减少库存，从而控制质量，降低成本，使采购物流系统的整体效率得到提高。

五、供应物流的合理化

原材料及零部件购入的费用在生产成本中具有重要的地位，一般达到销售额的 30%左右。而其中直接运输费用约为采购成本的 30%～50%，因此，供应物流合理化可为企业创造相当可观的经济效益。

合理组织供应物流的基本工作包括以下几个方面：

(1) 准确预测需求。这里所指的需求，是以工厂生产计划对各类物资的需求为依据定出的物资供应需求量。生产计划是根据市场对该产品的需求量来制订的，而供应计划则依据生产计划下达的产品品种、结构、数量的需求，以及各种原材料的消耗定额和生产工艺时序来制订。供应计划要做到对各种原材料、购入件的需求量和供货日期的准确需求预测，才能保证生产正常进行，加速资金周转，提高企业经济效益。因此，制订切实可行的生产计划，确定合理的物资消耗定额，是做到准确预测需求的关键。

(2) 合理控制库存。供应物流中断将使生产陷于停顿，所以必须有一定数量的储备，以保证生产的正常进行。这种储备包括两个方面：一方面是正常储存，因采购是批量进行的，而生产是连续进行的，由于这种节奏的不一致，要保证生产，必须有正常的库存；另一方面是安全库存，为了防止发生意外情况和不可知因素的影响，供应活动受到阻碍时，需要有安全库存，以保证生产的正常进行。库存控制的内容包括库存控制策略、库存计划及库存控制动态的调整。库存控制是实现合理储存的重要手段，运用这种手段来解决物资供应计划中的合理数量问题，将改变物流供应状态。

(3) 科学采购。科学采购是从源头上对物流实施合理化管理的重要方面，其关键是做好采购决策。采购决策包括市场资源调查、市场变化信息的采集和反馈、供应商选择和确定进货批量、进货时间间隔等内容。

科学采购要求如下：

① 深入开展市场调查，掌握市场信息。要对所需原材料的资源分布、数量、质量和市场供需要求等情况进行调查，作为制订长远采购计划的依据；同时，要及时掌握市场变化的信息，并对采购计划进行调整、补充。

② 慎重选择供货商。根据企业的生产需求，对供货厂商的供给能力、原材料的质量、价格、供货时间、供货方式和运输方式等多项因素进行比较，选定合适的供应商。同时要建立供应商档案，作为评价供应商的重要依据。

③ 制订正确的采购策略。制订正确的采购批量和进货时间间隔，控制库存，既使企业生产不受影响，又使费用最省。

(4) 强化供应保障。强化供应保障包括运输、仓储管理、服务等方面。

(5) 逐步提高供应物流水平。从我国实际看，提高供应物流水平要有计划、有步骤地进行。第一阶段，在各供货单位分别送货的情况下，依靠调整送货批量、时间间隔等措施降低物流费用。第二阶段，从更广泛的角度对厂内的在制品和产成品的输送、配送中心与营业场所间的输送(国外购进的原材料也包含在内)进行统筹规划，建立综合供应物流体系。

单元三 生 产 物 流

一、生产物流的定义

生产物流是指生产过程中原材料、在制品、半成品、产成品等在企业内部的实体流动。在生产过程中，生产所用原材料、燃料、外购件等投入生产后，经过下料、发料、运送到各个加工点或储存点，以在制品的形态，从一个生产工位流向另一个生产工位，按照规定的工艺过程进行加工、储存，借助一定的方法手段，在工位内、工位间流转，一直到成品，始终体现物料实物形态的流转过程，这样就构成了企业内部生产物流活动的全过程。

二、生产物流的类型

通常情况下，企业生产的产品产量越大，产品的种类则越少，生产的专业化程度越高，而物流过程的稳定性和重复性也越大。所以，生产物流类型与决定生产类型的产品产量、品种和专业化程度有着内在的联系。正因为如此，把划分生产物流的类型与划分生产类型看成一个问题的两种说法。

(一) 从生产专业化的角度分类

根据产品在工地生产的重复程度，生产物流可分为单件生产、大量生产、成批生产三种类型。

(1) 单件生产(项目型)：生产品种繁多，但每种仅生产一件，生产重复度低。

(2) 大量生产(连续型或离散型)：生产品种单一，产量大，生产重复度高。

(3) 成批生产(连续型或离散型)：介于上述两者之间，品种不多，每种都有一定的批量，生产具有一定的重复性，通常划分为大批生产、中批生产、小批生产。

(二) 从物料流向的角度分类

根据物料在生产工艺过程中的特点，生产物流可分为项目型、连续型、离散型三种类型。

(1) 项目型生产物流(固定式生产)：物流凝固。当生产系统需要的物料进入生产场地后，几乎处于停止的“凝固”状态，或者说在生产过程中物料流动性不强，这可分为两种状态：一种是物料进入生产场地后就被凝固在场地中，和生产场地一起形成最终产品，如住宅、厂房、公路、铁路、机场、大坝等；另一种是物料流入生产场地后，“滞留”时间很长，形成最终产品后再流出，如大型的水电设备、冶金设备、轮船、飞机等。管理的重点是按照项目的生命周期对每阶段所需物料的质量、费用以及时间进度等方面进行严格的计划和控制。

(2) 连续型生产物流(流程式生产)：物料均匀、连续地进行流动，不能中断；生产的产品和使用的设备、工艺流程都是固定且标准化的；工序之间几乎没有在制品储存。管理的重点是保证连续供应物料和确保每个生产环节的正常运行。由于工艺相对稳定，有条件采用自动化装置实现对生产过程的实时监控。

(3) 离散型生产物流(加工装配式生产)：产品是由许多零部件构成的，各个零部件的加工过程彼此独立；制成的零件通过部件装配和总装配最后成为产品，整个产品的生产工艺是离散的，各个生产环节之间要求有一定的在制品储备。管理的重点是在保证及时供料和零部件的加工质量基础上，准确控制零部件的生产进度，缩短生命周期，既要减少在制品积压，又要保证生产的成套性。

(三) 从物料流经的区域和功能角度分类

生产物流细分为工厂间物流、工序间物流(车间物流)两部分。

(1) 工厂间物流：大型企业各专业车间运输物流或独立工厂与材料、配件供应厂之间的物流。

(2) 工序间物流：也称工位间物流、车间物流，指生产过程中车间内部，车间和仓库之间各工序、工位上的物流。其内容包括接收原材料、零部件后的储存活动，加工过程中的在制品储存活动，成品出厂前的储存活动，仓库向生产车间运送原材料、零部件的搬运活动，各种物料在车间、工艺之间的搬运活动等。

三、生产物流的基本特征

(一) 一般特征

企业的生产过程实质上是每个生产加工过程“串”起来时出现的物流活动，因此，一个合理的生产物流过程大多具有以下特征，才能保证生产过程始终处于最佳状态。

1. 连续性、流畅性

连续性、流畅性指物流总是处于不停的流动之中，包括空间上的连续性和时间上的流畅性。空间上的连续性要求生产过程各个环节在空间布置上合理紧凑，使物流的流程尽可能短，没有迂回往返现象。时间上的流畅性要求物料在生产过程的各个环节的运动自始至终处于连续流畅状态，没有或很少有不必要的停顿与等待现象。

2. 平行交叉性

平行交叉性指物料在生产过程中应实行平行交叉流动。平行是指相同的在制品同时传输到相同的工地(机床)上加工流动；交叉是指一批在制品在上道工序还未加工完时，将已完成的部分在制品转到下道工序加工。平行交叉流动可以大大缩短产品的生产周期。

3. 比例性、协调性

比例性指生产过程的各个工艺阶段之间、各工序之间在生产能力上保持一定的比例，以适应产品制造的要求。比例关系表现在各生产环节的工人数、设备数、生产面积、生产速率和开动班次等因素之间相互协调和适应。所以，比例是相对的、动态的。

4. 均衡性、节拍性

均衡性、节拍性指产品从投料到最后完工都能按预定采购计划(一定的节拍、批次)均衡地进行，能够在相同的时间间隔内(如月、旬、周、日)完成大体相等的工作量或稳定递增的生产工作量，很少有时松时紧、突击加班的现象。

5. 准时性

准时性指生产的各阶段、各工序都按后续阶段和工序的需要生产，即在需要的时候，按需要的数量，生产所需要的零部件。只有保证准时性，才有可能推动上述连续性、平行性、比例性、均衡性。

6. 柔性、适应性

柔性、适应性指加工制造的灵活性、可变性及可调节性。即在短时间内以最少的资源从一种产品的生产转换为另一种产品的生产，从而适应市场的多样化、个性化要求。

(二) 不同生产物流的特征

1. 项目型生产物流的特征

项目型生产是指具有项目特征(有具体的开始和结束时间，有严格定义的最终目标，有成本和时间计划，能够产生具体结果，只发生一次)的生产物流系统。

项目型生产物流的特征如下：

(1) 对于任何一件产品来说，由于造价高并且用户要求具体，一般是在接到客户订单后，组织一次性生产，因此物料采购量大，供应商多变，外部物流较难控制。

(2) 生产物料投入大、种类多、吨位大、物料流动性不强，几乎无半成品占用。

(3) 从设计、施工准备到物料采购、储运、施工或生产，直至交付客户使用，一般要经过数月或数年，无法通过计算生产节拍、节奏，按流水线方式组织生产，物流和加工场地的方向不确定，加工路线变化极大，工序之间的物流复杂多变。

(4) 物料需求与具体产品制造存在一一对应的相关需求。

2. 单件小批量型生产物流的特征

单件小批量型生产物流是指需要生产的产品品种多，但每一品种生产的数量甚少，生产重复度低的生产物流系统。

单件小批量型生产物流的特征如下：

(1) 生产的重复程度低，物料需求与具体产品制造存在一一对应的相关需求。

(2) 由于单件生产，产品设计和工艺设计存在低重复性，因此物料的消耗定额不容易或不适宜精确制订。

(3) 由于生产品种的多样性，因此制造过程中采购物料涉及的供应商多，外部物流较难控制。

3. 多品种小批量型生产物流的特征

多品种小批量型生产物流生产的产品品种繁多，并且每一品种有一定的生产数量，生产的重复度中等；产品设计系列化，零部件制造标准化、通用化；工艺过程采用成组技术；运用柔性制造系统(使生产系统能适应不同的产品或零部件的加工要求，并能减少加工不同零部件之间的更换模板时间)。由于企业必须按用户需求以销定产，因此企业的供、产、销物流的协调及配送管理工作变得较复杂。

多品种小批量型生产物流的特征如下：

(1) 物料生产的重复度介于单件生产和大量生产之间。

(2) 以MRP实现物料的外部独立需求与内部的相关需求之间的平衡，以JIT实现用户个性化特征对生产过程中物料、零部件、成品的拉动需求。

(3) 由于产品设计和工艺设计采用并行工程处理，因此物料的消耗定额容易准确制订，从而产品成本容易降低。

(4) 由于生产品种的多样性，因此对制造过程中物料供应商有较高要求，外部物流协调较难。

4. 单一品种大批量型生产物流的特征

单一品种大批量型生产物流的特征如下：

(1) 由于物料被加工的重复度高，因此物料需求的外部独立性和内部相关性易于计划和控制。

(2) 由于产品设计和工艺设计相对标准和稳定，因此物料的消耗定额容易并且适宜准确制订。

(3) 由于生产品种的单一性使得制造过程中物料采购的供应商固定，因此外部物流相对而言较容易控制。

(4) 为达到物流自动化和效率化，强调在采购、生产、销售物流各功能的系统化方面，运输、保管、配送、装卸、包装等物流作业中各种先进技术的有机结合。

5. 多品种大批量型生产过程及其生产物流的特征

1) 多品种大批量型生产的含义

多品种大批量型生产也叫大批量定制生产，是一种以大批量生产的成本和时间，提供满足客户特定需求产品和服务的新的生产物流系统。其基本思想是：将定制产品的生产，通过产品重组和过程重组转化或部分转化为大批量生产问题。对客户而言，所得到的产品是定制的、个性化的，对生产企业而言，该产品是采用大批量生产方式制造的成熟产品。这种生产方式目前在国外得到较快的发展，并且作为一种有效的竞争手段逐渐被企业所采用。事实上，制造的全球化和专业化分工是促使大批量定制生产在全球范围逐步实施的动力。

2) 多品种大批量型生产过程的特点

鉴于大批量定制生产的核心是在系统思想指导下，通过对企业的产品结构和制造过程重组，充分合理地使用企业内外部资源，以大批量生产的效率快速向客户提供多种定制产品，既能满足客户个性化需求，又不牺牲企业效益。所以，该系统的生产过程具有如下特点：

(1) 在生产方面，若要增加订单生产中库存生产的比例，可将企业生产过程中基于预测的库存生产转向响应客户需求的定制生产的转换点，尽可能向生产过程的下游移动，减少为满足客户订单中的特殊需求而在设计、制造及装配等环节中增加的各种费用。

(2) 在时间维优化方面，关键是有效地推迟客户订单分离点。企业不是采用零碎的方法，必须对其产品设计、制造和传递产品的过程，与整个供应链的配置进行重新思考。用集成的办法，企业能以最高的效率运转，以最小的库存满足客户的订单要求。

(3) 在空间维优化方面，关键是有效地扩大相似零件、部件和产品的优化范围，充分识别、整理和利用这些零件、部件和产品中存在的相似性。

3) 多品种大批量型生产物流的特征

按照客户不同层次的需求，可以将大批量定制生产粗略分成三种模式，即面向订单设计、面向订单制造和面向订单装配。可以看到，三种模式都以订单为前提。所以，生产物流特征表现在如下五个方面。

(1) 由于要按照大批量生产模式生产标准化的基型产品，并且在此基础上按客户订单的实际要求对基型产品进行重新配置和变型，所以物料被加工成基型产品的重复度高，而对装配流水线则需要保持柔性，从而实现大批量生产和传统制造生产的有机结合。

(2) 物料的采购、设计、加工、装配、销售等流程满足个性化定制要求，这就促使物流必须有坚实的基础——订单信息化、工艺过程管理计算机化与物流配送网络化。实现这个基础需要一些关键技术支持，如现代产品设计技术(CAD、CAM)、产品数据管理技术(PDM)、产品建模技术、编码技术、产品与过程的标准化技术、面向 MC 的供应链管理技术、柔性制造系统等。

(3) 产品设计的“可定制性”与零部件制造过程中由于“标准化、通用化、集中化”带来的“可操作性”的矛盾，往往和物料的性质与选购、生产技术手段的柔性与敏捷性有很大关联。因此，创建可定制的产品与服务非常关键。

(4) 库存不再是生产物流的终结点，基于快速响应客户需求的物流配送与合理化库存将真正体现基于时间竞争的物流速度效益。单个企业物流将发展成为供应链系统物流、全球供应链系统物流。

(5) 生产品种的多样性和规模化制造要求物料的供应商、零部件的制造商以及成品的销售商之间密切合作，保持沟通，使基于标准服务的定制化产品和基于定制服务的产品标准化。

四、生产物流组织

(一) 生产物流的空间组织

生产物流的空间组织是相对于企业生产区域而言的，目标是如何缩短物料在工艺流程中的移动距离。一般有三种专业化组织形式，即工艺专业化形式、对象专业化形式、成组工艺形式等。

1. 工艺专业化形式组织生产物流

工艺专业化形式的特点是把同类的生产设备集中起来，对企业将要生产的各种产品进行相同工艺的加工，即加工对象多样化，但加工工艺、方法却雷同。

优点：对产品品种的变化和加工顺序的变化适应能力强，生产系统的可靠性较高，工艺及设备管理较方便。

缺点：物料在加工过程中物流次数及路线复杂，难于协调。

在企业生产规模不大、生产专业化程度低、产品品种不稳定的单件小批生产条件下，适宜采用工艺专业化形式组织生产物流。

2. 对象专业化形式组织生产物流

对象专业化形式的特点是把生产设备、辅助设备按生产对象的加工路线组织起来，即加工对象单一，但加工工艺、方法多样化。

优点：可减少运输次数，缩短运输路线；协作关系简单，简化了生产管理。

缺点：对品种的变化适应性差，工艺及设备管理较复杂。

3. 成组工艺形式组织生产物流

成组工艺形式是结合了以上两种形式的特点，按成组技术，把具有相似性的零件分成一个成组生产单元，根据其加工路线组织设备。

优点：可以大大简化零件的加工流程，减少物流迂回路线，在满足品种变化的基础上有一定的批量生产，具有柔性和适应性。

（二）生产物流的时间组织

生产物流的时间组织是指一批物料在生产过程中各生产单位、各道工序之间在时间上的衔接和结合方式。合理组织生产物流，不但需要缩短物料流程的距离，而且要加快物料流程的速度，减少物料的成批等待，实现物流的节奏性、连续性。通常，一批物料有三种典型的移动组织方式，顺序移动、平行移动、平行顺序移动。

（三）生产物流的人员组织

生产物流的人员组织主要体现在人员的岗位设计方面。实现生产物流在空间、时间两面的组织形式，必须重新对工作岗位进行再设计，以保证生产物流优化而通畅。人力资源管理理论提倡岗位设计应该把技术因素与人的行为、心理因素结合起来考虑。

根据生产物流的特点，岗位设计的基本原则应是“因物料流向设岗”、“因设备、因组织设岗”，因此要考虑以下四个问题：

(1) 岗位设置数目是否符合最短物流路径原则(目标是以尽可能少的岗位设置完成尽可能多的工作任务)。

(2) 所占岗位是否实现了各工序之间的有效配合(目标是保证生产总目标、总任务的实现)。

(3) 每个岗位是否在物流过程中发挥了积极的作用(目标是岗位之间的关系协调)。

(4) 物流过程中的所有岗位是否体现经济、科学、合理的系统原则(物流优化)。

五、生产物流常见问题及其管理

（一）生产物流中常出现的问题

生产物流一般都具有结构复杂、物流节奏快、物流路线复杂、信息量大、实时性要求高等特点。为了适应生产现代化和绿色制造的要求，生产物流系统除了包括仓储系统、搬运系统、配送计划与实施系统、物流信息系统和物流控制系统之外，还应包括逆向物流系统。现阶段，企业内部的生产物流通常存在以下问题：

(1) 企业无法对客户的需求和订单交期做出快速反应。

(2) 物料的基础包装没有得到改善，经常需要倒换包装，现场管理混乱。

(3) 物料库存管理不善，生产要料计划性差，导致需要的料找不到，到处是积压的料，经常发生紧急要料。

(4) 供应商管理不善，采购提前期长。

(5) 物料处理与信息系统的互动性、结合性较差。

(6) 车间在制品存量居高不下。

(7) 退料、返修品、断点物料很难管理。

(8) 设备和人员负荷不均。

(9) 部门协作差，尤其是在多地点生产和经营或者零部件数量庞大时，部门间信息传递速度太慢，经常失真。不同的生产过程形成了不同的生产物流系统，要建立合理、高效的生产物流系统，企业需要综合考虑生产工艺、生产类型、生产规模、专业化以及协作水平等因素。

(二) 生产物流管理

生产物流系统中的物料管理模式在生产物流中，物料会随着时间进程不断改变自己的实物形态和工位，不是处于加工、装配状态，就是处于储存、搬运和等待状态。就管理的方式而言，不同模式的生产物流系统下的物料管理的方式也有所不同。

1. TOC 的物流管理模式

TOC(Theory of Constraint，约束理论)哲理分析生产计划与控制的方法是一种称之为“鼓—缓冲器—绳子”的系统，简称 TOC 系统。在离散型制造情况下，运用 TOC 系统主要包括以下几个步骤：

(1) 识别企业生产的真正“瓶颈”所在，是控制物流的关键。

(2) 基于“瓶颈”，建立主生产计划。

(3) 设置“缓冲器”并进行监控，以防止随机波动，使瓶颈资源不至于出现等待任务的情况。

(4) 对生产物流进行平衡，使得进入非瓶颈资源的物料被瓶颈资源的产出率所控制，即“绳子”。对非瓶颈资源安排作业计划，要使之与瓶颈资源上的工序同步。

在 TOC 模式下，必须按照瓶颈工序的物流量来控制瓶颈工序前道工序的物料投放量，以保持在均衡的物料流动条件下进行生产。

2. JIT 拉动式物流管理模式

在 JIT 拉动式物流管理模式下，物料管理从最终产品装配出发，由下游工序反向来拉动上游的生产和运输。每个车间或工序都是“顾客”，按当时的需要提出需求指令，前序车间或工序成为“供应商”，按“顾客”的需求指令进行生产和供应，没有需求就不能进行作业，通过需求的信息流逆向拉动物流。

JIT 拉动式物流系统的最大特点是市场供需关系的工序化。它以外部市场独立需求为起点，拉动相关物料需求的生产和供应。生产系统中的上下游、前后工序之间形成供应商—顾客关系，下游和后工序“顾客”需要什么，上游和前工序“供应商”就“准时”提供什么，物流过程精益化。该系统适用于重复性生产，更适合生产过程中低级需求的控制和计划。

3. ERP 物流管理模式

ERP 系统的运作原理是，控制中心按企业资源计划，通过 BOM 计算物料需求计划，然后在物料需求计划的基础上根据供应商采购原则以及各种物料生产阶段对应的提前期，确定原材料、零部件和产品的供应计划(包括运输计划)向相关车间或工序以及供应商发出生产和订货计划(看板)指令。ERP 物流管理模式的特点如下：

(1) 起点是生产计划。

(2) 基础数据来源于准确的 BOM 以及采购供应计划。

(3) 计划信息流同时指导并推动实物流的流转。

按计划安排进行生产，把加工/外购的零部件送到后续车间和后工序，并将实际完成情况反馈到计划部门。

这是一种以计划性为主的推进式物流管理方式，但是由于各类因素的干扰，外部需求经常波动，内部运行也时常发生异常，各类提前期的预测也不尽准确，易造成“计划变化滞后”的情况，导致各车间、工序之间的物料数量和品种都难以衔接，交货期难以如期实现。为了解决这些矛盾，通常采用快速调整计划、设立安全库存、紧急送料等措施。

实际上，在生产物流中，企业必须结合自己的产品和生产的特性，选择合适的管理方式。另外，有些企业也常常综合以上几种形式的优缺点，采取混合策略，如 ERP 与 JIT 相结合的管理方式。

六、生产物流管理中的关键技术

(一) 包装的单元化和标准化

包装的单元化和标准化是企业物流的基础工作，对于零部件的保护、后续的物流规划以及物流量的测定起关键作用。采用合理的单元化器具，能够减少无效劳动(如倒装，在加工过程中不落地)，提高劳动效率，简化现场管理，减少安全隐患。

包装单元化、标准化的规划理念主要从宏观和微观两个层面上把握。从宏观上讲，要从供应链的角度设定所有物料的尺寸链。从托盘到周转箱、专用料架等都要与这个尺寸链相配合。从微观上讲，要符合包装设计的基本要求，如兼顾保护零部件和节省空间的原则，选择合适的外包装材料、内部分隔材料等。同时，包装单元的装载数量要固定，以便现场管理，简化现场人员的统计工作量。某些工厂对于包装和线旁工位器具的管理要求较高，这样就需要将包装物也纳入工艺日常管理中，如对于包装物的清理、清洗(清除油污、标签等)、修理、存放等。

(二) 现代物料搬运设备与技术

搬运系统，即搬运技术和装备的选择，一定程度上决定生产物流系统的布局和运行方式，并对生产系统的运作效率、复杂程度、投资大小和经济效果影响很大。生产物流中重要的问题就是选择合适的搬运设备。这些设备应能适应被搬运物料的性质、重量、形状、尺寸及物流量，既要使设备的固定投资少，又要达到设定的搬运需求。

搬运方式有连续搬运、间歇搬运、往返搬运几种，路径方向分为水平、倾斜、垂直或二维方向。其他搬运要求有合流分流、定位停止、高速搬运、堆放等。同时还要考虑搬运的对象和环境，如成形、粉体、烘干环境和清洁环境等。最后才确定搬运的方式、设备组合、规格数量。搬运的速度需求主要根据生产节拍来计算。

常见的搬运设备有叉车、堆高机、自动堆垛机、自动导引小车(AGV)、自动化输送分拣系统(包括悬挂链、输送机、分拣机)、搬运与码垛机器人、上下料机器人等。

常见的搬运技术包括：

(1) 物料识别技术：如射频识别技术、条形码技术等。

(2) 物流自动化技术：如自动引导小车技术、搬运机器人技术等。

(3) 自动控制技术：如集散控制系统、集中控制系统、现场总线技术、以太控制网络、人机交互技术等。

(4) 物流集成化技术：集信息化、机械化、自动化和智能化于一体化。

(三) 布局规划技术

目前，物流系统布局的主要内容包括企业内部车间部门的位置以及车间内部工序的布局，车间内成品区、半成品区、辅料区以及其他相关辅助设施的位置分配等。

合理的布局可以使物料或成品的搬运量最小。因为车间内的物流量是根据产品的工艺路线所决定的，各车间的位置、车间内部工序的位置以及相关辅助生产的位置确定以后，物料流动的路线基本上也就确定了。换句话说，物料是服从工艺的。

实施系统布局的基础是对企业生产的产品和产量进行分析和综合，这些数据来自详细的基础数据分析。所以在实施系统布局过程中，首先是调查研究、收集资料；其次是分析有关资料的相互关系，在详细调研的基础上设计方案；最后对若干方案进行选择并组织实施。近年来也出现了一些计算机辅助进行布局设计的技术(CAD)。这种做法不但能大大改善和加速布局设计的进程，而且借助人机交互和计算机绘图技术等，可以迅速生成多种布局方案，以启发设计者的思路。

(四) 生产物流信息化

信息管理是现代生产物流管理的核心和基础，生产物流过程实际上是物料流动和信息流动的过程。无论是物料管理、状态监控还是作业管理都离不开物流信息。物流信息系统在生产物流中的功能主要是对物流信息进行搜集、传递、储存、加工和维护，具有预测、控制和辅助决策等功能。随着物流系统的发展，物流信息量会变得越来越大，物流信息技术更新的速度也越来越快，如果仍对信息采取传统的手工处理方式，则会造成一系列信息滞后、信息失真、信息不能共享等信息处理瓶颈，从而影响整个物流系统的效率。随着信息技术的不断进步，RFID 技术，基于信息平台、数据挖掘与智能化的技术等也开始被应用于物流信息系统中。

(五) 在制品(WIP)库存控制

在制品库存控制具有以下作用：

(1) 在保证企业生产、经营需求的前提下，使在制品库存量经常保持在合理的水平上。

(2) 掌握在制品库存量动态，适时、适量地进行生产活动，避免超储或缺货。

(3) 减少在制品库存空间占用，降低在制品库存总费用。

(4) 控制在制品库存资金占用，加速资金周转。

但是，在制品库存量并不是越小越好，若数量太小，则无法满足生产量的要求。可使用仿真方法确定加工工段的生产节拍，进而给出每个加工工段所需的看板数量，以避免动态生产环境下的任务积压。

在制品库存控制策略包括以下几个：

(1) 批次调整：规定多少产品组成一个批次，在某一时刻开始加工。

(2) 任务分派：确定接下来哪个批次在哪台设备上加工。

(3) 任务外协：当理想输出与实际输出产生差异时，生产系统产生积压任务。此时可采取相应的措施，如增减作业班组、任务外协等，以保持在制品库存稳定。

(六) 总装物料的配送技术

配送计划一般针对流水装配线的生产形式。在现有对总装物料配送的研究当中，以有效控制配送中发生的运输成本和运输时间(不断线)为内容的物料配送问题成为研究的核心和目标。

物料配送计划即是在满足工位需求的条件下，为各工位配送合理的物料数，派遣最少的车辆，并为配送车辆指定运输时间和运输费用最省的路线。因此，如何应用现代数学方法及计算机技术快速求解优化调度方案是重要的技术课题。它可以很好地保证物料供应、降低配送成本、提高配送效率的要求。

总装物料配送技术的几个关键点如下：

1. 看板拉动

可采用看板或者按灯系统的方式进行物料索取。如果生产能实现均衡化，则配送的需求可以按照生产节拍提前确定，从而为指定配送计划打下基础。

2. 路线巡回

配送车辆由配送点出发后，必须完成其所指派工位的配送任务，然后返回配送点。所以对每一部车辆而言，行驶路线安排是一个经典的路线规划问题。对于总装配送的实际情况来说，路线巡回是一个巡回多点送货问题。

3. 车辆选择问题

因为每一配送车辆都有载重量和容积的规定限制，所以装载问题从另一个角度来看，也是配送车辆的选择问题。

4. 线旁库存(缓冲区)定义

线旁库存实际就是在线旁空间利用合理化的基础上，保证物料的供应、生产的连续、线旁库存最小化的问题，其与总装配送的频次和配送量密切相关。

5. 多车多点巡回送货路线优化

总装线的工艺存在装配工位的先后次序，某些工位甚至有严格的物料时间需求限制，因此在满足工位需求的前提下，需要形成一个可行的、有效率的行程计划。该计划必须对多个配送车辆、路线，以及配送频次、配送量和时间作详细的规定，这就是配送的总体计划，也是路线优化技术的核心。

配送计划要有一定的柔性，以应对临时生产计划更改，或者紧急送料等意外情况。

七、生产物料管理规划

由于生产物流系统是一个复杂的系统，我们在进行生产物料管理规划时，需要注意以下原则：

(1) 物流距离最小原则。物流过程不增加任何附加值，徒然消耗大量人力、物力和财力，因此物流距离要短，搬运量要小。

(2) 流动性原则。良好的企业生产物流系统应使物料流动顺畅，消除无谓停滞，力求生产流程的连续性。当物料向成品方向前进时，应尽量避免工序或作业时间的逆向交叉流动或发生物料混乱情况。

(3) 高活性原则。采用高活性指数的搬运系统，尽量减少二次搬运和重复搬运量。

(4) 均衡性原则。在物流计划、配送、运输等环节中实现作业负荷的同步性、均匀性。

(5) 低成本原则。实现低投入、高产出，从价值流的角度进行分析，取消一切不增值的活动，改善公司的现金流，其中库存控制是重点。

单元四 销售物流

销售物流是企业物流系统的一个重要环节，是企业物流与社会物流的最后一个衔接点，是企业物流与社会物流的转换点，它与企业销售系统相配合，共同完成产品的销售任务。

一、销售物流概念

企业的产品只有经过销售才能实现其价值，从而创造利润。销售物流是指生产企业、流通企业出售商品时，物品在供货方与需求方之间的实体流动。它是生产者至用户或消费者之间的物流，包括产成品的库存管理、仓储、发货运输、订单处理与客户服务等活动，是包装、储存、运输、配送等诸环节的统一。对销售物流概念的理解包括以下几个方面：

(1) 销售物流是一个系统，具有一体化特征。它是企业为保证自身的经营利益，将产品所有权转给用户的物流活动，包括订货处理、产成品库存、产品包装、发货运输、销售配送等物流活动。

(2) 销售物流是连接生产企业和用户的桥梁。销售物流是企业物流的一部分。销售物流是企业物流活动的一个重要环节，它以产品离开生产线进入流通领域为起点，以送达用户并经售后服务为终点。

(3) 销售物流是企业物流与社会物流的另一个衔接点。作为连接生产企业与用户的桥梁，企业销售物流与社会销售系统相互配合共同完成企业的分销和销售任务。

(4) 销售物流是生产企业赖以生存和发展的条件。对于生产企业来讲，物流是企业的第三利润源，降低销售物流成本是企业降低成本的重要手段。

(5) 销售物流成本占据了企业销售总成本的 20%左右，销售物流的好坏直接关系到企业利润的高低。企业一方面依靠销售物流将产品不断运至消费者和用户，另一方面通过降低销售过程中的物流成本，间接或直接增加企业利润。

(6) 销售物流具有很强的服务性。在现代社会中，市场环境是一个完全的买方市场，只有满足买方要求，卖方才能最终实现销售。在这种市场前提下，销售往往以送达用户并经过售后服务才算终止，因此销售物流具有更强的服务性。销售物流的服务性表现在要以满足用户的需求为出发点，树立“用户第一”的观念，要求销售物流必须快速、及时，这不仅是用户和消费者的要求，也是企业发展的要求。

二、销售物流系统

企业销售物流是企业物流的一个重要环节，它与企业的销售系统相结合，共同完成产品的销售任务。如图 11-4 所示，销售物流与销售系统组成一个系统，主要包括销售订单管理、销售仓储管理、销售运输管理、销售配送管理、销售终端管理和销售退货管理等。

图 11-4　销售物流作业系统

销售物流归根到底是由客户订单驱动的，而物流的终点又是客户。因此，在销售物流之前，企业要进行售前的各种市场活动，包括确定客户(潜在客户、目标客户)、与客户的联系、产品展示、客户询价、报价、报价跟踪等。所以，从企业方面来看，销售物流的第一个环节应该是订单处理。在客户接受报价后就开始处理销售订单。订单记录了客户的需求、订货的价格，并检查客户信用度和可用的物料。然后，根据销售订单实施其他物流业务。若有库存，则生成产品提货通知单，物流配送部门根据提货通知单生成物流配送单，进行销售运输，组织配送等。若没有库存，则生成产品需求单(包括采购单)，再把信息传递给生产物流管理系统或供应物流管理系统。

对于因损坏或其他原因退回的货物，还应该实施退货处理。退货在销售活动中会经常发生。由于销售退还的商品需要登记和管理，还会有费用发生，因此退货作业与企业经济效益紧密相关，不仅要在数据上区分退换商品与正品，而且要分别存放。

三、企业销售物流服务

(一) 销售物流服务的构成要素

销售物流服务的构成要素如下：

(1) 时间。时间要素通常是指订货周期，是从客户确定对某种产品有需求到需求被满足之间的时间间隔，也称提前期。时间要素主要受订单传达时间、订单处理时间、订货准备时间及订货装运时间等几个变量的影响。客户订货周期的缩短标志着企业销售物流管理水平的提高。

(2) 可靠性。可靠性是指根据客户订单的要求，按照预定的提前期，安全地将订货送达客户指定的地点。它包括提前期的可靠性、安全交货的可靠性、正确供货的可靠性等。可靠性的提前期能使客户的库存、缺货、订单处理和生产计划的总成本最小化。安全准时交货可以降低库存量，减少缺货损失，降低库存成本。正确供货可以避免失销或停工待料等情况发生。

(3) 通信。与客户通信是监控客户服务的可靠性的关键手段。设计客户服务水平必须包括客户通信，通信渠道应对所有客户开放，这是销售物流外部约束信息来源。没有与客户的联系，管理者就不能提供有效、经济的服务。

(二) 销售物流服务的重要性

销售物流服务的重要性表现在以下几个方面：

(1) 提高销售收入。销售物流服务是企业物流的重要因素，它直接关系到企业的市场营销。服务是产生差异性的重要手段，搞好销售物流服务可以“区别”在客户印象里没有区别的产品。一般来说，提高客户服务水平可以增加企业销售收入，提高市场占有率。

(2) 提高客户满意度。对于消费者来说，他关心的是所购买的全部产品，即不仅是产品的实物特点，还有产品附加价值。而销售物流服务就是提供产品附加价值的活动，它能增加购买者所获得的效用。良好的销售物流服务会提高产品价值和客户的满意度。因此，许多企业都将销售物流作为企业物流的一项重要功能。

(3) 留住客户。研究表明，同开发新客户相比，留住现有客户成本低，而且满意的客户会提供中介并且愿意支付溢价。相反，一个对服务提供者感到不满的客户将被竞争对手获得。物流领域的高水平客户服务是吸引并留住客户的重要手段。

总之，提高销售物流客户服务水平是提高企业竞争优势的重要途径，企业的销售物流服务与产品质量具有同等重要性，需要引起企业管理者的高度重视。

四、与 DRP 系统相配合的销售物流

(一) DRP 的概念

DRP(Distribution Resource Planning)是配送需求计划(又称分销需求计划)的简称，它是一种既保证有效地满足市场需求又使物流资源配置用量最省的计划方法，是 MRP 原理在流通领域的应用。

DRP 是管理企业的分销网络的系统，目的是使企业对订单和供货具有快速反应和持续补充库存的能力。

通过互联网将供应商与经销商有机地联系在一起，DRP 为企业的业务经营及与贸易伙伴的合作提供了一种全新的模式。供应商和经销商之间可以实时地提交订单、查询产品供应和库存状况，并获得市场、销售信息及客户支持，实现供应商与经销商之间端到端的供应链管理，有效地缩短供销链。

新的模式借助互联网的延伸性及便利性，使商务过程不再受时间、地点和人员的限制，企业的工作效率和业务范围都得到了有效的提高。企业也可以在兼容互联网时代现有业务模式和现有基础设施的情况下，迅速构建 B2B 电子商务平台，扩展现有业务和销售能力，实现零风险库存，大大降低分销成本，提高周转效率，确保获得领先一步的竞争优势。

(二) DRP 的适用范围

DRP 主要解决分销商品的供应计划和调度问题，广泛用于两类企业：一类是流通企业，如储运公司、配送中心、物流中心、流通中心等，这些企业的基本特征是不一定搞销售，但一定有储存和运输业务，其目标是在满足用户需要的原则下，追求有效地利用资源(如车辆)，得到总费用最省；另一类是大型生产企业，它们有自己的销售网络和销售物流系统，具体组织储、运、销活动。这两类企业共同之处是：以满足社会需求为自己的宗旨；依靠一定的物流能力(储运、包装、装卸搬运能力等)来满足社会的需求；从制造企业或物资资源市场组织商品资源。

(三) DRP 的原理

DRP 的原理如图 11-5 所示，它输入三个文件，输出两个计划。

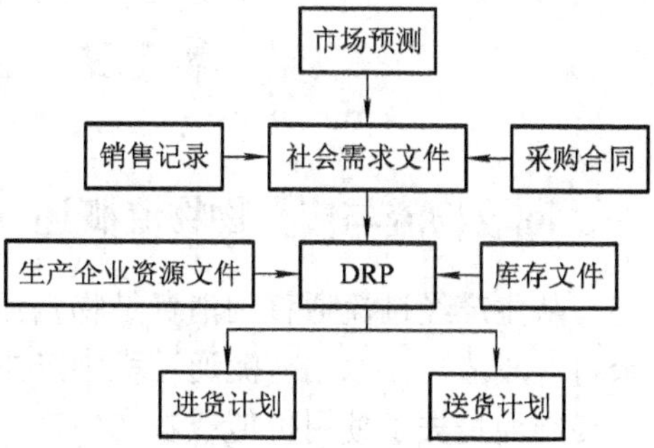

图 11-5　DRP 的原理

1．输入文件

输入文件包括以下三个：

(1) 社会需求文件。它包括所有用户的订货单、提货单和供货合同，以及下属子公司、企业的订货单，此外，还要进行市场预测，确定一部分需求量。所有需求要按品种和需求时间进行统计，整理成社会需求文件。

(2) 库存文件。它对自有库存商品进行统计列表，以便针对社会需求量确定必要的进货量。

(3) 生产企业资源文件。它包括可供应的品种和生产厂的地理位置等，其中地理位置与订货期有关。

2．输出计划

输出计划包括以下两个：

(1) 送货计划。这里指的是对用户的送货计划。为了保证所送的货物按时送达，要考虑作业时间和路程远近，提前一定时间开始作业。对于大批量需求可实行直送，而对于数量众多的小批量需求可以进行配送。

(2) 进货计划。它是指从生产厂订货进货的计划。对于需求商品，如果仓库内无货或库存不足，则需要向生产厂订货。当然，也要考虑一定的订货提前期。

(四) 实施 DRP 的意义

应用 DRP 的潜在经济效益很大。据资料介绍，在北美地区，企业在物资流通领域的花费约占总产值的 20%，这部分物流成本的构成分析表明，其中 89%能够发挥主要集中在库存维持、仓库管理、运输费用上，这些正是 DRP 作用的领域。

据一些成功实施 DRP 的企业总结，它们取得了以下成绩：顾客服务水平从 85%提高到 97%；物流系统库存量减少 25%；物流成本减少 15%；库存积压物资减少 80%。更为重要的是，实施 DRP 还能为企业带来难以用数字描述的、更广泛的潜在效益。既然物流企业信息化程度不高是制约物流企业发展的关键，那么就必须以先进的信息化技术和优秀的管理思想来推动物流企业的发展。DRP 就是以业务流程优化为基础，以销售与库存综合控制管理为核心的采购、库存、销售、促销管理、财务以及企业决策分析功能于一体的高度智能化的企业配送业务解决方案。它能够实现物流企业高效率的集成化管理，具有优化流程与规范化管理、降低经营成本、优化资源分配等功能。

DRP 系统成功的案例不胜枚举。一些有实力的大公司自己设计开发应用 DRP 并运营管理的物流管理信息系统，它们需要的是 DRP 系统的功能甚至高于可以从市场上买来的 ERP 系统的分销模块。这些系统往往是量身定做的，有很强的针对性，并能给企业带来巨大的经济效益，体现企业的核心竞争力。

单元五 回收与废弃物物流

一、回收物流与废弃物物流概述

从生产经过流通直到消费是物资流向的主渠道。在这一过程中有生产过程形成的边角余料、废渣、废水，有流通过程中产生的废弃包装器材，也有大量因变质、损坏、使用寿命终结而丧失了使用价值或者在生产过程中未能形成合格产品而不具有使用价值的物资，它们都要从物流主渠道中分离出来，成为生产或流通中产生的排泄物。这些排泄物一部分可以回收并再生利用，称为再生资源，形成了回收物流；另一部分在循环利用过程中基本或完全失去了使用价值，成为无法再利用的最终排放物，从而形成了废弃物物流。

如果回收物品处理不当，就会影响整个生产环境，甚至影响产品的质量，占用库存空间，造成浪费，因此，回收物流与废弃物物流的意义重大，具体表现在以下几个方面：

1．回收物流与废弃物物流合理化的资源意义

自然界的资源不是无限的，而是有限的，在资源日渐枯竭的今天，人类越来越重视通过回收物流将可利用的废弃物收集、加工，重新补充到生产、消费的系统中去。

2．回收物流与废弃物物流合理化的经济意义

废弃物资是一种资源，但和自然资源不同，它们曾有过若干加工过程，本身凝聚着能量和劳动力的价值，因而常被称为载能资源。回收物资重新进入生产领域作为原材料会带来很高的经济效益。

3．回收物流与废弃物物流合理化的社会意义

废弃物的大量产生会影响人类赖以生存的环境，因此必须有效地组织回收物流与废弃物物流，使废弃物重新进入生产、生活循环或得到妥善处理。

通常来说，这一流动与物流中的供应、生产、销售的流动方向正好相反，因而回收物流的过程也称为“逆向物流”。中国的许多环境污染是由企业造成的，为了减少因企业的排放而导致的环境污染，必须加强回收。

二、回收物流与废弃物物流技术

(一) 回收物流与废弃物物流技术的特点

回收物流与废弃物物流仍然是由运输、储存、装卸、包装、流通加工和物流信息等环节组成的，其物流技术也是围绕这些环节发展的，但因系统性质不同，所以技术特点也有差异，具体表现在以下几个方面：

(1) 小型化、专用化的装运设备。使用各种机动车和非机动车，采用多阶段收集、逐步集中的方式将分布广泛的各类生产和生活废弃物回收处理。

(2) 多样化的流通加工。对回收的废弃物根据其类别采用分拣、分类、压块、捆扎、切断和破碎等加工处理方法。

(3) 简易包装与储存。对于废弃物多数不需包装，只要求露天存放，但对于一些特殊废弃物应将其包装，以防止环境污染。

(二) 回收物流技术

1. 以废玻璃瓶为代表的回送复用技术

废玻璃瓶作为再生资源，在回收物流过程中，有一个回送复用的运输系统，依靠这个运输系统，可将用过的玻璃瓶再回运给生产企业，成为再生资源。

2. 以废旧汽车为代表的拆解及破碎分选物流技术

废旧汽车是再生资源，在废旧汽车回收物流过程中，流通加工处于重要位置，所有的废旧汽车几乎都可以通过一定的流通加工，然后以各种新的资源进入到新一轮循环中加以利用。

3. 以废纸为代表的收集物流技术

在回收废纸资源的物流过程中，有一个收集废纸的废纸收集物流系统，这种收集系统是集货系统的一种，废纸需要收集，才能批量提供给回收加工业。

4. 以粉煤灰为代表的联产供应物流技术

粉煤灰作为再生资源，在回收物流过程中，采用管道这种物流手段，将电厂排放的粉煤灰通过管道直接运送供应给生产企业，进行加工处理。

另外，以钢铁冶金行业为例，对于炼铁产生的粉尘通过布袋和电除尘进行回收，使粉尘排放到空气中的粒度达到国家标准。

(三) 废弃物物流技术

1. 垃圾掩埋

垃圾掩埋是指在一定规划区内，利用原来的废弃坑、塘或用人工挖出深坑，将垃圾运来后倒入，到一定处理量之后，表面用土掩埋。

2. 垃圾焚烧

垃圾焚烧是指在一定地区用高温焚烧垃圾以减少垃圾和防止污染及病菌、虫害滋生。

3. 垃圾堆放

垃圾堆放是指在远离城市地区的沟、坑、塘、谷中，选择合适位置直接倒垃圾。

4. 净化处理加工

净化处理加工是指对垃圾进行净化处理，以减少对环境危害的废弃物物流技术，尤其是废水的净化处理。

5. 垃圾发电

垃圾发电是指对垃圾进行技术处理，利用现代技术手段，对垃圾进行转化，通过燃烧和化学降解使其转换成热能和电能。

任务三　项目单项能力训练

一、单项选择题

1. 下列不是企业物流目标的是(　　)。

A. 快速响应　B. 最低库存　C. 最低成本　D. 最小变异

2. 物料类别的(　　)就是指企业设立的每个物料类别所包含的物料之间不存在交叉性，即类别与类别之间只是相互独立的关系而不应该是相互包含的关系。

A. 完整性　B. 互斥性　C. 一致性　D. 可操作性

3. 物料需求计划的英文简写是(　　)。

A. MRP　B. MRP2　C. ERP　D. JIT

4. (　　)是指物流总是处于不停地流动之中，包括空间上的连续性和时间上的流畅性。

A. 均衡性、节拍性　B. 比例性、协调性

C. 平行交叉性　D. 连续性、流畅性

5. 下列不是常用的废弃物物流技术的是(　　)。

A. 垃圾掩埋　B. 垃圾焚烧　C. 垃圾回收　D. 垃圾发电

二、判断题

1. 企业物流是以企业生产经营为核心的物流活动，是具体的、微观的物流活动的典型领域。(　　)

2. 最低库存是企业物流作业目标中最基本的要求。(　　)

3. 供应物流是生产物流的前端，供应物流在企业物流中有着十分重要的地位和作用。(　　)

4. 生产物流的空间组织是相对于企业生产区域而言的，目标是如何缩短物料在工艺流程中的移动距离。(　　)

5. MRP 是一种既保证有效地满足市场需求又使得物流资源配置用量最省的计划方法。(　　)

三、简答题

1. 结合物流及企业物流的发展，分析企业物流发展的必然性和可行性。

2. 企业物流管理的发展趋势与物流发展趋势之间是否有联系？如若有联系，是什么将两者的发展联系起来的?

3. 总结不同类型企业之间企业物流的异同点。

4. 企业物流业务之间是如何衔接的？业务之间的协调发展是如何实现的？

5. 现代企业在选择物流组织结构的时候应考虑哪些因素？分析各种物流组织结构模式的优缺点。

6. 简述企业物流业务外包与自营的优缺点。

任务四　项目综合技能训练

海尔进军物流业

时下，“物流”成为社会上较为时尚的名词，经常被人们所提及，尤其是在我国竞争相当激烈的家电行业，更是把物流放到了企业发展的重要地位。众多的家电厂商积极地增强

自身的物流能力，并以此作为企业增强市场竞争力的有效途径。有的企业更是专门成立了物流子公司或者专门的物流业务部门来加强自己的物流实力，以适应越来越多样化、个性化的市场需求，从而降低企业的物流运作成本，提高物流服务质量，为企业的进一步发展创造条件。海尔作为我国乃至世界上很有影响力的家电制造厂商也不例外。海尔从1999年开始大力发展自己的物流能力，成立了专门的物流推进本部，在短短几年时间取得了显著的成绩，也打响了海尔物流这一金字招牌，在我国的物流领域树立起了海尔物流这面旗帜，对企业的发展起到了积极作用。

20世纪60年代企业间竞争的主要因素是成本，到70年代竞争的主要因素转变为质量，进入80年代以后竞争的主要因素就变成了时间。这里说的因素主要是指交货期和响应周期。用户不但要求广大厂家要按时交货，而且要求的交货期越来越短，这就对生产制造企业提出了越来越高的要求。一般而言，生产制造企业的物流业务要么自己做，要么让其合作伙伴——专业的第三方物流公司做。

尽管海尔在“三个转移”的思路中提出了“从制造业向服务业转移”的产业方向，但是海尔目前仍然是一个制造企业，因此，海尔不能像有些国外的跨国公司那样，把生产和分销全部外包出去。如果海尔也将自己的生产部分外包出去，那么海尔将可以省去在物流方面的大量投入，比如海尔为了其整个物流系统的顺利运作所建立的仓库、立体库和各个物流节点设施，以及为了公司物流网络的效率而搭建的现代化物流信息平台，而且在平时的实际作业当中还需要投入大量的人力、物力、财力，这种投入都是相当巨大的。那么，海尔为什么不向发达国家的制造商那样与专业的物流公司合作，由物流公司一起来承担物流业务呢？总体来看，主要有以下几个方面的原因：

(1) 我国的第三方物流尚未成熟。无论是第三方物流，还是第四方物流，在中国发展尚需时日。我国的物流是近几年才发展起来的，物流被社会所重视并加大在这方面的投入的时间并不长，还无法形成完整的服务体系。而海尔这样一个以国际化经营为战略方针的大企业，没有时间也没有可能坐等第三方物流发展起来之后才进行物流业务，所以自己做物流就成为一种必然。

(2) 物流外包有限度的问题。无论是传统物流，还是现代供应链条件下的系统性的物流运作，物流外包总是有限度的，不能认为物流外包无所不能，它总有能够外包的部分和不能够外包给别人来做的部分。如果物流无限延伸就会涉及企业的商业秘密，比如，从采购计划就可以了解到企业的生产经营计划、新产品开发等商业秘密。尤其是在中国目前信用制度并不十分健全的情况下，企业生产经营上的商业机密性的信息是不能轻易告诉其合作伙伴的，这是关系到企业生死存亡的大事。海尔的物流是从源头做起、从采购做起，因此，出于商业考虑，海尔自己做物流无可厚非。

(3) 海尔对物流服务的要求没有公司能完成。企业外部物流可以外包，但是企业内部的物流也可以外包吗？显然，在目前条件下是不能实现的。首先是没有哪个企业有能力为海尔做物流。以用于国际市场的国际采购为例，由于外贸和外汇制度，中间环节必然产生关税，这样，就会占用更多的资金，加大成本。即使不是，国内的供应商能够独立完成国际采购和物流，并且可以在网上交易的企业也是凤毛麟角。从道理上讲，作为制造企业，海尔应当将其物流业务外包给第三方物流企业，实行专业化的合作与经营。但是，事实上很可能是没有哪个企业能够或者愿意承担海尔所要求的物流。为什么这样说呢？看一看海尔已经建设的物流设施，单就其独自投资的自动化立体库就是国内独一无二的，国内没有哪个企业能够按照海尔的标准为海尔做物流服务。

(4) 海尔自身发展物流的需要。中国的大型企业与在中国本地化的外国知名企业不同，来自发达国家的企业拥有物流方面的人才和经验，一些国内的物流企业也是在国外大型跨国公司的教授下才发展起来的(比如宝供物流)。而国内的企业，包括海尔，在发展物流之前是没有物流人才和经验的。如果海尔自己不做物流，那么海尔的物流就会和许多中国企业一样停留在概念上，就不会培养人才和积累经验，不论内部的还是外部的物流都谈不上。购买物流作为一种产品、服务或者解决方案和其他事物没有什么不同，企业作为购买者或者用户首先必须真正了解物流，如果海尔物流仅停留在企业领导的口头上、书面上，那么就是社会上的其他企业可以为其提供物流服务，海尔也没有能力购买和享用。

现在，市场上的消费需求向着个性化、多样化方向发展，为了适应这种消费倾向，企业建立快速的柔性化的生产方式就很重要，与之相适应的原材料的及时供应、产成品及时地送达到消费者等物流作业活动的效率，就成为非常重要的环节，关系着企业的命运。为了适应这种消费需求的转变，海尔一直在进行企业流程再造，要把整个企业网全放在服务业的角度来处理业务，来组织企业的生产经营活动，一切以订单为根据，按照订单进行生产。如果海尔在其规模不断扩大的时候，还坚持以前的物流作业方式，不以现代的物流观念来建立海尔物流体系，并在此基础上整合企业乃至社会上的物流资源，就必然会影响其物流运作的效率，最终影响其发展。

那么，海尔自己做物流就一定能成功吗？当然我们一时还无法给这个问题下一个永恒性的结论，这要依据海尔物流在实际运作中对企业的贡献来判断，时间的检验才是最终的标准。但从海尔强化企业物流作业以后的效果来看是成功的，产生了积极的效应。仅以采购这一方面来看，在整合以前，各事业部都是自己采购，物流部成立以后施行集团统一采购，直接效果是降低了集团对外采购成本，间接效果是择优采购带来了零部件产品质量的整体提高，库存减少。其中，零部件仓库存放面积就减少了 32 万平方米，相当于减少了 43 个足球场的面积；每年减少仓库租赁费用 5200 多万元。同时，企业的原材料供应商从 1998 年的 2200 多家减少到 1999 年的不到 900 家，国际化供货方的比例为 71.3%，其中有 50 多家供应商是世界 500 强企业。与此同时，集团流动资产的周转速度加快，1999 年为 118 天，2000 年为 91 天，2001 年为 79 天，取得了明显的成果。

思考题

1. 分析生产制造企业发展物流业的重要性。
2. 讨论海尔物流的内容及特点。

项目十二

国际物流

任务一　项目导入案例

UPS 作为一家知名的信使公司，1907 年成立于美国，通过明确地致力于支持全球商业的目标，如今的 UPS，或者称为联合包裹服务公司，是一家全球性的第三方物流公司，其商标是世界上最知名、最值得景仰的商标之一。作为世界上最大的快递承运商与包裹递送公司，同时也是专业的运输、物流、资本与电子商务服务的领导性的提供者，每天都在世界上 200 多个国家和地域管理着物流、资金流与信息流。

在路易维尔建立的 UPS 世界港是全世界最大的物流转运中心之一，该中心的建立使路易维尔市成为美国新经济的重要引擎城市，吸引了很多需要物流服务的公司在路易维尔建立总部，而 UPS 世界港则充当了一个重要的陆上和空中枢纽，将这些公司和世界各地的客户与公司紧密地连接在一起。

信息化、自动化是世界港快速运转的重要支撑。货物在进入分拣中心的第一时间，其包含货物信息的智能标签就被各种自动化的光电设备启动了运行的流程。作为一同步管理物流、信息流和资金流的供应链解决方案提供商，世界港见证了 UPS 对物流和信息流管理的强大能力。

UPS 非常重视聆听客户的需要，同时也非常重视中国市场的发展。虽然在全球 UPS 每天为数百万的客户快速、高效地交运他们的包裹和文件，但要发展成为现代意义的综合第三方物流服务提供商，UPS 觉得自身离完美还很远。

任务二　项目支撑知识学习

单元一　国际物流概述

一、国际物流的含义

国际物流是现代物流系统中重要的物流领域，近十几年有很大发展，也是一种新的物流形态。

东西方冷战结束后，贸易国际化的势头越来越盛，随着国际贸易壁垒的拆除，新的国际贸易组织的建立，若干地区已突破国界的限制形成统一市场，这又使国际物流出现了新的情况，国际物流形式也随之不断变化。

从企业角度看，近十几年跨国企业发展很快，不仅是已经国际化的跨国企业，即便是一般有实力的企业也在推行国际战略，企业在全世界寻找贸易机会，寻找最理想的市场，寻找最好的生产基地，这就将企业的经济活动领域必然地由地区、由一个国家扩展到国际之间。这样一来，企业的国际物流也提到议事日程上来，企业必须为所支持的国际贸易战略更新自己的物流观念，扩展物流设施，按国际物流要求对原来的物流系统进行改造。

对跨国公司来讲，国际物流不仅是由商贸活动决定的，而且也是本身生产活动的必然产物。企业的国际化战略的实施，使企业分别在不同国度中生产零件、配件，又在别的国家组装或装配整机，企业的这种生产环节之间的衔接也需要依靠国际物流。

国际物流是指在两个或两个以上国家(或地区)之间所进行的物流。

广义的国际物流研究的范围包括国际贸易物流、非贸易物流、国际物流合作、国际物流投资、国际物流交流等领域。其中，国际贸易物流主要是指组织货物在国际间的合理流动；非贸易物流是指国际展览与展品物流、国际邮政物流等；国际物流合作是指不同国别的企业完成重大的国际经济技术项目的国际物流；国际物流投资是指不同国家物流企业共同投资建设国际物流企业；国际物流交流则主要是指物流科学、技术、教育、培训和管理方面的国际交流。

狭义的国际物流主要是指当生产消费分别在两个或两个以上的国家(或地区)独立进行时，为了克服生产和消费之间的空间间隔和时间间隔，对货物(商品)进行物流性移动的一项国际商品或交流活动，从而完成国际商品交易的最终目的，即实现卖方交付单证、货物和收取货物。

国际物流的实质是根据国际分工的原则，依照国际惯例，利用国际化的物流网络、物流设施和物流技术，实现货物在国际的流动与交换，以促进区域经济的发展与世界资源的优化配置。国际物流的总目标是为国际贸易和跨国经营服务，即选择最佳的方式与路径，以最低的费用和最小的风险，保质、保量、适时地将货物从某国的供方运到另一国的需方。

二、国际物流的特点

国际物流具有如下特点：

(1) 物流环境存在差异。国际物流的一个非常重要的特点是，各国物流环境的差异，尤其是物流软环境的差异。不同国家的不同物流适用法律使国际物流的复杂性远高于一国的国内物流，甚至会阻断国际物流；不同国家的不同经济和科技发展水平会造成国际物流在不同科技条件的支撑下无法应用某些技术而迫使国际物流全系统水平的下降；不同国家的不同标准也会造成国际间“接轨”的困难，因而使国际物流系统难以建立；不同国家的风俗人文也使国际物流受到很大局限。物流环境的差异迫使一个国际物流系统需要在几个不同法律、人文、习俗、语言、科技、设施的环境下运行，无疑会大大增加物流的难度和系统的复杂性。

(2) 必须有国际化信息系统的支持。国际化信息系统是国际物流，尤其是国际联运非常重要的支持手段。国际化信息系统建立的难度，一是管理困难，二是投资巨大，再由于世界上有些地区物流信息水平较高，有些地区较低，所以会出现信息水平不均衡而使信息系统的建立更为困难。

当前国际物流信息系统一个较好的建立办法是和各国海关的公共信息系统联机，以及时掌握有关各个港口、机场和联运路线、站场的实际状况，为供应或销售物流决策提供支持。国际物流是最早发展电子数据交换(EDI)的领域，以 EDI 为基础的国际物流将会对物流的国际化产生重大影响。

(3) 物流系统范围广。物流本身的功能要素、系统与外界的沟通就已是很复杂的，国际物流再在这复杂系统上增加不同国家的要素，这不仅是地域的广阔和空间的广阔，而且所涉及的内外因素更多，所需的时间更长，广阔范围带来的直接后果是难度和复杂性增加，风险增大。

当然，也正是因为如此，国际物流一旦融入现代化系统技术之后，其效果才比以前更显著。例如，开通某个“大陆桥”之后，国际物流速度会成倍提高，效益显著增加。

(4) 标准化要求较高。要使国际间物流畅通，统一标准是非常重要的，可以说，如果没有统一的标准，国际物流水平是无法提高的。目前，美国及欧洲等国家基本实现了物流工具、设施的统一标准，如托盘采用 1000 mm × 1200 mm，集装箱的几种统一规格及条码技术等，这样一来，大大降低了物流费用和转运的难度。而不向这一标准靠拢的国家，必然在转运、换车底等许多方面要多耗费时间和费用，从而降低其国际竞争能力。

三、国际物流的发展历程

第二次世界大战以后，国际间的经济交往越来越活跃。尤其在 20 世纪 70 年代的石油危机以后，原有为满足运送必要货物的运输观念已不能适应新的要求，系统物流就是在这个时期进入到国际领域。

20 世纪 60 年代开始形成了国际间的大数量物流，在物流技术上出现了大型物流工具，如 20 万吨的油轮、10 万吨的矿石船等。

20 世纪 70 年代，石油危机的影响使国际物流不仅在数量上进一步发展，船舶大型化趋势进一步加强，而且出现了提高国际物流服务水平的要求，其标志是国际集装箱及国际集装箱船的发展，国际间各主要航线的定期班轮都投入了集装箱船，把散杂货的物流水平提了上去，使物流服务水平获得很大提高。

20 世纪 70 年代中、后期，国际物流领域出现了航空物流大幅度增加的新形势，同时出现了更高水平的国际联运。船舶大型化的趋势发展到一个高峰，出现了 50 万吨的油船、30 万吨左右的散装船。

20 世纪 80 年代前、中期，国际物流的突出特点是：在物流量基本不继续扩大的情况下出现了“精细物流”，物流的机械化、自动化水平提高了，同时，伴随新时代人们需求观念的变化，国际物流着力于解决“小批量、高频度、多品种”的物流，现代物流不仅覆盖了大量货物、集装杂货，而且也覆盖了多品种的货物，基本覆盖了所有物流对象，解决了所有物流对象的现代物流问题。

20 世纪八九十年代，在国际物流领域的另一大发展是伴随国际联运式物流出现的物流信息和电子数据交换(EDI)系统。信息使物流向更低成本、更高服务、更大量化、更精细化方向发展，这个问题在国际物流中比国内物流表现更为突出，物流的几乎每一活动都有信息支撑，物流质量取决于信息，物流服务依靠信息。可以说，国际物流已进入了物流信息时代。

20 世纪 90 年代，国际物流依托信息技术发展实现了“信息化”，信息依托互联网公众平台，向各个相关领域渗透，同时又出现了全球卫星定位系统、电子报关系统等新的信息系统，在这个基础上，构筑国际供应链，形成国际物流系统，使国际物流水平进一步得到提高。

四、国际物流的方式

国际物流就是国家与国家、地区与地区之间的货物运输、保管、装卸搬运、包装、流通加工、配送以及伴随发生的信息传递，其主体活动是国际货物运输。

国际物流采取的主要方式如下：

(一) 国际多式联运

国际多式联运也称为国际一贯化运输，是国际间多种运输方式的联合运输。这种运输由一个承运人负责，使用一份国际多式联运合同，组织多种运输手段进行跨国联合运输。1980 年公布的“联合国国际货物多式联运公约”对多式联运下了如下的定义：“国际多式联运是按照多式联运合同，以至少两种不同的运输方式，由多式联运经营人将货物从一国境内接受货物地点，运至另一国境内指定交付货物的地点。”

由于国际多式联运是由一个承运人总负责，手续简便，各个运输环节衔接紧密，贯通一气，能做到跨国“门到门”的物流，所以，与大陆桥运输一样，速度快、费用省、质量好。

(二) 大陆桥运输

“大陆桥”是连接两段海运的陆地运输，主要指国际铁路运输和海洋运输。经过中国陆地运输的大陆桥目前有两个。一个是新亚欧大陆桥，在中国境内长达 4131 km，1990 年贯通。该大陆桥东起连云港，西至荷兰鹿特丹港，横跨亚洲、欧洲，与太平洋、大西洋相连，全长 10 800 km，途经中国中部的各个省份。另一个是西伯利亚大陆桥，也称为亚欧大陆桥。该大陆桥全长 9300 km，是从远东地区经过西伯利亚大铁路，一直到达欧洲的大陆桥。它的全程共分为三条运输线：第一条以西伯利亚铁路运输为主，伊朗和欧洲的铁路运输为辅；第二条是经西伯利亚铁路和原苏联的西部港口，到达西北欧的铁路和海运；第三条是从西伯利亚铁路起，经欧洲公路，到达瑞士、德国、法国和意大利的铁路和卡车运输。该大陆桥在中国的满洲里和二连浩特均有接口。

大陆桥运输可以实现“门到门”的运输方式，由运输业者承担运输全程责任；运输速度快，运输里程短；节约运输、保管和装卸费用；保证物流作业质量，满足货主要求。

除了以上介绍的两种国际物流方式外，还有远洋运输、国际航空运输、国际货运代理、国际铁路联运等。

五、国际物流与国际贸易的关系

国际物流是随着国际贸易的发展而发展起来的，同时国际物流也已成为影响和制约国际贸易进一步发展的重要因素。国际物流的发展极大地改善了国际贸易的环境，为国际贸易提供了各种便利的条件，世界贸易的飞速增长与国际物流的发展是分不开的。国际贸易的进一步发展需要国际物流的支持，如果国际物流的发展无法跟上国际贸易发展的脚步，将会大大阻碍国际贸易的纵深发展。

(1) 国际贸易促进了国际物流的产生与发展。所谓国际物流，是国内物流的延伸和进一步扩展，是跨越国界的、流通范围扩大了的“物的流通”，是实现货物在两个或两个以上国家(或地区)间的物理性移动而发生的国际贸易活动。从这个概念中可以看到，国际物流实质上就是国际贸易活动的一部分，是为国际贸易活动服务的。因此，国际物流得以产生的前提就是国际贸易的存在。如果没有国际贸易，也就没有商品的国际间流动，因此也就不需要有国际物流。

① 国际贸易促进了国际物流的产生。国际贸易是国际物流产生的前提，同时，国际物流也是国际贸易得以实现的必要条件。如果没有国际物流的支持，商品无法在国家间进行移动，国际贸易也就无法完成。因此，国际贸易必然会推动国际物流的产生。随着国际贸易的发展，贸易双方对国际物流服务的专业化、一体化要求加强，使得国际物流由早期的仅指将货物由一国供应者向另一国需求者的物理性移动，发展成为今天的集采购、包装、运输、储存、搬运、流通加工、配送和信息处理等基本功能于一身的综合性的系统。可以说，国际贸易产生了国际物流，并且促进了其向现代化国际物流的发展。

② 国际贸易的发展促进了国际物流技术的进步。物流技术是指物流活动中所采用的自然科学与社会科学方面的理论、方法，以及设施、设备、装置与工艺的总称。国际贸易的发展对企业及社会的物流预测管理等技术方面提出了更高的要求，也是促使物流技术发展的主要动因之一。随着国际贸易的发展，世界各国的各大企业在世界市场上展开了激烈的竞争。虽然质量在消费者眼中越来越重要，消费者关注的不仅是价格，但价格仍然是取胜的一个重要因素。国际贸易的发展要求从各个方面降低成本，如原材料价格、订单成本、运输价格、库存成本等，这就对国际物流的各个环节提出了新的挑战和要求。在国际贸易的推动下，国际物流从理论上到技术上都有了重大的创新和发展。

③ 国际贸易的发展不断对国际物流提出新的要求。全球经济的发展，人类需求层次的提高，一方面使得国际贸易取得了长足的发展，即贸易量的快速增长和可贸易商品种类的极大丰富；另一方面也使国际贸易的结构产生了巨大的变化，传统的初级产品、原料等贸易品种正逐步让位于高附加值、精密加工的产品。国际贸易的变化发展对国际物流的质量、效率、安全等提出了新的要求。

④ 国际贸易对国际物流发展趋势的影响。由于国际贸易发展到了买方市场，很多贸易商为迎合消费者日益净化、个性化的产品需求，而采取多样、少量的贸易方式，因而高频度、小批量的配送需求也随之产生。在美国、日本与欧洲等经济发达的国家和地区，这些专业的物流服务已形成规模，并有着广泛的发展前途。伴随着国际贸易商经营取向的变革应运而生了物流经营的专业化、集约化、电子物流和绿色物流等。

总之，国际贸易的发展必将推动国际物流在各个方面取得新的进展和突破。当今世界，各国间的联系越来越紧密，全球的贸易量也在不断上升，这必将给国际物流提供更大的发展空间，也会给国际物流的发展以更大的推动力。

(2) 高效的国际物流系统成为国际贸易持续发展的保证。国际贸易导致了国际物流的诞生，但是，从其诞生之日起，国际物流就开始了自己独立发展的历程，不断发展壮大，并且，国际物流不息的进步与发展对国际贸易的发展也起到了深远的促进作用。

在大量跨越国境的贸易中，不可忽视的是货物跨国转移所带来的国际物流量的上升。贸易量势必带来更多的物流量，这要求国际物流为货物转移在货物的运输、装卸、仓储、信息传输等各个环节都提供便利。现代物流运用科技手段使信息快速、准确反馈，采用货物流通的最优渠道将产品按消费者的需求生产出来，快速送到消费者手中，提高了服务质量，刺激了消费需求，加快了企业对市场的反应速度。在供应链联结的各企业间实现了资源共享，大大缩短了产品的流通周期，加快了物流配送速度。企业的物流渠道、物流功能、物流环节与制造环节集成化，使物流服务扩大化和系列化，并通过规范作业使贸易过程中延迟交货、送货不及时或货物损坏灭失等不可控制风险大大降低，从而便利各国企业间达成贸易。低效率的物流体系同样会成为国际贸易发展的瓶颈，从事国际贸易带来的利益会被巨大的流通费用开支所抵消。

物流系统的功能要素一般认为有运输、储存保管、包装、装卸搬运、流通加工、配送、物流信息等，各要素充分发挥各自功能，从而合理、有效地实现物流系统作用的目的。

在货物的国际转移中，对物流各功能的要求更高。以运输为例，与国内运输相比，国际运输涉及的环节多，风险较大，线长面广，情况更为复杂。国际运输主要是选择供应及销售物流中的海运、陆运、空运、管道及多式联运等运输方式，确定合理的运输路线，并对运输活动进行有效的管理。在整个运输过程中，使用多种运送工具，变化不同运输方式，中途还要经过多次装卸搬运，经过不同的国家和地区，与各国的货主、保险公司、银行、海关和各种中间代理人打交道。各国的政治、法律、金融货币制度不同，可变的因素非常多，其中某个环节发生问题，会影响到整个物流的效率。所以，要符合国际贸易对于运输的要求，就必须充分发挥运输在整个国际物流系统中的作用，实现安全、迅速、准确、节省、方便的目标。

随着全球化市场竞争的加剧，很多产品完成了由卖方市场向买方市场的转变。贸易商竞争的重点是如何更好、更快地满足客户多样化、个性化的需求。国际贸易中的产品和服务趋向于多样化、定制化。生产商用标准化的零件实现规模经济，贸易商获知国际市场上客户的具体要求，通过物流的流通加工功能，对零部件按照多种方式进行组合，形成符合客户要求个性化产品，再经过包装、运输、配送把产品送到消费者手中，实现“门到门”的服务。

高效的物流系统为国际贸易不断发展提供了有利支持，使各国参与贸易的利益提高，使更多的非贸易品变为贸易品。

为了实现成本最低化，很多企业从世界成本最低的国家和地区进行原材料、零部件的采购，同时，又把产成品销往世界各地。跨国企业的采购和销售在国际贸易中占据的比重越来越大，据统计，跨国企业掌握着全球 2/3 的国际贸易。在目前的生产多品种、小批量生产趋势逐渐加强、产品生命周期日益缩短以及日趋激烈的贸易竞争情况下，企业不可能孤军奋战，通过合作伙伴，如供应商、贸易商、零售商、代理商共同参与，才能对产品进行动态改进，不断挖掘客户新的需求，这就需要形成高效的全球供应链体系来不断整合全球资源。企业可以凭借高度灵活和快速响应的物流和供应链系统，世界全方位重组、要素进一步优化配置，生产定位和布局，进而实现贸易利益的最大化。

在全球供应链的管理中，利用电子商务技术优化供应链管理，首先完成企业内部业务流程一体化，然后再向企业外的合作伙伴延伸，达到生产、采购、库存、销售以及财务和人力资源管理的全面整合，使物流、信息流、资金流发挥最大效能，把理想的供应链运作变为现实。供应链中的全部物流管理可通过供应链所有成员之间的信息沟通、责任分配和相互合作来协调，这样就可以减少链上每个成员的不确定性，减少每个成员的营运成本。企业可以用较少的设备完成库存的周转，减少资金占用量，削减管理费用，从而降低成本，并提高运输、包装、标识和文书处理等活动的效率。

由此可见，国际物流已成为影响和制约国际贸易进一步发展的重要因素。国际物流的发展极大地改善了国际贸易的环境，为国际贸易提供了各种便利的条件，世界贸易的飞速增长与国际物流的发展是分不开的。

单元二　国际物流系统

一、国际物流系统的含义

国际物流系统是由商品的包装、储存、运输、检验、流通加工和其前后的整理、再包装以及国际配送等子系统组成的。运输和储存子系统是物流系统的主要组成部分。国际物流通过商品的储存和运输，实现其自身的时间和空间效益，以满足国际贸易活动和跨国公司经营的要求。

二、国际物流系统的组成

（一）运输子系统

运输的作用是将商品使用价值进行空间移动，物流系统依靠运输作业克服商品生产地和需要地的空间距离，创造了商品的空间效益。国际货物运输是国际物流系统的核心。商品通过国际货物运输作业由卖方转移给买方。国际货物运输具有路线长、环节多、涉及面广、手续繁杂、风险性大、时间性强等特点。运输费用在国际贸易商品价格中占有很大比重。国际运输主要包括运输方式的选择、运输单据的处理以及投保等有关方面。

我国国际物流运输存在的主要问题如下：

第一，海运力量不足、航线不齐、港口较少等，影响了进出口货物及时流进流出，特别是出口货物的运输更加不足。我国出口货物主要靠海运。目前虽然我国已拥有近2000万吨的运载能力，列为世界第八位，成为我国外运的主力，并能为第三国开展货运经营，但总运输力的增长远远跟不上国际贸易发展的速度，运输力仍然不足。20世纪90年代初期曾发生过的最严重的月份缺船量达30条。目前，现有的船型结构不尽合理，中等船舶奇缺。由于船舶较大，运输间隔时间又长，这对要求批量小、需求供货快是很不适应的。我国港口不足和布局不合理也比较突出。例如我国运往中南美、澳大利亚、新西兰、南太平洋、西非等地的货物几乎全部运到香港地区中转，这样运费高、时间长，严重影响了我国出口商品的竞争力。

第二，铁路运输全面告急，内陆出口更困难。 我国同朝鲜、蒙古、独联体、越南等虽然有铁路连接，但运力仍然不足。如供香港地区作为港口运输的货物中有 1/3 是靠铁路运输的，其运输量很大。又如内陆有的省份即使有货，而且有些货也是国际市场急需要的，但由于铁路运力不足也不能卖出。

第三，航空运输力不足，运价昂贵，难以适应外贸发展需要。20 世纪 80 年代以来，世界空运货物已被广泛采用，而我国在这方面却比较落后。目前主要靠客运飞机捎带，真正的货运飞机数量少，年运量只有 20 万吨左右，远远满足不了外贸发展的需要。

总之，为解决外贸出口运输的困难，必须由国家和地方联合发展船队，加速沿海码头建设和航空事业的发展。

(二) 仓储子系统

商品储存、保管使商品在其流通过程中处于一种或长或短的相对停滞状态，这种停滞是完全必要的。因为商品流通是一个由分散到集中，再由集中到分散的源源不断的流通过程。国际贸易和跨国经营中的商品从生产厂或供应部门被集中运送到装运港口，有时须临时存放一段时间，再装运出口，是一个集和散的过程。它主要是在各国的保税区和保税仓库进行的，主要涉及各国保税制度和保税仓库建设等方面。

保税制度是对特定的进口货物在进境后尚未确定内销或复出的最终去向前，暂缓缴纳进口税，并由海关监管的一种制度。这是各国政府为了促进对外加工贸易和转口贸易而采取的一项关税措施。

保税仓库是经海关批准专门用于存放保税货物的仓库。它必须具备专门储存、堆放货物的安全设施；健全的仓库管理制度和详细的仓库账册，配备专门的经海关培训认可的专职管理人员。保税仓库的出现，为国际物流的海关仓储提供了既经济又便利的条件。有时会出现对货物不知最后作何处理的情况，这时买主(或卖主)将货物在保税仓库暂存一段时间。若货物最终复出口，则无须缴纳关税或其他税费；若货物将内销，可将纳税时间推迟到实际内销时为止。

从物流角度看，应尽量减少储存时间、储存数量，加速货物和资金周转，实现国际物流的高效率运转。

(三) 商品检验子系统

国际贸易和跨国经营的投资大、风险高、周期长等特点，使得商品检验成为国际物流系统中重要的子系统。通过商品检验，可确定交货品质、数量和包装条件是否符合合同规定。如发现问题，可分清责任，向有关方面索赔。在买卖合同中，一般都订有商品检验条款，其主要内容有检验时间与地点、检验机构与检验证明、检验标准与检验方法等。

根据国际贸易惯例，商品检验时间与地点的规定可概括为以下三种做法：

一是在出口国检验。出口国检验可分为两种情况：在工厂检验，卖方只承担货物离厂前的责任，运输中品质、数量变化的风险概不负责；装船前或装船时检验，其品质和数量以当时的检验结果为准。原则上买方对到货的品质与数量一般不得提出异议。

二是在进口国检验。进口国检验包括卸货后在约定时间内检验和在买方营业处所或最后用户所在地查验两种情况。其检验结果可作为货物品质和数量的最后依据。在此条件下，卖方应承担运输过程中品质、重量变化的风险。

三是在出口国检验、进口国复验。货物在装船前进行检验，以装运港双方约定的商检机构出具的证明作为议付货款的凭证，但货到目的港后，买方有复验权。如复验结果与合同规定不符，买方有权向卖方提出索赔，但必须出具卖方同意的公证机构所出具的检验证明。

在国际贸易中，从事商品检验的机构很多，包括卖方或制造厂商和买方或使用方的检验单位，由国家设立的商品检验机构以及由民间设立的公证机构和行业协会附设的检验机构。在我国，统一管理和监督商品检验工作的是国家进出口商品检验局及其分支机构。究竟选定由哪个机构实施和提出检验证明，在买卖合同条款中，必须明确加以规定。

商品检验证明即进出口商品经检验、鉴定后，由检验机构出具的具有法律效力的证明文件。如经买卖双方同意，也可采用由出口商品的生产单位和进口商品的使用部门出具证明的办法。检验证明是证明卖方所交货物在品质、重量、包装、卫生条件等方面是否与合同规定相符的依据。如与合同规定不符，买卖双方可据此作为拒收、索赔和理赔的依据。此外，商品检验证明也是议付货款的单据之一。

商品检验可按生产国的标准进行检验，或按买卖双方协商同意的标准进行检验，或按国际标准或国际习惯进行检验。商品检验方法概括起来可分为感官鉴定法和理化鉴定法两种。理化鉴定法对进出口商品检验具有重要作用。理化鉴定法一般是采用各种化学试剂、仪器器械鉴定商品品质的方法，如化学鉴定法、光学仪器鉴定法、热学分析鉴定法和机械性能鉴定法等。

(四) 商品包装子系统

杜邦定律(美国杜邦化学公司提出)认为：63%的消费者是根据商品的包装装潢进行购买的，国际市场和消费者是通过商品来认识企业的，而商品的商标和包装就是企业的面孔，它反映了一个国家的综合科技文化水平。

现在我国出口商品存在的主要问题是：出口商品包装材料主要靠进口；包装产品加工技术水平低，质量上不去；外贸企业经营者对出口商品包装缺乏现代意识，表现在缺乏现代包装观念、市场观念、竞争观念和包装的信息观念，仍存在着“重商品、轻包装”、“重商品出口、轻包装改进”等思想。

为提高商品包装系统的功能和效率，应提高广大外贸职工对出口商品包装工作重要性的认识，树立现代包装意识和包装观念；尽快建立起一批出口商品包装工业基地，以适应外贸发展的需要，满足国际市场、国际物流系统对出口商品包装的各种特殊要求；认真组织好各种包装物料和包装容器的供应工作。这些包装物料、容器应具有品种多、规格齐全、批量小、变化快、交货时间急、质量要求高等特点，以便扩大外贸出口和创汇能力。

(五) 国际物流信息子系统

国际物流信息子系统的主要功能是采集、处理和传递国际物流与商流的信息情报。国际物流信息的主要内容包括进出口单证的作业过程、支付方式信息、客户资料信息、市场行情信息和供求信息等。

国际物流信息系统的特点是信息量大、交换频繁、传递量大、时间性强、环节多、点多、线长，所以要建立技术先进的国际物流信息系统。国际贸易中 EDI 的发展是一个重要趋势。我国应该在国际物流中加强推广 EDI 的应用，建设国际贸易和跨国经营的高速公路。

上述主要系统应该和配送系统、装搬系统以及流通加工系统等有机联系起来，统筹考虑，全面规划，以建立我国的适应国际竞争要求的国际物流系统。

三、国际物流合理化

国际贸易和经营的竞争要求国际物流系统的物流费用要低，顾客服务水平要高。为实现这一目标，建立完善的国际物流系统网络十分重要。

(一) 国际物流系统网络的概念

国际物流系统网络是指由多个收发货的“节点”和它们之间的“连线”所构成的物流抽象网络以及与之相伴随的信息流网络的有机整体。

收发货节点是指进、出口国内外的各层仓库，如制造厂仓库、中间商仓库、口岸仓库、国内外中转点仓库以及流通加工配送中心和保税区仓库。国际贸易商品就是通过这些仓库的收入和发出，并在中间存放保管，以实现国际物流系统的时间效益，克服生产时间和消费时间上的分离，促进国际贸易系统的顺利运行。

连线是指连接上述国内外众多收发货节点间的运输，如各种海运航线、铁路线、飞机航线以及海、陆、空联合运航线。这些网络连线是库存货物的移动(运输)轨迹的物化形式。每一对节点有许多连线以表示不同的运输路线、不同产品的各种运输服务。各节点表示存货流动暂时停滞，其目的是为了更有效地移动(收或发)。信息流动网的连线通常包括国内外的邮件，或某些电子媒介(如电话、电传、电报以及目前的 EDI 等)，其信息网络的节点则是各种物流信息汇集及处理之点，如员工处理国际订货单据、编制大量出口单证或准备提单或电脑对最新库存量的记录。物流网与信息网并非独立，它们之间的关系是密切相连的。

国际物流系统网络研究的中心问题是确定进出口货源点(或货源基地)和消费者的位置、各层级仓库及中间商批发点(零售点)的位置、规模和数量，从而确定国际物流系统的合理布局和合理化问题。

在合理布局国际物流系统网络的前提下，国际商品由卖方向买方实体流动的方向、规模、数量即可被确定，即国际贸易的贸易量，贸易过程(流程)的重大战略问题，进出口货物的卖出和买进的流程、流向，物流费用，国际贸易经营效益等，都一一确定出来了。完善和优化国际物流网络，有利于扩大我国的国际贸易，提高我国跨国公司的竞争力和成本优势。

(二) 建立和完善国际物流系统网络应注意的问题

建立和完善国际物流系统网络应注意以下几个问题：

首先，在规划网络建库数目、地点及规模时，要紧密围绕商品交易计划，乃至一个国家宏观国际贸易总体规划。

其次，明确各级仓库的供应范围、分层关系及供应或收购数量，注意各层仓库间的有机衔接。诸如：生产厂家仓库与各中间商仓库、港(站、机场)区仓库以及出口装运能力的配合和协同，以保证国内外物流畅通，少出现或不出现在某一层仓库储存过多、过长的不均衡状态。

再次，国际物流网点规划要考虑现代物流技术的发展，留有余地，以备将来的扩建。

(三) 国际物流合理化建议

我国的国际物流系统网络已经具有一定的规模，为了促进我国国际物流系统网络更加合理，应该采取以下措施：

第一，合理选择和布局国内、外物流网点，扩大国际贸易的范围、规模，以达到费用省、服务好、信誉高、效益高、创汇好的物流总体目标。

第二，采用先进的运输方式、运输工具和运输设施，加速进出口货物的流转。充分利用海运、多式联运方式，不断扩大集装箱运输和大陆桥运输的规模，增加物流量，扩大进出口贸易量和贸易额。

第三，缩短进出口商品的在途积压，包括进货在途(如进货、到货的待验和待进等)、销售在途(如销售待运、进出口口岸待运)、结算在途(如托收承付中的拖延等)，以便节省时间，加速商品和资金的周转。

第四，改进运输路线，减少相向、迂回运输。

第五，改进包装，增大技术装载量，多装载货物，减少损耗。

第六，改进港口装卸作业，扩建港口设施，合理利用泊位与船舶的停靠时间，尽力减少港口杂费，吸引更多的买卖双方入港。

第七，改进海运配载，避免空仓或船货不相适应的状况。

第八，综合考虑国内物流运输。在出口时，有条件的要尽量采用就地就近收购、就地加工、就地包装、就地检验、直接出口的物流策略。

单元三　国际货物运输

我国国际货物运输的进出口货物大部分是通过海运，少部分是通过铁路或公路运输的，也有些货物是通过管道或邮政运输的。随着航空事业的发展，通过航空运输的货运量近年来有较大的增长，货物种类和范围也在不断扩大。

一、国际海上货物运输

国际海上货物运输是指使用船舶通过海上航道在不同的国家和地区的港口之间运送货物的一种运输方式。

(一) 国际海上货物运输的特点

国际海上货物运输的特点如下：

(1) 运输量大。国际货物运输是在全世界范围内进行的商品交换，地理位置和地理条件决定了海上货物运输是国际货物运输的主要手段。国际贸易总运量的75%以上是利用海上运输来完成的，有的国家的对外贸易运输海运占总运量的90%以上。其主要原因是船舶向大型化发展，如 50 万吨～70 万吨的巨型油船，16 万吨～17 万吨的散装船，以及集装箱船的大型化，船舶的载运能力远远大于火车、汽车和飞机，是运输能力最大的运输工具。

(2) 通过能力大。海上运输利用天然航道四通八达，不像火车、汽车要受轨道和道路的限制，因而其通过能力超过其他各种运输方式。如果因政治、经济、军事等条件的变化，还可随时改变航线驶往有利于装卸的目的港。

(3) 运费低廉。船舶的航道天然构成，船舶运量大，港口设备一般均为政府修建，船舶经久耐用且节省燃料，所以货物的单位运输成本相对低廉。据统计，海运运费一般约为铁路运费的 1/5、公路汽车运费的 1/10、航空运费的 1/30，这就为低值大宗货物的运输提供了有利的竞争条件。

(4) 对货物的适应性强。上述特点使海上货物运输基本上适应各种货物的运输。如石油井台、火车、机车车辆等超重大货物，其他运输方式是无法装运的，而船舶一般都可以装运。

(5) 运输的速度慢。由于商船的体积大，水流的阻力大，加之装卸时间长等其他各种因素的影响，所以货物的运输速度比其他运输方式的慢。较快的班轮航行速度也仅为 30 n mile/h 左右。

(6) 风险较大。由于船舶海上航行受自然气候和季节性影响较大，海洋环境复杂，气象多变，随时都有遇上狂风、巨浪、暴风、雷电、海啸等人力难以抗衡的海洋自然灾害袭击的可能，遇险的可能性比陆地、沿海要大。同时，海上运输还存在着社会风险，如战争、罢工、贸易禁运等因素的影响，为转嫁损失，海上运输的货物、船舶保险尤其应引起重视。

(二) 国际海上货物运输的作用

国际海上货物运输的作用如下：

(1) 海上货物运输是国际贸易运输的主要方式。国际海上货物运输虽然存在速度较低、风险较大的不足，但是由于它的通过能力大、运量大、运费低，以及对货物适应性强等优点，加上全球特有的地理条件，使它成为了国际贸易中主要的运输方式。我国进出口货运总量的 80%～90%是通过海上运输进行的，集装箱运输的兴起和发展不仅使货物运输向集合化、合理化方向发展，而且节省了货物包装用料和运杂费，减少了货损货差，保证了运输质量，缩短了运输时间，从而降低了运输成本。

(2) 海上货物运输是国家节省外汇支付及增加外汇收入的重要渠道之一。在我国，运费支出一般占外贸进出口总额的 10%左右，尤其大宗货物的运费占的比重更大。在国际贸易中，若充分利用国际贸易术语，争取我方多派船，不但可节省外汇的支付，而且还可争取更多的外汇收入。特别把我国的运力投入到国际航运市场，积极开展第三国的运输，为国家创造外汇收入。目前，世界各国，特别是沿海的发展中国家都十分重视建立自己的远洋船队，注重发展海上货物运输。一些航运发达国家，外汇运费的收入成为了这些国家国民经济的重要支柱。

(3) 发展海上运输业有利于改善国家的产业结构和国际贸易中的商品结构。海上运输是依靠航海活动的实践来实现的。航海活动的基础是掌握造船技术、航海技术的海员。造船业是一项综合性的产业，它的发展可带动钢铁工业、船舶设备工业、电子仪器仪表工业的发展，促进了整个国家的产业结构的改善。我国由原来的船舶进口国逐渐变成了船舶出口国，而且正在迈向船舶出口大国的行列。由于我国航海技术的不断发展，船员外派劳务已引起了世界各国的重视。我国的远洋运输船队已进入世界10强之列，为今后大规模的拆船业提供了条件，不仅为我国的钢铁厂冶炼提供了廉价的原料、节约能源和进口矿石的消耗，而且可以出口外销废钢。由此可见，海上运输业的发展不仅能改善国家的产业结构，而且能改善国际贸易中的商品结构。

(4) 海上运输船队是国防的重要后备力量。海上远洋运输船队在战时都被用作后勤运输工具。美、英等国把商船队称为“除陆、海、空之外的第四军种”，原苏联的商船队也被西方国家称之为“影子舰队”。可见，它对战争的胜负所起的作用。正因为海上运输占有如此重要的地位，世界各国都很重视海上航运事业，通过立法加以保护，从资金上加以扶植和补助，在货载方面给予优惠。

二、国际铁路货物运输

(一) 铁路货物运输的特点

铁路是国民经济的大动脉，铁路运输是现代化运输业的主要运输方式之一，它与其他运输方式相比较，具有以下主要特点：

(1) 铁路运输的准确性和连续性强。铁路运输几乎不受气候影响，一年四季可以不分昼夜地进行定期的、有规律的、准确的运转。

(2) 铁路运输速度比较快。铁路货运速度每昼夜可达几百公里，一般货车可达100 km/h左右，远远高于海上运输。

(3) 运输量比较大。铁路一列货物列车一般能运送3000～5000吨货物，远远高于航空运输和汽车运输。

(4) 铁路运输成本较低。铁路运输费用仅为汽车运输费用的几分之一到十几分之一；运输耗油约是汽车运输的二十分之一。

(5) 铁路运输安全可靠，风险远比海上运输的小。

(6) 初期投资大。铁路运输需要铺设轨道、建造桥梁和隧道，建路工程艰巨复杂；需要消耗大量钢材、木材；占用土地，其初期投资大大超过其他运输方式。

另外，铁路运输由运输、机务、车辆、工务、电务等业务部门组成，要具备较强的准确性和连贯性，各业务部门之间必须协调一致，这就要求在运输指挥方面实行统筹安排，统一领导。

(二) 国际铁路货物运输的作用

国际铁路货物运输的作用如下：

(1) 通过铁路把欧亚大陆连成一片，为发展中东和欧洲各国的贸易提供了有利的条件。在建国初期，我国的国际贸易主要局限于东欧国家，铁路运输占我国进出口货物运输总量的50%左右，是当时我国进出口贸易的主要运输方式。进入20世纪60年代以后，我国海上货物运输的发展，铁路运输进出口货物所占的比例虽然有所下降，但其作用仍然十分重要。自20世纪50年代以来，我国与朝鲜、蒙古、越南、原苏联的进出口货物，绝大部分仍然是通过铁路运输来完成的；我国与西欧、北欧和中东地区一些国家也通过国际铁路联运来进行进出口货物的运输。

(2) 有利于开展同港澳地区的贸易，并通过香港进行转口贸易。铁路运输是我国联系港澳地区、开展贸易的一种重要的运输方式。港澳地区所需的食品和生活用品多由内地供应，随着内地对该地区出口的不断扩大，其运输量逐年增加。做好对港澳地区的运输工作，达到优质、适量、均衡、应时的要求，在政治上和经济上都非常重要。为了确保该地区的市场供应，从内地开设了直达地区的快运列车，对繁荣稳定港澳市场，以及该地区的经济发展起到了积极作用。

香港作为转口贸易基地，与世界各地有着非常密切的联系，海、空定期航班比较多，开展陆空、陆海联运，对我国发展与东南亚、欧美、非洲、大洋洲各国和地区的贸易及保证我国出口创汇起着重要作用。

(3) 对进出口货物在港口的集散和各省、市之间的商品流通起重要作用。我国幅员辽阔，海运进口货物大部分利用铁路从港口运往内地的收货人，海运出口货物大部分也是由内地通过铁路向港口集中，因此铁路运输是我国国际货物运输的重要集散方式。至于国内各省市和地区之间调运外贸商品、原材料、半成品和包装物料，主要也是通过铁路运输来完成的。我国国际贸易进出口货物运输大多都要通过铁路运输这一环节，铁路运输在我国国际货物运输中发挥着重要作用。

(4) 利用欧亚大陆桥运输是必经之道。大陆桥运输是指以大陆上铁路或公路运输系统为中间桥梁，把大陆两端的海洋连接起来的集装箱连贯运输方式。

大陆桥运输一般都是以集装箱为媒介，采用国际铁路系统来运送。我国目前开办的西伯利亚大陆桥和新欧亚大陆桥的铁路集装箱运输具有安全、迅速、节省的优点。这种运输方式对发展我国与中东及欧洲各国的贸易提供了便利的运输条件。为了适应我国经济贸易的发展需要，利用这两条大陆桥开展铁路集装箱运输也是必经之道，将会促进我国与这些国家和地区的国际贸易发展。

三、国际公路货物运输

公路运输(一般是指汽车运输)是陆上两种基本运输方式之一，在国际货物运输中，它是不可缺少的重要运输方式。

(一) 公路货物运输的特点

公路货物运输与其他运输方式相比较，具有以下特点：

(1) 机动灵活、简捷方便、应急性强，能深入到其他运输工具到达不了的地方。

(2) 适应点多、面广、零星、季节性强的货物运输。

(3) 运距短、单程货多。

(4) 汽车投资少、收效快。

(5) 港口集散可争分夺秒，突击抢运任务多。

(6) 公路货物运输是空运班机、船舶、铁路衔接运输不可缺少的运输形式。

(7) 随着公路现代化、车辆大型化，公路运输是实现集装箱在一定距离内“门到门”运输的最好的运输方式。

(8) 汽车的载重量小，车辆运输时震动较大，易造成货损事故，费用和成本也比海上运输和铁路运输高。

（二）国际公路货物运输的作用

国际公路货物运输的作用如下：

(1) 公路运输的特点决定了它最适合于短途运输。它可以将两种或多种运输方式衔接起来，实现多种运输方式联合运输，做到进出口货物运输的“门到门”服务。

(2) 公路运输可以配合船舶、火车、飞机等运输工具完成运输的全过程，是港口、车站、机场集散货物的重要手段。尤其是鲜活商品、集港疏港抢运，往往能够起到其他运输方式难以起到的作用。可以说，其他运输方式往往要依赖汽车运输来最终完成两端的运输任务。

(3) 公路运输也是一种独立的运输体系，可以独立完成进出口货物运输的全过程。公路运输是欧洲大陆国家之间进出口货物运输的最重要的方式之一。我国的边境贸易运输、港澳货物运输，其中有相当一部分也是靠公路运输独立完成的。

(4) 集装箱货物通过公路运输实现国际多式联运。集装箱由交货点通过公路运到港口装船，或者相反。美国陆桥运输及我国内地通过香港的多式联运都可以通过公路运输来实现。

四、国际航空货物运输

（一）国际航空货物运输的特点

国际航空货物运输虽然起步较晚，但发展极为迅速，这是与它所具备的许多特点分不开的。国际航空货物运输方式与其他运输方式相比，具有以下特点：

(1) 运送速度快。现代喷气运输机的一般时速都在 1450 千米左右，协和式飞机时速可达 2173 千米。航空线路不受地面条件限制，一般可在两点间直线飞行，航程比地面短得多，而且运程越远，快速的特点就越显著。

(2) 安全、准确。航空运输管理制度比较完善，货物的破损率低，可保证运输质量，如使用空运集装箱，则更为安全。飞机航行有一定的班期，可保证按时到达。

(3) 手续简便。航空运输为了体现其快捷便利的特点，为托运人提供了简便的托运手续，也可以由货运代理人上门取货并为其办理一切运输手续。

(4) 节省包装、保险、利息和储存等费用。由于航空运输速度快，商品在途时间短、周期快，存货可相对减少，资金可迅速收回。

(5) 航空运输的运量小、运价较高。

（二）国际航空货物运输的作用

国际航空货物运输的作用如下：

(1) 航空货物运输具有比其他运输方式更快的特点，可以使进出口货物抢行市，卖出好价钱，增强商品的竞争力，对国际贸易的发展起到了很大的推动作用。

(2) 航空货物运输适合于鲜活易腐和季节性强的商品运输。这些商品对时间的要求极为敏感，如果运输时间过长，则可能使商品变为废品，无法供应市场；季节性强的商品和应急物品的运送必须抢行就市，争取时间，否则变为滞销商品，滞存仓库，积压资金，同时还要负担仓储费。采用航空运输，既可保鲜成活，又有利于开辟远距离的市场，这是其他运输方式无法比拟的。

(3) 利用航空来运输像电脑、精密仪器、电子产品、成套设备中的精密部分、贵稀金属、手表、照相器材、纺织品、服装、丝绸、皮革制品、中西药材、工艺品等价值高的商品，可适应市场的变化快的特点。利用速度快、商品周转快、存货降低、资金回收迅速、储存和利息费用节省、安全、准确等优点可弥补运费高的缺陷。

(4) 航空运输是国际多式联运的重要组成部分。为了充分发挥航空运输的特长，在不能以航空运输直达的地方，也可以采用联合运输的方式，如常用的陆空联运、海空联运、陆空陆联运，甚至陆海空联运等，与其他运输方式配合，使各种运输方式各显其长，相得益彰。

五、集装箱与国际多式联运

集装箱运输是以集装箱作为运输单位进行货物运输的现代化运输方式，目前已成为国际上普遍采用的一种重要的运输方式。国际多式联运是在集装箱运输的基础上产生和发展起来的，一般以集装箱为媒介，把海上运输、铁路运输、公路运输和航空运输等传统单一运输方式有机地联合起来，完成国际间的货物运输。

(一) 集装箱运输的优越性

集装箱运输的优越性如下：

(1) 对货主而言，它的优越性体现在大大地减少了货物的损坏、偷窃和污染的发生；节省了包装费用；由于减少了转运时间，能够更好地对货物进行控制，从而降低了转运费用，也降低了内陆运输和装卸的费用，便于实现更迅速的“门到门”的运输。

(2) 对承运人来说，集装箱运输的优点在于减少了船舶在港的停泊时间，加速了船舶的周转，船舶加速的周转可以更有效地利用它的运输能力，减少对货物的索赔责任等。

(3) 对于货运代理来说，使用集装箱进行货物运输可以为他们提供更多的机会来发挥无船承运人的作用，提供集中运输服务、分流运输服务、拆装箱服务、“门到门”运输服务和提供联运服务的机会。

(二) 集装箱运输的缺点

集装箱运输的缺点如下：

(1) 受货载的限制，使航线上的货物流向不平衡，往往在一些支线运输中，出现空载回航或箱量大量减少的情况，从而影响了经济效益。

(2) 需要大量投资，产生资金困难。

(3) 转运不协调，造成运输时间延长，增加一定的费用。

(4) 受内陆运输条件的限制，无法充分发挥集装箱运输“门到门”的运输优势。

(5) 各国集装箱运输方面的法律、规章、手续及单证不统一，阻碍国际多式联运的开展。

(三) 国际多式联运的优点

国际多式联运的优点如下：

(1) 手续简便，责任统一。在国际多式联运方式下，货物运程不论多远，不论由几种运输方式共同完成货物运输，也不论货物在途中经过多少次转运，所有运输事项均由多式联运承运人负责办理。而货主只需办理一次托运，订立一份运输合同，支付一次运费，办理一次保险，并取得一份联运提单，与各运输方式相关的单证和手续上的麻烦被减少到最低限度。发货人只需与多式联运经营人进行交涉。

由于责任统一，一旦在运输过程中发生货物灭失或损坏，由多式联运经营人对全程运输负责，而每一运输区段的分承运人仅对自己运输区段的货物损失承担责任。

(2) 减少运输过程中的时间损失，使货物运输更快捷。多式联运作为一个单独的运输过程而被安排和协调运作，能减少在运转地的时间损失和货物灭失、损坏、被盗的风险。多式联运经营人通过他的通信联络和协调，在运转地各种运输方式的交接可连续进行，使货物更快速地运输，从而弥补了与市场距离远和资金积压的缺陷。

(3) 节省运杂费用，降低运输成本。国际多式联运使用了集装箱，集装箱运输的优点都体现在多式联运中，多式联运经营人一次性收取全程运输费用。货物装箱或装上第一程运输工具后即可用联运提单结汇，有利于加速货物资金周转，减少利息支出，同时也节省了人力、财力、物力资源，从而降低了运输成本。这有利于减少货物的出口费用，提高商品在国际市场上的竞争力。

(4) 提高运输组织水平，实现“门到门”运输，使合理运输成为现实。多式联运可以提高运输的组织水平，改善不同运输方式间的衔接工作，实现各种运输方式的连续运输。采用多式联运，可以把货物从发货人的工厂或仓库运到收货人的内地仓库或工厂，做到门到门的运输，使合理运输成为现实。

在当前国际贸易竞争激烈的形势下，货物运输要求速度快、损失少、费用低，而国际多式联运适应了这些要求。因此，在国际上越来越多地采用多式联运。可以说，国际多式联运是当前国际货物运输的发展方向。我国地域辽阔，更具有发展国际多式联运的潜力。可以预料，随着我国内陆运输条件的改善，我国国际多式联运必将蓬勃发展。

单元四 国际货运代理

一、国际货运代理的基本概念

国际货运代理协会联合会对国际货运代理的定义是：根据客户的指示，为客户的利益而揽取货物的人，其本人并非承运人。货运代理(简称货代)也可以这些条件，从事与运送合同有关的活动，如储货、报关、验收、收款。

我国国际货运代理业管理规定明确了国际货运代理企业的定义，即国际货运代理企业可以作为进出口货物的收货人、发货人的代理人，也可以作为独立经营人从事国际货运代理业务。

国际货运代理企业作为代理人从事国际货运代理业务，是指国际货运代理企业接受进出货物收货人、发货人或其代理人的委托，以委托人或自己的名义为委托人办理有关业务，并收取代理费或佣金的行为。

国际货运代理企业作为独立经营人从事国际货运代理业务，指国际货运代理企业接受进出货物收货人、发货人或其代理人的委托，签发运输单证，履行运输合同并收取运费和服务费的行为。

二、国际货运代理的服务对象

从国际货运代理人的基本性质看，货代主要是接受委托方的委托，就有关货物运输、转运、仓储、装卸等事宜负责办理。一方面他与货物托运人订立运输合同，同时他又与运输部门签订合同，对货物托运人来说，他又是货物的承运人。目前，相当部分的货物代理人掌握各种运输工具和储存货物的库场，在经营其业务时办理包括海、陆、空在内的货物运输。

国际货运代理所从事的业务如下：

(1) 为发货人服务。货运代理代替发货人承担在不同货物运输中的任何一项手续：

① 以最快、最省的运输方式，安排合适的货物包装，选择货物的运输路线；

② 向客户建议仓储与分拨；

③ 选择可靠、效率高的承运人，并负责缔结运输合同；

④ 安排货物的计重和计量；

⑤ 代理货物保险事宜；

⑥ 安排货物的拼装；

⑦ 装运前或在目的地分拨货物之前把货物存仓；

⑧ 安排货物到港口的运输，办理海关和有关单证手续，并把货物交给承运人；

⑨ 代表托运人/进口商承付运费、关税税收；

⑩ 办理有关货物运输的任何外汇交易；

⑪ 从承运人那里取得各种签署的提单，并把它们交给发货人；

⑫ 通过承运人与货运代理在国外的代理联系，监督货物运输进程，并使托运人知道货物去向。

(2) 为海关服务。当货运代理作为海关代理办理有关进出口商品的海关手续时，它不仅代表他的客户，而且代表海关当局。事实上，在许多国家，他得到了这些当局的许可，办理海关手续，并对海关负责，负责在法定的单证中申报货物确切的金额、数量、品名，以使政府在这些方面不受损失。

(3) 为承运人服务。货运代理向承运人及时定舱，议定对发货人、承运人都公平合理的费用，安排适当时间交货，以及以发货人的名义解决和承运人的运费账目等问题。

(4) 为航空公司服务。货运代理在空运业上，充当航空公司的代理。在国际航空运输协会以空运货物为目的而制订的规则上，它被指定为国际航空运输协会的代理。在这种关系上，它利用航空公司的货运手段为货主服务，并由航空公司付给佣金。同时，作为一个货运代理，它通过提供适于空运程度的服务方式，继续为发货人或收货人服务。

(5) 为班轮公司服务。货运代理与班轮公司的关系随业务的不同而不同。近几年来由货运代理提供的拼箱服务，即拼箱货的集运服务已建立了他们与班轮公司及其他承运人(如铁路)之间的较为密切的联系，然而一些国家却拒绝给货运代理支付佣金，所以他们在世界范围内争取对佣金的要求。

(6) 提供拼箱服务。随着国际贸易中集装运输的增长，引进集运和拼箱服务，在提供这种服务中，货运代理担负起委托人的作用。集运和拼箱的基本含义是：把一个出运地若干发货人发往另一个目的地的若干收货人的小件货物集中起来，作为一个整件运输的货物发往目的地的货代，并通过他把单票货物交给各个收货人。货代签发提单，即分提单或其他类似收据交给每票货的发货人。货代目的港的代理凭初始的提单交给收货人。拼箱的收、发货人不直接与承运人联系，对承运人来说，货代是发货人，而货代在目的港的代理是收货人。因此，承运人给货代签发的是全程提单或货运单。如果发货人或收货人有特殊要求，货代也可以在出运地和目的地从事提货和交付的服务，提供“门到门”的服务。

(7) 提供多式联运服务。在货代作用上，集装箱化的一个更深远的影响是介入了多式联运。这是他充当了主要承运人并承担了组织一个单一合同下，通过多种运输方式进行门到门的货物运输。他可以以当事人的身份，与其他承运人或其他服务提供者分别谈判并签约。但是，这些分拨合同不会影响多式联运合同的执行，也就是说，不会影响发货人的义务和在多式联运过程中他对货损及灭失所承担的责任。在货代作为多式联运经营人时，通常需要提供包括所有运输和分拨过程的一个全面的“一揽子”服务，并对他的客户承担一个更高水平的责任。

三、国际货运代理的责任

(一) 基本责任

国际货运代理的基本责任如下：

(1) 作为承运人完成货物运输并承担责任(由其签发货运单据，用自己掌握的运输工具，或委托他人完成货物运输，并收取运费)。

(2) 作为承运人完成货物运输，不直接承担责任(由他人签发货运单据，使用掌握运输工具，或租用他人的运输工具，或委托他人完成货物运输，并不直接承担责任)。

(3) 根据与委托方订立的协议或合同规定，或根据委托方指示进行业务活动时，货代应以通常的责任完成此项委托，尤其是在授权范围之内。

(4) 如实汇报一切重要事项。在委托办理业务中向委托方提供的情况、资料必须真实，如因任何隐瞒或提供的资料不实而造成的损失，委托方有权向货运代理人追索并撤销代理合同或协议。

(5) 保密义务。货运代理过程中所得到的资料不得向第三者泄漏，同时也不得将代理权转让与他人。

(二) 责任期限

从接收货物时开始至目的地将货物交给收货人为止，或根据指示将货物置于收货人指示的地点作为完成并以履行合同中规定的交货义务。

(三) 对合同的责任

国际货运代理人应对自己因没有执行合同所造成的货物损失负赔偿责任。

(四) 对仓储的责任

货代在接受货物准备仓储时，应在收到货物后给委托方出具收据或仓库证明，并在货物仓储期间尽其职责，根据货物的特性和包装，选择不同的储存方式。

(五) 权利

委托方应支付给货运代理人因货物的运送、保管、投保、报关、签证、办理单据等，以及为其提供其他服务而引起的一切费用，同时还应支付由于货运代理人不能控制的原因致使合同无法履行而产生的其他费用。如货物灭失或损坏属于保险人承包范围之内，货运代理人赔偿后，从货物所有人那里取得代位求偿权，从其他责任人那里得到补偿或偿还。当货运代理人对货物全部赔偿后，有关货物的所有权便转为货运代理人所有。

(六) 除外责任

除外责任包括以下几点：

(1) 委托方的疏忽或过失所致。

(2) 委托方或其代理人在装卸、仓储或其他作业过程中的过失所致。

(3) 货物的自然特性或潜在缺陷所致。

(4) 货物的包装不牢固、标志不清所致。

(5) 货物送达地址不清、不完整、不准确所致。

(6) 货物的内容申报不清楚、不完整所致。

(7) 不可抗力、自然灾害、意外原因所致。

如能证明货物的灭失或损害是由货运代理人的过失或疏忽所致，则货运代理人应对该货物的灭失、损害负赔偿责任。

四、货运代理的赔偿责任

货运代理的赔偿原则有两个方面：一是赔偿责任原则；二是赔偿责任限制。

(一) 赔偿责任原则

收货人在收到货物时发现货物灭失或损害，并能证明该灭失或损害是由货运代理人的过失造成的，即向货代提出索赔，一般情况下，索赔通知的提出不超过货到后多少天，否则，就作为货代已完成交货义务。货代基本赔偿原则如下：

(1) 如果货物交接地点的市价或时价与发票金额有差别，但又无法确定其差额，则按发票金额赔偿。

(2) 对无实际价值的货物，不予赔偿(除非作特殊声明并支付了相应费用)。

(3) 对货物的部分灭失或损害按比例赔偿。

(4) 如货物在应交付日多少天内仍未交付，则构成延误交货，货代应赔偿因延误而可能引起的直接后果和合理费用。

(二) 赔偿责任限制

从现有的国际公约看，有的采用单一标准的赔偿方法，有的采用双重标准的赔偿方法，对国际货运代理人的赔偿方法也应如此，但实际做法不一，差异较大。

任务三　项目单项能力训练

一、单项选择题

1. 国际物流的运作方式包括(　　)。

A. 国际多式联运　　B. 大陆桥运输　　C. 远洋运输　　D. 以上全是

2. 下列不属于根据国际贸易惯例，商品检验时间与地点规定的是(　　)。

A. 出口国检验　　B. 进口国检验

C. 出口国检验、进口国复验　　D. 第三国检验

3. 下列不属于国际海上货物运输特点的是(　　)。

A. 运输量大　　B. 运输能力大　　C. 运费低廉　　D. 风险较小

4. 国际货运代理能完成的工作包括(　　)。

A. 报关　　B. 验收　　C. 收款　　D. 以上全是

二、简答题

1. 国际物流的特点有哪些？
2. 国际物流与国际贸易的关系是什么？
3. 国际物流合理化的措施有哪些？
4. 国际货运代理的服务对象是什么？

任务四　项目综合技能训练

中远集团物流战略规划

2002 年 1 月 8 日中国远洋物流有限公司(COSCO LOGISITICS，以下简称中远物流)在京宣告成立。组建中远物流是中远集团为了迎接加入 WTO 后的挑战，推进其“由全球航运承运人向全球物流经营人转变”的重大举措。

一、中远集团发展物流的战略调整

1. 调整战略，实现两个转变

为了贯彻中远集团“由拥有船向控制船转变，由全球航运承运人向全球物流经营人转变”的发展战略，集团及时对主业结构进行调整，同时制订了集团物流发展规划。近年来，

中远船队船舶载重吨位由过去的1700万吨增加到2300万吨，平均船龄由15.1年降低到11年。中远船队规模的扩大不但巩固了中远航运主业的国际地位，同时由于航运规模经营优势带来的客户群又成为发展和稳定的资源，船队和物流企业形成了积极良性的互动关系，促进了中远物流的持续发展。

2. 建立健全机构，加强中远物流管理

为了充分利用集团全球资源，发挥集团整体优势，打出品牌，集团总公司成立了物流职能机构，下设国内外各区域物流公司。区域物流公司根据经营管理需要设置若干国家(或口岸)公司，负责中远全球的物流业务。在总公司的统一管理下，各区域公司重点负责中远全球物流项目开发及区域内、外物流项目的运作管理等。

3. 大力拓展现代物流服务

以强大的航运实力为依托，充分利用中远全球外流资源，以中国市场为基础，以跨国公司物流需求为基础，对客户服务由运输扩展到仓储、加工、配送，直至深入到产品生产、流通、分配、消费的大部分环节，通过开展增值服务，提高加强盈利能力和市场竞争力。几年来，中远集团以客户满意为中心，以上海通用汽车、海尔电器、意保伦鞋业三个典型项目为突破口，开发了各类物流项目73个，同时还走访了东风汽车、长虹、福特汽车、科龙、沃尔玛等大型客户了解需求，共同协商开发物流配送方案。为了使中远物流尽快与国际接轨，该公司积极与世界著名咨询公司合作，引进国外先进技术和管理经验，并通过示范项目的实施与推广，进一步加快中远物流发展进程。

二、中远物流的企业战略

1. 优化资源结构，发挥整体优势

中远物流为了更好地适应国际物流市场需求，进一步增强市场竞争力，1995 年开始对所属陆上货运公司进行了重大改组和调整。这次整合从根本上解决了中远陆上货运资源布局不合理、利用不充分、重复投资、内部竞争、发展缓慢等弊病。1997年中远物流对中远船队按照专业生产要求又进行了经营战略调整。同时，对海外地区的众多业务机构进行了归口管理并成立了香港、新加坡、美国、欧洲、日本、澳洲、非洲、西亚、韩国九大区域公司，通过理顺新体制，形成了优势，改变了中远集团在计划经济下多年的企业组织结构，实现了中远集团跨国经营的总体构架有全球业务分布的新格局。

中远物流以国际化的远洋船队为依托，以科技创新和管理创新为突破口，不断加强服务体系建设，在全国29个省、市、自治区建立了包含300多个站点的物流服务网络体系，形成了功能齐全的信息系统；拥有运营车辆1222辆，其中集装箱货车851辆，物流车339辆(配备GPS系统的为94辆)，大型运输车32辆；仓储和堆场154万平方米；成功开通了6条以“中远号”命名的集装箱“五定班列”，并且培养了一支有多年实际经营和运作物流业务丰富经验的专业人才队伍。重组的中远物流公司下设大连、北京、青岛、上海、宁波、厦门、广州、武汉8个区域公司，并与中远海外企业有密切的协作关系，与40多个国家的货运机构签订了互为代理协议，能够便捷、高效地完成现代物流任务。

2. 品牌战略

中远物流公司为上海别克、一汽捷达、神龙富康、上海桑塔纳等提供进口汽车散件服务，并且为沈阳金杯提供物流服务，与众多汽车厂商建立了良好、广泛的联系；还与海尔、科龙、小天鹅、海信、澳柯玛以及长虹等企业建立了紧密的合作关系。中远与科龙和小天鹅合资成立安泰达物流有限公司，这是我国首家由生产厂家与物流服务商组建的家电物流企业。

在国家重大建设项目方面，中远在两年中先后中标，承担了秦山核电三期工程、江苏田湾核电站和长江三峡工程的物流运输项目，为国家重点工程建设做出了重要贡献。

3. 科技创新战略

现代物流实际上是依靠现代技术支撑的行业，没有科技支撑，物流业务将寸步难行。在这方面中远物流实施了两个方面的工作。

第一个方面的工作是，在建立完整的网上货运服务的基础上，建立中远物流船队数据中心，强化中远物流的客户服务水平，拓展中远物流的服务范围；第二个方面的工作是完善现代物流应用系统，包括两个内容：完善“5156”公共信息平台，为客户提供全面的物流服务。中远物流公司已经拥有了一套比较成熟的信息技术系统。他们将“网上仓储管理信息系统”、“网上汽运调度信息系统”、“网上结算”等功能模块进行集成，形成了“5156.com.cn”物流网站，能够为客户提供便捷的网上物流交易电子商务平台，为物流项目的开发和运作提供了强有力的技术支持。

同时，建立以北京物流总部为中心，覆盖 8 个区域公司的中远物流专网，逐步将“5156”物流平台建设成为中远物流业务操作、项目管理、客户服务及应用服务的公共信息平台，开发个性化物流信息系统，为重大客户提供物流服务。

4. 管理创新战略

中远物流的目标是“做中国最好的物流服务商、最好的船务代理人”。中远物流全系统要以培养核心竞争力为目标，有效整合物流资源，以传统运输代理业务为基础，做大做强综合性的运输服务体系，为国内外广大船东和货主提供更优质的服务。中远物流将加大力度，构建物流业务体系，树立中远物流品牌，增强物流项目设计和管理，重点拓展汽车、家电、项目和展品物流市场，积极开发冷藏品、危险品等专项物流领域。

为了推动中远物流系统的管理创新，激发企业的活力，增强竞争力，公司始终坚持“以人为本”的宗旨，以建立完善的绩效评价体系为核心，加快培养物流骨干人才，有效促进传统业务的稳定增长和新业务的快速增长。

思考题

1. 你对中远物流的发展目标“做中国最好的物流服务商、最好的船务代理人”是怎么理解的？

2. 国际物流服务提供商应该具备哪些基本条件？

项目十三

供应链管理

任务一 项目导入案例

1906年，香港利丰集团从广州一个小小的铺位起家，创办人冯柏燎靠着一口流利的外语，把瓷器、古董和工艺品卖给外国人，在当时成为中国第一家华资的出口贸易公司。现在，就像一个虚拟的“日不落制造帝国”，利丰营运版图横跨40个国家，全球有8300家工厂。它在商业模式上的创新，曾4度被哈佛商学院写进教案。《时代杂志》推崇利丰“是现代贸易的最佳中间人”，每天为了零售巨人们指挥着全球日用品的生产，创造出一种“无疆界制造”的经营概念。

不像福特汽车或丰田汽车强调“一条龙”的垂直生产，利丰的供应链好比射线般从中国香港发散到全球各地，完全打破原来由上到下、环环相扣的线性制造模式。举例来说，利丰要为客户生产一件衣服，他们善用比较优势，从世界各地搜寻最佳原料，像内衬来自中国台湾，衣服标签来自中国香港，拉链来自日本，最后，送到劳力成本低廉的地方完成组装工作。即使下次接到同样的订单，利丰可能会根据生产状况，调配出和上一次订单截然不同的生产组合。“就像一个分解者，把生产过程切成特定的零件，哪个供应商做得最有效率，就给哪个做”，利丰的董事长冯国经比喻道。冯国经说，现在的利丰已从一个“中间人”转型成“整合者”；中间没有附加价值，唯一的价值就是把市场带进来；可是整合者非常重要，没有他，客户无法在全球找到最高效率的供应商来做事。利丰到底在造什么东西呢?它是一个交响乐团，是一个全球性的网络，每个厂家都是利丰的伙伴。

任务二 项目支撑知识学习

单元一 供应链认知

一、供应链的产生与发展

(一) 供应链的由来

供应链最早来源于彼得·德鲁克提出的“经济链”，而后经由迈克尔·波特发展成为

“价值链”，最终日渐演变为“供应链”(Supply Chain)。那么什么是“供应链”呢？它的定义为：围绕核心企业，通过对信息流、物流、资金流的控制，从采购原材料开始，制成中间产品及最终产品，最后由销售网络把产品送到消费者手中。它是将供应商、制造商、分销商、零售商，直到最终用户连成一个整体的功能网链模式。所以，一条完整的供应链应包括供应商(原材料供应商或零配件供应商)、制造商(加工厂或装配厂)、分销商(代理商或批发商)、零售商(大卖场、百货商店、超市、专卖店、便利店和杂货店)以及消费者。

(二) 供应链的发展

1. 传统企业内部供应链阶段

传统企业内部供应链阶段认为供应链是制造企业中的一个内部过程，即企业把从外部采购的原材料和零部件，通过生产转换和销售等活动，再传递给零售商和用户。这个阶段它只考虑企业的内部操作、注重企业自身的资源利用，认为供应链就是通过计划、存储、分销、服务等这样一些活动而在顾客和供应商之间形成的一种衔接，从而使企业能满足内外部顾客的需求。

2. 单一供应链阶段

单一供应链阶段认为供应链的概念只与企业的采购、供应管理相关联，供应链的各企业只是独立运作。它强调的仅仅是企业与供应商之间的供需关系，忽略了企业与外部供应链其他成员企业的联系，容易造成企业间的目标冲突。

3. 链式结构双向供应链阶段

链式结构双向供应链阶段认为供应链是一个通过链中不同企业的制造、组装、分销、零售等过程将原材料转换成产品，再到最终用户的过程。美国的史蒂文斯(Stevens)认为：“通过增值过程和分销渠道控制从供应商的供应商到用户的用户的流程就是供应链，它开始于供应的源点，结束于消费的终点。”伊文斯(Evens)认为：“供应链管理是通过前馈的信息流和反馈的物料流及信息流，将供应商、制造商、分销商、零售商，直到最终用户连成一个整体的模式。”以上这些定义都注意了供应链的完整性，强调战略伙伴关系，强调企业与其他企业的联系，注意到了供应链的外部环境，是更大范围、更为系统的概念。

4. 网状结构供应链阶段

网状结构供应链阶段认为供应链是一个以“核心企业”为中心的双向树状网络结构。如核心企业与供应商、供应商的供应商乃至与一切上游企业的关系，与用户、用户的用户及一切下游企业的关系。比如，哈里森(Harrison)的供应链定义为“供应链是执行采购原材料，将它们转换为中间产品和成品，并且将成品销售到用户的功能网链”；中华人民共和国国家标准 GB/T 18354—2001《物流术语》将供应链定义为“生产及流通过程中，涉及将产品或服务提供给最终用户活动的上游与下游企业，所形成的网络结构”；本书采用的定义是马士华教授等学者给出的，即“供应链是围绕核心企业的，通过对物流、信息流和资金流的控制，从采购原材料开始，制成中间产品以及最终产品，最后由销售网络把产品送到将供应商、制造商、分销商、零售商，直到最终用户连成一个整体的功能网络”。这些定义更加注重围绕供应链核心企业的网链关系。

二、供应链概念

英国著名物流专家马丁·克里斯多夫(Martin Christopher)教授在《物流与供应链管理》一书中对供应链进行了如下定义：供应链是指涉及将产品或服务提供给最终消费者的过程和活动的上游及下游企业组织所构成的网络。比如，衬衣制造商是供应链的一部分，它的上游是化纤厂和织布厂，下游是分销商和零售商，最后到最终消费者。按此定义，这条供应链上的所有企业都是相互依存的，但实际上它们却彼此并没有太多的协作。这种供应链仍然是传统意义上理解的供应链。

所谓供应链，是指围绕核心企业，通过对信息流、物流、资金流等各种流的管理与控制，从原材料的供应开始，经过产品的制造、分配、递送、消费等过程将供应商、制造商、分销商、零售商，直到最终客户连成一个整体的功能网链结构模式。它不仅是一条连接供应商到客户的物料链、信息链、资金链，而且是一条增值链，物料在供应链上因加工、包装、运输等过程而增加其价值，给相关企业带来收益。

其中，供应链的上游部分是指那些先于最终制造的部分，包括为最终制造提供产品和服务的供应商。例如，在服装制造的供应链中的最初原料供应商棉花种植者，以及纺纱、织布纺织厂。供应链下游是指涉及供应链最终产品的部分，包括产成品提交给最终客户。例如，在服装制造的供应链中的配送网络和销售网络等。

三、供应链的类型

供应链的产生和发展的历史虽然短暂，但由于它在企业经营中的重要地位和作用，以及它对提升企业竞争力的明显优势，其发展速度很快，已经形成了具有明显特点的供应链。从不同的角度出发，按不同的标准，可以将供应链划分为不同的类型。

(一) 按照供应链管理对象划分

根据供应链管理的研究对象及其范围，供应链可以分为以下三种类型：

1. 企业供应链

企业供应链以某个企业为核心，以该企业的产品为主导，形成包括该企业的供应商、供应商的供应商以及一切向前的关系，和用户、用户的用户及一切向后的关系。这个核心企业在整个供应链中具有明显的主导地位和作用，对整个供应链的建立和组织起关键作用。

2. 产品供应链

产品供应链是以某一特定产品或项目为中心，由特定产品或项目需求所拉动的、包括与此相关的所有经济活动的供应链。产品供应链上的企业相互依存，供应链的效率取决于相关企业的密切合作。因此，基于信息技术的系统化管理是提高供应链运作效率的关键。

3. 基于供应链合作伙伴关系的供应链

供应链合作伙伴关系主要是针对这些职能成员间的合作进行管理。基于供应链合作伙伴关系的供应链，一般通过契约协调双方或多方间的利益，实现物流、信息流、资金流的流动与交换。

上述三种供应链管理对象的区分意义是彼此相关的，在一些方面是相互重叠的，这对于考察供应链和研究不同的供应链管理方法是有帮助的。

（二）按照供应链网络结构划分

根据供应链网络结构，供应链可以分为以下三种类型：

1. V 型供应链

V 型供应链是供应链网状结构中最基础的结构。这种供应链以大批量物料存在方式为基础，经过企业加工转换为中间产品，提供给其他企业作为它们的原材料。生产中间产品的企业往往客户要多于供应商，呈发散状。例如，原料经过中间产品的生产和转换，成为工业原材料；石油、化工、造纸和纺织等企业生产种类繁多的产品，满足众多下游客户的需求，从而形成了 V 型供应链。

2. A 型供应链

当核心企业为供应网络上的最终用户服务时，它的业务本质上是由订单和客户驱动的。在制造、组装和总装时，会遇到一个与 V 型供应链相反的问题，即为了满足相对少数的客户需求和客户订单，需要从大量的供应商手中采购大量的物料。这是一种典型的会聚型的供应链网，即 A 型供应链。这种供应链一般要加强供应商和制造商之间的密切合作，共同控制库存量。

3. T 型供应链

介于上述两种模式之间的许多企业通常结成的是 T 型供应链。他们通常根据订单确定通用件，从与自己相似的供应商公司采购大量的物料，通过对通用件的制造标准化来降低订单的复杂程度，为大量终端客户和合作伙伴提供构件和套件，如医药保健品、电子产品、食品和饮料等行业，以及为总装配提供零部件的公司(为汽车、电子器械和飞机主机厂商提供零配件的企业)。

（三）按照供应链驱动力的来源划分

按照供应链驱动力的来源，供应链可以分为推动式供应链和拉动式供应链。

1. 推动式供应链

推动式供应链的运作是以产品为中心，以生产制造商为驱动原点。这种传统的推动式供应链管理是以生产为中心，力图尽量提高生产率，降低单件产品成本来获得利润。通常，生产企业根据自己的 MRP-Ⅱ/ERP 计划来安排从供应商处购买原材料，生产出产品，并将产品经过各种渠道，如分销商、批发商、零售商，一直推至客户端。在这种供应链上，制造商对整个供应链起主导作用，是供应链上的核心或关键成员，而其他环节如流通领域的企业则处于被动的地位。这种供应链方式的运作和实施相对较为容易。然而，由于制造商在供应链上远离客户，对客户的需求远不如流通领域的零售商和分销商了解得清楚，且这种供应链上企业之间的集成度较低，反应速度慢，使制造商在缺乏对客户需求了解的情况下生产出的产品和驱动供应链运作的方向往往是无法匹配和满足客户需求的。

同时，由于制造商无法掌握供应链下游，特别是最末端的客户需求，一旦下游有微小的需求变化，反应到上游时这种变化将被逐级放大(这种效应被称为牛鞭效应)。为了对付这种牛鞭效应，相应的下游，特别是最终端客户的变化，在供应链的每个节点上，都必须采取提高安全库存量的办法，储备较多的库存来应付需求的变动，因此，整个供应链上的库存较高，响应客户需求变化较慢。传统的供应链管理几乎都属于推动式的供应链管理，其模式如图 13-1 所示。

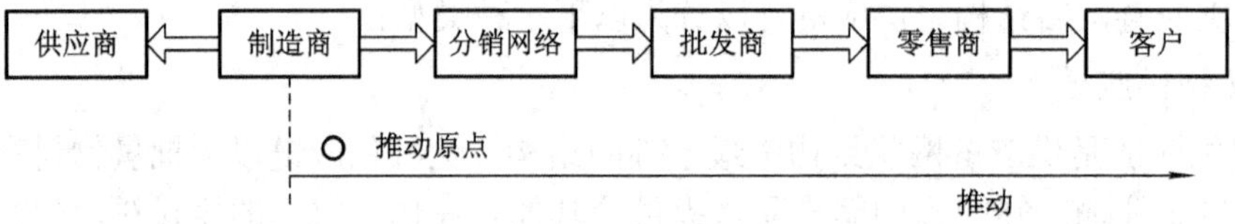

图 13-1 推动式供应链

2. 拉动式供应链

拉动式供应链管理的理念是以顾客为中心，通过对市场和客户的实际需求以及对其需求的预测来拉动产品的生产和服务。因此，这种供应链的运作方式和管理被称为拉动式的供应链管理。这种运作和管理需要整个供应链能够更快地跟踪、甚至超前于客户和市场的需求，来提高整个供应链上的产品和资金流通的效率，减少流通过程中不必要的浪费，降低成本，提高市场的适应力，特别是对下游的流通和零售行业，更是要求供应链上的成员间有较强的信息共享、协同、响应和适应能力。例如，目前发达国家采用协同计划、预测和补货(CPFR)策略与系统，来实现对供应链下游成员需求拉动的快速响应，使信息获取更及时，信息集成和共享度更高，数据交换更迅速，缓冲库存量及整个供应链上的库存总量更低，获利能力更强，等等。拉动式供应链虽然整体绩效表现出色，但对供应链上企业的管理和信息化程度要求较高，对整个供应链的集成和协同运作的技术和基础设施要求也较高。

以计算机公司为例，其对计算机市场的预测和计算机的订单是企业一切业务活动的拉动点，生产装配、采购等的计划安排和运作都是以他们为依据和基础进行的，这种典型的面向订单的生产运作可以明显地减少库存积压和个性化与特殊化的配置需求，并加快资金周转。然而，这种供应链的运作和实施相对较难，其结构原理如图 13-2 所示。

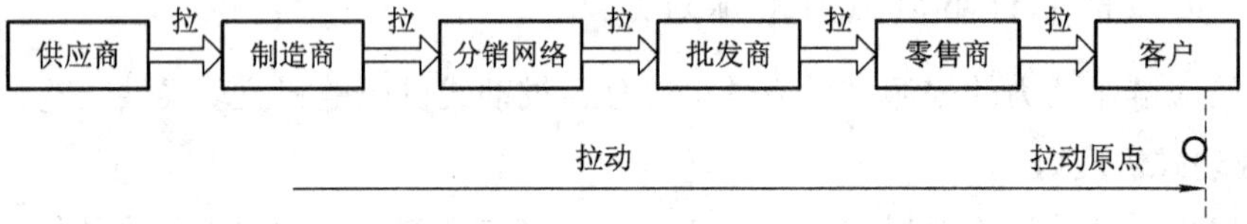

图 13-2 拉动式供应链

但在一个企业内部，对于有些业务流程来说，有时推动式和拉动式方式共存。如戴尔计算机公司的 PC 生产线，既有推动式运作又有拉动式运作，其 PC 装配的起点就是推和拉的分界线，在装配之前的所有流程都是推动式流程，而装配和其后的所有流程是拉动式流程，完全取决于客户订单。这种推拉共存的运作对制订有关供应链设计的战略决策非常有用。例如，供应链管理中的延迟生产策略就很好地体现了这一点，通过对产品设计流程的改进，使推和拉的边界尽可能后延，便可有效地解决大规模生产与大规模个性定制之间的矛盾，在充分利用规模经济的同时实现大批量客户化生产。

(四) 其他划分

供应链还可以根据不同的标准划分为以下几种类型：

1. 稳定的供应链和动态的供应链

根据供应链存在的稳定性划分，可以将供应链分为稳定的和动态的供应链。基于相对稳定、单一的市场需求而组成的供应链稳定性较强，而基于相对频繁变化、复杂的需求而组成的供应链动态性较高。在实际管理运作中，需要根据不断变化的需求，相应地改变供应链的组成。

2. 平衡的供应链和倾斜的供应链

根据供应链容量与用户需求的关系可以将供应链划分为平衡的供应链和倾斜的供应链。一个供应链具有一定的、相对稳定的设备容量和生产能力(所有节点企业能力的综合，包括供应商、制造商、运输商、分销商、零售商等)，但用户需求处于不断变化的过程中，当供应链的容量能满足用户需求时，供应链处于平衡状态，而当市场变化加剧，造成供应链成本增加、库存增加、浪费增加等现象时，企业不是在最优状态下运作，供应链则处于倾斜状态。

3. 有效性供应链和反应性供应链

根据供应链的功能模式(物理功能和市场中介功能)可以把供应链划分为有效性供应链(Efficient Supply Chain)和反应性供应链(Responsive Supply Chain)。有效性供应链主要体现供应链的物理功能，即以最低的成本将原材料转化成零部件、半成品、产品，以及在供应链中的运输等；反应性供应链主要体现供应链的市场中介的功能，即把产品分配到满足用户需求的市场，对未预知的需求做出快速反应等。

四、供应链的结构模型与特征

(一) 供应链的结构模型

根据供应链的定义，供应链的结构如图 13-3 所示。

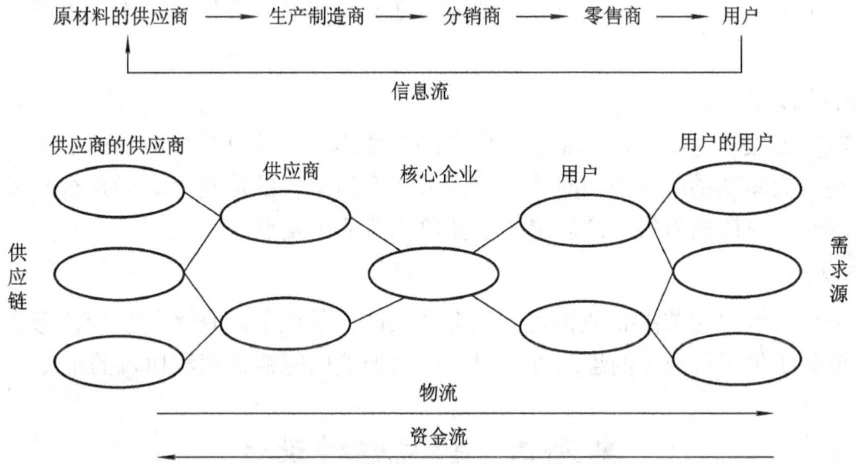

图 13-3 供应链的网链结构模型

从图 13-3 可以看出，供应链由所有加盟的节点企业组成，其中一般有一个核心企业(可以是产品制造企业，也可以是大型零售企业，如美国的沃尔玛)。节点企业在需求信息的驱动下和信息共享的基础上，通过供应链的职能分工与合作(生产、分销、零售等)，以资金流、物流和服务流为媒介实现整个供应链的不断增值。

(1) 物流：物品和服务流向客户。供应链中物流的典型观点之一是供应链中物料的流动由最初的资源通过一系列的转换过程流向配送系统，直至最终客户。

(2) 信息流：订单、设计、需求、供应等信息在供应链中双向流动。供应链中物流(从原材料到产成品再到最终客户)的运动仅仅是一个方向；供应链中的信息流需要在供应商和客户之间双向的流动；供应链中的信息流是双向的，一是从客户到供应商的需求信息流，另一是与需求信息流相反的从供应商到客户的供应信息流。

(3) 资金流：物品和服务的支付从客户流向供应商。财务是业务运作的生命，没有资金流，企业将无法运转。购买供应品、支付员工薪金、为产品做广告和维护各种设备设施，以及维持服务等都不能没有资金流。

(二) 供应链的特征

供应链是一个网链结构，由围绕核心企业的供应商、供应商的供应商、用户和用户的用户组成。一个企业是一个节点，节点企业和节点企业之间是一种需求与供应关系。供应链主要具有以下特征：

1. 复杂性

由于供应链节点企业组成的跨度不同，供应链往往由多个企业、多种类型的企业，甚至多国企业构成，根据供应链的价值体系会形成多个具有专业职能的联盟，联盟内部的合作与竞争关系，以及联盟之间的利益分配机制，都突出了供应链结构模式的复杂性。

2. 动态性

由于企业战略和市场需求的波动，供应链节点企业之间合作竞争的模式将会发生变化，从而使围绕核心企业的供应链成员不断地动态更新，只有这样才能满足市场环境的变化。但是，供应链成员的结构的动态变化主要表现在支持成员的变化，基本成员还是相对比较稳定的。

3. 面向客户需求

供应链的形成和动态重构都是基于特定的市场需求，并且在供应链的动态过程中，客户需求已经成为驱动供应链中信息流、物流和资金流运作的原动力。满足客户需求、提高客户服务水平，应该成为供应链创造核心竞争优势的出发点。

4. 交叉性

每一个供应链中的节点企业都可能是多个供应链的成员，众多的供应链形成了一种交叉结构，增强了供应链网络的连通性，但是也增加了供应链管理和协调的难度。

单元二 供应链的设计

一、供应链设计的基本思想

为了提高供应链管理的绩效，除了必须有一个高效的运行机制外，建立一个高效精简的供应链，也是极为重要的一环。虽说供应链的构成不是一成不变的，但是在实际经营中，不可能像改变办公室的桌子那样随意改变供应链上的节点企业。因此，供应链设计的好坏是影响供应链管理绩效的重要环节。

(一) 供应链设计与物流系统设计

物流系统是供应链的物流通道，是供应链管理的重要内容。物流系统设计是指原材料和外购件所经历的采购入厂、存储、投料、加工制造、装配、包装、运输、分销、零售等一系列物流过程的设计。物流系统设计也称通道设计(Channel Designing)，是供应链系统设计中最主要的工作之一。设计一个结构合理的物流通道对于降低库存、减少成本、缩短提前期、实施 JIT 生产与供销、提高供应链的整体运作效率都是很重要的。但供应链设计却不等同于物流系统设计，(集成化)供应链设计是企业模型的设计，它从更广泛的思维空间——企业整体角度去勾画企业蓝图，是扩展的企业模型。它既包括物流系统，还包括信息和组织以及价值流和相应的服务体系建设。在供应链的设计(建设)中创新性的管理思维和观念极为重要，要把供应链的整体思维观融入到供应链的构思和建设中，企业之间要有并行的设计才能实现并行的运作模式，这是供应链设计中最为重要的思想。

(二) 供应链设计与环境因素的考虑

一个设计精良的供应链在实际运行中并不一定能按照预想的那样，甚至无法达到设想的要求，这是主观设想与实际效果的差距，原因并不一定是设计或构想得不完美，而是环境因素在起作用。因此构建和设计一个供应链，一方面要考虑供应链的运行环境(地区、政治、文化和经济等因素)，同时还应考虑未来环境的变化对实施供应链的影响。因此，我们要用发展的、变化的眼光来设计供应链，无论是信息系统的构建还是物流通道设计，都应具有较高的柔性，以提高供应链对环境的适应能力。

(三) 供应链设计与企业再造工程

从企业的角度来看，供应链的设计是一个企业的改造问题，供应链所涉及的内容任何企业或多或少都在进行。供应链的设计或重构不是要推翻现有的企业模型，而是要从革新管理思想的角度，以创新的观念武装企业(比如动态联盟、虚拟企业与精细生产)，这种基于系统进化的企业再造思想是符合人类演进式的思维逻辑的。尽管 BPR 教父哈默和钱皮(Champy)一再强调其彻底的、剧变式的企业重构思想，但实践证明，实施 BPR 的企业最终还是走向改良道路，所谓无源之水，无本之木的企业再造是不存在的。因此在实施供应链的设计与重建时，并不在于是否打碎那个瓷娃娃(M. C・杰克逊透过新潮管理法看系统管理学)，需要的是新的观念、新的思维和新的手段，这是我们实施供应链管理所要明确的。

(四) 供应链设计与先进制造模式的关系

供应链设计既是从管理新思维的角度去改造企业，也是先进制造模式的客观要求和推动的结果。如果没有全球制造、虚拟制造这些先进的制造模式的出现，集成化供应链的管理思想是很难实现的。正是先进制造模式的资源配置沿着劳动密集—设备密集—信息密集—知识密集的方向发展，才使得企业的组织模式和管理模式发生相应的变化，从制造技术的技术集成演变为组织和信息等相关资源的集成。供应链管理适应了这种趋势，因此，供应链的设计应把握这种内在的联系，使供应链管理成为适应先进制造模式发展的先进管理思想。

二、供应链设计的原则

在供应链的设计过程中，应遵循一些基本的原则，以保证供应链的设计和重建能满足供应链管理思想得以实施和贯彻的要求。下面从宏观和微观两个方面来讨论。

(一) 从宏观角度来把握供应链设计应遵循的原则

从宏观角度来把握供应链设计应遵循的原则如下：

1. 自顶向下和自底向上相结合的设计原则

在系统建模设计方法中，存在两种设计方法，即自顶向下和自底向上的方法。自顶向下的方法是从全局走向局部的方法，自底向上的方法是从局部走向全局的方法；自上而下是系统分解的过程，而自下而上则是一种集成的过程。在设计一个供应链系统时，往往是先由主管高层做出战略规划与决策，规划与决策的依据来自市场需求和企业发展规划，然后由下层部门实施决策，因此供应链的设计是自顶向下和自底向上的综合。

2. 简洁性原则

简洁性是供应链的一个重要原则，为了能使供应链具有灵活快速响应市场的能力，供应链的每个节点都应是简洁的、具有活力的，能实现业务流程的快速组合。比如供应商的选择就应以少而精为原则，通过和少数的供应商建立战略伙伴关系，减少采购成本，推动实施 JIT 采购法和准时生产。生产系统的设计更是应以精细思想(Lean Thinking)为指导，努力实现从精细的制造模式到精细的供应链这一目标。

3. 集优原则(互补性原则)

供应链的各个节点的选择应遵循强强联合的原则，达到实现资源外用的目的，每个企业只集中精力致力于各自核心的业务过程，就像一个独立的制造单元(独立制造岛)，这些所谓单元化企业具有自我组织、自我优化、面向目标、动态运行和充满活力的特点，能够实现供应链业务的快速重组。

4. 协调性原则

供应链业绩的好坏取决于供应链合作伙伴关系是否和谐，因此建立战略伙伴关系的合作企业关系模型是实现供应链最佳效能的保证。席酉民教授认为和谐是描述系统是否形成了充分发挥系统成员和子系统的能动性、创造性及系统与环境的总体协调性。只有和谐而协调的系统才能发挥最佳的效能。

5. 动态性(不确定性)原则

不确定性在供应链中随处可见，许多学者在研究供应链运作效率时都提到不确定性问题。由于不确定性的存在，导致需求信息的扭曲，因此要预见各种不确定因素对供应链运作的影响，减少信息传递过程中的信息延迟和失真。降低安全库存总是和服务水平的提高相矛盾。增加透明性，减少不必要的中间环节，提高预测的精度和时效性，对降低不确定性的影响都是极为重要的。

6. 创新性原则

创新设计是系统设计的重要原则，没有创新性思维，就不可能有创新的管理模式，因此在供应链的设计过程中，创新性是很重要的一个原则。要产生一个创新的系统，就要敢于打破各种陈旧的思维框框，用新的角度、新的视野审视原有的管理模式和体系，进行大胆地创新设计。进行创新设计，要注意以下几点：一是创新必须在企业总体目标和战略的指导下进行，并与战略目标保持一致；二是要从市场需求的角度出发，综合运用企业的能力和优势；三是发挥企业各类人员的创造性，集思广益，并与其他企业共同协作，发挥供应链整体优势；四是建立科学的供应链和项目评价体系及组织管理系统，进行技术经济分析和可行性论证。

7. 战略性原则

供应链的建模应有战略性观点，通过战略的观点考虑减少不确定因素影响。从供应链的战略管理的角度考虑，供应链建模的战略性原则还体现在供应链发展的长远规划和预见性上，供应链的系统结构发展应和企业的战略规划保持一致，并在企业战略指导下进行。

（二）从微观管理的角度来把握供应链设计应遵循的原则

从微观管理的角度来把握供应链设计应遵循的原则如下：

1. 总成本最小原则

成本管理是供应链管理的重要内容。供应链管理中常出现成本悖反问题，即各种活动的成本的变化模式常常表现出相互冲突的特征。解决冲突的办法是平衡各项成本使其达到整体最优，供应链管理就是要进行总成本分析，判断哪些因素具有相关性，从而使总成本最小。

2. 多样化原则

供应链设计的一条基本原则就是要对不同的产品提供不同的客户，提供不同的服务水平。要求企业将适当的商品在恰当的时间、恰当的地点传递给恰当的客户。一般的企业分拨多种产品，因此要面对各种产品的不同的客户要求，不同产品特征，不同的销售水平，也就是意味着企业要在同一产品系列内采用多种分拨战略。比如在库存管理中，就要区分出销售速度不一的产品，销售最快的产品应放在位于最前列的基层仓库，依次摆放产品。

3. 推迟原则

推迟原则就是分拨过程中运输的时间和最终产品的加工时间应推迟到收到客户订单之后。这一思想避免了企业根据预测在需求没有实际产生的时候运输产品(时间推迟)，以及根据对最终产品形式的预测生产不同形式的产品(形式推迟)。

4. 合并原则

战略规划中，将运输小批量合并成大批量具有明显的经济效益。但是同时要平衡由于运输时间延长而可能造成的客户服务水平下降与订单合并的成本节约之间的利害关系。通常当运量较小时，合并的概念对制订战略最有用。

5. 标准化原则

标准化原则的提出解决了满足市场多样化产品需求与降低供应链成本的问题。如生产中的标准化可以通过可替换的零配件、模块化的产品和给同样的产品贴加不同的品牌标签而实现，这样可以有效地控制供应链渠道中必须处理的零部件、供给品和原材料的种类。服装制造商不必去存储众多客户需要的确切号码的服装，而是通过改动标准尺寸的产品来满足消费者的要求。

三、供应链设计的步骤

在遵循供应链设计的原则下，构建供应链设计步骤模型(如图 13-4 所示)，其具体设计步骤如下：

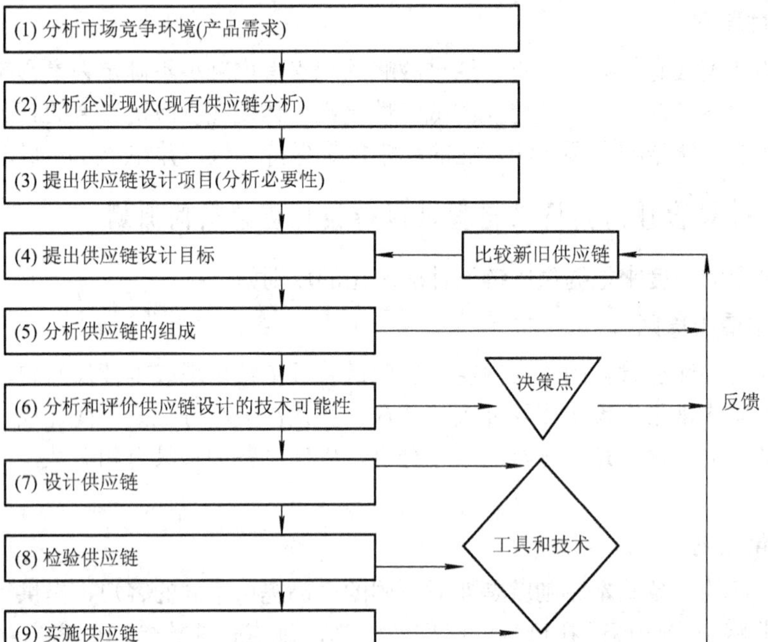

图 13-4 供应链设计步骤模型

第一步是分析市场竞争环境。这一步的目的在于找到针对哪些产品市场开发供应链才有效。为此，必须知道现在的产品需求是什么，产品的类型和特征是什么。分析市场特征的过程要向卖主、用户和竞争者进行调查，提出诸如用户想要什么和他们在市场中的分量有多大之类的问题，以确认用户的需求和因卖主、用户、竞争者而产生的压力。这一步骤的输出是每一产品按重要性排列的市场特征，同时对于市场的不确定性要有分析和评价。

第二步是分析企业现状。这一步主要分析企业供需管理的现状(如果企业已经有供应链管理，则分析供应链的现状)。这一步的目的不在于评价供应链设计策略的重要性和合适性，而是着重于研究供应链开发的方向，分析、找到、总结企业存在的问题及影响供应链设计的阻力等因素。

第三步是针对存在的问题提出供应链设计项目，分析其必要性。要了解产品，围绕着供应链“可靠性”和“经济性”两大核心要求，提出供应链设计的目标。这些目标首先包括提高服务水平和降低库存投资的目标之间的平衡，以及降低成本、保障质量、提高效率和提高客户满意度等目标。

第四步是根据基于产品的供应链设计策略提出供应链设计目标。其主要目的在于获得高用户服务水平和低库存投资、低单位成本两个目标之间(这两个目标往往有冲突)的平衡，同时还应包括以下目标：

(1) 进入新市场。

(2) 开发新产品。

(3) 开发新分销渠道。

(4) 改善售后服务水平。

(5) 提高用户满意程度。

(6) 降低成本。

(7) 通过降低库存提高工作效率等。

第五步是分析供应链的组成，提出组成供应链的基本框架。供应链中的成员组成分析主要包括制造工厂、设备、工艺、供应商、制造商、分销商、零售商、用户的选择及其定位，以及确定选择与评价的标准。分析供应链节点的组成，提出组成供应链的基本框架。供应链组成包括产品设计公司、制造工厂、材料商、外发厂(如表面处理)、物流伙伴。确定选择和评价的标准包括质量、价格、准时交货、柔性、提前期(L/T)和批量(MOQ)、服务、管理水平等指标。

第六步是分析和评价供应链设计的技术可能性(DFM)。这不仅仅是某种策略或改善技术的推荐清单，而且也是开发和实现供应链管理的第一步，它在可行性分析的基础上，结合本企业的实际情况为开发供应链提出技术选择建议和支持。这也是一个决策的过程，如果认为方案可行，就可进行下面的设计；如果不可行，就要重新进行设计。结合企业本身和供应链联盟内(如设计公司、外发厂)资源的情况进行可行性分析，并提出建议和支持，如果还不可行，则需要重新设计供应链，调整节点企业或建议客户更新产品设计。

第七步是设计供应链，主要解决以下问题：

(1) 供应链的成员组成(供应商、设备、工厂、分销中心的选择与定位，计划与控制)。

(2) 原材料的来源问题(包括供应商、流量、价格和运输等问题)。

(3) 生产设计(需求预测、生产什么产品、生产能力、供应给哪些分销中心、价格、生产计划、生产作业计划、跟踪控制和库存管理等问题)。

(4) 分销任务与能力设计(产品服务于哪些市场、运输、价格等问题)。

(5) 信息管理系统设计。

(6) 物流管理系统设计等。

在供应链设计中，要广泛地应用到许多工具和技术，包括归纳法、集体解决问题、流程图、模拟和设计软件、3PL 的选择与定位、计划与控制、确定产品和服务的计划、运送和分配、定价等。设计过程中需要各节点企业的参与交流，以便于以后的有效实施。

第八步是检验供应链。供应链设计完成以后，应通过一定的方法、技术进行测试检验或试运行。如果不行，返回第四步重新进行设计；如果没有什么问题，就可实施供应链管理了。

第九步是实施供应链。供应链实施过程中需要核心企业的协调、控制和信息系统的支持，使整个供应链成为一个整体，负责从工业设计到批量生产、物流等全方位的供应链控制与协调。

四、供应链设计的策略

设计和运行一个有效的供应链对于每一个制造企业都是至关重要的，因为它可以提高用户服务水平，达到成本和服务之间的有效平衡，提高企业竞争力，提高柔性，渗透新的市场，通过降低库存提高工作效率等。但是供应链也可能因为设计不当而导致浪费和失败。

费舍尔(Fisher)认为供应链的设计要以产品为中心。供应链的设计首先要明白用户对企业产品的需求是什么，产品寿命周期、需求预测、产品多样性、提前期和服务的市场标准等都是影响供应链设计的重要问题。企业必须设计出与产品特性一致的供应链，也就是所谓的基于产品的供应链设计策略(Product-Based Supply Chain Design，PBSCD)。

1. 产品类型

不同的产品类型对供应链设计有不同的要求，高边际利润、不稳定需求的革新性产品(Innovative Products)的供应链设计就不同于低边际利润、有稳定需求的功能性产品(Functional Products)的供应链设计。两种不同类型产品的比较见表 13-1。

表 13-1 两种不同类型产品的比较(在需求上)

需求特征	功能性产品	革新性产品
产品寿命周期	>2 年	1—3 年
边际贡献/(%)	5～20	20～60
产品多样性	低(每一目录 10～20 个)	高(每一目录上千个)
预测的平均边际错误率/(%)	10	40～100
平均缺货率/(%)	1～2	10～40
季末降价率/(%)	0	10～25
按订单生产的提前期	6 个月至 1 年	1 天至 2 周

由表 13-1 可以看出，功能性产品一般用于满足用户的基本需求，变化很少，具有稳定的、可预测的需求和较长的寿命周期，但它们的边际利润较低。为了避免低边际利润，许多企业在式样或技术上革新以寻求消费者的购买，从而获得高边际利润，这种革新性产品的需求一般不可预测，寿命周期也较短。正因为这两种产品的不同，才需要有不同类型的供应链去满足不同的管理需要。

2. 基于产品的供应链设计策略

当知道产品和供应链的特性后，就可以设计出与产品需求一致的供应链。供应链设计与产品类型策略如图 13-5 所示。

	功能性产品	革新性产品
有效性供应链	匹配	不匹配
反应性供应链	不匹配	匹配

图 13-5 供应链设计与产品类型策略

策略矩阵的四个元素代表四种可能的产品和供应链的组合，从中可以看出产品和供应链的特性，管理者可以根据它判断企业的供应链流程设计是否与产品类型一致，即基于产品的供应链设计策略：有效性供应链流程适于功能性产品，反应性供应链流程适于革新性产品。

单元三　供应链管理认知

一、供应链管理产生的时代背景

(一) 企业间竞争因素的变化

20 世纪 60 年代以前，企业间竞争的主要因素是成本，进行规模化生产是降低成本的主要手段。1970 年至 1980 年，企业间竞争的主要因素是质量，建立系统化的质量管理体系是提高质量过程管理和提高产品质量的主要方式。1980 年以后，企业间竞争的主要因素是时间，提高对客户需求的响应速度、缩短产品开发周期和产品交货周期，就会给企业带来更多的市场机会。

质量、成本和时间一直是一个企业的三个核心方面，企业管理模式也是围绕着这三个方面不断发展的。因为质量是企业的立足之本，成本是生存之道，而时间则是发展之源。没有好的质量就无法得到消费者的认可，企业所提供的产品和服务就无法在市场上立足；没有低的成本，企业就没有实力进行价格竞争，无法获得生产所需要的资金而难以为继；而企业要适应不断发展的消费需求，就必须能在最短的时间里提供消费者所需要的产品和服务，因此生产周期(包括产品研制和生产时间)就成了能否适应企业发展要求的关键。

(二) 供应链管理思想的产生

全球经济一体化是近年来国际经济发展的一个主要趋势，这给企业带来了难得的机遇和严峻的挑战，企业面临着不断急剧变化的市场需求及缩短交货期、提高质量、降低成本和改进服务的压力。企业经营环境变化，使得原来各个分散的企业逐渐意识到，要在竞争激烈的市场中生存下来，必须与其他企业建立一种战略上的伙伴关系，实行优势互补，发挥各企业的核心能力，并且在一种跨企业的集成管理模式下，使各企业能够统一协调起来，这样才能够适应新的环境变化。供应链管理思想就是在这样的背景下产生的。

(三) 实施供应链管理是大势所趋

1. 经济全球化的大趋势

经济全球化的进程，不仅要求企业重新构建自身的业务流程，更大范围地获取和利用各种资源，更大程度地接近市场和消费者，更有效地组织生产，而且也提供了现有供应链变革的一个重要契机。

2. 日趋激烈的市场竞争

20 世纪 80 年代以后，市场环境从过去供应商主导的卖方市场转型为消费者主导的买方市场，因而管理需从以控制为导向转变为以消费者为导向、从面向职能的管理转变为面向流程的管理。

3. 信息和网络技术的快速发展

计算机技术和网络技术的发展，大大降低了信息搜寻、信息储存、信息传递和信息分析的成本。

4. 现代企业向专业化和建立核心能力方向发展

20 世纪 90 年代以来，美国很少有企业继续走垂直整合的道路，企业变得更加专业化，获取外部资源的主要方式为寻找提供低成本和高质量产品的供应商，而不是自身拥有资源供给部门。对于企业来说，管理整个供应网络和提高整体绩效变得十分关键。企业认识到，与供应链上其他企业相处时，若其他企业成功，自身也能获益。

5. 企业内部管理的变化

根据美国波士顿咨询公司的调查，美国制造企业内部变化有：与消费者和供应商开展更多的信息沟通；水平的业务流程取代了垂直的职能部门；大批量生产转向顾客定制化生产；在减少供应商数量的同时，增加对购买原材料和外部资源的依赖；更加强调组织和流程的柔性；需要对多个地点上的流程加以协调；基于竞争压力，加快新产品的开发等。

二、供应链管理的概念、内容和本质目标

(一) 供应链管理的概念

2001 年，我国实施的《物流术语》国家标准(GB/T 18354—2001)定义：供应链管理(Supply Chain Management，SCM)是指利用计算机网络技术全面规划供应链中的商流、物流、信息流、资金流等，并进行计划、组织、协调与控制。

供应链管理是一种从供应商开始，经由制造商、分销商、零售商，直到最终客户的全要素、全过程的集成化管理模式。其目标是从整体的观点出发，寻求建立供、产、销企业以及客户间的战略合作伙伴关系，最大限度地减少内耗与浪费，实现供应链整体效率的最优化。

(二) 供应链管理涉及的内容

供应链管理涉及以下四个主要领域：供应(Supply)、生产作业(Schedule Plan)、物流(Logistics)、需求(Demand)，如图 13-6 所示。供应链管理是以同步化、集成化生产计划为指导，以各种技术为支持，尤其以 Internet/Intranet 为依托，围绕供应、生产作业、物流(主要指制造过程)、需求来实施的。供应链管理的目标在于提高客户服务水平和降低总的交易成本，并且寻求两个目标之间的平衡。

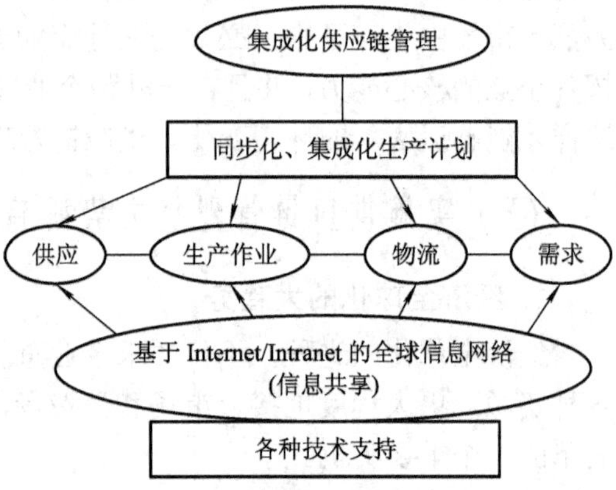

图 13-6 供应链管理涉及的领域

(三) 供应链管理的本质目标

供应链管理的目标是将适当的产品或服务(Right Product or Service)按照适当的状态与包装(Right Condition and Packaging)，以适当的数量(Right Quantity)和适当的成本费用(Right Cost)，在适当的时间(Right Time)送到适当客户(Right Customer)的适当地方(Right Place)，即 7R，并使成本为最小。

以更完整的产品组合，满足不断增长的市场需求；面对市场需求多样化的趋势，不断缩短供应链完成周期；对于市场需求的不确定性，缩短供给与消费的市场距离，实现快速与有效反应；不断降低整个供应链的成本和费用。

(四) 供应链管理涉及的主要问题

供应链管理涉及的不仅仅是物料实体在供应链中的流动，供应链管理还注重以下主要问题：

1. 随机性问题

随机性问题包括供应商可靠性、运输渠道可靠性、需求不确定性、价格波动影响、汇率变动影响、随机固定成本、提前期的确定、顾客满意度的确定等的研究。

2. 供应链结构性问题

供应链结构性问题包括规模经济性、选址决策、生产技术选择、产品决策、联盟网络等的研究。

3. 供应链全球化问题

供应链全球化问题包括贸易壁垒、税收、政治环境、产品各国差异性等的研究。

4. 协调机制问题

协调机制问题包括供应与生产的协调、生产与销售的协调、库存与销售的协调等的研究。

5. 其他问题

供应链管理涉及的其他问题包括：

(1) 战略性供应商和用户伙伴关系管理。

(2) 供应链产品需求预测与计划。

(3) 全球节点企业的定位、设备和生产的集成化计划、跟踪和控制。

(4) 企业内部与企业之间物料供应与需求管理。

(5) 基于供应链管理的产品设计与制造管理。

(6) 基于供应链的用户服务和运输、库存、包装等管理。

(7) 企业间资金流管理(汇率、成本等问题)。

(8) 基于 Internet/Intranet 的供应链交互信息管理。

(五) 供应链管理的运营机制

供应链管理的运营机制具体包括以下几点：

(1) 合作机制(Cooperation Mechanism)：体现了战略伙伴关系和企业内外资源的集成与优化作用。

(2) 决策机制(Decision Mechanism)：是基于 Internet/Intranet 的开放性信息环境下的群体决策模式。

(3) 激励机制(Encourage Mechanism)：为了掌握供应链管理的技术，必须建立健全业绩评价和激励机制。

(4) 自律机制(Benchmarking Mechanism)：要求供应链企业向行业的领头企业或最具竞争力的竞争对手看齐。

单元四 供应链管理的方法

一、供应链 QR

(一) 快速反应的概念

从 20 世纪 70 年代后期开始，美国纺织服装的进口急剧增加，到 80 年代初期，进口商品大约占到纺织服装行业总销售量的 40%。针对这种情况，美国纺织服装企业一方面要求政府和国会采取措施阻止纺织品的大量进口，另一方面进行设备投资来提高企业的生产率。但是，即使这样，廉价进口纺织品的市场占有率仍在不断上升，而本地生产的纺织品市场占有率却在连续下降。为此，一些主要的经销商成立了“用国货为荣委员会”。一方面通过媒体宣传国产纺织品的优点，采取共同的销售促进活动；另一方面，委托零售业咨询公司 Kurt salmon 从事提高竞争力的调查。Kurt salmon 公司在经过大量充分的调查后指出，纺织品产业供应链整体的效率并不高。为此，Kurt salmon 公司建议零售业者和纺织服装生产厂家合作，共享信息资源，建立一个快速反应(Quick Response，QR)系统来实现销售额的增长。

快速反应是供应链成员企业之间建立战略合作伙伴关系，利用 EDI 等信息技术进行信息交换与信息共享，用高频率小数量配送方式补充商品，以实现缩短交货周期，减少库存，提高顾客服务水平和企业竞争力为目的的一种供应链管理策略。

(二) QR 成功实施的条件

QR 成功实施需要以下几个条件：

(1) 必须改变传统的经营方式和革新企业的经营意识和组织。

这个要求具体表现在以下几个方面：

① 企业不能局限于只依靠本企业的力量来提高经营效率的传统经营意识，要树立与供应链各方建立合作伙伴关系，努力利用各方资源来提高经营效率的现代经营意识。

② 零售商在垂直型 QR 系统中起主导作用，零售店铺是垂直型 QR 系统的起始点。

③ 在垂直型 QR 系统内部，通过 POS 数据等销售信息和成本信息的相互公开和交换，来提高各个企业的经营效率。

④ 明确垂直型 QR 系统内各个企业之间的分工和协作范围与形式，消除重复业务和作业，建立有效的分工协作框架。

⑤ 必须改变传统的事务作业的方式，利用信息技术实现事务作业无纸化和自动化。

(2) 必须开发和应用现代信息处理技术，这是成功进行 QR 活动的前提条件。

(3) 必须与供应链各方建立(战略)伙伴关系。

(4) 必须实现信息的充分共享。即必须改变传统的企业商业信息保密的做法，将销售信息、库存信息、成本信息等与合作伙伴交流分享，并在此基础上要求各方共同发现问题、分析问题、解决问题。

(5) 供应方必须缩短生产周期，减少商品库存。

具体做法如下：

① 缩短商品的生产周期。

② 进行多品种少批量生产和多频度小数量配送，降低零售商的库存水平，提高顾客服务水平。

③ 在商品实际需要将要发生时采用 JIT 生产方式组织生产，降低供应商自身的库存水平。

(三) QR 的实施步骤

QR 的实施包括以下步骤：

1. 条形码和 EDI

零售商首先必须安装条形码(UPC 码)、POS 扫描和 EDI 等技术设备，以加快 POS 机收款速度，获得更准确的销售数据，并使信息沟通更加流畅。POS 扫描用于数据输入和数据采集，即在收款检查时用光学方式阅读条形码，获取信息。

2. 自动补货

自动补货是指基本商品销售预测的自动化。自动补货使用基于过去和目前销售数据及其可能变化的软件进行定期预测，同时考虑目前的存货情况和其他一些因素，以确定订货量。自动补货是由零售商、批发商在仓库或店内进行的。QR 的自动补货要求供应商更快、更频繁地运输新订购的商品，以保证店铺不缺货，从而提高销售额。

3. 先进的补货联盟

成立先进的补货联盟是为了保证补货业务的流畅。零售商和消费品制造商联合起来检查销售数据，制订关于未来需求的计划和预测，在保证有货和减少缺货的情况下降低库存水平。还可以进一步由消费品制造商管理零售商的存货和补货，以加快库存周转速度，提高投资毛利率。

4. 零售空间管理

零售空间管理是指根据每个店铺的需求模式来规定其经营商品的花色品种和补货业务。一般来说，对于花色品种、数量、店内陈列及培训或激励售货员等决策，消费品制造商也可以参与甚至制订决策。

5. 联合产品开发

联合产品开发的重点不再是一般商品和季节商品，而是生命周期很短的商品。厂商和零售商联合开发新产品，其关系的密切超过了购买与销售和业务关系，缩短从新产品概念到新产品上市的时间，而且经常在店内对新产品进行试销。

6. 快速反应的集成

通过重新设计业务流程，将前五步的工作和公司的整体业务集成起来，以支持公司的整体战略。在这一步中，零售商和消费品制造商重新设计其整个组织、绩效评估系统、业务流程和信息系统，设计的重点围绕着消费者而不是传统的公司职能，它们要求集成的是信息技术。

(四) 供应链系统快速反应的实施策略

1. 滚动预测策略

公司市场部门每个月根据市场状况、公司的实际销售状况及历史记录，对将来一段时间的销售情况进行预测。这种预测是每月更新的，可以是未来三个月或者六个月的。公司根据预测安排生产计划。

2. 供应商管理库存策略

供应商管理库存是指供货方代替用户(需求方)管理库存。库存的管理职能转由供应商负责，是以掌握零售商销售资料和库存量作为市场需求预测和库存补货的解决办法的，经由销售资料得到消费需求信息，供应商可以更有效地计划生产、减少反馈环节、更快速地反映市场变化和消费的需求，行使对库存的控制权。供应商管理库存策略的优点是提供更好的客户服务、增加公司的竞争力、提供更精确的预测、降低营运成本、计划生产进度、降低库存量与库存维持成本、有效地配送等。

3. 安全库存策略

在供应链上设置必要的安全库存，这样的安全库存能够有效地弥补信息集成发展的阶段性和不能完全消除供应链上不确定性的弱点。在供应链系统上设置必要安全库存的重要管理手段如下：

一是缩短货物交付期。货物交付期越短，货物交付期期间市场需求量的标准差就越小，在这一期间进行的供应链市场需求预测就越准确，供应链上的供给不确定性也就越小，从而在整个供应链上需要的必备的安全库存也会越少。因此，为了有效地消除供应链上的不确定性，应努力缩短供应链上的货物交付期。

二是最大限度地减小需求不确定性。应大力加强供应链上的信息共享，以供应链系统集成的思想加强供应链上各节点企业的战略联盟关系。这是消除供应链上不确定性的又一有效方法。

二、供应链 ECR

(一) 有效客户反应的概念

有效客户反应(Efficient Consumer Response，ECR)是 1992 年从美国的食品杂货业发展起来的一种供应链管理战略，是分销商与供应商为消除系统中不必要的成本和费用并给客户带来更大效益而进行密切合作的一种供应链管理战略。ECR 不是一种新技术，而是一种观念，它是由一个生产商、批发商和零售商等供应链组成各方相互协调和合作，更好、更快并以更低的成本满足消费者需要为目的的供应链管理系统，如图 13-7 所示。

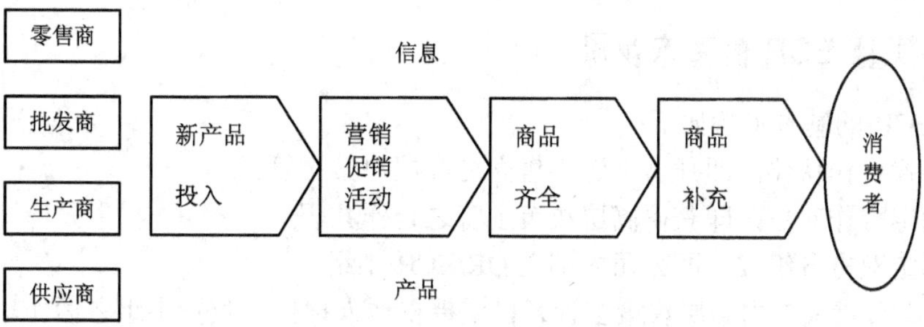

图 13-7　ECR 和供应链过程

目前，ECR 的推广对象主要以快速转移消费产品(FMCG)以及食品杂货(Grocery)为主，而其实施重点包括需求面的品类管理改善、供给面的物流配送方式的改进等，未来，我们期望 ECR 概念能够推广到其他产业体系。

(二) ECR 的核心原则

ECR 有以下几点核心原则：

1. 以消费者为中心

企业一切从消费者利益出发，了解顾客的构成情况，了解他们的需求和对商店、商品的意见，改进服务，增加顾客价值，从而增加顾客对商店和品类的忠诚度，并得到顾客的回报。

2. 以数据为基础

零售业经营成千上万种商品，面对着成千上万的消费者，需要各种复杂的经营活动，只有充分利用经营数据，才能分析不同消费者的不同需求，不同商品的经营情况，做出正确经营活动的决策，提高供应链效率。

3. 应用信息化工具

因为“商业快速响应”是一个观念，而非信息技术，企业依据这种观念，整合目前已有的各种信息化工具，以达到快速响应的效果。部分应用到的技术工具如下：

(1) CRP(Continuous Replenishment Program) 自动补货系统。

(2) VMI(Vendor Managed Inventory) 供货商管理库存系统。

(3) ABC(Activity Based Costing) 作业基础成本分析。

(4) Scorecard 评量表。

4. 与业务伙伴有效协作

从流通行业的链条来看，没有任何一个独立的企业能完全满足消费者需求。供应链的各方(零售商、制造商、分销商、第三方物流等)只有紧密合作，才能高效地满足消费者需求。业务伙伴的协作关系不只是在供应链上，还体现在一起了解和满足消费者的需求和品类管理上。

5. 整体系统推进

为消费者提供优质服务涉及企业的各个业务流程和各个部门，如门店、总部各职能部门、仓库、运输、供应商等。要综合考虑各个因素，如销量、利润、成本、库存、缺货、效率等。要真正实现高效消费者响应，必须在企业中整体系统地推进，才能取得实效。

(三) 实施 ECR 的基本步骤

实施 ECR 的基本步骤如下：

(1) 寻找合作伙伴，即拜访下游零售商之高层决策主管。

(2) 确定合作对象，即获得高层决策主管之合作共识。

(3) 确定双方各组成，即公司内部之 QR/ECR 小组。

① 小组负责人：由高层决策主管亲自或授权他人担任，负责小组之运作。

② 小组成员：由各部门(如信息应用、物流配送、品类管理、业务或采购等相关部门)主管参与。

(4) 为双方合作计划提供以下参考：品类管理(Category Management)，自动补货系统，接驳式转运(Cross Docking)，利用评量表作联合评量 QR/ECR 成熟度，电子数据交换(Electronic Data Interchange)，电子转账(Electronic Fund Transfer)。

(5) 制订合作计划与时程，具体包括合作产品项目(初期以较少品类作示范)、计划实施阶段表、双方合作人员。

(6) 不定期召开会议、进度报告。

(7) 报告合作计划成果，具体包括销售业绩、运作成本、缺货率、库存天数、库存量、库存回转率。

(8) 扩大推广至其他合作产品。

(9) 扩大推广至其他合作伙伴。

(四) ECR 的主要策略

ECR 的主要策略如下：

(1) 计算机辅助订货(CAO)。CAO 的作用是将有关产品转移、影响需求的外在因素、实际库存、产品接受和可接受安全库存等信息进行集成的订单准备工作。

(2) 连续补库程序(CRP)。CRP 根据客户信息，自行决定补货数量，采取频繁交货、缩短提前期等办法降低共同成本。

(3) 接力运输。仓库和配送中心作为转运场。到货应预先通知，具有自动识别与数据自动采集设备，具备交货接收的自动确认能力。

(4) 产品、价格和促销数据库是无纸信息系统实施的基础，应面向供应链所有信息节点，有校准措施。

也就是说，ECR 的主要目的是降低供应链各环节的成本，这和一些文献中所提及的快速反应战略(QR)有所不同，QR 的目标是对客户的需求做出快速反应。

任务三 项目单项能力训练

一、单项选择题

1. 供应链最早来源于彼得·德鲁克提出的(　　)。

A. 经济链　　B. 价值链　　C. 采购供应　　D. 合作

2. 供应链的上游部分是指(　　)。

A. 原材料供应商　B. 先于最终制造的部分　C. 流通企业　D. 制造企业

3. 供应链网状结构中最基础的结构是指(　　)。

A. V 型供应链　B. A 型供应链　C. T 型供应链　D. L 型供应链

4. 拉动式供应链管理的理念是(　　)。

A. 以制造商为中心　B. 以零售商为中心

C. 以顾客为中心　D. 以供应商为中心

5. 根据供应链容量与用户需求的关系可以将供应链划分为(　　)。

A. 稳定的供应链和动态的供应链　B. 平衡的供应链和倾斜的供应链

C. 有效性供应链和反应性供应链　D. 拉动式供应链和推动式供应链

二、简断题

1. 价值链就是供应链。(　　)

2. 供应链的设计或重构不仅要推翻现有的企业模型，而且要从管理思想革新的角度，以创新的观念武装企业。(　　)

3. 需求链和供应链是两个不同的概念。(　　)

4. 供应链的结构是由供应链成员及成员之间的联系所组成的网络。(　　)

5. 供应链管理的目标就是获取最大利润。(　　)

6. 供应链管理是从最终客户到原始供应商的关键业务流程的集成。(　　)

7. 供应链的概念只与企业的采购、供应管理相关联，供应链的各企业只是独立运作，是单一供应链阶段。(　　)

8. 供应链设计既是从管理新思维的角度去改造企业，也是先进制造模式的客观要求和推动的结果。(　　)

9. 供应链管理是指利用计算机网络技术全面规划供应链中的商流、物流、信息流、资金流等，并进行计划、组织、协调与控制。(　　)

10. 供应链管理涉及以下三个主要领域：供应(Supply)、生产作业(Schedule Plan)、物流(Logistics)。(　　)

三、问答题

1. 简述供应链的设计原则与供应链的特征。

2. 供应链管理涉及的内容有哪些?

3. 分析供应链系统快速反应的实施策略。

4. 简述实施 ECR 的核心原则与步骤。

任务四　项目综合技能训练

沃尔玛公司供应链管理案例

“让顾客满意”是沃尔玛公司的首要目标。顾客满意是保证未来成功与成长的最好投资，这是沃尔玛数十年如一日坚持的经营理念。为此，沃尔玛为顾客提供“高品质服务”和“无条件退款”的承诺绝非一句漂亮的口号。在美国只要是从沃尔玛购买的商品，无需任何理由，甚至没有收据，沃尔玛都无条件受理退款。沃尔玛每周都有对顾客期望和反映的调查，管理人员根据计算机收集信息，以及通过直接调查收集到的顾客期望，即时更新商品的组合，组织采购，改进商品陈列，为顾客营造舒适的购物环境。

沃尔玛能够做到及时地将消费者的意见反馈给厂商，并帮助厂商对产品进行改进和完善。过去，商业零售企业只是作为中间人，将商品从生产厂商传递到消费者手里，反过来再将消费者的意见通过电话或书面形式反馈到厂商那里。看起来沃尔玛并没有独到之处，但是结果却差异很大，原因在于沃尔玛能够参与到上游厂商的生产计划和控制中去，因此能够将消费者的意见迅速反映到生产中，而不是简单地充当二传手或者电话话筒。

沃尔玛还有一个非常好的系统——零售链接，可以使得供应商们直接进入到沃尔玛的系统。任何一个供应商可以进入这个系统当中来了解他们的产品卖得怎么样，昨天、今天、上一周、上个月和去年卖得怎么样。他们可以知道这种商品卖了多少，而且他们可以在24小时之内就进行更新。供货商们可以在沃尔玛公司的每一个店当中，及时了解到有关情况。

另外，沃尔玛不仅仅是等待上游厂商供货、组织配送，而且也直接参与到上游厂商的生产计划中去，与上游厂商共同商讨和制订产品计划、供货周期，甚至帮助上游厂商进行新产品研发和质量控制方面的工作。这就意味着沃尔玛总是能够最早得到市场上最希望看到的商品，当别的零售商正在等待供货商的产品目录或者商谈合同时，沃尔玛的货架上已经开始热销这款产品了。

随着公司的不断发展壮大，配送中心的数量也不断增加。现在沃尔玛的配送中心，分别服务于美国18个州约2500间商场，配送中心约占地10万平方米。整个公司85%的销售商品由这些配送中心供应，而其竞争对手只有约 50%～65%的商品集中配送。如今，沃尔玛在美国拥有100%的物流系统，配送中心已是其中一小部分，沃尔玛完整的物流系统不仅包括配送中心，还有更为复杂的资料输入采购系统、自动补货系统等。

供应链的协调运行建立在各个环节主体间高质量的信息传递与共享的基础上。沃尔玛投资4亿美元发射了一颗商用卫星，实现了全球联网。沃尔玛在全球4000多家门店通过全球网络可在1小时之内对每种商品的库存、上架、销售量全部盘点一遍，所以在沃尔玛的门店，不会发生缺货情况。20世纪80年代末，沃尔玛开始利用电子数据交换(EDI)系统与供应商建立了自动订货系统，该系统又称为无纸贸易系统，通过网络系统，向供应商提供商业文件，发出采购指令，获取数据和装运清单等，同时也让供应商及时准确把握其产品的销售情况。沃尔玛还利用更先进的快速反应系统代替采购指令，真正实现了自动订货。该系统利用条码扫描和卫星通信，与供应商每日交换商品销售、运输和订货信息。凭借先进的电子信息手段，沃尔玛做到了商店的销售与配送保持同步，配送中心与供应商运转一致。

沃尔玛的成功既可以说是优秀的商业模式与先进的信息技术应用的有机结合，也可以说是沃尔玛对自身的商业零售企业身份的超越。

通过以上对沃尔玛的分析研究可以发现，沃尔玛给人们留下印象最深刻的，是它的一整套先进、高效的物流和供应链管理系统。沃尔玛在全球各地的配送中心、连锁店、仓储库房和货物运输车辆，以及合作伙伴(如供应商)等，都被这一系统集中、有效地管理和优化，形成了一个灵活、高效的产品生产、配送和销售网络。沃尔玛的成功经验可能使我国相当多的企业有“望洋兴叹”的感觉，且不说沃尔玛拥有自己的卫星和遍布全球的大型服务器，仅仅是沃尔玛的每一台货物运输车辆上都拥有卫星移动计算机系统这一点，我国企业就难以效仿。同样，维持这一庞大网络的IT投入和升级管理费用也并不是多数企业可以承担的。即使企业有能力去开发这套网络系统，但投入成本大，周期长，开发出的系统缺乏集成性和扩展性，很难与原有的ERP系统集成。

第三方供应链电子商务平台应运而生，供应链电子商务能够帮助互联网服务平台实现供应链交易过程的全程电子化，彻底变革传统的上下游商业协同模式；从投入与产出的角度上来说，完全是低成本高投入，并且能与企业内部管理的ERP系统高度集成，提升企业对上下游的管控能力，打造协同高效的供应链。

思考题

1. 请总结沃尔玛供应链管理的成功之处。

2. 信息共享在沃尔玛的供应链管理中起了什么作用？沃尔玛为强化供应链信息管理采取了哪些措施？其效果怎样？

项目十四

物流标准化

任务一　项目导入案例

只因为托盘，中、日、韩三国物流界人士坐在了一起。这源于一场主题为“关于托盘标准化和托盘共用系统建设”的研讨会。这场由中国物流与采购联合会、《物流技术与应用》共同举办的研讨会，虽然仅为40人规模，却开得颇为高调。研讨会的全称是“第二届中日韩商务论坛：物流分论坛”，并且云集了来自中国物流与采购联合会、日本物流系统协会、韩国物流产学研协会的三国专家。高调之余，会议颇有斩获。在持续了2个多小时的研讨会上，三国专家在托盘身上看到了希望。

一切都源于国内物流标准化的缺失。由于缺乏相关的标准和规则，物流业发展正遭遇瓶颈之痛。目前，国内企业在建立物流系统的过程中，普遍存在着流通信息不畅、流通环节多、流通费用高、整体物流效益偏低的问题。统计显示，我国目前每万元GDP产生的运输量为4972吨/千米，而美国和日本的这一指标仅分别为870吨/千米和700吨/千米。物流企业的“非标准化状态”，也让国民经济付出了高昂的代价。以2000年为例，我国的物流费用支出高达17 880.8亿元，约占GDP的20%。如果物流费用所占比例降低一个百分点，就可节约近900亿元。严峻的数字下，物流标准化的确立势在必行。而在这个从无到有的确立的过程中，起始的一步，艰难并关键。

任务二　项目支撑知识学习

单元一　物流标准化概述

一、物流标准化的定义

物流标准化是指以物流系统为对象，围绕运输、储存装卸、包装以及物流信息处理等物流活动制定、发布和实施有关技术及工作方面的标准，并按照技术标准和工作标准的配合性要求，统一整个物流系统标准的过程。

物流标准化要求在运输、配送、包装、装卸、保管、流通加工、资源回收及信息管理等环节中，对重复性事物和概念通过制定发布和实施各类标准，达到协调统一，以获得最佳秩序和社会效益。物流标准化包括以下几个方面的含义：

第一，物流标准化是以制定标准、贯彻标准并随着发展的需要而修订标准的活动过程，是一个不断循环、螺旋式上升的过程。

第二，物流标准是物流标准化活动的产物。从物流系统的整体出发，制定其各子系统的设施、设备、专用工具等的技术标准，以及业务工作标准。

第三，物流标准化的效果只有通过在社会实践中实施标准，才能表现出来。

以上三个方面分别从不同的物流层次上考虑将物流实现标准化。要实现物流系统与其他相关系统的沟通和交流，在物流系统和其他系统之间建立通用的标准，首先要在物流系统内部建立物流系统自身的标准，而整个物流系统的标准的建立又必然包括物流各个子系统的标准。因此，物流要实现最终的标准化必然要实现以上三个方面的标准化。

二、物流标准化现状分析

目前，我国物流业已建立了一批物流标识标准体系，如《中国物流标准化体系规范》；同时《物流术语》、《商品条码》、《物流单元格条码》等一些重要的国家标准已投入实施。这些标准的实施对于规范我国当前物流业发展中的基本概念、促进物流业迅速发展并与国际接轨起到了重要作用。但是，我国物流标准化建设还只是处于起步阶段，很多实质性问题还远未触及。目前，存在于我国的物流标准化问题主要有以下几个方面：

第一，各类运输方式间装备标准不一，限制多式联运的开展。以集装箱为例，海运中集装箱主要以 11.8 m × 2.13 m × 2.18 m 和 5.69 m × 2.13 m × 2.18 m 两种箱型为主，而铁路运输有其自己的一套集装箱标准，使得海铁联运必须经过再次拆箱、装箱后才能实现，造成了多次的包装成本以及储存费用，同样的问题还出现在公路、航空中。这种运输方式间装备标准的不兼容性影响了我国综合运输的发展，降低了物流效率，限制了成本的节约空间。

第二，物流器具标准不配套。我国现有托盘标准与各种运输装备、装卸设备标准间缺乏有效衔接，降低了托盘在整个物流过程中的通用性。目前在国内各物流企业中有的以欧洲标准 0.8 m×1.2 m 为蓝本，有的以日本的 1.1 m×1.1 m 为标准，更有甚者以自己定义为准，这严重影响了货物在运输、仓储、搬运过程中的机械化、自动化水平的提高，影响物流配送系统的协调运作。

第三，物流包装标准与物流设施标准间的缺口严重影响运输工具的装载率、装卸设备的载荷率以及仓储设施的空间利用率。

第四，信息技术不能实现自动地无缝衔接与处理，影响数据共享。截至 2001 年，我国已拥有电信网络干线光缆超过 30 万公里，基本形成以光缆为主体、以数字微波和卫星通信为辅助手段的大容量数字干线运输网络，包括分组交换数据网、数字数据网、公用计算机互联网和公用中继网在内的四大骨干网络的总容量达到 62 万个端口，EDI、ERP、MRP、GPS 等技术得以应用。但是我国物流领域由于没有公共数据的接口行业和国家编码标准，造成了电子化物流网络相互不兼容，数据无法自由交换，信息不能共享。

第五，已有标准的应用推广存在障碍。由于我国过去计划经济体制下部门条块分割的影响，物流标准化工作被人为地分散在各个不同的管理部门，难以形成统一的管理体系，推广工作更是困难。比如条形码标准由中国物品编码中心负责；集装箱标准技术由交通部科学研究院设计；托盘技术由铁道部科学研究院承担，要使不同部门的标准达成统一需要大量的协调工作。

三、物流标准化的主要特点

物流标准化的主要特点有以下几个方面：

(1) 物流标准化系统属于二次系统，或称为后标准化系统。这是由于物流及物流管理思想诞生较晚，组成物流大系统的各个分系统在没有归入物流系统之前，早已分别实现了本系统的标准化，并且经多年的应用，不断发展和巩固，已很难改变。在推行物流标准化时，必须以此为依据，个别情况固然可将有关旧标准化体系推翻，按物流系统所提出的要求重建新的标准化系统，这就必然从适应及协调角度建立新的物流标准化系统，而不可能全部创新。

(2) 物流标准化要求体现科学性、民主性和经济性。这是物流标准化的“三性”。由于物流标准化的特殊性，必须非常突出地体现这三性，才能搞好这一标准化。科学性的要求，是要体现现代科技成果，以科学实验为基础。在物流中，还要求与物流的现代化(包括现代技术及管理)相适应，要求能将现代科技成果联结成物流大系统。否则，尽管各种具体的硬技术标准化水平颇高，十分先进，但如果不能与系统协调，单项技术再高也是空的，甚至还起相反作用。民主性标准的制定采用协商一致的办法，广泛考虑各种现实条件，广泛听取意见，使标准更权威，易于贯彻执行。经济性是标准化主要目的之一，也是标准生命力如何的决定因素，物流过程不像深加工那样引起产品的大幅度增值，即使通过流通加工等方式，增值也是有限的。所以，物流费用多开支一分，就要影响到一分效益，但是，物流过程又必须大量投入消耗，如果不注重标准的经济性，片面强调反映现代科技水平，片面顺从物流习惯及现状，引起物流成本的增加，自然会使标准失去生命力。

(3) 具有较强的国际性。改革开放以来，对外贸易和交流对我国经济的发展作用越来越大，而所有的对外贸易又最终靠国际物流来完成。因此，我国的物流标准化从运输工具、包装、装卸搬运工具、流通加工等都要与国际物流标准相一致，积极采用国际标准，完善国内标准体系，提高运输效率，缩短交货期限，保证物流质量。

(4) 物流系统的标准化涉及面更为广泛，对象多样化。物流包含了从运输、保管到搬运、包装、信息处理等多方面的内容，因此要实现物流的标准化会涉及很多方面的问题。

尽管物流标准化存在着许多困难，但物流标准化必然推动物流业的发展和世界经济的进步，因而意义重大。

四、物流标准化的形式

制定物流标准化要通过以下形式：

1. 简化

简化是指在一定范围内缩减物流标准化对象的类型数目，使之在一定时间内满足一般需要。如果对产品生产的多样化趋势不加限制地任其发展，就会出现多余、无用和低功能产品品种，造成社会资源和生产力的极大浪费。

2. 统一化

统一化是指把同类事物的若干表现形式归并为一种或限定在一个范围内。统一化的目的是消除混乱。物流标准化要求对各种编码、符号、代号、标志、名称、单位、包装运输中机具的品种规格系列和使用特性等实现统一。

3. 系列化

系列化是指按照用途和结构把同类型产品归并在一起，使产品品种典型化；又把同类型的产品的主要参数、尺寸，按优先数理论合理分级，以协调同类产品和配套产品及包装之间的关系。系列化是使某一类产品的系统结构、功能标准化形成最佳形式。系列化是改善物流、促进物流技术发展最为明智而有效的方法。比如按 ISO 标准制造的集装箱系列，可广泛适用于各类货物，大大提高了运输能力，还为计算船舶载运量、港口码头吞吐量和公路与桥梁的载荷能力等提供了依据。

4. 通用化

通用化是指在互相独立的系统中，选择与确定具有功能互换性或尺寸互换性的子系统或功能单元的标准化形式。互换性是通用化的前提。通用程度越高，对市场的适应性越强。

5. 组合化

组合化是按照标准化原则，设计制造若干组通用性较强的单元，再根据需要进行拼合的标准化形式。对于物品编码系统和相应的计算机程序同样可通过组合化使之更加合理。

五、物流标准化的分类

根据物流系统的构成要素及功能，物流标准化大致可分为三大类：

1. 物流系统间配合应有的统一标准

物流作为一个整体系统，其间的配合应有统一的标准。这些标准主要有专业计量单位标准，物流基础模数尺寸标准，物流建筑基础模数尺寸，集装模数尺寸，物流专业名词标准，物流核算、统计标准等。

2. 子系统中的技术标准

大的物流系统又分为许多子系统，子系统中也要制定一定的技术标准。这些标准主要有运输车船标准，作业车辆(指叉车、台车、手车等)标准，传输机具(如起重机、传送机、提升机等)标准，仓库技术标准，站场技术标准，包装、托盘、集装箱标准，货架、储罐标准等。

3. 工作标准及作业规范

工作标准及作业规范是指对各项工作制定的统一要求及规范化规定，其内容很多，如岗位责任及权限范围，岗位交接程序及作业流程，车船运行时刻表，物流设施、建筑等的检查验收规范，等等。

六、物流标准化的重要性

只有实现了物流标准化，才能在国际经济一体化的条件下有效地实施物流系统的科学管理，加快物流系统建设，促进物流系统与国际系统和其他系统的衔接，有效地降低物流费用，提高物流系统的经济效益和社会效益。物流标准化的重要性具体体现在：

(1) 物流标准化是实现物流管理现代化的重要手段和必要条件。物料从厂商的原料供应、产品生产，经市场流通到消费环节，再到回收再生，是一个综合的大系统。由于社会分工日益细化，物流系统的高度社会化显得更加重要。为了实现整个物流系统的高度协调统一，提高物流系统管理水平，必须在物流系统的各个环节制定标准，并严格贯彻执行。在我国，以往同一物品在生产领域和流通领域的名称和计算方法互不统一，严重影响了我国的物资流通，国家标准《全国工农业产品(商品、物资)分类与代码》的发布，使全国物品名称及其标识代码有了统一依据和标准，有利于建立全国性的经济联系，为物流系统的信息交换提供了便利条件。2001 年出版发行《物流术语》一书，这是国内物流的第一个基础性的标准。

(2) 物流标准化是物流产品的质量保证。物流活动的根本任务是将工厂生产的合格产品保质保量并及时地送到用户手中。物流标准化对运输、保管、配送、包装、装卸等各个子系统都制定了相应标准，形成了物流质量保证体系，只要严格执行这些标准，就能将合格的物品送到用户手中。

(3) 物流标准化是降低物流成本、提高物流效益的有效措施。物流的高度标准化可以加快物流过程中运输、装卸的速度，降低保管费用，减少中间损失，提高工作效率，因而可获得直接或间接的物流效益，否则就会造成经济损失。我国铁路与公路在使用集装箱统一标准之前，运输转换时要“倒箱”，全国“倒箱”数量很高，为此损失巨大。

(4) 物流标准化是我国物流企业进军国际物流市场的通行证。物流标准化已是全球物流企业提高国际竞争力的有力武器。我国物流企业在物流标准化方面仍十分落后，面临加入 WTO 后带来的物流国际化挑战，实现物流标准的国际化已成为我国物流企业开展国际竞争的必备资格和条件。

(5) 物流标准化是消除贸易壁垒、促进国际贸易发展的重要保障。在国际经济交往中，各国或地区标准不一是重要的技术贸易壁垒，严重影响国家进出口贸易的发展。因此，要使国际贸易更快发展，必须在运输、保管、配送、包装、装卸、信息，甚至资金结算等方面采用国际标准，实现国际物流标准统一化。

七、物流标准化的作用

物流标准化是实现物流合理化的工具与手段。因为物流环节众多，相互之间联系密切，因此必须要有统一的技术标准和工作标准，才能很好地协调配合。物流标准化是发展物流技术、实施物流管理工作的有效保证。

物流标准化的作用主要表现在以下几点：

(1) 物流标准化是物流管理尤其是大系统物流管理的重要内容。实现物流各环节的有机联系，除了需要有一个适合的体制形式，有一个有效的指挥、决策、协调机构和领导体制外，还需要有许多方法、手段，标准化就是手段之一。方法、手段健全与否又会影响指挥能力及决策水平。例如，介于我国目前物流编码尚未实现标准化，各个领域分别制订了自己领域的统一物资编码，其结果是，不同领域之间情报不能传递，电子计算机无法联网，阻止了系统物流管理的实施。澳大利亚的车辆装卸速度非常快，其根本原因在于采用了国际统一的物流标准。集装箱尺寸、集装箱内托盘的尺寸、卡车的大小、仓库的货架等配套信息也是标准化的，让各方面的信息能够对接，交换数据，共享信息。

(2) 物流标准化是降低物流成本、提高效益的重要手段。标准化可以带来效益，这在生产技术领域早已被公认，在物流领域也是如此。物流标准化效益主要体现在以下几个方面：实现标准化后，贯通了全系统，可以实现一贯到户式的物流，其效益由速度加快、中间装卸、搬运、库存费用降低、中间损失降低而获得。例如，我国铁路、交通集装箱由于未实行统一标准，双方衔接时要增加一道装箱工作，为此，每吨物资效益损失两元左右，相当于火车 30 公里以上的运费，这在广泛采用集装箱运输，物资运量加大后，效益损失是很大的。

(3) 物流标准化是物流系统与物流外系统相协调的条件。物流系统不是孤立存在的，从流通领域来看，上接生产系统，下接消费系统；从生产物流来看，下面又连接着不同工序。在物流全过程中，物流系统又与机械制造、土木工程、商流系统相交叉，彼此有许多衔接点。为了使物流外系统与物流系统更好地衔接，通过物流标准化简化和统一衔接点是非常重要的。

单元二　物流标准化的主要内容与方法

一、物流标准化涉及的内容

物流标准化的内容如下：

1. 物流设施标准化

物流设施标准化包括托盘标准化、集装箱标准化等。

2. 物流作业标准化

物流作业标准化包括包装标准化、装卸搬运标准化、运输作业标准化、存储标准化等。

3. 物流信息标准化

物流信息标准化包括 EDI/XML 标准电子报文标准化、物流单元编码标准化、物流节点编码标准化、物流单证编码标准化、物流设施与装备编码标准化、物流作业编码标准化等。

二、物流标准的种类

物流标准分为以下几类：

1. 通用基础类标准

通用基础类标准包括术语类标准，综合物流服务的单证类标准及物流标志、标识等方面的标准。

2. 物流技术类标准

物流技术类标准包括综合物流作业技术规范、物流集成优化技术标准、各种物流操作设施设备的接口、集成化所用的工具等。

3. 物流信息类标准

物流信息类标准包括信息类的基础标准、物流信息分类与编码标准、物流信息采集标准、物流电子单证及信息交换平台标准、物流信息管理类的标准等。

4. 物流管理类标准

物流管理类标准包括物流企业分类，物流规划、园区建设的基础标准，物流中心、配送中心、仓库及设施的设计规范，物流安全标准，物流环保标准，特殊物品物流业务安全标准及宏观管理与企业内部科学化管理共同需要的统计等方面的标准。

5. 物流服务类标准

物流服务类标准包括物流服务基础标准、综合物流服务质量标准、物流环节作业服务标准、物流信息服务标准、专业物流服务标准及物流从业人员资质标准等。

三、基础标准

基础标准是制定其他物流标准应遵循的、全国统一的标准，是制定物流标准必须遵循的技术基础与方法指南。

基础标准具体包括：专业计量单位标准，物流基础模数尺寸标准(600 mm × 400 mm)，集装基础模数尺寸，物流建筑基础模数尺寸，物流专业术语标准，物流核算、统计标准，标准、图示和识别标准。

四、分系统技术标准

分系统技术标准包括：运输车船标准，作业车辆标准，传输机具标准，仓库技术标准，站台技术标准，包装、托盘、集装箱标准，货架、储罐标准。

五、物流设施标准

物流设施标准分为物流设施设备基础标准、物流设施标准、集装化器皿标准、物流设备标准。

六、物流信息标准

物流信息标准分为物流信息基础标准、物流信息应用标准(分类与编码、采集、交换、系统、平台)、物流信息管理标准、物流信息服务标准。

七、物流标准化方法

从世界范围来看，物流体系的标准化在各个国家都还处于初始阶段，在这初始阶段，标准化的重点在于通过制定标准规格尺寸来实现全物流系统的贯通，取得提高物流效率的初步成果。这里介绍标准化的一些方法，主要是初步的规格化的方法及做法。

(一) 确定物流的基础模数尺寸

物流基础模数尺寸的作用和建筑模数尺寸的作用大体是相同的，其考虑的基点主要是简单化。基础模数尺寸一旦确定，设备的制造、设施的建设、物流系统中各环节的配合协调、物流系统与其他系统的配合就有所依据。目前国际标准化组织(ISO)中央秘书处及欧洲各国已基本认定 600 mm × 400 mm 为基础模数尺寸，我国应当研究这个问题为以后的发展做好准备。

如何确定基础模数尺寸呢？由于物流标准化系统较之其他标准化系统建立较晚，所以，确定基础模数尺寸主要考虑了目前对物流系统影响最大而又最难改变的事物，即输送设备。采取“逆推法”，由输送设备的尺寸来推算最佳的基础模数。当然，在确定基础模数尺寸时也考虑到了现在已通行的包装模数和已使用的集装设备，并从行为科学的角度研究了人及社会的影响。从其与人的关系来看，基础模数尺寸是适合人体操作的高限尺寸。

(二) 确定物流模数

物流模数即集装基础模数尺寸。前面已提到，物流标准化的基点应建立在集装的基础上，所以，在基础模数尺寸之上，还要确定集装的基础模数尺寸(即最小的集装尺寸)。

集装基础模数尺寸可以从 600 mm × 400 mm 按倍数系列推导出来，也可以在满足 600 mm × 400 mm 的基础模数的前提下，从卡车或大型集装箱的分割系列中推导出来。日本在确定物流模数尺寸时，就是采用后一种方法，以卡车(早已大量生产并实现了标准化)的车厢宽度为确定物流模数的起点，推导出集装基础模数尺寸。

(三) 以分割及组合的方法确定系列尺寸

物流模数作为物流系统各环节的标准化的核心，是形成系列化的基础。依据物流模数进一步确定有关系列的大小及尺寸，再从中选择全部或部分，确定为定型的生产制造尺寸，这就完成了某一环节的标准系列。根据物流模数可以推导出大量的系列尺寸。和其他领域不同，我国物流尚处于起步阶段，还没有形成为全国习惯接受的标准化体系。

单元三 物流标准化体系

一、物流标准化体系概述

物流标准化体系是指在物流标准化活动范围内，各类标准按其内在联系形成科学的有机整体。物流标准化体系包含以下几方面含义：

(1) 物流标准化体系的覆盖面是物流标准化活动的全部范围。也就是说，物流标准化体系包括了物流过程所需要的全部标准，确定物流标准的对象是建立物流标准体系的要点。总的说来，只要属于物流活动范围，与技术、管理有关的重复性事务和概念，都可以作为物流标准的对象，纳入物流标准化体系。

(2) 物流标准化体系的组成是各类标准。“各类”的一层意思是指物流标准化体系包括不同级别的标准，亦即国家标准、行业标准、地方标准和企业标准；另一层意思是物流标准化体系包括技术标准、管理标准和工作标准。

(3) 从全国商业物流系统来看，物流标准化体系内的标准，既包括现有标准，也包括应有和预计发展的标准，并随着物流技术的发展不断更新和充实。可以说，物流标准化体系是物流标准化工作的蓝图。

(4) 物流标准化体系内的各类标准，都有一定的服务对象，起着不同的作用。它们之间相互依存、相互关联，连成一体发挥整体的功能。建立标准化体系是一项系统工程，应运用系统工程的思想、方法、工具来研究和处理这些标准之间的关系，按一定科学规律使之形成一个有机的整体。

二、中国物流标准化的现有基础

近些年，中国国民经济与对外贸易的发展为中国物流标准化的发展提供了良好的机遇，尤其是近几年来，国内的专业化物流公司和商业企业配送中心渐成气候，一些大型制造企业也在物流配送方面有所动作。随着物流产业基础市场的发育，我国的物流标准化工作开始启动，并取得了一系列成绩，具体表现在以下几个方面。

第一，制定了一系列物流或与物流有关的标准。据粗略统计，在我国现已制定颁布的物流或与物流有关的标准已有近千个。在包装标准方面，我国已全面制定了包装术语、包装尺寸、包装标志、运输包装件基本试验、包装技术、包装材料、包装材料试验方法、包装容器、包装容器试验方法、产品包装、运输、储存与标志等方面的标准；在物流机械与设施方面，我国制定了起重机械、输送机械、仓储设备、装卸机械、自动化物流装置，以及托盘、集装箱等方面的标准。

从系统性的角度来看，物流标准化工作已不仅仅是单纯制定技术标准，有关物流行业的通用标准、工作标准和管理标准也已开始制定。从标准层次性的角度来看，制定的与物流有关的标准不只有企业标准和地方、行业标准，也有不少的国家标准，其中有一部分标准还采用了国际标准或国外先进标准。从部门的角度来看，中国与物流关系比较密切的一些部门，如交通运输部等均制定了一系列与物流有关的标准，特别是制定了许多作为国家标准系列中比较欠缺的作业标准和管理标准。

第二，建立了与物流有关的标准化组织、机构。中国已经建立了一套以国家技术监督局为首的全国性的标准化研究管理机构体系，而这中间有许多机构和组织从事着与物流有关的标准化工作。

第三，积极参与国际物流标准化活动。中国参加了国际标准化组织(ISO)和国际电工委员会(IEC)与物流有关的各技术委员会与技术处，并明确了各自的技术对口单位。此外，还参加了国际铁路联盟(UIS)和社会主义国家铁路合作组织(OSJD)等两大国际铁路的权威机构。

第四，积极采用国际物流标准。在包装、标志、运输、储存方面的近百个国家标准中，已采用国际标准的约占30%；在公路、水路运输方面的国标中，已采用国际标准的约占5%；在铁路方面的国标中，已采用国际标准的约占20%；在车辆方面的国标中，已采用国际标准的约占30%。此外，在商品条形码、企事业单位和社团代码、物流作业标志等方面也相应采用了一些国际标准。

第五，积极开展物流标准化的研究工作。在加入 WTO 的今天，中国物流国际化是必然的趋势，如何实现我国物流系统与国际物流大系统顺利接轨，关键在于物流标准化。至此，物流标准化工作被提到了前所未有的高度上来，全国不少相关科研院所、高等院校的科研机构，都投入到了这项研究工作当中。

三、物流标准体系的建立

企业标准体系主要包括技术标准体系、管理标准体系和工作标准体系(见图 14-1)。物流企业在建立其企业标准体系时，也应建立这三方面的标准体系。这三方面的标准中可包括企业自己定义的标准体系，而推荐的做法是应尽可能多地采用国家标准或国际标准。

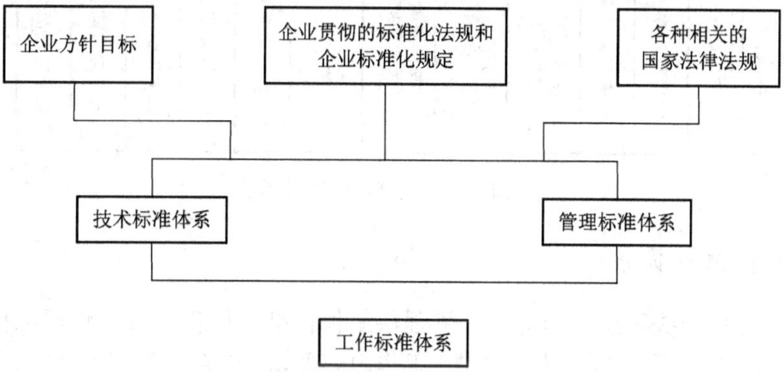

图 14-1　企业标准体系总体架构

(一) 技术标准体系

按照国家标准 GB/T 15497—2003《企业标准体系技术标准体系》的规定，“标准化良好行业试点确认工作评分表”的各项评分细则，将物流技术标准体系进行了如下划分：物流技术标准包括技术基础标准，设计技术标准，产品标准，采购标准，工艺标准，设备、基础设施和工艺装备技术标准，测量、检验、试验方法及设备技术标准，包装、搬运、储存、标志技术标准，安装、交付技术标准，服务技术标准，能源技术标准，安全技术标准，职业健康技术标准，环境技术标准，信息技术标准等(如图 14-2 所示)。

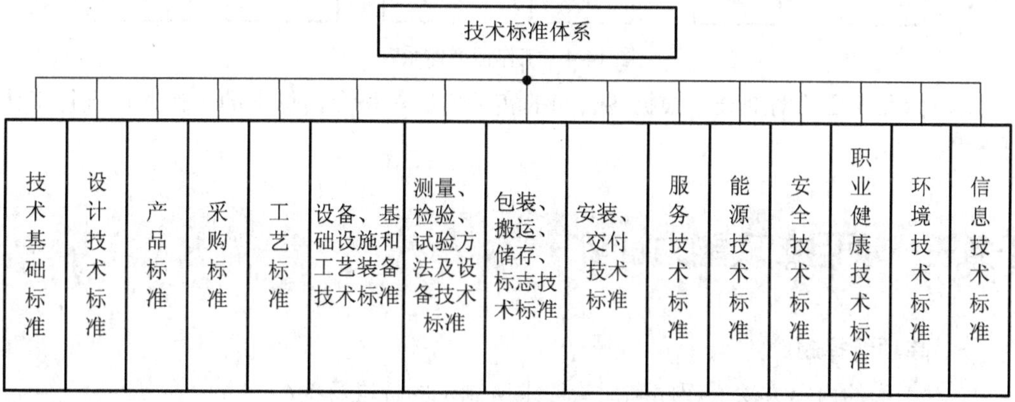

图 14-2　企业技术标准体系表

(二) 管理标准体系

按照国家标准 GB/T 15498—2003《企业标准体系管理标准和工作标准体系》的规定，管理标准体系包括企业所执行的国家标准、行业标准、地方标准和本企业制定的管理标准。管理标准共分为 18 类，如图 14-3 所示。

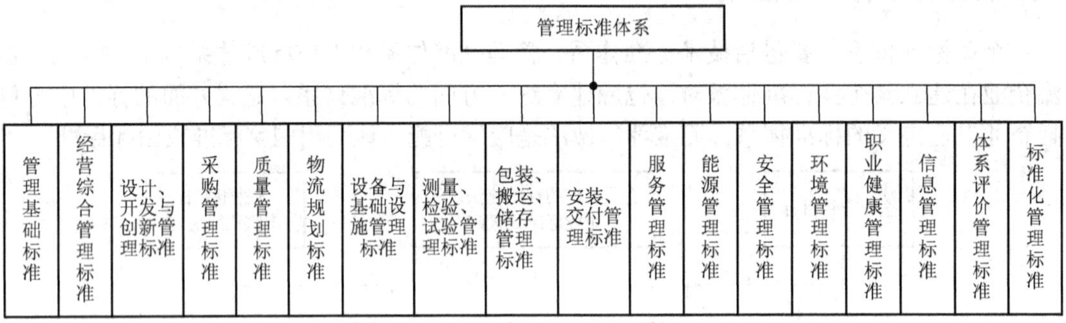

图 14-3　企业管理标准体系表

(三) 工作标准体系

工作标准体系由决策层工作标准、管理层工作标准、操作人员工作标准构成。工作标准中规定各岗位的职责、权限、人员资格、工作内容要求、检查与考核办法等方面(如图 14-4 所示)。

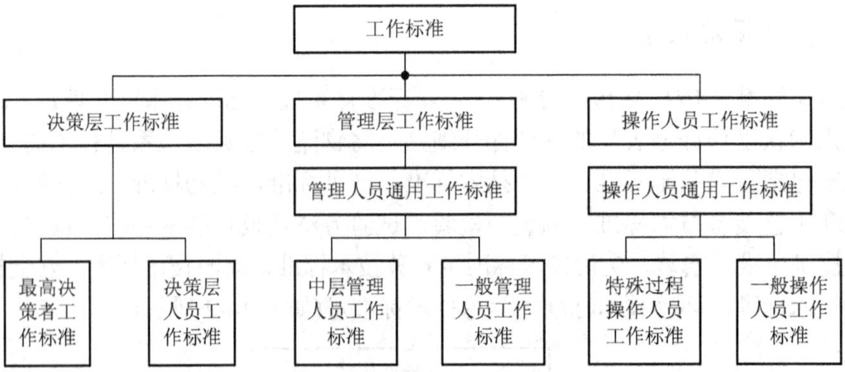

图 14-4　工作标准体系表

工作标准项目的明细表可根据各公司的实际情况对每个岗位上的工作人员进行工作标准的规定。

任务三　项目单项能力训练

一、单项选择题

1. 对工作的内容方法、程序和质量要求所制定的标准称为(　　)。

A. 作业标准　　B. 基础标准　　C. 技术标准　　D. 工作标准

2. 国际标准化组织(ISO)认定的物流基础模数尺寸是(　　)。

A. 600 mm × 400 mm　　B. 1200 mm × 800 mm

C. 1100 mm × 1100 mm　　D. 1200 mm × 1000 mm

3. (　　)是使物流过程连贯而建立标准化体系的基点。

A. 作业系统　　B. 集装系统　　C. 技术标准　　D. 工作标准

4. 属于基础标准的是(　　)。

A. 作业标准　　B. 物流基础模数尺寸标准

C. 信息标准　　D. 包装标准

5. 运输车船标准属于(　　)。

A. 基础标准　　B. 分系统技术标准　　C. 工作标准　　D. 作业规范

6. (　　)是制定其他物流标准应遵循的、全国统一的标准，是制定物流标准必须遵循的技术基础与方法指南。

A. 基础标准　　B. 分系统技术标准　　C. 工作标准　　D. 作业规范

7. (　　)是物流系统各个环节标准化的核心。

A. 基础标准　　B. 集装模数尺寸

C. 物流建筑基础模数尺寸　　D. 物流基础模数尺寸标准

8. (　　)是指在互相独立的系统中，选择和确定具有功能互换性或尺寸互换性的子系统或者功能单元的标准化形式。

A. 简化　　B. 统一化　　C. 系列化　　D. 通用化

9. 以下所列项中，除了(　　)外，都是我国的物流标识标准体系。

A. 物流术语标准　　B. 商品条码　　C. 储运单元条码　　D. 物流单元条码

二、判断题

1. 集装基础模数尺寸是最大的集装尺寸。(　　)

2. 信息标准是工作标准。(　　)

3. 吊钩、索具使用、放置的规程是工作标准。(　　)

4. 物流建筑基础模数尺寸是基础标准。(　　)

5. 物流模数尺寸即物流基础模数尺寸。(　　)

6. 物流标准化是指以物流系统为对象，围绕运输、储存、装卸、包装以及物流信息处理等物流活动制度，发布和实施有关技术和工作方面的标准，并按照技术标准和工作标准的配合性要求，统一整个物流系统的标准的过程。(　　)

7. 基础模数尺寸是系统各标准尺寸的最小公约尺寸。(　　)

8. 在物流标准化形式中运用较多的是简化、统一化、系列化、通用化和组合化。(　　)

9. 集装系统是使物流过程连贯而建立标准化体系的基点。(　　)

10. 物流设施标准包括物流设施设备基础标准、集装化器具、物流设备三大类。(　　)

11. 物流信息标准体系框架可以分为物流信息基础标准、物流信息应用标准、物流信息管理标准、物流信息服务标准和物流信息安全标准。(　　)

12. 物流标准化是物流产品的质量保证。(　　)

三、简答题

1. 何谓物流标准化？它的具体含义是什么？
2. 物流标准化系统有何特点？
3. 确定物流标准化有哪些具体方法？
4. 物流标准化的作用表现在哪些方面？

任务四 项目综合技能训练

上海百大配送有限公司的物流配送标准化管理的实践

上海百大配送有限公司是上市公司昆百大控股的云南百大投资有限公司在物流配送业投资的一个全国性的配送网络(以下简称上海百大配送)，经过近几年的运作，已建成包括上海、北京、南京和昆明四城市四种商业模式的从事第三方物流末端服务的专业公司，获得了上海创股和北京联办等投资机构的注资，形成了自己的标准化业务和管理流程，实现了整体盈利，为今后的配送网络复制和扩张打下了基础，并与“阳光网达”等中游物流企业进行企业标准对接。

上海百大配送的标准化内容包括机构设置及管理制度、程度的标准化，业务流程的标准化，业务开发的标准化，客户开发及维护的标准化，数据库建设的标准化(包括数据采集、分析、提供等)，与供应商、银行、终端消费者接口的标准化，属地公司及配送站建设的标准化等。

上海百大配送的标准化管理经历了三个阶段的探索和实践：

第一阶段：基于ISO9002：1994标准建立并实施的标准化管理。

为配合上海百大配送的战略发展需要，该公司在昆明和上海成立了专业的第三方物流配送公司，经过一年多的运作，积累了一定的经营和管理经验，并确立了在全国范围内成立同类第三方物流配送公司、形成全国直投网络的战略目标。随着昆明和上海两公司物流配送业务量的增长，对运作及管理规范化、标准化的需求，促使该公司实施了标准化管理。

在实施标准化管理的过程中，该公司主要采取了以下措施：按照ISO9002：1994标准建立质量体系；根据公司行政、财务管理需要，按照ISO9002：1994的理念建立行政财务管理体系；将质量管理体系与行政财务管理体系有机融合，形成一套完整的公司管理手册(以下简称“管理手册V1.0”)；在已成立的公司中逐步实施“管理手册V1.0”，并以此指导新公司的建立和运作。

上海百大配送所属的昆明公司在标准建立之初，即承担了配合设计并试验标准化管理体系及“管理手册V1.0”的任务，标准化管理体系的建立及实施，规范了公司的运作和管理，使公司的业务运作及行政财务进入有序状态，提升了公司的服务质量，增强了竞争力，使该公司成为昆明地区物流配送行业的明星企业。随后，公司在“管理手册V1.0”的指导下在南京、北京相继成立了第三方物流配送公司。

第二阶段：根据实际运作情况，总结并提炼不同类型物品的物流配送运作过程规范化的标准化管理。

上海百大配送在昆明、上海、南京、北京四城市分别成立了第三方物流末端配送公司。经过几年的运作，尽管四城市公司经营重点不同，但单一物品的物流配送业务流程已较成熟，而且同类物品的配送在不同地区、不同公司的业务流程与管理基本一致。

上海百大配送综合所属四个物流企业的实际运作经验，总结不同物品、不同服务的业务流程，自下而上地收集各环节、各岗位操作指导，并按部门及功能块制定切实可行的管理制度及控制标准，形成了“管理手册 V2.0”。“管理手册 V2.0”建立并实施后，公司内各部门及功能块控制点清晰，管理目标明确，减轻了中层管理人员的管理难度；各岗位人员严格按照操作指导及标准工作，为公司提升业务量及增加新的配送服务奠定了基础；各地区公司在开展新业务时，依据“管理手册 V2.0”已建立同类业务的业务流程、操作指导及管理控制标准实施业务的开发、运作和管理，大大加快了各公司业务的拓展。

第三阶段：对有共性的不同物品的物流配送过程一体化的标准化运作及管理进行探索，并增加对客户、用户及合作者的接口标准化内容。

随着上海百大配送在四个城市的运作日趋成熟，各城市公司在物流配送实际运作中都不同程度地实现了不同物品、不同服务过程的资源共享及综合利用(注：资源包括人力、信息、基础设施、工作环境、供方、合作者、银行及财务资源等)。因此，上海百大配送总结公司在不同物品物流配送实际运作中的搭载经验，探索及总结公司关联单位、客户、用户及合作者的业务标准化接口，对实际运作经验进行分析，掌握搭载规律，制定运作及管理标准，在“管理手册 V1.0”及“管理手册 V2.0”的基础上，随着业务种类、合作伙伴和合作方式的不断增加，采用 ISO9001：2000 及 ISO9004：2000 标准建立管理体系及标准，形成“管理手册 V2.1”及后续同级版本。

思考题

1. 根据上海百大配送物流标准化的探索经历，分析物流标准化的作用。
2. 上海百大配送物流标准化的探索经历，有什么地方值得其他企业借鉴？

项目十五 绿色物流

任务一 项目导入案例

“物流业将不再被看做是价廉制胜的行业。货运物流业的特性及其在供应链中的定位决定了该产业对实现多数领域的全面减排有着至关重要的作用。未来，行业领先的物流公司将是那些擅长于提供可持续服务的公司。”敦豪物流(DHL)在2010年发布的《递送未来：实现物流业的可持续发展》研究报告中提出了这样的观点。2008年，DHL启动“绿色运输项目”，计划到2020年将公司整个运营过程中所产生的二氧化碳排放量降低30%。

在第八届中国航空货运峰会上，DHL北亚太区首席执行官兼北亚太区航空货运高级副总裁查尔斯·考夫曼在接受记者采访时说，中国是DHL全球航空货运市场中的一个重要节点，“绿色运输项目”不仅能够提高DHL可持续发展能力，还有利于保持市场竞争力。

任务二 项目支撑知识学习

单元一 绿色物流概述

一、绿色物流的内涵

1987年国际环境与开发委员会发表了名为《我们共有的未来》的研究报告。报告指出，为了实现长期、持续、稳定的发展，必须采取各种措施来维护我们的自然环境。环境共生型的物流就是要改变原来经济发展与物流、消费生活与物流的单向作用关系，在抑制物流对环境造成危害的同时，形成一种能促进经济发展和人类健康发展的物流系统，即绿色物流、循环型物流。

(一) 绿色物流的概念

在国际上，绿色物流已作为继绿色制造、绿色消费之后的又一个新的绿色热点，受到广泛关注。由 A. M·布鲁尔、K. J·巴顿和 D. A·亨舍尔合著的《供应链管理和物流手册》中提出“绿色物流(Green Logistics)”一词，代表着与环境相协调的高效运输配送系统。

我国加入 WTO 以来，随着国际贸易的日益增多，国内企业不仅面临同类国际企业的产品质量竞争，还面临有关的环境贸易壁垒。国内少数企业及学者已经在绿色生产、绿色包装、绿色流通等方面进行了有意义的探索，认为绿色物流是指在运输、储存、包装、装卸、流通加工等物流活动中，采用先进的物流技术、物流设施，最大限度地降低对环境的污染，提高资源的利用率的物流。

中华人民共和国国家标准 GB/T 18354—2001《物流术语》中规定，绿色物流是指在物流过程中抑制物流对环境造成危害的同时，实现对物流环境的净化，使物流资源得到最充分的利用。

从绿色物流的活动范围来看，绿色物流包括物流作业环节和物流管理全过程的绿色化。从物流作业环节来看，绿色物流包括绿色运输、绿色包装、绿色流通加工等。从物流管理过程来看，绿色物流需从环境保护和节约资源的目标出发，改进物流体系，既要考虑正向物流环节的绿色化，又要考虑供应链上的逆向物流体系。

(二) 绿色物流的最终目标

绿色物流的最终目标是可持续发展。实现该目标的准则是经济利益、社会利益和环境利益的统一。

一般的物流活动主要是为了实现企业的盈利，满足顾客需求，扩大市场占有率等，这些目标最终均是为了实现某一主体的经济利益。而绿色物流除上述经济利益的目标之外，还追求节约资源、保护环境这一既具经济属性又具社会属性的目标。尽管从宏观角度和长远的利益来看，节约资源、保护环境与经济利益的目标是一致的，但对某一特定时期、某一特定的经济主体而言却是矛盾的。按照绿色物流的最终目标，企业无论是在战略管理还是战术管理中，都必须从促进经济可持续发展这个基本原则出发，在创造商品的时间效益和空间效益，满足消费者需求的同时，按生态环境的要求，保持自然生态平衡和保护自然资源，为子孙后代留下生存和发展的空间。

(三) 绿色物流的行为主体

绿色物流的行为主体不仅包括专业的物流企业，还包括产品供应链上的制造企业和分销企业，同时还包括不同级别的政府和物流行政主管部门等。

产品生命周期的每一阶段，都不同程度地存在着环境问题。专业物流企业对运输、包装、仓储等物流作业的绿色化负有责任和义务。作为供应链上的制造企业，既要设计绿色产品，还应该与供应链上其他企业协同起来，从节约资源、保护环境的目标出发，改变传统的物流体制，制订绿色物流战略和策略。因为绿色物流战略是联结绿色制造和绿色消费之间的纽带，也是使企业获得持续的竞争优势的战略武器。另外，各级政府和物流行政主管部门在推广和实施绿色物流战略中具有不可替代的作用。由于物流的跨地区和跨行业特性，绿色物流的实施不是仅靠某个企业或在某个地区就能完成的，它需要政府的法规约束和政策支持，如制定统一的物流器具标准，限制运输工具的环境污染指标，规定产品报废后的回收处理责任等。

(四) 绿色物流的理论基础

正如其他绿色运动有其理论支撑一样，绿色物流管理也有其理论基础。

1. 可持续发展理论

可持续发展理论的内容包括以下几个方面：

第一，生态持续。生态持续要求改变单纯追求经济增长、忽视生态环境保护的传统发展方式，切实保持整个生命保障系统的完整性，保持生物多样化，保护人类赖以生存的大气、淡水、海洋、土地、森林等自然资源不受污染和肆意侵害，积极治理和恢复已遭到破坏和污染的环境。

第二，经济持续。经济持续要求通过产业结构调整和开发应用高新技术，转变经济增长方式，改善质量，优化配置，节约能源，降低消耗，增加效益，实行清洁生产和文明消费，减少有害废弃物的流出和排放，使经济和发展既能满足当代人需要，又不致对后代人构成危害。

第三，社会持续。社会持续要求以提高人类生活质量为目的，积极促进社会向文明、公正、安全、健康的方向发展。为此，必须控制人口数量、提高人口质量；合理调节社会分配关系，消除贫富不均和两极分化；大力发展教育、文化、卫生事业，提高全体人民的科学文化素质和健康水平；建立和完善社会保障体系，保持社会政治稳定。

由此可见，可持续发展既不是单指经济发展或社会发展，也不是单指生态持续，而是生态—经济—社会三维复合系统的可持续。在这个可持续经济、可持续生态和可持续社会组成的三维复合系统中，可持续发展是以生态可持续为基础、经济可持续为主导、社会可持续为根本的。可持续发展应用于现代物流活动中，就是要求从环境保护的角度对现代物流进行研究，形成一种与环境共生的综合物流系统，改变原来经济发展与物流之间的单向作用关系，抑制物流对环境造成危害，同时又要形成一种能促进经济和消费生活健康发展的现代物流系统。

2. 生态经济学理论

所谓生态经济学理论，是指研究再生产过程中，经济系统与生态系统之间的物流循环、能量循环和价值增值规律及其应用的科学。物流是社会再生产过程中的重要一环，物流过程中不仅有物质循环利用、能源转化，而且有价值的实现。因此，物流涉及了经济与生态环境两大系统，理所当然地架起经济效益和生态环境效益之间彼此联系的桥梁。经济效益涉及当前和局部的利益，而环境效益则关系更宏观和长远的利益。经济效益和环境效益是对立统一的。后者是前者的自然基础和物质源泉，而前者是后者的经济表现形式。绿色物流以经济学的一般原理为指导，以生态学为基础，对物流中的经济行为、经济关系及规律与生态系统之间的相互关系进行研究，以谋求在生态平衡、经济合理、技术先进条件下的生态与经济的最佳结合以及协调发展。

3. 生态伦理学理论

人类所面临的生态危机，迫使人们不得不反思自己的行为，必须负起对生态环境的道德责任，这就促使了生态伦理学的产生和发展。生态伦理学是从道德角度研究人与自然关系的交叉学科，它根据生态学提示的自然与人相互作用的规律性，以道德为手段，从整体上协调人与自然环境的关系。生态伦理迫使人们对物流中的环境问题进行深刻反思，从而产生了一种强烈的责任心和义务感。为了子孙后代的切身利益，为了人类更健康和安全地生存与发展，人类应当维护生态平衡。

二、绿色物流的特征

绿色物流除了具有一般物流所具有的特征外，还具有学科交叉性、多目标性、多层次性、时域性和地域性等特征。

1. 学科交叉性

绿色物流是物流管理与环境科学、生态经济学的交叉学科。由于物流与环境之间的密切关系，在研究社会物流与企业物流时必须考虑环境问题和资源问题；由于生态系统与经济系统之间的相互作用和相互影响，生态系统也必然会对经济系统的子系统——物流系统产生作用和影响。因此，必须结合环境科学和生态经济学的理论、方法进行物流系统的管理、控制和决策，这也正是绿色物流的研究方法。学科交叉性使得绿色物流的研究方法变得非常复杂，研究内容十分广泛。

2. 多目标性

绿色物流的多目标性体现在企业的物流活动就是要顺应可持续发展的战略目标要求，注重对生态环境的保护和对资源的节约，注重经济与生态的协调发展，追求企业经济效益、消费者利益、社会效益与生态环境效益四个目标的统一。系统论告诉我们，绿色物流的多目标之间通常是相互矛盾、相互制约的，一个目标的增长将以另一个或几个目标的下降为代价，如何取得多目标之间的平衡，是绿色物流要解决的问题。从可持续发展理论来看，生态环境效益的保证将是企业经济效益、消费者利益和社会效益得以持久保证的关键所在。

3. 多层次性

绿色物流的多层次性体现在以下三个方面。

(1) 从绿色物流的管理和控制主体来看，绿色物流可分为社会决策层、企业管理层和作业管理层等三个层次的绿色物流活动，或者说是宏观层、中观层和微观层。其中，社会决策层的主要职能是通过政策、法规传播绿色理念；企业管理层的任务则是从战略高度与供应链上的其他企业协同，共同规划和控制企业的绿色物流系统，建立有利于资源再利用的循环物流系统；作业管理层主要是指物流作业环节的绿色化，如运输的绿色化、包装的绿色化、流通加工的绿色化等。

(2) 从系统的观点来看，绿色物流系统是由多个单元(或子系统)构成的，如绿色运输子系统、绿色仓储子系统、绿色包装子系统等。这些子系统又可按空间或时间特性划分成更低层次的子系统，每个子系统都具有层次结构，不同层次的物流子系统通过相互作用，构成一个有机整体，实现绿色物流系统的整体目标。

(3) 绿色物流系统还是另一个更大系统的子系统，这就是绿色物流系统赖以生存发展的外部环境，包括法律法规、政治、文化环境、资源条件、环境资源政策等，它们对绿色物流的实施将起到约束作用或推动作用。

4. 时域性和地域性

绿色物流的时域性指的是绿色物流管理活动贯穿于产品的生命周期全过程，包括从原材料供应，生产内部物流，产成品的分销、包装、运输，直至报废、回收的整个过程。

绿色物流的地域性体现在两个方面。一是指由于经济的全球化和信息化，物流活动早已突破地域限制，呈现出跨地区、跨国界的发展趋势。相应地，对物流活动绿色化的管理也具有跨地区、跨国界的特性。二是指绿色物流管理策略的实施需要供应链上所有企业的参与和响应。

跨地域、跨时域的特性说明绿色物流系统是一个动态的系统。

单元二 绿色物流系统分析

一、绿色物流系统的构成

一般物流系统的运行需要大量的人力、财力、物力、信息投入，通过各项物流功能要素，在实现物流效益、服务、信息的同时，还会产生环境污染。为了使物流系统在社会经济大系统中可持续发展，需要降低物流系统的物质消耗、减少环境污染。于是，实现物流系统的绿色管理(简称绿色物流系统的实现)是十分必要的。

根据绿色物流的定义，绿色物流系统的实现分为两个层次。

1. 微观绿色物流系统

微观绿色物流系统的实现需要从组织和过程两个方面来保障，其系统结构如图 15-1 所示。

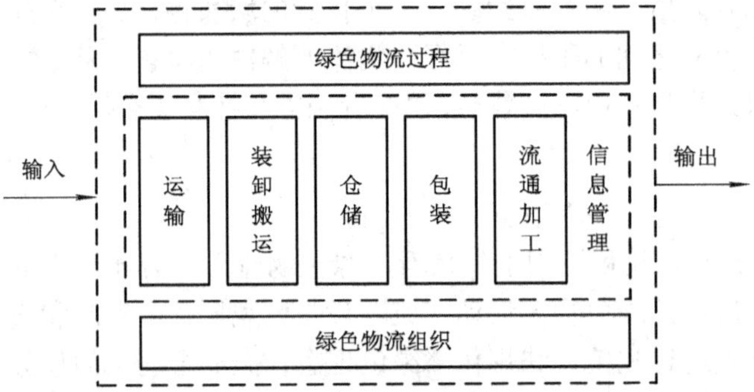

图 15-1 绿色物流系统微观结构

在微观层次的绿色物流系统中，物流组织建立全面的环境管理体系，确保系统中所有环境行为都遵守特定的规范，系统的环境影响日益减少，呈现出良性循环的趋势。物流过程采用先进的绿色技术，诸如绿色包装、绿色运输，确保物流活动的环境排放和能源消耗不断降低，同时以生命周期评价方法从整体上彻底改善情况，监控系统的整体优化效果。在企业物流方面，李益强等人在《面向产品全生命周期的企业绿色物流研究》一文中指出："面向产品全生命周期的企业绿色物流是指企业在产品全生命周期的各个环节包括运输、储存、包装、装卸和流通加工等物流活动中，采用先进的物流技术、物流设施，最大限度地降低对环境的污染，提高资源利用率，改善人类赖以生存和发展的环境，主要指科学的物流设计、管理和实施，合理的商品运输方案，无害包装的选用，包装物的回收复用，优化资源利用的流通加工，等等。"

2. 宏观绿色物流系统

在宏观层次，绿色物流系统体现 4R 原则：减量化(Reduce)、可再用(Reuse)、可回收(Reclaim)、再循环(Recycle)，真正实现了以有效的物质循环为基础的物流活动与环境、经济、社会共同发展，使社会发展过程中的废物量达到最少，并实现废物资源化与无害化处理。

一般物流系统通常在垃圾收集环节才进行物品的回收。绿色物流系统则在每两类物流环节之间就进行物品的回收、重用，整个物流循环系统由无数个小的循环系统组成，在完成一次大的物流循环之前，每个小循环系统已经工作了无数次，确保物流系统中的物质能得到最大限度的利用。

根据物流的服务对象，由供应物流、生产物流、销售物流、回收物流及废弃物物流组成了一个闭环，位于系统的中央。保障这个闭环正常运转的外部条件包括绿色物流技术、物流环境影响评价标准和物流企业审核制度。

二、实施系统的环境影响分析

物流系统由七大功能要素所组成，对物流系统的环境影响分析，主要是对这些功能要素的环境影响进行分析。

组成物流系统的各个功能要素对环境的影响各不相同。首先，各要素对环境产生影响的种类不同。例如，运输对环境的影响主要表现在燃烧汽油或柴油而排出的污染性气体，以及发动机产生的噪声，而包装对环境的影响则主要表现在采用非降解型包装材料造成的废弃物污染。其次，各要素对环境的影响程度不同。由于作业过程的差异，有的要素对环境的影响比较严重，有的要素对环境的影响微乎其微。根据前人的研究成果和经验结论可知，在物流系统的各功能要素中，运输对环境的影响是最严重、最广泛的，其次是装卸搬运和包装，而储存、流通加工、信息处理的影响则较为轻微。

（一）运输对环境的影响

1. 运输污染源

运输是物流系统中最主要、最基本的功能要素，运输工具的燃油消耗和燃油产生的污染，是物流系统造成资源消耗和环境污染的主要方面，这些污染包括：① 运输工具在行驶中发出的噪声；② 运输工具排放的尾气；③ 装载设备的清扫、清洗产生的废渣与废水；④ 运输工具行驶中由路面或运输物产生的扬尘；⑤ 运输有毒、有害物质的沿途事故性泄漏以及普通货物的沿途抛洒。其中，废气、噪声、废渣、废水、扬尘为货物运输固有的污染种类，有毒、有害物质的泄漏属于货物运输的事故性污染。

2. 运输管理变革对环境的影响

物流管理活动的变革，如集中库存和即时配送制的兴起，改变着运输对环境的影响。

(1) 不合理的货运网点及配送中心布局，导致货物迂回运输，增加了车辆燃油消耗，加剧了废气污染和噪音污染；过多的在途车辆增加了对城市道路面积的渴求，加剧了城市交通的阻塞；运输过程中出现的事故也可能对环境造成污染，如海轮运输原油过程中原油的泄漏会造成海水的污染和海内生物的死亡。

(2) 集中库存虽然能有效地降低企业的物流费用，但产生了较多的一次运输，从而增加了燃料消耗和对道路面积的需求。

(3) JIT 强调无库存经营，从环境角度来看，JIT 配送适合于近距离的输送。如果企业与用户之间距离较远，要实施 JIT 就必须大量利用公路网，使货运从铁路转移到公路，增加了燃油消耗，带来了空气污染和噪声污染等，使环境遭到破坏。

(二) 装卸搬运对环境的影响

装卸搬运的目的是使物品在水平或垂直方向上发生短距离的位移，视物品的重量和形式不同，需要使用不同的装卸搬运机械。装卸搬运机械主要是在企业(包括码头、料场、矿山和商业货仓等)内部进行油料装卸、运输、升降、堆垛和储存的机械设备，包括起重机械、输送机、装卸机械、搬运车辆和仓储设备等。一般来说，起重机械用于升降和搬运，但搬运距离较短，它的机构作间歇式运动；输送机可连续输送物料，搬运路线一般固定不变，大多用来输送散状物料；装卸机械能自行取物并装卸物料；搬运车辆可灵活安排搬运路线，运输距离较长，可在室内或室外作业，具有行驶车轮；仓储设备是在仓库中完成堆、取、储存物料的装置，包括料仓装置、高架仓库和给料机等。随着工业的发展，许多机械具有多种功能和用途，其中使用最广泛的是叉车。叉车是搬运车辆，可用于装卸，也可起升重物。

装卸搬运过程对环境的影响主要表现在：

(1) 装运工具在作业过程中产生噪声污染。

(2) 如果由燃料驱动，装卸搬运机械的运转将产生一定的尾气污染。

(3) 搬运工具行驶中由路面或搬运物产生的扬尘。

(4) 装卸搬运不当，商品的损坏，造成资源浪费和废弃，废弃物还有可能对环境造成污染，如化学液体商品的破漏，造成水体污染、土壤污染等。

(三) 仓储对环境的影响

仓储在物流系统中具有中转、储藏和管理的作用，储存的主要设施是仓库、货场。

仓储对环境的影响主要表现在：

(1) 进行物流作业时，发出的噪声污染。

(2) 储存中的所有商品都可能因物流作业不当，对周边环境造成空气、土壤、水体等的污染，尤其在易燃、易爆、化学危险品的储存过程中，如果储存不当，还可能造成爆炸或泄漏，产生破坏性的环境污染。

(3) 储存养护时的一些化学方法(如喷洒杀虫剂)会对周边生态环境造成污染。

(四) 包装对环境的影响

包装具有保持商品品质、美化商品、提高商品价值的作用。当今大部分商品的包装材料和包装方式，不仅造成了资源的极大浪费，而且严重污染环境，主要表现如下：

(1) 过度包装增加了商品的重量、体积，对运输能力、储存能力的需求更高。相当一部分工业品特别是消费品的包装都是一次性使用，且越来越复杂，这些包装材料不仅消耗了大量的自然资源，废弃的包装材料还是城市垃圾的重要组成部分，处理这些废弃物要花费大量人力、物力和财力，造成资源的浪费，不利于可持续发展，同时也无益于生态经济效益。

(2) 不少包装材料是不可降解的，它们长期留在自然界中，会对自然环境造成严重影响。目前市场上流行的塑料袋、玻璃瓶、易拉罐等包装品种，使用后会给自然界留下长久的污染物。

包装材料产生的污染是包装的固有污染，包装作业产生的噪声、扬尘属于非固有污染。

（五）流通加工对环境的影响

流通加工是指为完善商品的使用价值和提高物流服务水平，对物流过程中的商品进行的简单的加工活动。流通加工具有较强的生产性，是生产领域的活动在物流过程中的延续。

各种流通加工活动均会对环境造成负面影响，表现为加工过程中资源的浪费或过度消耗，加工过程中产生的废气、废水和废物对环境和人体构成的危害。具体的环境影响类型和程度由流通加工的方式直接决定，采用清洁生产方式可以很好地解决流通加工的环境影响问题。

（六）信息处理对环境的影响

信息处理是通过收集与物流活动相关的信息，使物流活动低成本、高效率地进行。随着计算机的普及和企业内部信息系统的建设，信息处理功能要素中也出现了环境问题，比如，机房里计算机设备的密集布设产生的辐射可能危及员工的健康，错误的信息也会给环境带来不利的影响(错误的订货信息会使工作无效，造成资源和人力的极大浪费)。

三、绿色物流体系的构建

构建绿色物流体系首先应加强绿色物流教育，树立现代绿色物流的全新观念。当代绿色物流不仅要树立服务观念，更应自始至终贯彻绿色理念。

（一）绿色正向物流体系的建立

1. 绿色供应商的选择

由于政府对企业的环境行为的严格管制，并且供应商的成本绩效和运行状况对企业经济活动构成直接影响，因此在绿色供应物流中，有必要增加供应商选择和评价的环境指标，即要对供应商的环境绩效进行考察。例如：潜在供应商是否曾经因为环境污染问题而被政府罚款？潜在供应商是否存在因为违反环境规章而被关闭的危险？供应商供应的部件采用绿色包装了吗？供应商通过 ISO 14000 环境管理体系认证了吗？

2. 废弃物料的处理

企业正向物流中废弃物料的来源主要有两个：一是生产过程中未能形成合格产品而不具有使用价值的物料，如产品加工过程中产生的废品、废件，钢铁厂产生的钢渣，机械厂的切削加工形成的碎屑等；二是流通过程中产生的废弃物，如被捆包的物品解捆后产生的废弃的木箱、编织袋、纸箱、捆绳等。由于垃圾堆场的日益减少，厂商寻找减少废弃物料的方法就显得越发重要。一方面厂商要加强进料和用料的运筹安排，另一方面在产品的设计阶段就要考虑资源可得性和回收性能，减少生产中的废弃物料的产生。

3. 产品的设计、包装和标识

绿色物流建设应该起始于产品设计阶段，以产品生命周期分析等技术提高产品整个生命周期环境绩效，在推动绿色物流建设上发挥先锋作用。包装是绿色物流管理中的一个重要方面，如白色塑料的污染已经引起社会的广泛关注，过度包装造成了资源浪费。因此再生性包装由于容易回收的特点得到越来越广泛的使用，可以重复使用的集装箱也是绿色包装的例子。另外，通过标签标识产品的化学组成也十分重要，通过标识产品原料特别是可塑零件的组成，会使将来的回收、处理工作进展顺利。这些绿色技术在物流中应用的同时也提高了生产效率。

4. 绿色运输管理

企业如果没有采取绿色运输，会加大经济成本和社会环境成本，影响企业经济运行和社会形象。企业绿色运输的主要措施如下：

(1) 开展共同配送。共同配送(Joint Distribution)指由多个企业联合组织实施的配送活动。几个中小型配送中心联合起来，分工合作对某一地区客户进行配送，它主要针对某一地区的客户所需要物品数量较少而使用车辆不满载、配送车辆利用率不高等情况。共同配送可以分为以货主为主体的共同配送和以物流企业为主体的共同配送两种类型。从货主的角度来说，通过共同配送可以提高物流效率。如中小批发者，如果各自配送难以满足零售商多批次、小批量的配送要求，而采取共同配送，送货者可以实现少量配送，收货方可以进行统一验货，从而达到提高物流服务水平的目的。从物流企业角度来说，特别是一些中小物流企业，由于受资金、人才、管理等方面的制约，运量少、效率低、使用车辆多、独自承揽业务，在物流合理化及效率上受限制，如果彼此合作，采用共同配送，则筹集资金、大宗货物、通过信息网络提高车辆使用率等问题均可得到较好地解决。因此，共同配送可以最大限度地提高人员、物资、资金、时间等资源的利用效率，取得最大化的经济效益；同时，可以去除多余的交错运输，并取得缓解交通、保护环境等社会效益。

(2) 采取复合一贯制运输方式。复合一贯制运输是指吸取铁路、汽车、船舶、飞机等基本运输方式的长处，把它们有机地结合起来，实行多环节、多区段、多种运输工具相互衔接进行商品运输的一种方式。这种运输方式以集装箱作为联结各种工具的通用媒介，起到促进复合直达运输的作用。为此，装载工具及包装尺寸都要做到标准化。由于全程采用集装箱等包装形式，因此可以减少包装支出，降低运输过程中的货损、货差。复合一贯制运输方式的优势还表现在：它克服了单个运输方式固有的缺陷，从而在整体上保证了运输过程的最优化和效率化；另一方面，从物流渠道来看，它有效地解决了由于地理、气候、基础设施建设等各种市场环境差异而造成的商品在产销空间、时间上的分离，促进了产销之间的紧密结合以及企业生产经营的有效运转。

(3) 大力发展第三方物流。第三方物流是由供方与需方以外的物流企业提供物流服务的业务方式。发展第三方物流，由这些专门从事物流业务的企业为供方或需方提供物流服务，可以从更高的角度更广泛地考虑物流合理化问题，简化配送环节，进行合理运输，有利于在更广泛的范围内对物流资源进行合理利用和配置，可以避免自有物流带来的资金占用、运输效率低、配送环节繁琐、企业负担加重、城市污染加剧等问题。

(4) 评价运输者的环境绩效，有专门运输企业使用专门运输工具负责危险品的运输，并制订应急保护措施。企业如果没有绿色运输，将会加大经济成本和社会环境成本，影响企业经济运行和社会形象。

5. 绿色包装管理

绿色包装是指采用节约资源、保护环境的包装。绿色包装的途径主要有：促进生产部门采用尽量简化的、可降解材料制成的包装；在流通过程中采取措施实现包装的合理化与现代化。

(1) 包装模数化。确定包装基础尺寸的标准，即包装模数化。包装模数标准确定以后，各种进入流通领域的产品便需要按模数规定的尺寸包装。包装模数化利于小包装的集合，利用集装箱及托盘装箱、装盘。包装模数如能和仓库设施、运输设施尺寸模数统一化，也利于运输和保管，实现物流系统的合理化。

(2) 包装的大型化和集装化。包装的大型化和集装化有利于物流系统在装卸、搬迁、保管、运输等过程的机械化，加快这些环节的作业速度，减少单位包装，可节约包装材料和包装费用，保护货体，如采用集装箱、集装袋、托盘等集装方式。

(3) 包装多次、反复使用和废弃包装的处理。采用通用包装，不用专门安排回返使用；采用周转包装，可多次反复使用，如饮料、啤酒瓶等；梯级利用，一次使用后的包装物，用毕转作他用或简单处理后转作他用；对废弃包装物经再生处理，转化为其他用途或制作新材料。

(4) 开发新的包装材料和包装器具。这方面未来的发展趋势是包装物的高功能化，即用较少的材料实现多种包装功能。

6. 绿色仓储系统

随着人们环保意识的加强，物流仓储系统的绿色化势在必行。我国必须走可持续发展的道路，尽量减少对人类生存环境的破坏。一方面是利用物流仓储系统减少对工作及生活环境的污染和影响，如对有害物资的储存、恶劣条件下物资的存储，可利用自动化仓储系统解决管理和存取问题，降低工作的危险性；另一方面是减少物流仓储系统本身对周围环境的不利影响，如设备噪声、移动设备的震动、烟尘污染、设备的油渍污染、视觉污染，集中库存可减少对周围环境的辐射面。另外，通过采用自动化系统，充分考虑人机工程学原则，使管理、操作和维护环境相协调。

7. 绿色流通加工

流通加工具有较强的生产性，也是流通部门对环境保护可以大有作为的领域。绿色流通加工主要包括以下两个方面的措施。一是变消费加工为专业集中加工，以规模作业方式提高资源利用效率，减少环境污染。如饮食服务业对食品进行集中加工，以减少家庭分散烹调所带来的能源和空气污染。二是集中处理消费品加工中产生的边角废料，以减少消费者分散加工所造成的废弃物污染。如流通部门对蔬菜集中加工，可减少居民分散加工造成的垃圾丢放及相应的环境治理问题。

8. 搜集和管理绿色信息

物流不仅是商品空间的转移，也包括相关信息的搜集、整理、储存和利用。绿色物流要求搜集、整理、储存的都是各种绿色信息，并及时运用于物流中，促进物流的进一步绿色化。

(二) 绿色逆向物流体系的建立

逆向物流是指物料流从消费者向生产企业流动的物流。合理高效的逆向物流体系结构分为以下六个环节。

1. 回收产品

回收产品是逆向物流系统的起点，它决定着整个逆向物流体系是否能够赢利。产品回收的数量、质量、回收的方式以及产品返回的时间选择都应该在控制之下，如果这些问题不能得到有效的控制，则很可能使得整个逆向物流体系一团糟，对这些产品再加工的效率也得不到保证。要解决这个问题，厂商必须和负责收集旧产品或退回产品的批发商及零售商保持良好的接触和沟通。

2. 产品运输

产品一旦通过批发商和零售商收集以后，下一步就是把它们运输到对其进行检查、分类和处理的车间。如何对其运输和分类没有固定的模式，这要根据不同产品的性质而定。比如，对易碎品像瓶子、显示器等的处理方式和轮胎、家具等完全不同。但是，需要注意的一点是不仅要考虑产品的运输和储藏成本，还要考虑产品随着回收时间延长的“沉没成本”，需对不同产品在时间上给予不同的对待。

3. 检查与处置决策

对回收品的功能进行测试分析，并根据产品结构特点以及产品和各零部件的性能确定可行的处理方案，包括直接再销售、再加工后销售、分拆后零部件再利用和产品或零部件报废处理等。然后，对各方案进行成本效益分析，确定最优处理方案。

回收产品的测试、分类和分级是一项劳动和时间密集型的工作，但是如果企业通过设立质量标准、使用传感器或条形码以及其他技术使得测试自动化就可以改进这道工序。一般说来，在逆向物流体系中，企业应该在产品质量、形状或者变量的基础上尽早作出对产品的处置决策，这可以大大降低物流成本，并且缩短再加工产品的上市时间。

4. 回收产品的修理或复原

企业从回收产品中获取价值主要通过两种方式来实现：一是取出其中的元件，经过修理后重新应用；二是通过对该产品全部的重新加工，再重新销售。但是，相对于传统的生产而言，对回收产品的修理和再加工有很大的不确定性，因为回收的产品在质量以及时间上可能差异会很大，这就要求在对回收产品分类时，尽量把档次、质量及生产时间类似的产品分为一组，从而降低其可变性。

5. 再循环产品的销售

回收产品经过修理或复原后就可以投入到市场进行销售。和普通产品的供求一样，企业如果计划销售再循环的产品，首先需要进行市场需求分析，决定是在原来市场销售，还是开辟新的市场，在此基础上企业就可以制订出再循环产品的销售决策，并且进行销售，这就完成了逆向物流的一个循环。

6. 报废处理

对那些没有经济价值或严重危害环境的回收品或零部件，通过机械处理、地下掩埋或焚烧等方式进行销毁。

单元三 逆向物流

一、逆向物流的定义及成因分析

(一) 逆向物流定义

美国物流管理协会对逆向物流的定义为：“计划、实施和控制原料、半成品库存、制成品和相关信息，高效和成本经济的从消费点到起点的过程，从而达到回收价值和适当处置的目的。”

（二）逆向物流的成因分析

(1) 来自顾客的退货行为。任何企业，即使是全球 500 强中的跨国公司，都会面临顾客的退货问题。由于经济发展的全球化，纯粹的本国制造和物流活动已颇为少见，大规模的生产和配送运输及存储环节都会造成商品、半成品、原材料和零部件的缺陷或瑕疵，造成递送商品的错位等，这里不仅有人为因素，亦受制于非人为因素。即使是更加精益化的物流与供应链管理运作，也会出现一些误差。常见的退货原因有：存在质量问题，数量不符，错误的递送对象等。从零售终端来看，这种现象的比率较高，如顾客购买手机、DVD 影碟机等都可能出现正常的退货现象。

(2) 来自供应商的产品召回行为。产品召回制度源于 20 世纪 50 年代的美国汽车行业，经过多年实践，美国、日本、澳大利亚等国对缺陷汽车召回都已经形成了比较成熟的管理制度。在欧洲，许多欧盟成员国实施了专门的法律，要求制造商在知晓其产品存在缺陷后应当采取措施进行召回。2000 年是世界汽车业界的“汽车召回年”。三菱汽车公司、瑞典沃尔沃、日本马自达、韩国现代下属的起亚公司、标致公司、克莱斯勒公司以及通用汽车公司都相继宣布，由于各种原因使其各自生产的一些汽车或多或少都存在安全隐患，在全球召回。近几年随着消费者地位的上升，消费者权益增加，产品召回现象从最初的汽车、电脑迅速蔓延到手机、家电、日用品等各行业。为了维护企业的核心竞争力，企业需要通过有效的逆向物流管理来降低召回损失。

(3) 来自国际和法律的环境保护因素。经济全球化的推进也让各国开始密切关注环境保护问题，各国都从自身可持续发展的目标出发，对破坏环境的商品及商品包装制定相关法律，进行严厉监控。德国的《包装废品废除法令》于 1991 年通过并成为法律，这一法令强调企业有责任管理他们的包装废品，包括收集、分类、循环使用包装物。1995 年欧盟发布了一条包装法令，要求其所有成员国到 2001 年最少要再生利用各自 25%的包装品。其他欧洲国家如奥地利、荷兰也采取同样的措施来制定或修正他们的法律。英国于 1997 年制定的《垃圾掩埋税收法案》使得处理固体废品的成本比以前更加昂贵，这毫无疑问会迫使厂商与消费者提高再生循环利用的意识。一些相关机构也承担了监督和管理逆向物流的责任，如美国消费者产品安全委员会、美国食品与药品管理局和美国农业部等。

(4) 逆向物流价值的发现。全球各类资源和生产能力的有限性愈加明显，已使用过的产品及材料的再生恢复逐步成为满足急速增长的消费市场需求的关键力量。同时，各国纷纷制定减少浪费政策的举措也促使材料循环使用之理念逐步取代原有的“一次使用”的经济观。此外，消费者日益高涨的呼声要求企业最大限度地降低产品和加工流程对环境的影响，而生产者的相关法律责任也成为公共环保政策的重要组成部分。在这些力量的推动下，过去的十多年里产品的恢复再生无论在规模和范围上都有了巨大的发展，其中主要的复印机厂商如施乐、佳能等皆投入重资对已使用过的设备进行再生产，化工行业的多家公司也致力于已使用地毯的再循环。

这些全新的全球资源环境观和经济观是导致逆向物流有突破性发展最重要的几个因素，因而，在某种意义上，逆向物流还有“绿色物流”、“环保物流”的美誉，然而对许多优秀企业而言，逆向物流还承载着另外一项重要职责，即它被专家认为是公司显示竞争力和领先优势的有效利器。

二、逆向物流的类别及特点

(一) 逆向物流的类别

作为企业价值链活动的一个特殊组成部分，逆向物流按其成因不同在各种产业形态下归纳为以下几个种类。

1. 按照逆向物流的退货来源划分

按退货来源，逆向物流可分为：

(1) 制造业退回(Manufacturing Returns)：对于生产出的产品不满意质量或者是过剩的退回。

(2) 商业退回(Commerce Returns)：根据商业协议包含逆流供应链中的相关活动，如过期产品的退回，时间和产品质量问题不适应需求和供给的退回。

(3) 产品召回(Product Returns)：有缺陷的产品进入供应链后导致该产品的退回。

(4) 保修退回(Service Returns)：在质量保证期或维修期内被退回并修理。

(5) 终端使用退回(End-of-Use Returns)：使用期满后产品被收集进行重新制造、回收或者焚烧。

(6) 包装。

2. 按照逆向物流的回收方式划分

按回收方式，逆向物流可分为：

(1) 再使用(Reuse)：主要指容器、包装等能进行简单处理就可以再次投入使用。

(2) 再制造(Remanufacturing)：对于复杂的装备或机器进行处理，一般制造商才能处理。

(3) 再循环(Recycling)：分为法规驱动和经济驱动，前者主要指减少废物，后者主要指废物利用。

(4) 销毁处理(Incinerating)：对那些没有经济价值或严重危害环境的回收品或零部件，通过机械处理、地下掩埋或焚烧等方式进行销毁。

(二) 逆向物流的特点

和正向物流相比，逆向物流有着明显不同的特点：

(1) 产生的地点、时间和数量是难以预见的。

(2) 发生地点较为分散、无序，不可能集中一次向接受点转移。

(3) 发生的原因通常与质量或数量异常有关。

(4) 处理的系统和方式比较复杂多样，不同的处理手段对资源价值的贡献有显著差异。

单元四 精益物流

一、精益物流的含义

精益思想的理论诞生后，物流管理学家则从物流管理的角度对此进行借鉴，并与供应链管理的思想密切融合起来，提出了精益物流的新概念。

精益物流是运用精益思想对企业物流活动进行管理，其基本原则是：

(1) 从顾客的角度而不是从企业或职能部门的角度来研究什么可以产生价值。

(2) 按整个价值流确定供应、生产和配送产品所有必需的步骤和活动。

(3) 创造无中断、无绕道、无等待、无回流的增值活动流。

(4) JIT 创造仅由顾客拉动的价值。

(5) 不断消除浪费，追求完善。

精益物流的目标可概括为：在提供满意服务的顾客服务水平的同时，企业应把浪费降低到最低程度。

企业物流活动中的浪费现象很多，常见的有不满意的顾客服务、无需求造成的积压和多余的库存、实际不需要的流通加工程序、不必要的物料移动、因供应链上游不能按时交货或提供服务而等候、提供顾客不需要的服务等，努力消除这些浪费现象是精益物流最重要的内容。

实现精益物流必须正确认识以下几个问题。

(1) 精益物流的前提：正确认识价值流。价值流是企业产生价值的所有活动过程，这些活动主要体现在三项关键的流上：① 从概念设想、产品设计、工艺设计到投产的产品流；② 从顾客订单到制订详细进度再到送货的全过程信息流；③ 从原材料制成最终产品并送到用户手中的物流。因此，认识价值流必须超出单个企业的范畴，去查看创造和生产一个特定产品所必需的全部活动，搞清每一步骤和环节，并对它们进行描述和分析。

(2) 精益物流的保证：价值流的顺畅流动。消除浪费的关键是让完成某一项工作所需步骤以最优的方式联结起来，形成无中断、无绕流和排除等待的连续流动。具体实施时，首先要明确流动过程的目标，使价值流动朝向明确。其次，把沿价值流的所有参与企业集成起来，摒弃传统的各自追求利润最大化而相互对立的观点，以最终顾客的需求为共同目标，共同探讨最优物流途径，消除一切不产生价值的行为。

(3) 精益物流的关键：顾客需求作为价值流动力。这里的顾客既包括企业外部客户，也包括下一个工序、相关部门、相关人员等企业内部客户。在精益物流模式中，价值流的流动要靠下游顾客的拉动，而不是上游来推动。当顾客没有发出需求指令时，上游的任何部分都不要去生产产品，而当顾客的需求指令发出后，则快速生产产品、提供服务。当然，这不是绝对的，在实际操作中，要区分是哪一种类型的产品。如果是需求稳定、可预测性较强的功能型产品，则可以根据准确预测进行生产。如果是需求波动较大、可预测性不强的创新型产品，则要采用精确反应、延迟技术缩短反应时间，提高顾客服务水平。

(4) 精益物流的宗旨：不断改进，追求完善。精益物流是动态管理，对物流活动的改进和完善是不断循环的，每一次改进，消除一批浪费，形成新的价值流的流动，同时又存在新的浪费而需要不断改进。这种改进使物流总成本不断降低、提前期不断缩短而使浪费不断减少，实现这种不断改进需要全体人员的参与，上下一心，各司其职，各尽所责，达到全面物流管理的境界。

二、精益物流系统的特点

精益物流系统具备如下四个方面的特点。

1. 拉动型的物流系统

在精益物流系统中，顾客需求是驱动生产的动力源，是价值流的出发点。价值流的流动要靠下游顾客来拉动，而不是依靠上游的推动。当顾客没有发出需求指令时，上游的任何部分不提供服务；而当顾客需求指令发出后，则快速提供服务。

2. 高质量的物流系统

在精益物流系统中，电子化的信息流保证了信息流动的迅速、准确无误，还可有效减少冗余信息传递，减少作业环节，消除操作延迟，这使得物流服务准时、准确、快速，具备高质量的特性。

3. 低成本的物流系统

精益物流系统通过合理配置资源，以需定产，充分合理地运用优势和实力，通过电子化的信息流，进行快速反应、准时化生产，从而消除诸如设施设备空耗、人员冗余、操作延迟和资源浪费等现象，保证其物流服务的低成本。

4. 不断完善的物流系统

在精益物流系统中，员工理解并接受精益思想的精髓，领导者制订能够使系统实现“精益”效益的决策，并在执行过程中不断改进，达到全面物流管理的境界。

三、精益物流管理成功的条件

在精益物流的管理过程中，需要注意以下几点：

1. 严格“拉动”的概念

精益物流管理方法要求严格按照拉动的概念，以最终需求为起点，由后道作业向前道作业按看板所示信息提取材料(商品)，前道作业按看板所示信息进行补充生产。在生产流程的安排上，要求生产制造过程(可推广到整个供应链)保持平准化，即生产制造过程安定化、标准化和同步化。这样，不仅可以满足顾客的需求，提高顾客服务水平，而且可以实现低水平的库存，降低成本。

2. 重视人力资源的开发的利用

精益物流管理方法要求重视对人力资源的开发和利用，这包括对员工的培训使其掌握多种技能成为多能工。同时要求给予作业现场员工处理问题的责任，做到不将不良品移送给下道作业，确保产品的质量做到零缺陷。精益物流管理要求从局部优化到系统优化，企业的所有员工要具有团队精神，共同协作解决问题，建设一个致力于不断改善和革新的团队。

3. 小批量生产

小批量生产的优势在于能减少在制品库存，易于现场管理。当质量问题发生时，容易查找和重新加工。在生产进度安排上允许有一定的弹性，可按需求进行调整，对市场需求的变化能作出迅速及时的反应。同时，小批量生产要求在变换产品组合时，生产线的切换程序简便化和标准化，使生产切换速度加快，为此要求供应商能小批量、频繁、及时供货。

4. 与供应商保持长期的合作伙伴关系

精益物流管理方法要求供应商在需要的时间提供需要的数量。进一步，要求供应商能对订货的变化作出及时、迅速的反应，具有弹性。因此，必须选择少数优秀的供应商，并与他们建立长期可靠的合作伙伴关系，分享信息情报，共同协作解决问题，实现合作伙伴间的双赢。

5. 高效率、低成本的物流运输方式

精益物流管理方法要求高效率、低成本的物流运输装卸方式，要求供应商小批量、频繁运送，但是小批量、频繁运送将增加运输成本。为了降低运输成本，精益物流管理方法要求积极寻找集装机会。进货集装运送是指把来自多个供应商的小批量货物集中起来作为一个运输单位进行运送的方法，这样不仅可保证按时交货，还可节约运输成本。另外，需要采用使小批量物品的快速装卸变得容易的设备。

6. 决策层的支持

精益物流管理方法要求获得企业最高决策管理层的大力支持。与视库存为企业资产、认为库存是经营所必需的传统管理方法不同，精益物流管理方法规定库存为企业负债，认为库存是浪费。精益物流管理要求对企业整个体系进行改革甚至重建，这需要大量投资和花费很多时间，也存在着较大风险。如果没有最高决策管理层的支持，企业不可能采用精益方法，即使采用了，也可能会由于部门间不协调或投入资源不足，不能发挥精益方法的优势。

四、精益物流管理的策略

精益物流管理理念是以顾客为中心通过顾客的实际需求和对顾客未来的需求预测来拉动产品和服务。基于这种思想，产生了许多基于供应链背景下的物流管理策略，如快速反应(QR)策略、有效客户响应(ECR)策略以及电子订货系统(EOS)等。

(一) 快速反应(Quick Response，QR)策略

快速反应是美国零售商、服装制造商以及纺织品供应商开发的整体业务概念，目的是减少原材料到销售点的时间和整个供应链上的库存，最大限度地提高供应链的运作效率。

QR 的着重点是对消费者需求作出快速反应，要求零售商和生产厂家建立战略伙伴关系，利用 EDI 等技术，进行销售时点的信息交换以及订货补充等其他经营信息的交换，用多频数、小数量配送方式连续补充商品，以实现缩短交纳周期、减少库存，提高顾客服务水平和企业竞争力目的的供应链管理。

(二) 有效客户响应(Efficient Consumer Response，ECR)策略

有效客户响应是由生产厂家、批发商和零售商等供应链组成各方互相协调和合作，更好、更快并以更低的成本满足消费者需要为目的的供应链管理策略。

ECR 优势在于供应链各方为了提高顾客满意这个共同的目标进行合作，分享信息和经验。要实施“有效客户响应”这一战略思想，首先，应联合整个供应链所涉及的供应商、分销商及零售商，改善供应链中的业务流程，使其最合理有效。然后，再以较低的成本，使这些业务流程自动化，进一步降低供应链的成本和时间。

(三) 电子订货系统(Electronic Order System，EOS)

电子订货系统是指将批发、零售商场所发生的订货数据输入计算机，即通过计算机通信网络连接的方式将资料传送至总公司、批发商、商品供货商或制造商处。因此，EOS 能

处理从新产品资料的说明直到会计结算等所有商品交易过程中的作业，可以说 EOS 涵盖了整个商流，压低库存量，减少交货失误，加快商品满足需求的周期，提高了服务质量。

任务三 项目单项能力训练

一、单项选择题

1. 绿色物流管理的理论基础是(　　)。

A. 可持续发展理论　B. 生态经济学理论　C. 生态伦理学理论　D. 全是

2. 下列不属于运输污染源包含的内容的是(　　)。

A. 运输工具在行驶中发出的噪声

B. 运输工具排放的尾气

C. 储存养护时的一些化学方法对周边生态环境造成污染

D. 装载设备的清扫、清洗产生的废渣与废水

3. 下列不属于企业绿色运输的主要措施的是(　　)。

A. 开展共同配送　B. 模数化

C. 采取复合一贯制运输方式　D. 大力发展第三方物流

二、简答题

1. 简述绿色物流的特征。

2. 装卸搬运过程对环境的影响主要表现在哪些方面？

3. 仓储对环境的影响表现在哪些方面？

任务四 项目综合技能训练

星级低碳绿色物流　助推长三角经济发展

2010 年 6 月 18 日，杭州远成集团“以心传递，畅达天下”暨“杭州—上海”远成新干线开通仪式正式启动。这是继 2009 年 10 月 20 日“成都—郑州”第一条远成新干线成功运营以来，远成集团 2010 年着力打造的又一精品线路。远成新干线首开物流星级服务标准，倡导低碳绿色物流，对于长江三角洲物流行业乃至整体经济发展起到重要的推动作用。

一、快速直达得益星级服务

2009 年，远成集团在对原有公路运输网络、业务进行整合优化的基础上，针对城际快运特别推出“新干线”这一高端产品。与传统城际列车不同，“新干线”打破了国内物流行业传统公路零担运输方式，引入五定班列的概念：“定点、定线、定车次、定时、定价”，实现站到站、门到门的公路快运，有效提升了运行效率，为客户带来极大的便利。作为全国百强物流企业，远成集团在全国物流行业中率先提供了此项服务。

“杭州—上海”远成新干线开通之后，充分发挥了汽运班列的优势，为客户提供差异化的汽运服务：采用“货运客运化”的输送形式；发站即日装车、到站当天中转……客户与资源还可享受“优先派送和优先分理”等特权。

二、低碳物流助力长三角经济

伴随全球气候变暖，“低碳环保”的理念和实践开始席卷全球。作为全国乃至全球经济的重要组成部分，物流行业不仅要发挥促进经济发展的作用，同时也要适应当前经济发展的低碳要求，承担起为消费者提供低碳生活服务的职责。远成集团大力倡导低碳环保的绿色物流理念。“不仅要对物流系统污染进行控制，同时也要建立工业和生活废料处理的物流系统。”远成集团总裁黄远成如是说。远成集团已经在推动低碳运营方面做出了积极的探索，例如利用自身先进物流技术，整合集团资源，优化资源配置，通过高效规划和实施运输、仓储、装卸、配送和包装等物流活动，最大程度地节约资源、减少废物、避免污染。

相比传统物流，低碳物流理念下所产生的经济效益将更有利于区域经济一体化的可持续发展，也将更符合全球经济发展的大趋势和规律。“杭州—上海”远成新干线的开通，可以让杭州至上海沿线客户享受到“便利、及时、优先”的星级物流服务，进一步加快了货物运输流通的速度，从而有效提高企业运营效率，助力长三角经济发展。

思考题

1. 论述绿色低碳物流对区域发展的影响。
2. 讨论绿色运输产生的经济和社会效益。

项目十六

行业物流

任务一 项目导入案例

2008年我国冷链物流概念开始兴起，2010年国家发改委颁布《农产品冷链物流发展规划》，2011年冷链物流迎来快速发展，2013年稳中有进，2015年很多行业处于增长低迷时期，而冷链物流行业经历了从量到质的蜕变过程，2016年冷链迎来了全面景气，特别是生鲜电商的兴起，各大电商纷纷进入生鲜宅配，冷链物流投资明显加大。

2015年年底以来，各大冷库冷藏设备制造商订单开始持续回暖，2016年上半年，部分上游制冷设备生产商订单同比增幅在50%以上。未来几年，在各路资金纷纷涌入冷链物流行业的带动下，继续看好冷链物流行业的稳健增长。

任务二 项目支撑知识学习

单元一 粮食物流

一、粮食物流概述

(一) 粮食物流的定义

作为人类的基本生活资料，粮食流通具有悠久的历史和不可取代性。粮食物流的特点是季产年销、在世界范围内及各国国内从适宜生产的地域向消费需求的地域流动。社会发展到工农业分工和城市出现的阶段，产生了作为城市居民生活必需品的粮食物流活动。有人类活动时就伴随着有粮食物流的存在，特别在战争、军事中，粮食起到稳定军心的关键因素。

粮食物流是指粮食从供应地向接收地的实体流动过程，包括运输、仓储、装卸搬运、包装、流通加工、配送与信息处理等物流活动。

现代粮食物流采用供应链管理和信息技术，将粮食收购、中转、储藏、运输、配送等功能有机结合，综合管理，以满足用户需求。

粮食流通量大、点多、面广，决定了粮食商品物流具有与其他商品不同的特点：

(1) 粮食物流生产上的合理布局。比如国内由于气候、水文等条件的差异，产生了小麦、水稻主产区，这些为粮食物流产生的源头。

(2) 粮食物流要求科学地规划和合理地流向。

(3) 粮食物流运作具有相对独立性。原粮品种少，为均匀散粒体，适宜采用规模化散装流动方式。原粮与果蔬相比，质地坚硬、保质期长，但原粮是生命体，有呼吸作用，易霉变。所以，在粮食物流过程中运用特别的运作方式和手段来进行。

(4) 粮食物流设施设备专业，比如散装、散运设备。由于粮食的特殊性，要求在粮食物流过程中采用一些专门化的设施设备。如建设并维护为城市服务的粮食运输和仓储体系保障城市供应外，还出现了为粮食贸易服务的高效粮食运输体系。

(5) 粮食物流从业人员要求专业知识较强。

（二）我国粮食物流的特点

我国粮食物流的特点如下：

(1) 粮食物流范围以国内为主。我国是世界产粮大国，约占世界粮食产量的 25%，但是我国人多地少，水资源短缺，农用水土资源减少，粮食供需处于紧张平衡状态，并且在长期内不会改变。如何实现粮食顺畅、高效流转，是我国粮食安全的重要问题。

(2) 粮食物流系统是我国粮食安全的重要因素。我国地域广大，生态区域各异，是全球粮食种质资源最丰富的国家，粮食产区及品种分布也存在极大差异；粮食生产与消费的区域特征日渐显著。实现以市场为导向、价格为杠杆的高效粮食资源配置，是粮食物流体系保障国内粮食供需平衡的重要任务。

(3) 我国粮食体系自有的特殊性。我国粮食物流体系不同于粮食出口国的现代物流体系，我国的粮食进出口量位于世界前列，当然进口大于出口。国内粮食主产区的粮食流出形式既有腹地向港口集并型，又有向周边辐射型，因此物流模式、设施选型正确与否，直接影响大量投资的利用率。

(4) 粮食的小农生产组织形式制约粮食物流现代化进程。我国粮食以农户为基础的生产形式在相当长时间内不会改变，粮食生产的集约化程度低、规模小，进入现代物流体系之前需要集散作业。

二、粮食物流的运作模式

（一）粮食物流现状

1. 粮食物流网络的主要环节和流量

我国粮食从散户收购到居民消费，要经过多个节点，比如东北地区粮食外运至东南沿海。我国粮食物流的流量主要由三个部分构成：一是商品粮的市场流通；二是中央储备和地方储备粮的收储、调运和轮换；三是粮食的进出口。

2. 粮食运输和装卸方式

我国粮食运量是货物运输中第五大品种，位于煤炭、焦炭、石油、金属矿石之后。其主要运输方式有铁路、公路、江海、内河等。中长距离运输靠铁路和江海运输，短距离运输主要靠公路。

粮食流通主要有包装、散装、集装箱三种方式。我国原粮主要采用包装方式流通，即采用麻袋、化纤纺织袋。散装方式是指粮食没有经过任何包装，使用专门机械、容器、仓库进行装卸、运输、储存的流通方式。散装方式省去了包装材料费用，便于使用机械进行作业，作业效率高。集装箱方式是指利用集装箱等大型装具装纳粮食后进行流通的方式，粮食在到达目的地前不再取出。

3. 粮食运输工具

我国铁路、水路粮食运输量总体呈缓慢增长趋势。粮食内贸水路运输大致可以分为以下三个部分：

(1) 南北海上航线的粮食运输：北方各省粮食部门加大粮食销售力度；南方各省饲养业发展较快，加大玉米的需求；南方面粉厂所用小麦改原来国外进口小麦为国内自产小麦。

(2) 长江流域的内河粮食运输：主要指从重庆至南通的粮食运输，集中在长江中下游的张家港、南通和南京港。

(3) 珠江水系的粮食运输：主要在广东和广西。

4. 信息服务技术

我国粮食物流信息服务技术形成了粮情自动监测、仓储台账管理、粮食收购结算、机械化粮库自动控制等典型的企业内信息系统。有些省区建立了三级粮食管理信息系统。

(二) 粮食物流组织模式

粮食物流组织模式主要有以下几种：

1. 加工型企业、农户物流组织模式

加工型企业、农户物流组织模式的主导者为粮食产品加工企业，它作为粮食制品供应链上的核心企业，连接粮食制品原料供应者和粮食制品批发、零售商，大型粮食产品加工企业甚至自行设立批发网络。在生产基地到加工地和加工地到销售场所之间有专业化的物流服务公司加入，物流费用可以被分离，由于产销一体化，流通环节进一步减少，物流效率得到提高。

2. 贸易型企业、粮食制品生产者物流组织模式

贸易型企业、粮食制品生产者物流组织模式是指由大型贸易商根据需求组织原粮购入，由加工企业加工批发、市场零售分销形成的集中购进、批发市场分销的拉式需求供应链模式。这种模式的主导者是粮食贸易企业，在生产基地到配送中心再到分销零售商之间，有专业化的物流服务公司进入，物流效率提高，生产者市场风险降低。贸易型公司对农产品

生产加工者一系列产品品质、质量、包装、标准化等都有极其严格的要求。

3. 批发商、批发市场、零售物流组织模式

批发商、批发市场、零售物流组织模式是指市场依据库存和需求的平衡，通过中介和物流服务，以规模化的仓储与运输设施经营，实现单位经营成本的下降。其主导者为粮食产品批发中心，主要指导粮食商品化之后的运作形式，批发市场主要涵盖了乡村的粮食产品生产者、城镇两级批发商和城市零售商及粮食加工商，同时围绕交易各方出现了一系列提供各方面服务的中介组织，如储运、结算、检验等。

单元二　冷链物流

一、冷链物流概述

(一) 冷链物流的定义

冷链物流是一种专业物流，它是随着科学技术的进步、制冷技术的发展而建立起来的，是以冷冻工艺学为基础，以制冷技术为手段，在低温条件下的物流现象。因此冷链物流建设要求把所涉及的生产、运输、销售、经济和技术性等各种问题集中起来考虑，协调相互间的关系，以确保物品在加工、运输和销售过程中的安全，它是具有高科技含量的一项低温系统工程。

冷链物流是由食品冷链扩展而来的。蔬菜、水果、肉类、水产品等农产品(简称生鲜易腐农产品)需要通过低温流通才能使其最大限度地保持天然食品原有的新鲜程度、色泽、风味及营养，食品冷链物流应运而生。

食品冷链(Cold Chain)是指易腐食品从产地收购或捕捞之后，在产品加工、储藏、运输、分销、零售直到转入到消费者手中，其各个环节始终处于产品所必需的低温环境下，以保证食品质量安全，减少损耗，防止污染的特殊供应链系统。

(二) 冷链物流的特点

易腐食品的含水量高，保鲜期短，极易腐烂变质，大大限制了运输半径和交易时间，因此对运输效率和流通保鲜条件提出了很高要求。由于食品冷链是以保证易腐食品品质为目的，以保持低温环境为核心要求的供应链系统，所以它比一般常温物流系统的要求更高，也更加复杂。

冷链物流的特点如下：

(1) 比常温物流的建设投资要大很多。冷链物流是一个庞大的系统工程。冷库建设和冷藏车的购置需要的投资比较大，是一般库房和干货车辆的3～5倍。冷链的运作成本高，是因为电费和油费是维持冷链的必要投入。

(2) 技术含量高，监控困难。冷链所包含的制冷技术、保温技术、产品质量变化机理和温度控制及监测等技术是支撑冷链的基础。冷链监控困难，冷链管理不是简单的管理，也不能依靠某一点来进行控制，而必须从产品的生产、存储、运输、销售等诸多环节进行。

(3) 商品全程温度控制。冷链物流可形容成一个由“线”连接起多个“节点”的链条，链条的末端是消费者。为保证商品品质及降低输送过程中的损耗，链条中的“线”与“节点”均需进行温度控制。

(4) 物流过程中有流通加工。如果把冷链物流中心的“线”定义为冷藏(冷冻)环境下的运输，则“节点”为各培育基地、生产基地、屠宰厂、制造工厂、生鲜食品加工中心、冷藏(冷冻)库、低温物流中心、卖场超市等贩卖点。因此，冷链物流的“节点”不仅是流通环节，还包括加工生产环节。

(5) 由于冷库的特殊性质，导致商品出入库要求较高。为保证冷库的温度，不建议多频次出货，出库时间一般固定在一个时间段内。对业务频繁的冷库，定期需要封库，以保证库房的温度。对有特殊要求的商品要进行速冻或解冻处理，才可以进行出入库业务。

(三) 冷链物流的适用范围

冷链适用的食品范围包括：

(1) 初级农产品：蔬菜、水果、肉、禽、蛋、水产品、花卉产品。

(2) 加工食品：速冻食品，禽、肉、水产等包装熟食，冰淇淋和奶制品，快餐原料。

(3) 特殊商品：化工产品、医药用品、生物制品等。

二、冷链物流的运作模式

(一) 冷链物流的运作流程

食品冷链由冷藏加工、控温储藏、冷藏运输及冷藏销售四个方面构成。

(1) 冷藏加工：包括肉禽类、鱼类和蛋类的冷却与冻结，以及在低温状态下的加工作业过程；还包括果蔬的预冷、各种速冻食品和奶制品的低温加工等。此环节主要涉及的装备是冷却、冻结、速冻装置。

(2) 控温储藏：包括食品的冷却储藏和冻结储藏，以及水果、蔬菜等食品的气调储藏，它是保证食品在储存和加工过程中的低温保鲜环境。此环节主要涉及各类冷藏库、加工间、冷藏柜、冻结柜及家用冰箱等。

(3) 冷藏运输：包括食品的中、长途运输及短途配送等物流环节的低温状态。此环节主要涉及铁路冷藏车、冷藏汽车、冷藏船、冷藏集装箱等低温运输工具。在冷藏运输过程中，温度波动是引起食品品质下降的主要原因之一，所以运输工具应具有良好的性能，在保持规定低温的同时，更要保持稳定的温度，远途运输尤其重要。

(4) 冷藏销售：包括各种冷链食品进入批发零售环节的冷冻储藏和销售，由生产厂家、批发商和零售商共同完成。随着大中城市各类连锁超市的快速发展，各种连锁超市正在成为冷链食品的主要销售渠道，这些零售终端大量使用了冷藏、冷冻陈列柜和储藏库，它们成为完整的食品冷链中不可或缺的重要环节。

海鲜产品物流是冷链物流中最常见、最具代表性的物流活动，图 16-1 阐述了海鲜物流的全过程。

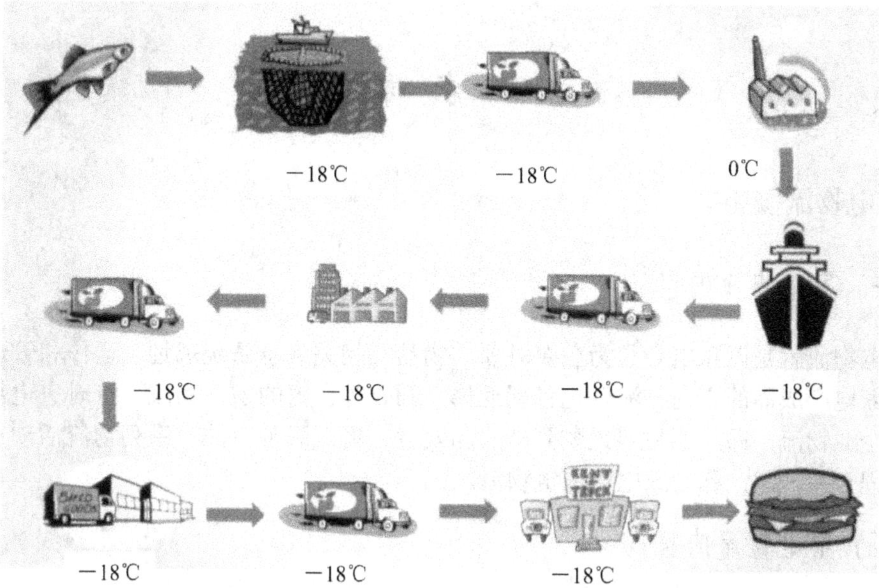

图 16-1　海鲜产品捕捞、加工、流通及销售的冷链流程图

(二) 冷链物流配送的运作流程

冷链物流配送的运作流程如图 16-2 所示。

冷链物流配送流程中主要环节的注意事项如下：

(1) 接收订单：应注意订单处理中货物数量、重量、品名、存储条件、时间日期等。

(2) 验收：应注意物品是否存在各种污染，如农药污染、水源污染、环境污染等，是否存在质量问题，所需各种单证是否齐全。

(3) 流通加工：是否能及时处理货物，各种操作是否符合质量标准要求，是否符合卫生条件要求，各项作业是否规范。

(4) 冷藏：温度是否符合物品冷藏温度要求，是否能有效监控和记录温度，温度、湿度、微生物数量是否达到冷藏标准，是否符合卫生条件标准，防止物品集中导致交叉感染。

(5) 装卸搬运：防止因搬运和装卸造成温度不稳定，以至于物品反复解冻和冷冻造成货物品质下降。

(6) 配送：防止不同质易腐物品产生交叉感染，优化运输，防止作业时间过长、运输路线不合理以及运输效率低下造成的物品品质下降；运输过程中防止盗窃、交通事故等，防止疲劳作业。

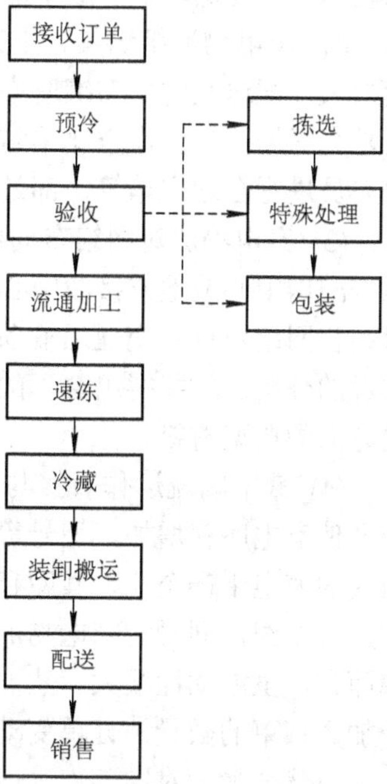

图 16-2　冷链物流配送的运作流程

单元三 家电物流

一、家电物流概述

(一) 家电物流的定义

家电物流就是以家电产品为主要对象的物品及相关信息系统规划、运作和管理过程，重点是家电产成品的正向物流，也包括返修、回收等在内的逆向物流。有时家电物流也包括家电企业物流，即从原材料采购到产成品发运、售后服务等的一系列物流活动过程。将上述过程合在一起，称为家电供应链物流。

(二) 家电物流的特点

根据家电产品的特点，其物流运作组织过程也具有自身的特点，主要表现在以下几个方面：

(1) 家电物流运作对象的单品价值一般较高，多数有精密的电子器件，运输过程颠簸与野蛮装卸都可能造成电器故障与损坏，故家电物流运作过程中的运输与装卸搬运环节要求较高，在仓储环节一般不能直接堆码，需采用高位货架等。

(2) 家电物流组织具有季节波动性的特点。如空调的销售旺季(4～7 月)，每天的出入库量很大，配送及时率与准时率要求比较高。家电产品在五一、国庆、春节等节日前后销量通常会猛增，物流需求比平常增加很多，如何对所需车辆、仓库资源进行合理配置，对作业人员进行合理安排等，都是家电物流运作组织需要考虑的重要问题。

(3) 家电物流对网络布局要求高。区域配送中心(简称 RDC)、中央配送中心(简称 CDC)、地方配送中心或地方接驳中心(简称 LDC)是家电物流网络常用的节点类型之一，其选址要对销售网络数据、交通运输条件、地理环境、客户分布等因素进行深入研究，通过定性与定量的分析后才能得出合理的物流网络布局。近两年国内物流案例中都有家电物流网络优化方面的典型材料。

(4) 家电物流运作直接与订单管理密切相关。家电生产计划多由订单拉动，而牛鞭效应会使家电库存增加。型号等需求、库存调节功能在家电领域有所降低，对于实行零库存模式的家电生产企业，其库存调节功能更是薄弱。这就要求生产企业具有高度柔性化的生产加工组织，同时对家电物流运作组织的柔性提出了更高的要求。例如，对于空调产品销售而言，虽波动性很大，然而仍有规律可循。经销商为确保在旺季不缺货，往往向上游企业加大订单的数量，订单变动程度比零售数量的波动大得多，而生产企业为了满足订单需求，自然会加大对零部件供应商的采购量，最终导致库存量加大。而随着渠道商的控制能力的增强，无条件退货条款的签订，又在客观上加大了渠道商的订货量，最终在整个供应链上，多余的产品基本上积压在生产商或渠道商库存里，这也最终导致了现在所谓的实现“零库存”，其实就是转移库存。

二、家电物流的运作模式

（一）自营物流模式——海尔物流模式

海尔物流的起点是订单。企业把订单作为企业运行的驱动力，作为业务流程的源头，完全按订单组织采购、生产和销售等经营活动。从接到订单起，就开始了采购、配送和分拨物流的同步流程，现代物流过程也就同时开始了。由于物流技术和计算机技术管理的支持，海尔物流通过三个 JIT，即 JIT 采购、JIT 配送、JIT 分拨物流来实现同步流程，这样的运行速度为海尔赢得了源源不断的订单。由于所有的采购基于订单，采购周期减到 3 天；所有的生产基于订单，生产过程降到一周以内；所有的配送基于订单，产品一下线，中心城市 8 小时以内，辐射区域在 24 小时以内，全国在 4 天之内就能送达。总结起来，海尔落实订单的全过程仅为 10 天左右，资金回笼一年 15 次，呆滞物资降低 73.8%。

海尔物流的"一流三网"充分体现了现代物流的特征。"一流"是指订单信息流；"三网"分别指全球供应链资源网络、全球配送资源网络和计算机信息网络。"三网"同步流动，为订单信息流的增值提供支持。

海尔通过业务流程再造改变了传统仓库的"蓄水池"功能，使之成为了一条流动的"河"，把实现零库存作为提高物流运作效率的目的。整个仓库实现了对物料的统一编码，使用了条码技术、自动扫描技术和标准化的包装。

显然，海尔物流是在向发达国家的中央物流化靠拢。在取得收益的同时，海尔努力想使物流运作在自己的控制掌握之中。但是由于中国国情、物流基础、实际运作等方面与海尔原来的设想出现了偏差，使海尔在运行两年后出现了成本、速度、收益等众多问题。但是，海尔在探索先进物流模式方面走在了行业的前列，为海尔整体战略的实施奠定了基础，这种尝试和改革尽管会遇到阻力和困难，但是这种探索的勇气是值得肯定的。

（二）第三方物流模式——以伊莱克斯为代表的家电企业物流外包

第三方物流即完全意义上的社会化物流。家电企业的物流业务大部分外包给社会上的第三方物流，这样做主要有两大原因。第一，把资源集中在核心竞争力上，以便获取最大的投资回报，那些不属于核心能力的功能应被弱化或者外包，而物流通常不被大多数的制造企业视为他们的核心能力。第二，企业单靠自己的力量来降低物流费用存在很大困难。尽管近年来家电企业在提高物流销路方面已经取得了很大的进展，但要更进一步发展是许多企业所不能承受的。因此，以伊莱克斯为代表的家电企业便采取了将大部分物流业务外包的方式。

第三方物流企业通常拥有市场知识、网络和信息技术，拥有规模经济，拥有第三方的灵活性，能够适应家电企业的物流环节的需要。但是第三方物流也存在一些缺陷，由于第三方物流的实际方案是为不同的客户量身定做的，多数方案不能复制，不具有广泛性和适应性。此外，企业把物流交给外部企业做，容易使自己受到牵制。再者，由于我国目前从事第三方物流的企业数量不多，第三方物流市场尚不成熟，所以不少家电企业对选择第三方物流企业进行合作仍然持谨慎态度。目前，国内采用第三方物流的家电企业并不多，还需要探索，但从长远看，这是一种发展趋势。

(三) 家电企业成立独立运营的物流公司模式——安得模式

安得模式是与原公司以资本为纽带的，比较接近海尔的物流模式。它是以家电生产企业为先导，从美的集团的物流需要出发，通过控股成立了安得物流公司，把物流业务剥离出来。安得物流公司作为美的集团的一个独立的事业部，成为美的其他产品事业部的第三方物流公司，同时也作为第三方物流公司向外发展业务。美的可以用安得物流，也可以选择其他的物流公司。

安得全部实行信息化管理，实行“一票到底”的管理模式，管理遍布全国的100多个仓库，建立了顺德、南京、西安、北京、上海等十个物流中心。因为美的与安得是就整体物流费用签订协议的，所以安得必须对美的的仓库资源、运输资源、配送资源相当了解，这样才能取得利润。据相关资料显示，通过安得物流，2001年美的集团的运输成本比2000年下降了35%，仓储成本下降超过了30%，整体的物流成本下降了30%。以美的集团130多亿元的年销售额，4亿多元的物流成本推算，集团因此节省1亿多元的物流成本。

单元四　汽车物流

一、汽车物流概述

(一) 汽车物流的定义

汽车物流是指汽车零部件、产成品和报废品等及相关信息的系统设计、运作和管理的综合性活动过程。汽车物流体现为以最有效的总费用，按用户的需求，将企业零部件、备件、整车从供应地向需求地转移的过程，主要包括运输、储存、包装、装卸、配送、流通加工和信息处理等活动。汽车物流的各个环节衔接紧密，技术含量较高，是国际物流业公认的最复杂同时也是最具专业性的物流领域。汽车物流主要分为零部件物流和整车物流两部分。

在整个汽车产业链中，汽车物流主要由四部分构成，即供应过程中的零部件配送运输物流，生产过程中的储存搬运物流，整车与备件销售、储存及运输物流和工业废弃物的回收处理物流。

零部件物流：在汽车工业中，由于汽车生产、维修作业所引起的汽车零部件需求而产生的物流活动。

整车物流：整车成品从生产线下线后经过仓储和运输到经销商再到最终客户的整个物流过程，是销售的重要环节。汽车零部件物流包括生产计划制订、采购订单下放及跟踪、物料清单维护、供应商的管理、运输管理、进出口、货物的接收、仓储管理、发料及在制品的管理、生产线的物料管理等。尤其是零部件入厂物流，既要与汽车制造厂的生产节奏相匹配，又要协调庞大的供应商群体，最能体现汽车物流的复杂性和专业性。

回收物流：随汽车报废而产生的可用零部件回收，钢铁、玻璃或其他材质的回收利用。

汽车供应链物流全过程如图16-3所示。

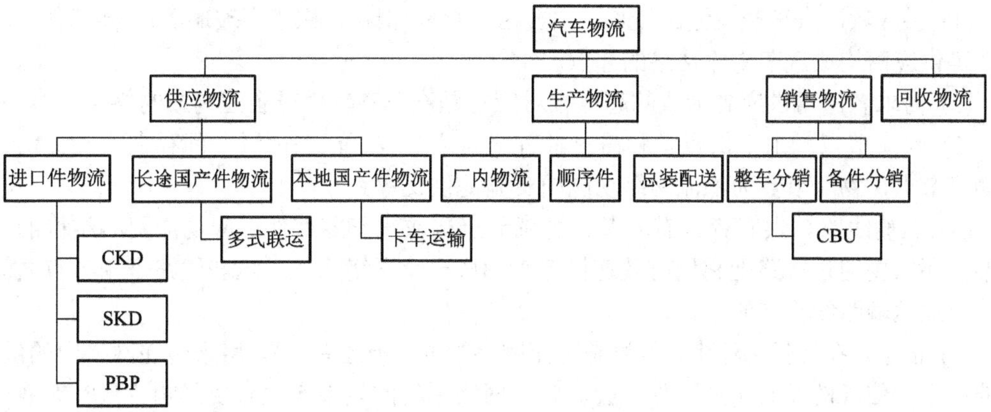

图 16-3　汽车供应链物流全过程

(二) 汽车物流的特点

汽车物流中的零部件物流有以下特点：

(1) 汽车维护和维修的零部件物流的特点。此项物流的特点是备品备件品种多，运输批量小，需求地域分布广泛，需求量地区分布不均匀、不稳定，时效要求高，备品备件要求个性化、专业化的装卸及运输，紧急状况下需要快速反应和高质量服务。

(2) 与整车生产企业配套的零部件物流的特点。我国每个大型整车企业周围都有由数目庞大的零配件生产、供应企业群所构成的垂直分布的单一配套体系，例如一汽和东风集团的零配件配套体系均由上千家零配件企业构成。汽车制造商相对集中，零部件的需求地也就相对集中，物流特征为量大，呈现有规律的流动，便于物流企业准确地把握物流流速、流量与流向，科学、合理地安排物流资源。

整车物流特点如下：

(1) 地域覆盖面广。整车物流以整车生产厂为中心，辐射到全国各个角落，运输线路漫长，以公路运输为主。而我国地形错综复杂，许多地区路况较差，容易造成整车受损，维护保养困难，在途监控难度高。

(2) 物流风险较大。整车属于单件高价值商品，物流作业过程中不可控性大，易出现货损和事故，因而物流承运商的风险较大。

(3) 物流作业专业化。整车在物流过程中几乎没有包装作业，仓储过程也很少，整个过程产品都处于运动状态且与外部环境直接接触，物流作业以专收员工(驾驶员)为主，作业过程单一，专收性很强。

(4) 个性化服务要求高。由于人们消费观念的转变，汽车消费市场的需求也日趋多样化，订单变更频繁，为了满足经销商源于消费者的需求变更，例如整车物流过程中的改装(换轮胎、钢板，装空调)等，物流服务商必须配合经销商提供各种个性化增值服务。

二、汽车物流的运作模式

(一) 汽车供应物流网络的构成要素

汽车供应物流网络的构成要素如下：

(1) 供应者。汽车产业链比较长，主要由原材料(钢材、橡胶、玻璃等)、零部件、总成部件等供应商构成汽车物流网络的起点。

(2) 需求者。与供应者形成的起点相对应的是汽车整车生产企业构成的终点。

(3) 物流节点。由于供应者和需求者有空间位置差距，在两者之间存在为其提供连续的物流节点，物流节点为物流网络功能的实施提供支撑。

(4) 运输线路。供应者、需求者、物流节点构成汽车零部件供应物流网络结构的主要构架，还需要通过线路把它们有效连接起来形成一个网络系统，这些线路是由各点之间主要的交通运输路线构成的。

(5) 信息。在现代物流中，信息是物流网络中的“神经系统”，用来传递网络中的供需、调控指令，信息的及时传递、处理会对整个网络系统的效率产生重要影响，只有有效地利用信息才能真正发挥物流网络的作用。

(二) 汽车物流的运作模式

我国目前常用的汽车物流的运作模式有以下几个：

1. 供产销一体化自营物流模式

我国现行的主体汽车物流模式是供产销一体化的自营物流模式，即汽车产品原材料、零部件、辅助材料等的购进物流、汽车产品的制造物流与分销物流等物流活动全部由汽车制造企业完成。制造企业既是汽车生产活动的组织者、实施操作者，又是企业物流活动的组织者与实施者。

2. 第三方物流运作模式

在社会化分工不断深入的背景下，物流配送功能必将从制造企业中剥离出来，把物流管理的部分功能委托给第三方物流系统管理，从而降低作业成本、减少投资，将资源集中配置在核心事业上，促进汽车新产品的开发与市场营销水平的提高，这是世界汽车物流业的发展趋势。

我国汽车物流业还处于刚刚起步阶段，第三方物流企业尚不成熟，汽车物流企业规模小、功能单一，增值服务能力薄弱，信息化程度低。所以，我国汽车企业应该根据外部市场的情况和企业汽车物流的特点来选择适合自己的汽车物流模式。

(三) 汽车零部件物流运作模式的选择

1. 与整车生产企业配套的零部件协同配送物流模式

由于整车企业的零部件物流需求量与整车厂的年生产能力成正比，需求的模式稳定并可根据企业的生产计划得到各类零部件需求的准确数据，需求频率与整车企业的生产节奏同步，所以这部分物流的准确性直接关系到汽车企业的整个战略目标的实现。这部分物流是汽车物流中最复杂的物流系统，所以汽车企业应该选择协同配送模式。

协同配送的目的在于最大限度地提高人员、物资、资金、时间等物流资源的效率，以取得最大效益。随着大批量定制方式的来临，汽车物流追求高速、快捷，因此，汽车企业可以选择以货主为主的协同配送方式来满足需求。

由汽车制造商、零部件制造商、第三方物流企业以及由它们组建的新公司或合作机构作为汽车物流主体进行合作，可以解决配送效率低下的问题。这种配送方式以汽车制造商为核心企业，通过网络和通信技术，积极与各个合作伙伴进行信息沟通、协同配送，尽量不跑空车；让物流部门与其他公司或者是专业的第三方物流企业合作，装载回程零件或与其他公司合作进行往返运输，这样可以尽量避免汽车制造商的缺点，充分利用社会上的物流资源和专业的第三方物流企业的配送技术，尽量做到零库存和JIT生产。

2. 汽车维护和维修的汽车零部件第三方物流模式

由于维护和维修的汽车零部件具有品种多、运输批量小、需求地域分布广泛，需求量地区分布不均匀、不稳定且时效要求高等特点，如果要汽车制造商来经营，按照承诺将所有的零部件都直接从工厂或者零部件企业送货上门，必然会造成过高的物流成本，导致运输及相关成本的上升。所以，汽车制造商应该把这部分零部件物流外包给专业的第三方物流企业。现代化的第三方物流企业具有雄厚的物流基础设施和网络基础，以及先进的物流信息平台、丰富的物流管理和运作经验。第三方物流企业的引入可以大大提高整个汽车物流体系的物流效率，因而它是我国汽车制造企业提高物流效率、降低物流成本、提高企业的服务水平和柔性化的有效途径，最终提高的是企业的信誉和品牌忠诚度。

(四) 汽车整车物流运作模式的选择

同零部件物流业相比，整车物流在中国的发展情况较好，受重视程度较高。我国的整车物流业兴起于20世纪80年代，当时整车厂成为自营物流商，开始有专业的仓储和运输企业负责整车物流。现在国内汽车生产企业可以根据整车物流的特点，利用中国整车物流相对成熟的市场环境，选择战略联盟的汽车物流模式：或采取股权式战略联盟，或采取契约式战略联盟。

可以优先考虑有长期合作关系的物流公司，其与汽车生产企业有着千丝万缕的关系，有些开始就服务于生产企业，为汽车生产企业的物流运作发展做出了相当大的贡献，有些则是来源于原来的物流部门，后来单独成立一家物流公司。汽车企业可以利用这种类型的整车物流企业依赖于生产企业，其管理和运作模式继承于原有生产企业的特点，加强对这些物流公司的控制，以便于它们之间的信息沟通。但是，由于这种物流公司体制不够灵活、管理效率比较低，所以，汽车制造商还可以选择在保持原有部分物流合作伙伴关系的同时，通过对外招标来选择更为合适的合作伙伴，即与整车物流企业建立契约式或股权式战略联盟，双方签订合同协议，按合同来规定双方的权利与义务。这种战略联盟具有良好的灵活性，既能保证较高质量的服务水平，又能保持较低的物流价格。

任务三　项目单项能力训练

一、单项选择题

1. 下列不适合通过冷链物流进行运作的是(　　)。

A. 生鲜肉　　B. 水果　　C. 蔬菜　　D. 矿泉水

2. 下面不属于家电物流运作组织过程特点的是(　　)。

A. 家电物流运作对象的单品价值一般较高，多数有精密的电子器件，运输过程颠簸与

野蛮装卸都可能造成电器故障与损坏

B. 家电物流组织具有复杂性的特点

C. 家电物流对网络布局要求高

D. 家电物流运作直接与订单管理密切相关

3. 整车物流的特点是(　　)。

A. 地域覆盖面广　　B. 物流风险较大　　C. 物流作业专业化　　D.以上全是

二、判断题

1. 我国粮食物流的流量主要由三个部分构成：一是商品粮的市场流通；二是中央储备和地方储备粮的收储、调运和轮换；三是粮食的进出口。(　　)

2. 食品冷链是以保证易腐食品品质为目的，以保持低温环境为核心要求的供应链系统，所以它比一般常温物流系统的要求更高，也更加复杂。(　　)

3. 家电物流运作对象的单品价值一般较低，多数有精密的电子器件，运输过程颠簸与野蛮装卸都可能造成电器故障与损坏。(　　)

三、简答题

1. 什么是粮食物流？粮食物流有什么特点？其运作有何特点？

2. 什么是冷链物流？冷链物流有什么特点？其运作有何特点？

3. 什么是家电物流？家电物流有什么特点？其运作有何特点？

4. 什么是汽车物流？汽车物流有什么特点？其运作有何特点？

5. 对比本项目四种行业物流，针对各行业的不同特点，简述各行业物流运作模式的选择方法。

任务四　项目综合技能训练

肯德基冷链物流配送运营分析

一、案例背景

百胜餐饮集团是全球餐厅网络最大的餐饮集团，在全球110多个国家拥有35 000家连锁餐厅和近100万名员工。旗下包括肯德基、必胜客、塔可钟(Taco Bell)、A&W及Long John Silver's(LJS)五个世界著名的餐饮品牌，分别在全球烹鸡、比萨、墨西哥风味食品以及海鲜连锁餐饮领域名列全球第一。

2007年11月杭州配销中心的开业，其为继北京、华东、华南和南京等配销中心相继开业之后的又一座完全按照中国百胜自身需求打造的世界级配销中心。这个配销中心每天连续24小时为浙江省的230多家餐厅提供配送服务。每年配送箱数约为500万以上。整个配销中心分为干仓、冻库和冷藏库三个部分，总面积达10 100平方米，储存量约为10 100个栈板位。配销的产品从烹饪用具到鸡原料、新鲜蔬菜、食用油、纸杯、吸管等一应俱全，运作管理2500余种物品，就如同一个超大的仓储开放式超市。在样板库中，每个类别、批次的物品都会按照各自不同的配销时间，按月贴上不同颜色的标志。

在食品安全方面，全新的中国百胜杭州配销中心的核心特点是提供一条完整的冷链。货物在冻库、冷藏库以及冷藏车之间周转时，都将在低温卸货码头暂存。低温卸货码头为全封闭结构，有效控制了卸货区域的温度。这样，冷藏车、低温卸货码头、冷藏库以及冻库就形成了恒定温度的货物保存空间，可以使货物在恒定温度下保存、搬运、选择和运输，确保了冷链的完整性，从而保障了食品的安全与品质。

二、案例内容

(一) 系统目的

研究肯德基配送中心运营模式。

(二) 运作模式

在美国，百胜的配送一直由专业第三方物流公司 Meclane Food Service 来做。当时中国市场小，营运条件落后，让 Meclane Food Service 到中国来继续为其服务不可行。百胜从 1987 年进入中国到现在，一直都找不到一家理想的第三方物流公司，因而该公司创造出了业内公认的“灵活而实用”的物流运营模式：自我服务+供应商提供物流服务+第三方物流服务。

百胜自我的物流服务比例占 50%，主要进行核心业务以及有特殊要求的产品的物流服务，配送核心城市和餐厅密集型区域的核心产品，如必胜客餐厅的沙拉、肯德基餐厅的薯条(温度要求高)；第三方提供物流服务的比例占 40%，主要是在分散的区域以及对温度要求不是很高的产品；供应商提供物流服务的比例占 10%，如湖南省长沙市有一家面包供应商。

百胜所经营餐厅的种类虽只有三种，但总数量近千家，分布于全国各地，每种餐厅配送的食物品种和状态都不完全一致，而且在一些地方还有地域差异，这对控制成本是个不利因素。百胜采用的解决方案是配备一种能在同一辆车中营造不同温度的车辆。这样，百胜可以先把所有食品集中到配送中心，根据每家餐厅的需要将需要配送的原料集中到一辆车中，然后一次性配送到餐厅。这虽然提高了物流部门的成本，但却便利了餐厅的运作，同时也提高了百胜的服务品质。

三、百胜餐饮的物流管理经验

尽管中国百胜餐饮已有数百辆车，但还是不能满足其所有的配送需求，因而将一部分配送任务外包出去，并遵循三条原则：

(1) 对于特别远的路程，车辆无法在一天内返回就外包出去。因为百胜的车辆回程不能运输其他公司的货，配送所花的时间过长，会提高成本。

(2) 一些特殊的路线也必须外包出去，如百胜的司机一般不擅长山路，路线中有山路的部分可以交给别的公司来做。

(3) 对于长途运输，百胜餐饮集团有时会雇佣更熟悉路况的当地运输企业。这种方法使公司能够节省成本，因为它在市场低迷时无需支付卡车及司机方面的成本，而一旦市场反弹，与这类当地企业的长期合作关系有助于确保有足够的车辆满足公司产品的运输。

由于连锁餐饮业餐厅的进货时间是事先约定好的，这就需要配送中心就餐厅的需要制订一个类似列车时刻表的主班表，此表是针对连锁餐饮餐厅的进货时间和路线详细规划制订的。众所周知，餐厅的销售存在着季节性波动，因而主班表至少有旺季、淡季两套方案。必要时，应该在每次营业季节转换时重新审核运输排程表。安排主班表的基本思路是，首先计算每家餐厅的平均订货量，设计出若干条送货路线，覆盖所有的连锁餐厅，最终达到总行驶里程最短、所需司机人数和车辆数最少的目的。

对于产品保鲜要求很高的连锁餐饮业来说，尽力和餐厅沟通，减少不必要的配送频率，可以有效地降低物流成本。在运输方面，餐厅所在路线的总货量不会发生变化，但配送频率上升，结果会导致运输里程上升，相应地油耗、过路过桥费、维护保养费和司机人工费都要上升。在客户服务上，餐厅下订单的次数增加，相应的单据处理作业也要增加。

从增大卡车尺寸、改变作业班次和二次出车三个方面着手提高卡车的利用率。由于大型卡车可以每次装载更多的货物，一次出车可以配送更多的餐厅，因此延长了卡车的在途时间，从而增加了其有效作业的时间。虽然大型卡车单次的过路过桥费、油耗和维修保养费高于小型卡车，但其总体上的使用费用绝对低于小型卡车。运输成本是最大项的物流成本，所有别的职能都应该配合运输作业的需求。所谓改变作业班次，是指改变仓库和其他职能的作业时间，适应实际的运输需求，提高车辆的利用率。而朝九晚五的作业时间表只会限制发车和收货时间，从而限制卡车的使用。如果配送中心实行 24 小时作业，卡车就可以利用晚间二次出车配送，大大提高车辆的时间利用率。在实际物流作业中，一般会将餐厅分成可以在上午、下午、上半夜、下半夜 4 个时间段收货，据此制订仓储作业的配套时间表，从而将卡车利用率最大化。

百胜物流最大的成本就是运输成本，运输成本的多少主要在于里程的多少，而里程的多少很大程度上取决于路线的安排。

百胜每年都会有超过 200 家新店开张，要跟上这种迅速扩张的脚步，百胜只能对自己的物流部门提出更高的要求：改变以前的静态路线安排，转变为动态模式。百胜的物流部门与餐厅一直有一个协议，一周送 3 次货，然后根据每个配送中心所要配送的餐厅，制订配送路线表。最初，百胜物流按照排好的路线表在固定的时间把货送到餐厅，就像列车一样，在固定的时间走固定的路线。但后来百胜发现每次的配送车并不都是满的，如果车辆闲置太多，则会增加成本，所以百胜最终改变这种固定的模式，对路线重新进行安排。配送中心根据餐厅的销售预估送货，而餐厅的销售预估经常变动，因而配送中心的路线安排也必须实时。采用这种变动式的排班方式能有效满足这种实时需求。这种安排虽然增加了配送中心工作人员的劳动强度，但只有这样才能保证在服务质量的前提下最大限度地控制成本。

思考题

1. 百胜采用何种物流模式？它有什么优势？
2. 通过案例学习，你认为物流公司在提供冷链物流服务时应该注意哪些问题？

参 考 文 献

[1] 王之泰. 现代物流管理[M]. 北京：中国工人出版社，2001
[2] 汝宜红. 物流学导论[M]. 北京：清华大学出版社，2004
[3] 何明珂. 物流系统论[M]. 北京：高等教育出版社，2004
[4] 谢如鹤，等. 物流系统规划[M]. 北京：中国财富出版社，2007
[5] 程永生. 物流系统分析[M]. 北京：中国物资出版社，2010
[6] 王转. 物流系统工程[M]. 北京：高等教育出版社，2010
[7] 朱耀勤. 物流系统规划与设计[M]. 北京：北京理工大学出版社，2012
[8] 王风刚. 运输管理实务[M]. 北京：中国财富出版社，2012
[9] 牛云霞. 物流运输管理实务[M]. 北京：人民交通出版社，2012
[10] 黄河. 物流运输实务[M]. 北京：北京大学出版社，2012
[11] 季永青. 运输管理实务[M]. 北京：高等教育出版社，2003
[12] 梁金萍. 运输管理[M]. 北京：机械工业出版社，2010
[13] 关杰. 物流配送与仓储实务[M]. 重庆：重庆大学出版社，2011
[14] 毛晓辉，刘光辉. 仓储作业与管理[M]. 北京：中国传媒大学出版社，2011
[15] 宋利伟，刘翠娟. 仓储管理实务[M]. 北京：北京大学出版社，2011
[16] 钱芝网. 仓储管理实务[M]. 北京：电子工业出版社，2012
[17] 中国就业培训技术指导中心. 助理物流师[M]. 北京：中国劳动社会保障出版社，2004
[18] 刘日征. 仓储与配送管理实务[M]. 北京：中国地质大学物资出版社，2011
[19] 王波. 现代物流配送管理[M]. 湖北：武汉理工大学出版社，2011
[20] 殷延海. 配送中心规划与管理[M]. 北京：高等教育出版社，2008
[21] 刘俐. 仓储规划与配送中心运营[M]. 北京：北京大学出版社，2009
[22] 吴清一. 物流管理[M]. 北京：中国物资出版社，2005
[23] 倪志伟. 现代物流技术[M]. 北京：中国物资出版社，2006
[24] 刘华. 现代物流管理与实务[M]. 北京：清华大学出版社，2008
[25] 王建. 现代物流概论[M]. 北京：北京大学出版社，2010
[26] 罗松涛. 物流包装[M]. 北京：清华大学出版社，2010
[27] 鲍吉龙，江锦祥. 物流信息技术[M]. 北京：机械工业出版社，2010
[28] 都国雄. 物流信息管理[M]. 北京：高等教育出版社，2012
[29] 崔炳谋. 物流信息技术与应用[M]. 北京：清华大学出版社；北京：北京交通大学出版社，2005
[30] 王学锋. 物流信息技术[M]. 上海：上海交通大学出版社，2008
[31] 阎光伟. 物流与信息技术[M]. 北京：中国经济出版社，2008
[32] 田义江. 物流概论[M]. 成都：四川大学出版社，2006
[33] 董千里. 高级物流学[M]. 北京：人民交通出版社，2006
[34] 杜文. 第三方物流[M]. 北京：机械工业出版社，2006
[35] 陈雅萍. 第三方物流[M]. 北京：清华大学出版社，2008
[36] 林慧丹. 第三方物流[M]. 上海：上海财经大学出版社，2010
[37] 许晓东. 第三方物流运作[M]. 北京：经济管理出版社，2006

[38] 马士华，林勇. 供应链管理[M]. 北京：机械工业出版社，2006
[39] 孙明贵. 采购物流实务[M]. 北京：机械工业出版社，2004
[40] 嵇鸿谷. 集中采购管理是物流一体化的基础[J]. 中国石化，2004(10)：39-40
[41] 樊治平，陈卫东，王建宇. 集中采购战略的组织变革与实施[J]. 企业管理，2007(3)：96-99
[42] 邹鸿驰. 准时采购在制造型企业中的实用性分析[J]. 现代商业，2007(30)：40-42
[43] 吴清一. 物流学[M]. 北京：中国建材工业出版社，1996
[44] 水城产. 库存管理理论与实践[M]. 苏宝勒，译. 北京：中国商业出版社，1998
[45] 刘志学. 现代物流手册[M]. 北京：中国物资出版社，2004
[46] 韩平，赵炎. 现代物流技术[M]. 北京：中国物资出版社，2002
[47] 魏雅光. 工程项目采购管理的实践与探讨[J]. 安徽建筑工业学院学报：自然科学版，2004(5)：93-95
[48] 周瑞霞. 加强采购管理降低材料费的探讨[J]. 建筑市场与招标投标，2004(4)
[49] 徐武，王瑛. 采购与仓储[M]. 北京：清华大学出版社；北京：北京交通大学出版社，2007
[50] 刘北林. 国际物流实务[M]. 北京：中国物资出版社，2006
[51] 林正章. 国际物流[M]. 北京：机械工业出版社，2006
[52] 毕功兵. 国际物流[M]. 北京：中国物资出版社，2006
[53] 邵作仁. 国际物流[M]. 大连：东北财经大学出版社，2005
[54] 马士华，林勇，陈志详. 供应链管理[M]. 北京：机械工业出版社，2000
[55] 冯耕中. 现代物流与供应链管理[M]. 西安：西安交通大学出版社，2003
[56] 胡军主. 供应链管理管理理论与实务[M]. 北京：中国物资出版社，2005
[57] 约翰·加托纳. 供应链管理手册[M]. 王海军，马士华，张翔，等，译. 北京：电子工业出版社，2004
[58] 董明. 供应链设计：程建模、风险分析与绩效优化[M]. 上海：上海交通大学出版社，2010
[59] 姚大伟. 现代物流基础[M]. 武汉：武汉理工大学出版社，2008
[60] Porter M E. Competitive Strategy [M]. U. S. ：Free Press，1980
[61] 吴青一. 现代物流概论[M]. 2 版. 北京：中国物资出版社，2005
[62] 中国物品编码中心. 物流标准化[M]. 北京：中国标准出版社 ，2007
[63] 朱占峰. 物流作业实务[M]. 武汉：武汉理工大学出版社，2008
[64] 李春田. 标准化概论[M]. 北京：中国人民大学出版社，2005
[65] 王长琼. 绿色物流[M]. 北京：化学工业出版社，2004
[66] 李可媛. 绿色物流的内涵及其发展策略探析[J]. 物流科技，2005(2)
[67] 李文静. 国外绿色物流的发展与实践[J]. 物流技术，2005(9)
[68] 濮小金，司志刚. 现代物流[M]. 北京：机械工业出版社，2005
[69] 白震，储建新. 奥运物流直面北京 2008 [J]. 北京体育学刊，2006(5)：65-67
[70] 宋华，胡左浩. 现代物流与供应链管理[M]. 北京：经济管理出版社，2000
[71] 王长琼. 绿色物流的内涵、特征及其战略价值研究[J]. 中国流通经济，2004(3)
[72] 杨金梅，霍彩珍. 浅析我国绿色物流的发展[J]. 物流管理，2008(3)：19-20
[73] 王长琼. 现代物流工程丛书：绿色物流[M]. 北京：化学工业出版社，2004
[74] 李桂艳. 绿色物流发展中存在的问题及对策[J]. 物流科技，2005(28)：17-20
[75] 申风平，颜文虎，肖伟. 我国发展绿色物流存在的问题及建议[J]. 物流科技，2007(5)：65-67
[76] 董千里. 功能型物流[M]. 大连：东北财经大学出版社，2009
[77] 董千里，陈树公，王建华. 物流运作管理[M]. 北京：北京大学出版社，2010